Strategische Allianzen zur Digitalisierung der Patient Journey
im deutschen OTC-Pharmamarkt

Strategisches Marketingmanagement

Herausgegeben von Roland Mattmüller

Band 36

Zu Qualitätssicherung und Peer Review der vorliegenden Publikation	*Notes on the quality assurance and peer review of this publication*
Die Qualität der in dieser Reihe erscheinenden Arbeiten wird vor der Publikation durch den Herausgeber der Reihe geprüft.	Prior to publication, the quality of the work published in this series is reviewed by the editor of the series.

Kerstin Blachnik

Strategische Allianzen zur Digitalisierung der Patient Journey im deutschen OTC-Pharmamarkt

Ein Kategorisierungsmodell zur Evaluierung von Ausprägungen Strategischer Allianzen

Bibliografische Information der Deutschen Nationalbibliothek
Die Deutsche Nationalbibliothek verzeichnet diese Publikation
in der Deutschen Nationalbibliografie; detaillierte bibliografische
Daten sind im Internet über http://dnb.d-nb.de abrufbar.

Zugl.: EBS Universität für Wirtschaft und Recht, Diss., 2021

D 1832
ISSN 1860-062X
ISBN 978-3-631-87601-5 (Print)
E-ISBN 978-3-631-87985-6 (E-PDF)
E-ISBN 978-3-631-87986-3 (EPUB)
DOI 10.3726/b19943

© Peter Lang GmbH
Internationaler Verlag der Wissenschaften
Berlin 2022
Alle Rechte vorbehalten.

Peter Lang – Berlin · Bern · Bruxelles · New York ·
Oxford · Warszawa · Wien

Das Werk einschließlich aller seiner Teile ist urheberrechtlich
geschützt. Jede Verwertung außerhalb der engen Grenzen des
Urheberrechtsgesetzes ist ohne Zustimmung des Verlages
unzulässig und strafbar. Das gilt insbesondere für
Vervielfältigungen, Übersetzungen, Mikroverfilmungen und die
Einspeicherung und Verarbeitung in elektronischen Systemen.

Diese Publikation wurde begutachtet.

www.peterlang.com

Vorwort der Herausgeberreihe

Der dem Angelsächsischen entlehnte Begriff des Marketing steht in Theorie und Praxis synonym für die systematische und zielgerichtete Gestaltung von Transaktionsprozessen. Aus diesem Grund ist letzterer als zentraler Untersuchungsgegenstand der Marketingwissenschaft und Ziel ihrer praktischen Ausgestaltung zu bezeichnen.

Die Transaktion bzw. die Transaktionsprozesse können von verschiedenen Blickrichtungen und theoretischen Bezugsrahmen ausgehend analysiert werden. Einen Ansatzpunkt hierfür bietet die Neue Institutionenökonomik, die das Denken der Wirtschaftswissenschaftler in letzter Zeit auf vielen Feldern geprägt und verändert hat. So eignen sich beispielsweise das Verständnis von Verfügungsrechten (Property Rights) als eigentliche Tauschobjekte, die Annahme unvollkommener Information oder opportunistischen Handelns dazu, Anbieter-/Nachfragerbeziehungen auf der Grundlage eines theoretischen Fundaments praxisnah abzubilden. Maßgeblich begründet jedoch die Transaktionskostentheorie mit ihrer Zerlegung einer Transaktion in ihre einzelnen Phasen und mit der Zuordnung entsprechender Kosten und Erträge die konstitutiven Phasen eines Tauschprozesses. Darüber hinaus ergeben sich hier weitere Möglichkeiten zur Einbindung verschiedener theoretischer Ansätze, wie etwa der Verhaltenswissenschaften, Economic Behavior und anderer. Unter Berücksichtigung weiterer Bezugsgruppen einer Einzelwirtschaft (wie etwa der Wettbewerber, Mitarbeiter, Anteilseigner, etc.) ist damit ein wesentliches Fundament des Marketingverständnisses am Lehrstuhl für Strategisches Marketing an der EBS Business School der EBS Universität für Wirtschaft und Recht gelegt – der Integrativ-Prozessuale Marketingansatz (IPM).

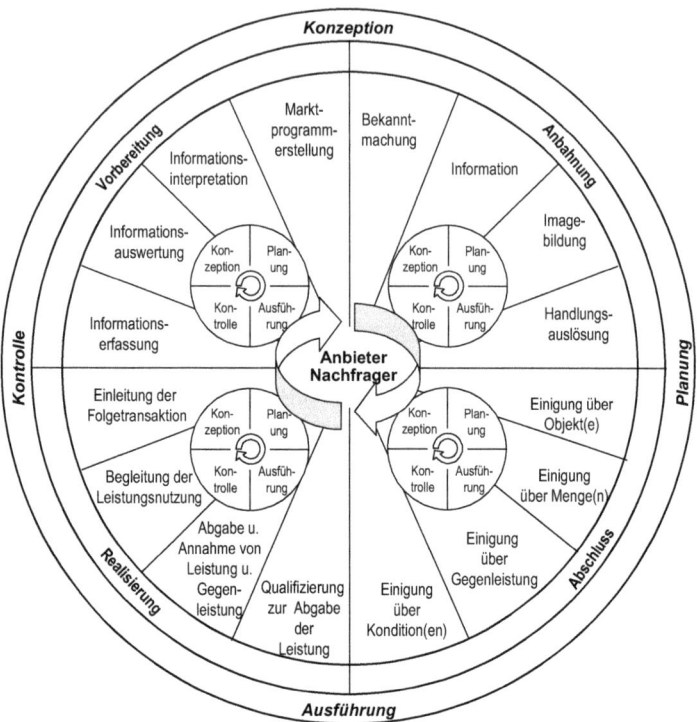

Darüber hinaus forciert der Prozessgedanke die konsequente Ausrichtung der betroffenen unternehmerischen Aktivitäten an einem durchgängigen Marketingprozess, um somit Schnittstellen, wie sie in der Praxis beispielsweise oftmals zwischen Marketing und Vertrieb bestehen, weitgehend zu vermeiden. In der Umsetzung führt dies auch zu einer Entscheidungsorientierung, die sich in einer Zerlegung der Marketingaufgaben in Konzeption, Planung, Ausführung und Kontrolle niederschlägt.

Aufgrund der weitreichenden und langfristigen Implikationen stellt insbesondere die Formulierung von Marketingstrategien eine wichtige und überaus anspruchsvolle Aufgabe für Entscheidungsträger in Unternehmen, also für das Management von Marketingprozessen, dar. Die vorliegende Herausgeberreihe „Strategisches Marketingmanagement" trägt daher praxisorientierte Arbeiten zusammen, die sich dieser Herausforderung stellen und somit einen wissenschaftlichen Beitrag zu einer entscheidungs- und marktorientierten Unternehmensführung leisten wollen. So sind als Zielgruppe dieser Herausgeberreihe gleichermaßen Wissenschaftler als auch Entscheidungsträger verschiedenster Marketingsysteme zu bezeichnen. Letztere erstrecken sich dabei von tradierten Systemen wie dem Hersteller-, dem Handels- oder dem Dienstleistungsmarketing bis hin zu verhältnismäßig jüngeren Marketingdisziplinen wie beispielsweise dem Marketing von Politikern und Parteien sowie dem Social Media- und Mobile Marketing.

Mein Dank geht an dieser Stelle vor allem auch an den Peter Lang Verlag GmbH, Europäischer Verlag der Wirtschaftswissenschaften, für die Betreuung dieser Herausgeberreihe.

Prof. Dr. Roland Mattmüller
Schloß Reichartshausen

Vorwort des Herausgebers

Der Einfluss der fortschreitenden Digitalisierung lässt sich mittlerweile auch in eher „konservativen" Branchen feststellen, wozu der Pharmabereich gezählt werden kann. Aufgrund der signifikanten Rolle und des Grades der selbstbestimmten Kaufentscheidung durch den Käufer/Patient zeigt sich dabei wiederum der Over-the-Counter-Markt als besonders interessant – also der Markt für Selbstmedikation (OTC). Der Kunde legt auch hier – u.a. durch Lerneffekte aus „fortschrittlicheren Branchen" – mittlerweile ein verändertes Such- und Kaufverhalten an den Tag. Für die anbietenden Unternehmen bedeutet dies eine zum Teil fundamentale Veränderung ihrer kundenbezogenen Ansprache entlang der Customer Journey (unter Berücksichtigung spezifischer rechtlicher Restriktionen). Aufgrund der sich dabei ergebenden Notwendigkeiten zum Einsatz „innovativer" Ansätze und Instrumente (zumindest für die betroffenen Pharmahersteller) stellt sich die klassische Frage nach autonomer oder kooperativer Vorgehensweise zur Schaffung und Implementierung/Umsetzung solcher neuen, digitalen Kommunikationsaktivitäten und Serviceangebote. Dabei zeigen sich Strategische Allianzen zur Bewältigung dieser marketingbezogenen Herausforderung als vielversprechender Ansatz.

Die besondere Aktualität dieser branchenspezifischen Aufarbeitung erweist sich dabei gleichzeitig etwa dadurch, dass die Selbstmedikation durch ihre Entlastungswirkung für das Gesundheitssystem eine spürbare und sicherlich zukünftig weiter anhaltend wachsende gesellschaftliche Relevanz aufweist (wie sich während der Covid-19-Pandemie auf drastische Art und Weise zeigte).

Grundlage für eine wissenschaftliche Aufarbeitung dieses Zusammenhangs ist die Erfassung der Herausforderungen durch die Digitalisierung für den OTC-Bereich, um daraus Handlungsempfehlungen für die Entscheidungsträger aus den OTC-Pharmaunternehmen ableiten zu können. Während sich hierzu die relevante Literatur zur Thematik der Strategischen Allianzen im allgemeinen Sinne als durchaus tragfähig erweist, zeichnet sich bei genauerer Betrachtung der Spezifika für den OTC-Markt ein geradezu gegensätzliches Bild ab. Dabei geht es auch um die initiale Problematik der maßgeblichen Herausforderungen der Digitalisierung entlang der Customer Journey in diesem Markt. Entsprechend muss dann spätestens in Kombination beider Themenbereiche (also kundengerichtete Digitalisierung im OTC-Markt und spezifische Strategische Allianzen als Lösungsansatz) ein weitgehendes Fehlen substanzieller Forschungspublikationen konstatiert werden.

An diesem Defizit setzt Kerstin Blachnik mit ihrer vorgelegten Dissertation an. Sie beschäftigt sich zum einen mit den gegebenen Herausforderungen der Digitalisierung im Bereich der (apothekenpflichtigen) OTC-Arzneimittel bzw. entlang der dortigen Customer Journey. Zum anderen zeigt die Verfasserin auf, mit Hilfe welcher Ausprägungen Strategischer Allianzen diesen Herausforderungen begegnet werden kann bzw. im Sinne einer praktisch-normativen Vorgehensweise begegnet werden sollte. Konkret entwickelt die Verfasserin als eines der Ergebnisse ihrer Arbeit ein mehrdimensionales Kategorisierungsmodell zur Erfassung der zur Verfügung stehenden Handlungsoptionen und leitet konkrete Handlungsempfehlungen für die Hersteller der untersuchten Branche ab. In Summe bietet die vorliegende Arbeit also einen praxisrelevanten Ansatz, wie betroffene Unternehmen im OTC-Markt die Digitalisierung aufgreifen und im Rahmen von Allianzen für sich nutzbar machen können.

Dementsprechend leitet die Verfasserin das zentrale Erkenntnisziel der Arbeit ab, das darin besteht, dass die Dissertation „…einen Status Quo des digitalen Marketing in der OTC-Pharmabranche aufzeigt und mithilfe festgelegter Ausprägungen Strategischer Allianzen erforschen soll, welche dieser Ausprägungen gewählt werden sollten, um den….größten Herausforderungen für OTC-Pharmahersteller durch die Digitalisierung entgegnen zu können".

Von diesem übergeordneten Erkenntnisziel leiten sich deskriptive, explikative und praktisch-normative Partialziele der Arbeit ab, die in fünf leitende Forschungsfragen transferiert werden.

Ausführlich erfolgt auch eine Darstellung des OTC-Marktes mit seiner zugrunde liegenden Arzneimittel-Klassifizierung. Die vorliegende Arbeit beschränkt sich dabei auf nicht-verschreibungspflichtige, aber apothekenpflichtige Arzneimittel, womit eben die Apotheke als ausschließlicher Vertriebsweg für die Hersteller determiniert ist (sowohl als Vor-Ort-Apotheke als auch als zunehmend an Bedeutung gewinnende Versandapotheke).

Die gesamtwirtschaftliche Bedeutung dieses speziellen Marktes und die Rollen seiner einzelnen Akteure werden in den nachfolgenden Ausführungen deutlich belegt. Im Kern sind OTC-Pharmahersteller, Patienten als finale Zielgruppe („Endkunden") und Apotheken (sowie optional Ärzte) als subfinale Zielgruppen zu berücksichtigen.

Zu Recht relativ ausführlich betrachtet Blachnik die Selbstmedikation auf dem deutschen Markt. Vor- und Nachteile vor dem Hintergrund einer (überraschenderweise!!) sich verschlechternden „Gesundheitskompetenz" der deutschen Bevölkerung werden dabei ebenso abgehandelt wie etwa entsprechende Chancen und Risiken. Exemplarisch wird die Selbstmedikation anhand von

Schmerzmitteln und im Zusammenhang mit der Covid-19-Pandemie näher analysiert.

Da der Markt für Arzneimittel (hier mit Fokus eben auf die Selbstmedikation) wie wohl nur wenige andere Märkte stark von rechtlichen Restriktionen gekennzeichnet ist, erfolgt auch eine Aufarbeitung der wesentlichen rechtlichen Grundlagen. Diese ist dabei nicht nur durch eine tabellarische Zusammenstellung der relevanten gesetzlichen Rahmenbedingungen bzw. Einzelregelungen gekennzeichnet, sondern bezieht auch bereits vorgesehene Änderungen des Regelwerks mit ein. Hervorzuheben ist zudem die hier von der Verfasserin vorgenommene problematisierende Wertung der Regelungen, die sich etwa mit dem Spannungsfeld zwischen Freiheit des mündigen Bürgers versus Schutz des Patienten durch den Gesetzgeber auseinandersetzt. Zugleich leitet Blachnik auch in eine Diskussion über insgesamt fünf zentrale Ziele der Selbstmedikation (wie beispielsweise über das Ziel der Stärkung der Gesundheitskompetenz der Bevölkerung) ein. Hier bezieht die Verfasserin eine dezidierte Stellung pro Selbstmedikation und plädiert für deren weitere Stärkung als zentrale Säule des Gesundheitssystems. Gleichzeitig wird auch Handlungsbedarf für den Gesetzgeber aufgezeigt (etwa die Zulassung eines einheitlichen Medikationsplanes für alle Bürger).

Blachnik greift auf dieser Basis dann die Kernthematik der Digitalisierung sowie der „Cross-Industry Innovation" auf und betrachtet den Stand der Digitalisierung im OTC-Markt. Mit Blick etwa auf den deutschen Digitalisierungsindex und bei Analyse entsprechender Handlungsfelder zeigt sich hierbei deutlich, dass die Pharmabranche insgesamt als deutlich „unter-digitalisiert" bezeichnet werden kann (was im Übrigen die Relevanz der vorliegenden Arbeit erneut unterstreicht).

Strategische Allianzen im OTC-Markt und mit Blick auf die Digitalisierung beziehen sich dabei insbesondere auf den F&E-Bereich, während sie in Bezug auf gemeinsame digitale Lösungen für den Endkunden (Patienten) eher rudimentär zu finden sind.

Blachnik entwirft als eine wesentliche Grundlage für ihre weitere Arbeit und auf der Basis einer „traditionellen" Journey ein Modell einer „volldigitalisierten" Patient Journey im OTC-Bereich. Hierzu bezieht sie zukünftige digitale Kundenkontaktpunkte, Kanäle und Technologien ein. Im Abgleich mit der „traditionellen" Journey leitet die Verfasserin dann Potenziale und Herausforderungen für eine zukünftig effektive und effiziente Ausgestaltung einer Patient Journey durch die Pharmahersteller ab. Die Verfasserin zieht hierfür branchenübergreifend bereits aufgearbeitete Herausforderungen heran und überträgt diese dann auf den OTC-Markt unter entsprechender Modifikation und Adaption. Dabei arbeitet sie die folgenden drei zentralen Aspekte heraus:

- Im OTC-Markt entstehen durch die Digitalisierung neue Kundenbedürfnisse entlang der Patient Journey
- Auf den Gesundheitsmarkt treten neue Wettbewerber mit neuen, digitalen Geschäftsmodellen ein, welche die Patient Journey von OTC-Pharmaherstellern beeinflussen
- Die Digitalisierung erfordert von OTC-Pharmaherstellern spezifische Fachkenntnisse zur Planung, Erstellung und Implementierung von digitalen Lösungen und Anwendungen für den Patienten im Rahmen der Patient Journey.

Die Arbeit beschäftigt sich dann mit den Grundkonzepten der Strategischen Allianzen zunächst aus übergreifender Perspektive, um daraufhin eine Eingrenzung vorzunehmen. Im Weiteren wird es um „nicht-kapitalbasierte" und „nicht-traditionelle" Partnerschaften gehen. Blachnik stellt die einzelnen relevanten Ausprägungen dar und leitet dann folgende Dimensionen und zugehörige Ausprägungen für ihr Modell ab:

- Wertsteigernder Faktor (Pool/Transfer)
- Tempus (Kurzfristig/Langfristig)
- Richtung (Horizontal/ Vertikal/ Diagonal).

Im Detail verbindet Blachnik dann die abgegrenzten drei Herausforderungen einerseits mit den drei Dimensionen bzw. deren Ausprägungen aus dem Kategorisierungsmodell andererseits. Sie analysiert und bewertet in Folge jeweils die Eignung der so entstandenen Kombination zur Entgegnung der Herausforderung bzw. der einzelnen zugeordneten Anforderungen.

Insgesamt erarbeitet und bewertet die Verfasserin somit eine Vielzahl an Gegenüberstellungen aus Anforderungen der Digitalisierung im OTC-Markt zum einen und an Dimensionen/Ausprägungen von Allianzen als Lösungsansatz zum anderen.

Im Sinne der praktisch-normativen Zielsetzung der Arbeit entwickelt Blachnik ihre Handlungsempfehlungen für OTC-Pharmahersteller.

Im Endergebnis erweist sich dabei – neben der vorgenommenen Differenzierung – die Handlungsoption einer Know-how transferierenden Allianz mit branchenfremden Kooperationspartnern auf diagonaler Ebene und mit kurz- oder langfristigem Charakter als diejenige zu präferierende Empfehlung, mit der OTC-Pharmahersteller allen drei wesentlichen Herausforderungen der Digitalisierung am wirkungsvollsten begegnen können. Im Sinne der

Unternehmensstrategien handelt es sich dabei je nach bestehendem Portfolio der SGF's entweder um die Beibehaltungsstrategie oder um eine Diversifikation.

Kerstin Blachnik geht in ihrer vorliegenden Arbeit also anhand einer theoretisch-deduktiven Herleitung an die Modellierung der wesentlichen Herausforderungen der Digitalisierung entlang der Patient Journey für die Hersteller von OTC-Produkten heran. Als Lösungsansatz fokussiert die Arbeit sich auf Strategische Allianzen für die Hersteller. Blachnik entwirft im Ergebnis ihrer Arbeit somit ein Kategorisierungsmodell von Herausforderungen/Anforderungen und geeigneten Strategischen Allianzen zu deren Begegnung mit spezifischem Bezug zur OTC-Branche bzw. zu den dort tätigen Pharmaherstellern. Für letztere ergeben sich klare Handlungsempfehlungen, um die Digitalisierung entlang der Customer bzw. Patient Journey in positive Gestaltungsoptionen münden zu lassen. Im Ergebnis schließt Blachnik mit ihrer hochaktuellen Dissertation damit eine Lücke in der spezifischen wissenschaftlichen Beschäftigung mit dieser Thematik und in der praktischen Anwendbarkeit gleichermaßen.

Prof. Dr. Roland Mattmüller
Schloß Reichartshausen

Vorwort der Autorin

Diese Dissertation ist im Rahmen meines Promotionsstudiums am Lehrstuhl für Strategisches Marketing der EBS Universität für Wirtschaft und Recht entstanden.

Meinem Doktorvater, Prof. Dr. Roland Mattmüller, der mir die Promotion an seinem Lehrstuhl ermöglicht hat, gilt somit mein erster, ganz besonderer Dank. Über die Jahre meiner Promotion hinweg hat er mich stets unterstützend begleitet und mir richtungsweisende Hilfestellungen in der Anfertigung meiner Doktorarbeit gegeben. Dabei möchte ich mich vor allem bei ihm für seine sehr positive, motivierende Art und sein mir entgegengebrachtes Vertrauen bedanken.

Weiterhin gilt mein Dank Prof. Dr. Ralph Tunder, welcher sich als Zweitgutachter zur Betreuung meiner Dissertationsschrift zur Verfügung gestellt hat und mir stets konstruktive Anregungen während meiner Proposal Defenses aufzeigte.

In diesem Zuge möchte ich mich auch bei Beate Wenzl herzlich bedanken, die mich als Teil von Prof. Dr. Mattmüllers Lehrstuhl-Team stets in allen Fragen zum Promotionsstudium unterstützt hat. Nicht zuletzt danke ich allen Mitarbeitern und Mitarbeiterinnen des Lehrstuhles von Herrn Mattmüller, mit denen ich die gemeinsame Zeit in den Doktorandenseminaren sehr genossen habe.

Abschließend gilt mein größter, herzlicher Dank meiner Familie:

Meinen Eltern, die mir den Weg zur Promotion geebnet und mir so das Promotionsstudium ermöglicht haben, die mich unentwegt unterstützen und mir jeden Tag liebevoll zeigen, was Familie bedeutet.

Meinem Bruder, für sein allzeit offenes Ohr, seine Ratschläge und seine geschwisterliche Unterstützung in jeder Lebenslage.

Meinem Partner, der mich bedingungslos unterstützt und durch seine liebevolle Fürsorge stets für wundervolle Auszeiten sorgte.

Danke für eure unendliche Liebe, die ihr mir entgegenbringt. Ich liebe euch und widme euch diese Arbeit.

Dr. Kerstin Blachnik
Heidelberg, März 2022

*Für meine Eltern,
meinen Bruder
und meinen Partner*

Inhaltsverzeichnis

Abkürzungsverzeichnis XXV

Abbildungsverzeichnis XXIX

Tabellenverzeichnis XXXI

1 Problemstellung und Zielsetzung 1
   1.1 Relevanz des Forschungsgegenstandes 2
   1.2 Stand der Forschung 6
   1.3 Forschungsziel und Vorgehen sowie Herleitung der Forschungsfragen 11
   1.4 Wissenschaftstheoretische Einordnung des Forschungsvorhabens 13
      1.4.1 Festlegung des wissenschaftstheoretischen Rahmens 14
      1.4.2 Deduktiver Forschungsansatz 18
   1.5 Aufbau der Untersuchung 22

2 Konzeptionelle Grundlagen und der OTC-Pharmamarkt 29
   2.1 Strategisches Marketing als Teil der Unternehmensstrategie 30
      2.1.1 Unternehmensstrategie 32
      2.1.2 Strategisches Marketing 34
      2.1.3 Integriertes Marketing mit seinen Bezugsgruppen 38
      2.1.4 Komparativer Konkurrenzvorteil 40
      2.1.5 Strategieoptionen anhand Strategischer Geschäftsfelder 45
   2.2 Der Over-the-Counter-Pharmamarkt 54
      2.2.1 Abgrenzung durch Arzneimittel-Klassifizierung 55
      2.2.2 Zahlen und Fakten 59
      2.2.3 Wettbewerbsumfeld 63
      2.2.4 Relevante Akteure 64

2.3 Strategische Allianzen 69
  2.3.1 Begriffliche Einordnung 70
  2.3.2 Ausprägungen Strategischer Allianzen 82
  2.3.3 Erfolgsfaktoren und Grenzen 87
  2.3.4 Theoretische Rahmenkonzepte 89
2.4 Zwischenfazit 96

3 **Pharmamarketing und die digitalisierte Patient Journey im OTC-Pharmamarkt** 99
  3.1 Pharmamarketing 99
    3.1.1 Wertschöpfungskette im Pharmamarkt 103
    3.1.2 Marketing im OTC-Pharmamarkt 105
  3.2 Selbstmedikation in Deutschland 111
    3.2.1 Allgemeine Rahmenbedingungen 112
    3.2.2 Selbstmedikation anhand von Schmerzmitteln und der Covid-19-Pandemie 119
    3.2.3 Rechtliche Grundlagen und gesundheitspolitische Initiativen 124
    3.2.4 Diskussion der Selbstmedikationsziele für Patienten und Apotheken 138
    3.2.5 Zusammenfassende Diskussion 148
  3.3 Digitalisierung und Cross-Industry Innovation 150
    3.3.1 Begriff der Digitalisierung 151
    3.3.2 Status Quo der Digitalisierung des OTC-Pharmamarktes 155
    3.3.3 Rolle Strategischer Allianzen im OTC-Pharmamarkt vor dem Hintergrund der Digitalisierung 164
    3.3.4 Business Model Innovation durch Digitalisierung 168
    3.3.5 Innovation Driven Marketing im Rahmen von Cross-Industry Innovation 174
    3.3.6 Neue, primäre Anforderungen für Unternehmen durch die Digitalisierung 177
  3.4 Patient Journey als Customer Journey im OTC-Pharmamarkt 179
    3.4.1 Konzeptionelle Grundlagen einer Customer Journey 179

3.4.2 Traditionelle, branchenspezifische Patient Journey 184
3.4.3 Volldigitalisierte, branchenspezifische Patient Journey 187
3.4.4 Potenzialidentifikation der branchenspezifischen Patient Journey 200
3.5 Zwischenfazit 212

4 Herausforderungen durch die Digitalisierung im OTC-Pharmamarkt 217

4.1 Übersicht und Eingrenzung der größten Herausforderungen 218

4.2 Herausforderung 1: Im OTC-Pharmamarkt entstehen durch die Digitalisierung neue Kundenbedürfnisse entlang der Patient Journey 222
    4.2.1 Übersicht 222
    4.2.2 Anwendung auf die Patient Journey des OTC-Pharmamarktes 224
    4.2.3 Zusammenfassung der Anforderungen 228

4.3 Herausforderung 2: Auf den Gesundheitsmarkt treten neue Wettbewerber mit neuen, digitalen Geschäftsmodellen ein, welche die Patient Journey von OTC-Pharmaherstellern beeinflussen 229
    4.3.1 Übersicht 230
    4.3.2 Anwendung auf die Patient Journey des OTC-Pharmamarktes 230
    4.3.3 Zusammenfassung der Anforderungen 233

4.4 Herausforderung 3: Die Digitalisierung erfordert von OTC-Pharmaherstellern spezifische Fachkenntnisse zur Planung, Erstellung und Implementierung von digitalen Lösungen und Anwendungen für den Patienten im Rahmen der Patient Journey 234
    4.4.1 Übersicht 235
    4.4.2 Anwendung auf die Patient Journey des OTC-Pharmamarktes 237
    4.4.3 Zusammenfassung der Anforderungen 239

4.5 Zwischenfazit anhand der Zusammenfassung der primären Anforderungen an die OTC-Arzneimittelhersteller durch die größten Herausforderungen C_1–C_3 durch die Digitalisierung 240

5 Ausprägungen Strategischer Allianzen 245
  5.1 Ausprägungsbasierte Modelle Strategischer Allianzen 245
  5.2 Hergeleitetes, dreidimensionales Kategorisierungsmodell mit Ausprägungen Strategischer Allianzen 250
    5.2.1 Dimension 1: Wertsteigernder Faktor 254
    5.2.2 Dimension 2: Tempus 260
    5.2.3 Dimension 3: Richtung 265
    5.2.4 Resultierende Ausprägungskombinationen 269
    5.2.5 Mögliche Risiken und Grenzen für Unternehmen innerhalb des Kategorisierungsmodells 271
    5.2.6 Branchenspezifische Anforderungen an das Kategorisierungsmodell 272
  5.3 Zwischenfazit 272

6 Eignungsbewertung der Ausprägungen Strategischer Allianzen zur Entgegnung der Herausforderungen durch die Digitalisierung im OTC-Pharmamarkt 275
  6.1 Methodisches Vorgehen 275
  6.2 Anwendung Herausforderung 1 278
    6.2.1 Anforderung 1: „Agile Arbeits- und Wertschöpfungsmethoden" 279
    6.2.2 Anforderung 2: „Neue, digitale Geschäftsmodelle und Services" 281
    6.2.3 Anforderung 3: „Erstellung von Angeboten und Inhalten innerhalb des Umfeldes von Apps und Fitnesstrackern" 284
    6.2.4 Anforderung 4: „Bereitstellung individualisierter Dienstleistungen und Informationen für Endkunden" 288

6.2.5 Anforderung 5: „Anpassung der Marketingaktivitäten an sich selbstständig, über neue Kanäle informierende Endkunden" 290
6.2.6 Zusammenfassendes Ergebnis nach Dimensionen 292
6.2.7 Synthese 293
6.3 Anwendung Herausforderung 2 294
6.3.1 Anforderung 1: „Umgang mit geringer werdenden Markteintrittsbarrieren" 294
6.3.2 Anforderung 2: „Herstellen eines direkten, aktiven Kundenkontaktes / -dialoges" 296
6.3.3 Anforderung 3: „Wahrnehmung von Technologie- / Start-Up Unternehmen als Konkurrenz" 298
6.3.4 Anforderung 4: „Eintritt in den Bereich des Quantified Self / Apps / Wearables" 299
6.3.5 Anforderung 5: „Direct-to-Patient Modelle nur durch digitale Kommunikationsmodelle möglich" 301
6.3.6 Zusammenfassendes Ergebnis nach Dimensionen 303
6.3.7 Synthese 305
6.4 Anwendung Herausforderung 3 305
6.4.1 Anforderung 1: „Entwicklung eigener, digitaler Lösungen durch bestmöglich internes Know-how" 306
6.4.2 Anforderung 2: „Steigerung der allgemeinen IT-Affinität aller Mitarbeiter unterschiedlicher Funktionsbereiche des Unternehmens" 308
6.4.3 Anforderung 3: „Auflösen des Innovationsstaus durch Eingehen von strategischen Kooperationsmodi wie Allianzen" 310
6.4.4 Zusammenfassendes Ergebnis nach Dimensionen 313
6.4.5 Synthese 314
6.5 Zusammenfassung der Eignungsbewertung anhand einer Ergebnismatrix 315

7 Darstellung und Analyse der Forschungsergebnisse und Ableitung von Handlungsempfehlungen an OTC-Pharmahersteller 317

7.1 Forschungsergebnisse 317

7.2 Handlungsempfehlungen 320

7.3 Weitere Handlungsoptionen 326

7.4 Ausgeschlossene Handlungsoptionen 328

8 Schlussbetrachtung 331

8.1 Zusammenfassung 331

8.2 Limitationen 335

8.3 Ausblick 336

Literaturverzeichnis XXXIII

Anhang LXVII

Abkürzungsverzeichnis

A	Anforderung
AI	Artificial Intelligence
AMA	American Marketing Association
AMG	Arzneimittelgesetz
AMNOG	Arzneimittelmarktneuordnungsgesetz
AMPreisV	Arzneimittelpreisverordnung
AMVerkRV	Verordnung über apothekenpflichtige und freiverkäufliche Arzneimittel
AMVV	Arzneimittelverschreibungsverordnung
ApBetrO	Apothekenbetriebsordnung
APoG	Apothekengesetz
AR	Augmented Reality
AU	Menge aller Allianzausprägungen
AVP	Apothekenverkaufspreis
BAH	Bundesverband der Arzneimittel-Hersteller e.V.
BM	Business Model
BMI	Business Model Innovation
BPI	Bundesverband der Pharmazeutischen Industrie e.V.
C	Herausforderung
COPD	Chronic obstructive pulmonary disease
CRM	Customer Relationship Management
D	Diagonal
DCV	Dynamic Capability View
DSGVO	Datenschutzgrundverordnung
DTP	Direct To Patient
DTPM	Direct-to-Patient-Marketing
DVG	Digitale-Versorgung-Gesetz
EDV	Elektronische Datenverarbeitung

EMA	Europäische Arzneimittel-Agentur
ePa	Elektronische Patientenakte
EPO	Erythropoitin
GKV	Gesetzliche Krankenversicherung
GKV-VstG	GKV-Versorgungsstrukturgesetz
GMG	Gesetz zur Modernisierung der gesetzlichen Krankenversicherung
GMS	Gesundheitsmittel
GSK	GlaxoSmithKline
GWB	Gesetz gegen Wettbewerbsbeschränkungen
H	Horizontal
HWG	Heilmittelwerbegesetz
IKT	Informations- und Kommunikationstechnologien
IT	Information Technology
IVR	Interactive Voice Recording
K	Kurzfristig
KBV	Knowledge-Based View
KI	Künstliche Intelligenz
KKV	Komparativer Konkurrenzvorteil
KMU	Kleines und mittelständisches Unternehmen
KVP	Kontinuierlicher Verbesserungsprozess
L	Langfristig
LEH	Lebensmitteleinzelhandel
M&A	Mergers & Acquisition
MR	Mixed Reality
MXDP	Multiexperience Development Platform
NLP	Natural Language Processing
OTC	Over-the-Counter
P	Pool
PDSG	Patientendaten-Schutz-Gesetz

PiSCE	Pilot project on the promotion of Self-Care systems in the European Union
PoS	Point of Sale
RBT	Resource-Based Theory
RI	Richtung
SA	Strategische Allianz
SaaS	Software as a Service
SET	Social Exchange Theory
SGB	Sozialgesetzbuch
SGE	Strategische Geschäftseinheit
SGF	Strategisches Geschäftsfeld
SME	Small and medium-sized enterprise
StGB	Strafgesetzbuch
T	Transfer
TCT	Transaction Cost Theory
TE	Tempus
USP	Unique Selling Proposition
UWG	Gesetz gegen den unlauteren Wettbewerb
V	Vertikal
VCA	Virtual Customer Assistant
VOASG	Gesetz zur Stärkung der Vor-Ort-Apotheken
VR	Virtual Reality
WE	Wertsteigernder Faktor

Abbildungsverzeichnis

Abbildung 1:	Aufbau der Arbeit	27
Abbildung 2:	Marketingaufgaben im Rahmen des Marketingmanagements	35
Abbildung 3:	Integriertes Marketing und seine Bezugsgruppen	39
Abbildung 4:	Komparativer Konkurrenzvorteil	44
Abbildung 5:	Arzneimittel-Klassifizierung	57
Abbildung 6:	Akteure im deutschen Gesundheitssystem	65
Abbildung 7:	Zwischenbetriebliche Unternehmenskooperationen	76
Abbildung 8:	Entstehungs- und Entwicklungsprozess einer Strategischen Allianz	81
Abbildung 9:	Ziele, Adressaten und Instrumente von OTC-Pharmamarketing	102
Abbildung 10:	Wertschöpfungskette im Pharmamarkt	104
Abbildung 11:	Zyklus der Selbstmedikation	114
Abbildung 12:	Wertschöpfungskette im Pharmamarkt mit Einfluss der Digitalisierung	163
Abbildung 13:	Bestandteile eines Geschäftsmodells	170
Abbildung 14:	Ablauf einer Customer Journey	181
Abbildung 15:	Traditionelle, branchenspezifische Patient Journey	186
Abbildung 16:	Customer Lifecycle	188
Abbildung 17:	Volldigitalisierte, branchenspezifische Patient Journey	197
Abbildung 18:	Interdependenzen der Herausforderungen C_1-C_3	241
Abbildung 19:	Typisierungsansatz Strategischer Allianzen nach Lutz (1993)	246
Abbildung 20:	Mehrdimensionales Kategorisierungsmodell mit Ausprägungen Strategischer Allianzen	253
Abbildung 21:	Rechtliche Einschränkungen für vertikale Kooperationen zwischen OTC-Pharmaherstellern und Apotheken	268
Abbildung 22:	Ausprägungskombinationen Strategischer Allianzen innerhalb des dreidimensionalen Kategorisierungsmodells	269
Abbildung 23:	Zusammenfassende Übersicht der acht Ausprägungskombinationen Strategischer Allianzen innerhalb des dreidimensionalen Kategorisierungsmodells	273

Abbildung 24: Methodisches Vorgehen am Beispiel von
Herausforderung 1 277
Abbildung 25: Lösungsräume der Herausforderungen C_1–C_3 319
Abbildung 26: Gesamtheitliche Einordnung der Lösungsräume 319
Abbildung 27: Handlungsempfehlungen für C_1–C_3 320
Abbildung 28: Weitere Handlungsoptionen für C_1–C_3 326
Abbildung 29: Ausgeschlossene Handlungsoptionen für C_1–C_3 329
Abbildung 30: Gesamtheitliche Ergebnisübersicht 336

Tabellenverzeichnis

Tabelle 1:	Theoretische Rahmenkonzepte Strategischer Allianzen	95
Tabelle 2:	Vor- und Nachteile der Selbstmedikation	118
Tabelle 3:	Zentrale gesetzliche Grundlagen für den OTC-Pharmamarkt	126
Tabelle 4:	Zentrale gesetzliche Grundlagen und gesundheitspolitische Initiativen mit Einfluss auf den Selbstmedikationsmarkt	130
Tabelle 5:	Beispiele von Gesetzesanpassungen für die Einschränkung der Selbstmedikation	134
Tabelle 6:	Zentrale laufende und zukünftige Gesetzesvorhaben sowie gesundheitspolitische Initiativen mit Einfluss auf den Selbstmedikationsmarkt	135
Tabelle 7:	Bereits relevante und zukünftige, digitale Technologien	194
Tabelle 8:	Traditionelle und volldigitalisierte Patient Journey im Vergleich	202
Tabelle 9:	Angepasste Herausforderungs-Kategorien und Herausforderungen	221
Tabelle 10:	Übersicht der einzelnen Anforderungen von C_1–C_3	243
Tabelle 11:	Dimensionen und zugehörige Ausprägungen des mehrdimensionalen Kategorisierungsmodells	251
Tabelle 12:	Tabellarische Vorlage zur Eignungsbewertung im Kategorisierungsmodell	276
Tabelle 13:	Eignungsbewertung C_1–A_1 – Wertsteigernder Faktor	279
Tabelle 14:	Eignungsbewertung C_1–A_1 – Tempus	280
Tabelle 15:	Eignungsbewertung C_1–A_1 – Richtung	280
Tabelle 16:	Eignungsbewertung C_1–A_2 – Wertsteigernder Faktor	281
Tabelle 17:	Eignungsbewertung C_1–A_2 – Tempus	282
Tabelle 18:	Eignungsbewertung C_1–A_2 – Richtung	283
Tabelle 19:	Eignungsbewertung C_1–A_3 – Wertsteigernder Faktor	284
Tabelle 20:	Eignungsbewertung C_1–A_3 – Tempus	285
Tabelle 21:	Eignungsbewertung C_1–A_3 – Richtung	286
Tabelle 22:	Eignungsbewertung C_1–A_4 – Wertsteigernder Faktor	288
Tabelle 23:	Eignungsbewertung C_1–A_4 – Tempus	288
Tabelle 24:	Eignungsbewertung C_1–A_4 – Richtung	289
Tabelle 25:	Eignungsbewertung C_1–A_5 – Wertsteigernder Faktor	290
Tabelle 26:	Eignungsbewertung C_1–A_5 – Tempus	290

Tabelle 27:	Eignungsbewertung C_1–A_5 – Richtung	291
Tabelle 28:	Zusammenfassende Eignungsbewertung für C_1 – Wertsteigernder Faktor	292
Tabelle 29:	Zusammenfassende Eignungsbewertung für C_1 – Tempus	292
Tabelle 30:	Zusammenfassende Eignungsbewertung für C_1 – Richtung	293
Tabelle 31:	Eignungsbewertung C_2–A_1 – Wertsteigernder Faktor	294
Tabelle 32:	Eignungsbewertung C_2–A_1 – Tempus	295
Tabelle 33:	Eignungsbewertung C_2–A_1 – Richtung	296
Tabelle 34:	Eignungsbewertung C_2–A_2 – Wertsteigernder Faktor	296
Tabelle 35:	Eignungsbewertung C_2–A_2 – Tempus	297
Tabelle 36:	Eignungsbewertung C_2–A_2 – Richtung	297
Tabelle 37:	Eignungsbewertung C_2–A_3 – Wertsteigernder Faktor	298
Tabelle 38:	Eignungsbewertung C_2–A_3 – Tempus	298
Tabelle 39:	Eignungsbewertung C_2–A_3 – Richtung	299
Tabelle 40:	Eignungsbewertung C_2–A_4 – Wertsteigernder Faktor	299
Tabelle 41:	Eignungsbewertung C_2–A_4 – Tempus	300
Tabelle 42:	Eignungsbewertung C_2–A_4 – Richtung	300
Tabelle 43:	Eignungsbewertung C_2–A_5 – Wertsteigernder Faktor	301
Tabelle 44:	Eignungsbewertung C_2–A_5 – Tempus	302
Tabelle 45:	Eignungsbewertung C_2–A_5 – Richtung	302
Tabelle 46:	Zusammenfassende Eignungsbewertung für C_2 – Wertsteigernder Faktor	303
Tabelle 47:	Zusammenfassende Eignungsbewertung für C_2 – Tempus	304
Tabelle 48:	Zusammenfassende Eignungsbewertung für C_2 – Richtung	304
Tabelle 49:	Eignungsbewertung C_3–A_1 – Wertsteigernder Faktor	306
Tabelle 50:	Eignungsbewertung C_3–A_1 – Tempus	306
Tabelle 51:	Eignungsbewertung C_3–A_1 – Richtung	307
Tabelle 52:	Eignungsbewertung C_3–A_2 – Wertsteigernder Faktor	308
Tabelle 53:	Eignungsbewertung C_3–A_2 – Tempus	309
Tabelle 54:	Eignungsbewertung C_3–A_2 – Richtung	309
Tabelle 55:	Eignungsbewertung C_3–A_3 – Wertsteigernder Faktor	310
Tabelle 56:	Eignungsbewertung C_3–A_3 – Tempus	311
Tabelle 57:	Eignungsbewertung C_3–A_3 – Richtung	312
Tabelle 58:	Zusammenfassende Eignungsbewertung für C_3 – Wertsteigernder Faktor	313
Tabelle 59:	Zusammenfassende Eignungsbewertung für C_3 – Tempus	313
Tabelle 60:	Zusammenfassende Eignungsbewertung für C_3 – Richtung	314
Tabelle 61:	Ergebnismatrix	315
Tabelle 62:	Einordnung der Ausprägungen Strategischer Allianzen als Teil der Forschungsergebnisse	318

1 Problemstellung und Zielsetzung

Digitale Technologien führen zu einer massiven Veränderung, wie Endverbraucher untereinander aber auch mit Unternehmen kommunizieren. Diese Veränderung macht auch vor dem Over-the-Counter (OTC)-Pharmamarkt[1] in Deutschland nicht Halt. Neuartige Technologien prägen ein neues Verständnis und eine neue Grundlage der Kundenansprüche und -bedürfnisse der Patienten und deren Erfahrungen innerhalb ihrer Customer Journey. Hierdurch sehen sich OTC-Pharmahersteller – unter Berücksichtigung rechtlicher Rahmenbedingungen – in der Notwendigkeit, sich an diese neuen Kundenbedürfnisse anzupassen und ihre Kommunikation und Werbeaktivitäten als auch Serviceangebote für das neue digitale Umfeld weiterzuentwickeln.[2] Diese Entwicklung bewegt auch viele andere Branchen, an denen sich die OTC-Pharmabranche messen muss.[3] Um dieser Situation zu entgegnen, können Strategische Allianzen als ein probates Mittel innerhalb der Pharmabranche eingesetzt werden,[4] weshalb diese innerhalb der vorliegenden Dissertation den Hauptuntersuchungsgegenstand darstellen.

Somit beginnt die vorliegende Arbeit mit dem Aufzeigen der Relevanz des Forschungsgegenstandes und der Problemstellung. Anschließend wird in einem weiteren Unterabschnitt der relevante Stand der Forschung für diese Arbeit dargestellt und die daraus resultierende Forschungslücke aufgezeigt. Aus der Synthese der Problemstellung und dem Stand der Forschung werden sodann die Forschungsziele und die Methodik definiert und daraus folgend die Forschungsfrage abgeleitet. Das Forschungsvorhaben wird anschließend in den wissenschaftstheoretischen Rahmen eingeordnet. Das Kapitel endet mit dem Aufbau der Untersuchung.

---

1 Dieser wird auch „Selbstmedikationsmarkt" genannt, vgl. Bundesverband der Arzneimittel-Hersteller (2020), S. 26.
2 Vgl. Idris & Heupel (2020), S. 295–296.
3 Dies wird mit Blick auf den in Unterabschnitt 3.3.2 („Status Quo der Digitalisierung des OTC-Pharmamarktes") thematisierten Digitalisierungsindex in Deutschland ersichtlich.
4 Vgl. Lin & Darling (1999), S. 121; Illert (2017), S. 282–283; Yoon, Rosales & Talluri (2018), S. 862.

1.1 Relevanz des Forschungsgegenstandes

Der Einfluss digitaler Technologien ist heutzutage allgegenwärtig; sei es wie Menschen Zugang zu Informationen erhalten, miteinander kommunizieren oder wie sie mit Unternehmen interagieren.[5] Aus diesem Grund müssen Unternehmen zeitgemäß digital aufgestellt sein, um den sich ständig verändernden und steigenden Kundenansprüchen ihrer Kunden nachzukommen.[6] Dies greift besonders im wirtschaftlichen Kontext, da es das ultimative Ziel eines jeden Unternehmens ist, langfristig wettbewerbsfähig[7] zu bleiben, insbesondere bei der Gefahr des Eintrittes neuer Wettbewerber in den Markt.[8]

Diese Entwicklungen zeigen sich auch in der pharmazeutischen Branche. So ist diese konfrontiert mit einer enormen Transformation, welche geprägt ist von Innovationen, die das Wachstum und den zukünftigen Wettbewerb von Unternehmen bestimmen. Treiber dieser Transformation sind umfassende technologische Veränderungen, die Einfluss auf die Erwartungen der Patienten (die in der Pharmabranche die Endverbraucher der Arzneimittel darstellen) nehmen und Wettbewerber mit neuen, digitalen Geschäftsmodellen in die Branche führen. In der Betrachtung dieser Transformation (sich verändernde Kundenerwartungen und digitale Geschäftsmodelle) steht die Branche dabei noch am Anfang dieser Entwicklungen.[9] Aus diesem Grund liegt ein essenzieller Fokus dieser Arbeit auf den Herausforderungen, welche durch die Digitalisierung für Unternehmen der Pharmabranche entstehen.

Dabei wird in dieser Branche unterschieden zwischen verschreibungspflichtigen (Rx) und rezeptfreien Arzneimitteln. Bei Letzteren gilt es erneut zwischen freiverkäuflichen (welche in Drogerien oder dem Lebensmitteleinzelhandel erhältlich sind) und apothekenpflichtigen Arzneimitteln zu differenzieren.[10] Die vorliegende Dissertation betrachtet hierbei ausschließlich den Markt der apothekenpflichtigen und somit der OTC-Arzneimittel.

---

5   Vgl. Boureanu (2017), S. 145.
6   Vgl. Weuthen (2019), S. 107–108. Siehe zu den sich verändernden Kundenanforderungen durch die Digitalisierung weiterhin u.a. die Veröffentlichungen von Stief, Eidhoff & Voeth (2016); McColl-Kennedy et al. (2017); Schröder & Lohse (2018) und Pousttchi & Dehnert (2018).
7   Auf das Konstrukt des Komparativen Konkurrenzvorteiles wird eigens in Unterabschnitt 2.1.4 dieser Arbeit eingegangen.
8   Vgl. Niestroj (2020), S. 3–4.
9   Vgl. Gassmann, Schuhmacher, von Zedtwitz & Reepmeyer (2018), S. 155.
10 Vgl. Dambacher & Schöffski (2008), S. 281.

In dieser Betrachtung unterscheiden sich die Märkte der verschreibungspflichtigen Medikamente und der OTC-Arzneimittel maßgeblich bei deren zugrundeliegenden gesetzlichen Bestimmungen. So ist der Verkauf von OTC-Präparaten primär durch den Einsatz von Marketingmaßnahmen wie Werbung an die Endverbraucher geprägt; im rezeptpflichtigen Arzneimittelmarkt hingegen muss (aufgrund der strikteren gesetzlichen Regulierungen) auf Rabattverträge mit Krankenkassen und Außendienstbesuche bei Arztpraxen zurückgegriffen werden.[11] OTC-Pharmahersteller können somit – im Vergleich zu in der Rx-Pharmabranche agierende Unternehmen – durch direkte Kundenwerbung von Arzneimittel-Hersteller an Patienten, Einfluss auf das Kaufverhalten dieser nehmen, da der Patient in diesem Markt rechtlich auf direktem Wege adressiert werden darf (wenngleich ebenfalls mit rechtlich zu beachtenden Regulierungen).[12] Diese Feststellung ist entscheidend, da dieser Marktunterschied zwischen verschreibungspflichtigen und rezeptfreien OTC-Arzneimitteln somit keine simultane Betrachtung dieser zwei charakteristisch zu unterscheidenden Märkte erlaubt.[13] Für die Betrachtung des OTC-Pharmamarktes wird sich aufgrund des Absatzprozesses sowie der inhaltlichen Ausrichtung dieser Arbeit, ausschließlich auf die folgenden Akteure fokussiert: OTC-Pharmahersteller, Apotheken und Patienten sowie in einigen Betrachtungen ebenso auf Ärzte.

Da der Vertrieb von apothekenpflichtigen, rezeptfreien Arzneimitteln rechtlich ausschließlich über die Apotheke als Absatzmittler gestattet ist,[14] nimmt die Apotheke in der vorliegenden Arbeit eine zentrale Rolle ein. Allerdings wird im Rahmen der (digitalen) Marketingmaßnahmen[15] ausschließlich die Beziehung zwischen den OTC-Pharmaherstellern und den Endkunden in der sich durch die Digitalisierung verändernden Customer (Patient) Journey[16] betrachtet.[17]

---

11 Vgl. Huber, Dippold & Forsthofer (2012), S. 291.
12 Vgl. § 10 Heilmittelwerbegesetz; Ehrnstorfer (2008), S. 273; DeLorme, Huh, Reid & An (2010), S. 208–209.
13 Vgl. Huber, Dippold & Forsthofer (2012) S. 291.
14 Vgl. §§ 43–47 Arzneimittelgesetz.
15 In der gesamten Dissertation wird von einem Integrativ-Prozessualen Marketingverständnis ausgegangen. Dies bedeutet, dass Kommunikation und Vertrieb nicht als vom Marketing separiert, sondern als integrierte Teilbereiche des Marketing angesehen werden. Vgl. hierzu auch Mattmüller (2012), S. 58, 71.
16 Die Begriffe „Customer Journey" und „Patient Journey" werden in dieser Arbeit synonym gesetzt.
17 Da der Patient im OTC-Pharmamarkt im Normalfall keinerlei Beratung durch einen Arzt benötigt, kann er stets selbst entscheiden, welche Medikamente (und welche

Durch diesen Einfluss der Digitalisierung werden sich daher die Touchpoints[18] und Kommunikationskanäle innerhalb der Patient Journey im OTC-Pharmamarkt grundlegend ändern.[19] Dabei erneut zu beachten, gilt die Prämisse, dass der Vertrieb für OTC-Pharmahersteller rechtlich ausschließlich über die Apotheke als Absatzmittler gestattet ist. Ein Direktvertrieb an den Patienten vonseiten des Herstellers oder über andere Kanäle wie etwa Drogerien, sind in diesem Markt verboten. Aufgrund dieser spezifischen Anforderungen an den Markt ist es gleichermaßen grundlegend relevant, stets die rechtlichen Grundlagen zu berücksichtigen.[20]

Zusätzlich entsteht im OTC-Arzneimittelmarkt eine gesellschaftliche Relevanz, da die Intensivierung der Selbstmedikation zur Entlastung des Gesundheitssystems beitragen soll. So führt im Bereich der Gesellschaft der demographische Wandel zu steigenden Anforderungen an das Gesundheitssystem, begründet durch die daraus resultierende Veränderung der Arbeitswelt.[21] Weiterhin wächst der Trend zur Eigendiagnose und Selbstmedikation im Pharmamarkt, weshalb ein Ausbau im Umgang damit ebenfalls maßgeblich ist, um die Ressourcen des Gesundheitssystems effizienter nutzen zu können.[22] Hier nimmt ebenfalls die aktuelle (2020 / 2021) Covid-19-Pandemie Einfluss.

Weiterhin ist auf der wirtschaftlichen Seite eine Entwicklung im Bereich des Vertriebes zu beobachten: Der Apotheken-Versandhandel für OTC steigt stetig und verzeichnete im Jahre 2019 erneut ein Wachstum zum Vorjahr.[23]

Gleichzeitig stellt sich die Zunahme der Digitalisierung heutzutage als ein möglicher Lösungsansatz für OTC-Pharmaunternehmen dar, um aktiv

---

Marke eines Arzneimittels) er zu sich nehmen und somit kaufen möchte, vgl. Creyer, Hrsistodoulakis & Cole (2001), S. 52–53; Guminski (2008), S. 212. Einen fachlich beratenden Einfluss hat dabei im Regelfall ausschließlich der Apotheker, vgl. Becker & Nölte (2017), S. 31.
18 Im weiteren Verlaufe dieser Arbeit auch synonym „Kundenkontaktpunkte" genannt.
19 Siehe Unterabschnitt 3.4.4 dieser Arbeit.
20 Siehe Unterabschnitt 3.2.3 dieser Arbeit.
21 Vgl. Bundesverband der Arzneimittel-Hersteller (2017), S. 7. Hier sind etwa steigende Fehlzeiten bei älterem Personal zu nennen, vgl. Bundesverband der Arzneimittel-Hersteller (2017), S. 7.
22 Vgl. Bundesverband der Arzneimittel-Hersteller (2017), S. 9.
23 Vgl. Bundesvereinigung Deutscher Apothekerverbände (2020a), S. 18. So ist der Umsatz im Apotheken-Versandhandel vom Jahr 2018 zum Jahr 2019 um +6,7 % gewachsen, der Wert der stationären Apotheken im gleichen Zeitraum hingegen lediglich um +2,2 %, vgl. Bundesvereinigung Deutscher Apothekerverbände (2020a), S. 18. In dieser Betrachtung sind jedoch ebenfalls Nichtarzneimittel einbegriffen.

Einfluss auf die Patienten als Endkunden zu nehmen, und so mithilfe digitaler value-added Services die Kunden zu erreichen, um ihnen einen Mehrwert bei der Informationssuche zu leichten Erkrankungen zu ermöglichen.[24] Dabei ist festzustellen, dass sich die Pharma- und Gesundheitsbranche im Benchmark zu anderen Branchen in der gewerblichen Wirtschaft nicht im führenden Feld im Bereich der Digitalisierung befinden.[25] Hierbei sehen sich Unternehmen mit einer Fülle an individuellen, aber auch allgemeingültigen, branchenweiten Herausforderungen durch diesen digitalen Wandel konfrontiert.[26] Daher wird im Rahmen dieser Arbeit das Konstrukt Strategischer Allianzen[27] als zentraler Forschungsgegenstand herangezogen, da diese bereits ein mit steigender Relevanz gewähltes Instrument in der Pharmabranche sind,[28] und somit in dieser Arbeit auf deren Eignung zur Entgegnung der Herausforderungen durch die Digitalisierung untersucht werden.

Zusammenfassend macht die Relevanz des Forschungsgegenstandes deutlich, dass sich OTC-Pharmaunternehmen – zur nachhaltigen Sicherung eines

---

24 Vgl. Affinito & Mack (2016), S. 2–3. Die beiden Autoren Affinito & Mack (2016) beschreiben, dass pharmazeutische Unternehmen digitale Lösungen „Beyond the pill", also über das Angebot von Arzneimitteln hinaus, schaffen müssen, um den Patienten eine spürbare Wertsteigerung ihres Angebotes bieten zu können, vgl. Affinito & Mack (2016), S. 2. Auch Roland Berger (2016) zeigt auf, dass im traditionellen Sinne keine direkte Interaktion zwischen Unternehmen im Gesundheitsmarkt und Endkunden besteht. Mit der sich ändernden Rolle des Patienten durch die Digitalisierung hätte sich dies jedoch stark verändert, da es für Patienten nun möglich sei, sich online zu informieren und auszutauschen. Vgl. Roland Berger (2016), S. 5. Gleichermaßen beschreiben die Autoren Haßing & Müther (2020) die „Beyond the pill" Lösungen, vgl. Haßing & Müther (2020), S. 102, und zeigen vorgelagert dazu auf, dass die die Option der digitalen Kommunikation mit Patienten, und somit die Einflussnahme von Akteuren im Gesundheitsbereich auf diese, ein noch junges Forschungsgebiet in Deutschland darstellt, vgl. Haßing & Müther (2020), S. 92–93.
25 Vgl. Bundesministerium für Wirtschaft und Energie (2018), S. 13.
26 Vgl. u.a. die ganzheitlichen Veröffentlichungen von Stief, Eidhoff & Voeth (2016); Parviainen, Tihinen, Kääriäinen & Teppola (2017) und Matzler, von den Eichen, Anschober & Kohler (2018).
27 In der vorliegenden Arbeit auch synonym „Kooperationen" oder „Partnerschaften" genannt.
28 Vgl. Lin & Darling (1999), S. 121; Illert (2017), S. 282–283; Yoon, Rosales & Talluri (2018), S. 862. Yoon, Rosales & Talluri (2018) untersuchen exemplarisch dazu in ihrer Veröffentlichung, inwieweit Strategische Allianzen pharmazeutischer Unternehmen zur Entwicklung und Vermarktung neuer Arzneimittel eingesetzt werden können, und betrachten dabei verschiedene Motivationen und Anreizmodelle.

Konkurrenzvorteiles – auf die sich durch die Digitalisierung stark verändernde Patient Journey strategisch anpassen müssen. Dies gilt besonders vor dem Hintergrund einer verstärkten Rolle der Selbstmedikation in Deutschland, um somit eine effiziente Nutzung der Ressourcen des deutschen Gesundheitssystems langfristig sicherstellen zu können. Diesen Ausführungen folgend wird anschließend der aktuelle Stand der Forschung dargestellt, um die Forschungslücke der hier vorliegenden Dissertation aufzuzeigen.

1.2 Stand der Forschung

Die Digitalisierung im Pharma- und Gesundheitsmarkt nimmt eine zentrale Rolle in der heutigen Umsetzung von Marketingstrategien und -aktivitäten ein. Hier fallen besonders jüngere Forschungsarbeiten auf, da die Thematik der Digitalisierung ein erst seit einigen Jahren behandeltes und akutes Forschungsthema in Wissenschaft und Praxis darstellt.[29] Dabei stellt sich gemäß des deutschen Digitalisierungsindex heraus, dass sowohl die Pharma- als auch Gesundheitsbranche im Bereich der Digitalisierung im Branchenvergleich (noch) schwach aufgestellt sind.[30] Daher wird als ein Teil dieser Thematik untersucht, welchen Herausforderungen (im weiteren Verlaufe der Arbeit auch mit dem Akronym „C" abgekürzt)[31] die Branche – und entsprechend die Hersteller von OTC-Arzneimitteln – durch die Digitalisierung im Bereich des Marketing gegenüberstehen.

Da die Literaturrecherche nach Herausforderungen durch die Digitalisierung für die OTC-Pharmabranche ergebnislos blieb und auch für den Pharmamarkt allgemein eine begrenzte Anzahl an Veröffentlichungen vorliegt, wurde die Recherche auf allgemeingültige, branchenübergreifende Herausforderungen, welchen Unternehmen gegenüberstehen, erweitert.[32] Diese werden somit als Teil dieser Arbeit dezidiert auf die OTC-Pharmabranche übertragen.

---

29 Vgl. u.a. die Publikationen von Harm (2017); Lee (2017); Houston (2018) und Pfannstiel, Da-Cruz & Rederer (2020).
30 Vgl. Bundesministerium für Wirtschaft und Energie (2018), S. 13.
31 Um Verwechslungen mit dem für Hypothesen verwendeten Buchstaben „H" zu vermeiden, wird hier das Akronym „C" für den englischen Begriff „Challenges" (zu deutsch: „Herausforderungen") verwendet.
32 In diesem Zusammenhang zeigen DeLorme, Huh, Reid & An (2010) in ihrer Publikation auf, dass allein der OTC-Pharmamarkt als eigenständiger Bereich bisher wenig erforscht wurde, vgl. DeLorme, Huh, Reid & An (2010), S. 209.

Stand der Forschung 7

Ein weiterer Forschungsfokus dieser Arbeit liegt in der Ausrichtung der Herausforderungen auf den Bereich der Customer Journey, welche im Zuge der Recherchen in dem hier dargelegten spezifischen Gebiet nicht als in der wissenschaftlich akademischen Literatur behandelt bewertet wird.[33] Da die bis dato veröffentlichten wissenschaftlichen Publikationen nicht auf die spezifischen Herausforderungen durch die Digitalisierung für OTC-Pharmahersteller vor dem Hintergrund des Marketing und spezifisch der Patient Journey eingehen, setzt die vorliegende Forschungsarbeit an genau diesem Punkt an.

Zudem wird untersucht, inwieweit OTC-Pharmahersteller durch Strategische Allianzen den identifizierten Herausforderungen durch die Digitalisierung entgegnen können. So weisen Strategische Allianzen einerseits eine praktische Relevanz im Pharmamarkt auf, welche durch Kooperationen, wie die zwischen dem deutschen Technologie- und Wissenschaftsunternehmen „Merck KGaA" und dem chinesischen Unternehmen „Alibaba Health Information Technology Limited"[34], offensichtlich wird.[35] Andererseits verdeutlichen einzelne Veröffentlichungen die steigende Relevanz Strategischer Allianzen vor dem Hintergrund der Digitalisierung,[36] wodurch ein erhöhter Bedarf für dieses Forschungsfeld entsteht[37] und was die vorliegende Arbeit somit adressiert.

In der spezifischen Betrachtung der Herausforderungen durch die Digitalisierung lässt sich im Zuge der Literaturrecherchen dieser Arbeit feststellen, dass es kaum wissenschaftliche Veröffentlichungen zu eben dieser Fragestellung in der hier betrachteten Branche gibt.[38] Die Erkenntnis basiert auf einer

---

33 So lassen sich einige Veröffentlichungen zur Thematik der Customer Journey vor dem Hintergrund der Digitalisierung finden, u.a. Lemon & Verhoef (2016) und Aunkofer (2018), allerdings nicht mit dem hier relevanten branchenspezifischen Bezug.
34 Alibaba Health stellt sich als Tochterunternehmen der „Alibaba Group" als Anbieter digitaler Lösungen im Gesundheitsbereich auf, vgl. Merck (2018).
35 Vgl. Merck (2018). Dieses Beispiel einer Strategischen Allianz im Pharmamarkt zeichnet sich vor dem Hintergrund dieser Arbeit dadurch aus, dass es sich um eine Kooperation zweier Unternehmen zur Entwicklung digitaler Lösungen für den Patienten im Gesundheitsmarkt handelt, vgl. Merck (2018).
36 Yoon, Rosales & Talluri (2018) zeigen auf, dass Strategische Allianzen in den letzten Jahren zu einem Erfolgsschlüssel für Unternehmen, u.a. auch in der pharmazeutischen und High-Tech Branche, wurden, vgl. Yoon, Rosales & Talluri (2018), S. 862.
37 Bisher zeigen besonders Studien aus der Unternehmenspraxis wie die von Bearing-Point (2015) oder Arthur D. Little (2016) diese Entwicklungen von Strategischen Allianzen bzw. Kooperation im Pharma- und Gesundheitsmarkt vor dem Hintergrund der Digitalisierung auf, nicht aber akademisch, wissenschaftliche Publikationen.
38 Die Thematik des Umganges mit allgemeinen, branchenübergreifenden Herausforderungen durch die Digitalisierung für Unternehmen behandeln u.a. Parviainen,

systematischen „Literature Review". Diese wurde in den Datenbanken „EBSCO Business Source Complete", „Scopus" und „Emerald" durchgeführt. Die Kombination der Suchparameter setzt sich entsprechend der vorangehenden Darlegung aus den Schlagworten „pharma or health"[39] und „digitalization or digitalisation or digitization or digitisation or digital transformation" und „challenges or barriers or difficulties or issues or problems or limitations or obstacles" und „marketing" zusammen.

Dabei wurde ein Zeitraum der Jahre von 2000–2020[40] festgelegt. „Conference proceedings" wurden im Zuge der Recherche ausgeschlossen und die Sprache der Veröffentlichungen wurde auf Deutsch und Englisch beschränkt. Diese angegebene Suche ergibt bei „EBSCO Business Source Complete" eine Zahl von 19 Treffern, bei „Scopus" liefert sie neun Ergebnisse und bei „Emerald" ergab die Suche keine Treffer. Somit wurden in den angegebenen Datenbanken insgesamt 28 Veröffentlichungen mit den erläuterten Kriterien gefunden. Eine ausführliche Übersicht über die jeweiligen Treffer und die Einordnung in den Forschungskontext dieser Arbeit kann in Anhang 1 nachvollzogen werden.

Im Zuge dieser Prüfung von Veröffentlichungen im Kontext dieser Arbeit hat sich herausgestellt, dass zwölf Publikationen eine (oftmals nur teilweise) Schnittmenge mit dem Forschungsvorhaben dieser Arbeit haben.[41] Dabei ist festzustellen, dass diese Publikationen die hier behandelte Thematik ausschließlich anschneiden, nicht aber dezidiert eine Auflistung elementarster Herausforderungen für den Betrachtungsmarkt identifizieren. Besonders trifft dies zu, da die Suche hier noch nicht auf den OTC-Pharmamarkt eingeschränkt wurde, um zunächst einen generellen Überblick über den Pharma- und Gesundheitsmarkt zu schaffen. Wird die Suche unter gleichen Parametern mit der Eingrenzung auf den spezifischen OTC-Pharmamarkt (statt pharma und health)

Tihinen, Kääriäinen & Teppola (2017) und Matzler, von den Eichen, Anschober & Kohler (2018).
39 An dieser Stelle wurde bewusst das Schlagwort „health" mit einbezogen, da der ausschließliche Suchbegriff nach „pharma" keine erfolgsversprechenden Ergebnisse erzielt hat.
40 Der zeitliche Rahmen wurde entsprechend gewählt, da technologische Entwicklungen, welche älter als zwanzig Jahre sind, zum heutigen Zeitpunkt entweder zur Norm oder irrelevant geworden sind.
41 Hier wurden Titel, Abstracts und Ergebnisse der einzelnen Veröffentlichungen gesichtet, und überprüft, inwieweit diese mit dem Forschungsfokus der vorliegenden Arbeit übereinstimmen.

Stand der Forschung 9

durchgeführt, werden in allen drei untersuchten Datenbanken keine Treffer mehr erreicht, wodurch sich das vorliegende Forschungsdefizit begründet. Das Forschungsfeld Strategischer Allianzen stellt im Allgemeinen hingegen ein deutlich tiefer ergründetes Thema dar.[42]

In diesem Zusammenhang untersuchen Forscher verschiedenste Elemente Strategischer Allianzen, wie die Charakteristika, Motive und theoretischen Rahmenkonzepte dieser, und stellen die zentrale Literatur dar, auf Grundlage welcher die vorliegende Forschungsarbeit ebenfalls aufbaut.[43] Dieser allgemeine Forschungsstand bezüglich Strategischer Allianzen ist jedoch im Zusammenhang mit der Pharmabranche und dem Fokus auf das Marketing und die Digitalisierung zu überprüfen.[44] Dabei wird deutlich, dass Strategische Allianzen sowohl im Kontext des Pharmamarktes[45] als auch im Bereich des

---

42 Hier sind insbesondere Veröffentlichungen von Harrigan (1988); Hamel, Doz & Prahalad (1989); Bronder & Pritzl (1992); Yoshino & Rangan (1995); Mowery, Oxley & Silvermann (1996); Kale & Singh (2009); Cavazos & Varadarajan (2012); Gomes, Barnes & Mahmood (2016) und Russo & Cesarani (2017) zu nennen.
43 So zeigen etwa Bronder & Pritzl (1992) in ihrer ganzheitlichen Veröffentlichung die verschiedenen Stufen der Allianzbildung auf, Yoshino & Rangan (1995) stellen die Charakteristika und Begriffsabgrenzung Strategischer Allianzen dar, vgl. Yoshino & Rangan (1995), S. 3–9, Varadarajan & Cunningham (1995) gehen auf die Motive für die Allianzbildung ein, vgl. Varadarajan & Cunningham (1995), S. 284–286, und sowohl Cavazos & Varadarajan (2012) als auch Gomes, Barnes & Mahmood (2016) und Russo & Cesarani (2017) thematisieren innerhalb ihrer Arbeiten die Einordnung Strategischer Allianzen in theoretische Rahmenkonzepte wie den Knowledge-based view, vgl. Cavazos & Varadarajan (2012), S. 571–573; Gomes, Barnes & Mahmood (2016), S. 16; Russo & Cesarani (2017), S. 2–4. Diese Themen werden in der vorliegenden Arbeit explizit in Abschnitt 2.3 behandelt.
44 Die junge Forschungsarbeit von He, Meadows, Angwin, Gomes & Child (2020) befasst sich zumindest mit der Thematik Strategischer Allianzen vor dem Hintergrund der digitalen Transformation. Dabei stellen sie fest, dass allein die Betrachtung Strategischer Allianzen innerhalb der Entwicklungen durch die Digitalisierung eine grundlegende Forschungslücke darstellt. Vgl. He, Meadows, Angwin, Gomes & Child (2020), S. 609. In einer weiteren jüngeren Publikation von Galera-Zarco, Opazo-Basáez, Marić & García-Feijoo (2020) befassen sich die Autoren mit Strategischen Allianzen vor dem Hintergrund der Digitalisierung mit Fokus auf die Branche des Einzelhandels, was die Relevanz der Untersuchung Strategischer Allianzen in einem zeitgerechten Umfeld – namentlich der Digitalisierung – unterstreicht.
45 Vgl. hierzu u.a. die Veröffentlichungen von Lin & Darling (1999); Tyebjee & Hardin (2004); Ohba & Figueiredo (2007); Gottinger & Umali (2008) und Yoon, Rosales & Talluri (2018). Hierbei ist ebenfalls anzumerken, dass die Arbeiten im Bereich des

Marketing[46] (ohne Berücksichtigung des Pharmamarktes) bereits mehrfach Forschungsgegenstand waren.

Zur Untersuchung von Strategischen Allianzen im Pharmamarkt im Bereich des Marketing wurde eine weitere systematische „Literature Review" – in den gleichen Datenbanken wie bei der ersten „Literature Review" – durchgeführt. An dieser Stelle setzt sich die Kombination der Suchparameter aus den Schlagworten „pharma or health" und „digitalization or digitalisation or digitization or digitisation or digital transformation" und „strategic alliances or cooperation or partnership" und „marketing" zusammen.

Diese Suche ergibt bei „EBSCO Business Source Complete" ein Suchergebnis, bei „Scopus" und „Emerald" jeweils null Treffer.[47] Auch hier ergeben sich zum Untersuchungszeitpunkt in allen drei Datenbanken keine Suchergebnisse, sofern der Pharma- bzw. Gesundheitsmarkt erneut auf den spezifischen OTC-Pharmamarkt eingegrenzt wird. Die einzige Veröffentlichung, welche letztendlich unter den angegebenen Suchparametern gefunden wurde, untersucht zwar den Gesundheitsmarkt im Bereich des digitalen Marketing, allerdings weder mit Fokus auf Strategische Allianzen noch mit dem Betrachtungsmarkt Deutschland.[48]

Zusammenfassend ist eine akademisch wissenschaftliche Veröffentlichung, welche die elementarsten Herausforderungen durch die Digitalisierung für OTC-Pharmahersteller (ausschließlich für Arzneimittel im apothekenpflichtigen Markt) in Deutschland untersucht, entsprechend mit Literatur ableitet und diese in den Kontext Strategischer Allianzen im Bereich des Marketing mithilfe eines eigens entwickelten Kategorisierungsmodells setzt, im Zuge der ausführlichen Recherchen zu dieser Arbeit nicht aufgekommen. Dies wird somit als offenes Forschungsfeld identifiziert und durch die vorliegende Arbeit komplettiert.

Pharmamarktes in Verbindung mit Strategischen Allianzen zumeist im Bereich der Forschung und Entwicklung zu finden sind.
46 Vgl. Zhang, Shu, Jiang & Malter (2010), S. 86 sowie die Veröffentlichung von O'Dywer, Gilmore & Carson (2011). In dieser widmen sich O'Dywer, Gilmore & Carson (2011) etwa der Fragestellung, wie Strategische Allianzen als Instrument des innovativen Marketing in small and medium-sized enterprises (SMEs) eingesetzt werden können.
47 Analog zu der ersten durchgeführten Literature Review kann auch hier eine Übersicht über die Suchergebnisse und die entsprechende Überprüfung auf den Forschungsfokus dieser Arbeit in Anhang 2 nachvollzogen werden.
48 So untersucht die hier genannte Veröffentlichung den Markt der Vereinigten Arabischen Emirate.

Nachdem der Stand der Forschung für die vorliegende Arbeit somit aufgezeigt wurde, werden im nächsten Abschnitt die Erkenntnisziele und die daraus abzuleitende Forschungsfrage (und ihre Unterfragen) definiert.

1.3 Forschungsziel und Vorgehen sowie Herleitung der Forschungsfragen

Zum Zwecke der Herleitung der Forschungsfragen dieser Arbeit, wird in einem ersten Schritt auf Grundlage der vorangehend aufgezeigten Problemstellung und Relevanz des Forschungsgegenstandes sowie der identifizierten Forschungslücke im hier untersuchten Kontext ein übergreifendes Erkenntnisziel für diese Dissertation benannt.

Um dieses übergreifende Erkenntnisziel gründlich und umfassend abarbeiten zu können, erfolgt auf Basis dessen anschließend die Ableitung der dazugehörigen, untergeordneten Partialziele, welche sich einteilen lassen in ein deskriptives, deduktives und praktisch-normatives Erkenntnisziel. Dabei wird das übergreifende Erkenntnisziel insofern festgelegt, als dass die vorliegende Dissertation einen Status Quo des digitalen Marketing in der OTC-Pharmabranche aufzeigt und mithilfe festgelegter Ausprägungen Strategischer Allianzen erforschen soll, welche dieser Ausprägungen gewählt werden sollten, um den in dieser Arbeit eruierten, größten Herausforderungen für OTC-Pharmahersteller durch die Digitalisierung entgegnen zu können.

Daran anknüpfend wird das untergeordnete, deskriptive Erkenntnisziel formuliert als das Aufzeigen und die Überprüfung des Status Quo der Digitalisierung im Bereich des Marketing im OTC-Pharmamarkt sowie der hauptsächlichen Elemente Strategischer Allianzen. Dies ist damit zu begründen, als dass zunächst eine Übersicht des hier behandelten Marktes und dessen (für diese Arbeit) zentralen Akteure aufgezeigt wird. Bestandteil in diesem Kontext ist zudem die bilateral (für Pharmahersteller und Patienten) zunehmende Relevanz (auch in Anbetracht der gegenwärtigen (2020 / 2021) Covid-19-Pandemie) der Selbstmedikation sowie die rechtlichen Rahmenbedingungen, welche diese einerseits fördern aber auch einschränken. Ebenfalls Teil dieses Erkenntniszieles ist die Vorstellung der beiden Konstrukte des Komparativen Konkurrenzvorteiles und der Strategischen Geschäftsfelder. Weiterhin werden bei der Behandlung des deskriptiven Erkenntniszieles die traditionelle als auch eine volldigitalisierte Patient Journey im OTC-Pharmamarkt aufgezeigt, welche erneut eine grundlegende Rolle im deduktiven als auch praktisch-normativen Erkenntnisziel einnehmen. Außerdem werden die Kernelemente Strategischer

Allianzen behandelt, welche die Grundlage für die weitere Anwendung im deduktiven, als auch praktisch-normativen Teil dieser Arbeit bilden.

Das daraus abzuleitende deduktive Erkenntnisziel entwickelt die im deskriptiven Teil gewonnenen Feststellungen weiter. So lautet das deduktive Erkenntnisziel, einerseits mithilfe von Literatur die elementarsten Herausforderungen, welchen OTC-Pharmahersteller durch die Digitalisierung gegenüberstehen, zu eruieren, und andererseits ein Kategorisierungsmodell zu entwickeln, durch welches erkennbar analysiert werden kann, welche Ausprägungen Strategischer Allianzen gewählt werden sollten, um jenen Herausforderungen entgegnen zu können.

Auch hier hat die branchenspezifische Patient Journey erneut eine zentrale Bedeutung, da im Rahmen dieses deduktiven Teiles ein Abgleich der traditionellen und einer volldigitalisierten Patient Journey durchgeführt wird, um entsprechende Potenziale der Touchpoints sowie aktuell und zukünftig relevanter Technologien aufzudecken. Diese Erkenntnisse bilden die Basis für die darauffolgende Anwendung des Modells für den praktisch-normativen Teil.

Schlussendlich behandelt der dritte Teil dieser Arbeit das praktisch-normative Erkenntnisziel. Dieses bestimmt sich in dieser Arbeit durch die Ableitung und das Aussprechen spezifischer Handlungsempfehlungen für OTC-Pharmahersteller, um zu beantworten, welche Ausprägungen Strategischer Allianzen sie beim Eingehen dieser wählen sollten, um den elementarsten Herausforderungen durch die Digitalisierung entgegnen zu können.

Werden diese hier gültigen und zu erreichenden Erkenntnisziele betrachtet, kann nun in einem zweiten Schritt die übergreifende *Forschungsfrage* dieser Dissertation abgeleitet werden. Diese stellt sich entsprechend wie folgt dar:

„Welche Ausprägungen Strategischer Allianzen können als Instrument des Marketing dazu genutzt werden, um den größten Herausforderungen entlang der Patient Journey, welchen OTC-Pharmahersteller durch die Digitalisierung gegenüberstehen, zu entgegnen?"

Die Forschungsfrage behandelt daher eindeutig das übergreifende Erkenntnisziel und dessen Partialziele (deskriptiv, deduktiv und praktisch-normativ) dieser Dissertation: So befasst sich der deskriptive Teil dieser Arbeit umfassend mit den Thematiken des digitalen Marketing sowie den Akteuren und rechtlichen Grundlagen des OTC-Pharmamarktes. Der deduktive Teil thematisiert die Eruierung der größten Herausforderungen im OTC-Pharmamarkt, und definiert eine Herangehensweise, welche die in dieser Arbeit gültigen Ausprägungen Strategischer Allianzen aufzeigt und in ein Anwendungsmodell einordnet. Abschließend wird für das dritte, praktisch-normative Erkenntnisziel überprüft, welche der definierten Ausprägungen Strategischer Allianzen gewählt werden sollten, um den im deduktiven Teil herausgearbeiteten, größten Herausforderungen durch die Digitalisierung entgegnen zu können.

Da die vorliegende Forschungsfrage eine Vielzahl verschiedener Elemente aufweist, welche im Rahmen dieser Arbeit behandelt werden, macht es an dieser Stelle Sinn, diese übergreifende Forschungsfrage in weiteren forschungsleitenden Unterfragen zu konkretisieren. Diese lassen sich aus dem Gang der Arbeit wie folgt ableiten:

1. *Inwieweit verändert sich die traditionelle Patient Journey im OTC-Pharmamarkt durch die Digitalisierung, und wird die traditionelle Patient Journey hierdurch obsolet?*
2. *Stellen die unterschiedlichen Herausforderungen der Digitalisierung innerhalb der Patient Journey des OTC-Pharmamarktes jeweils andersartige Anforderungen an die auf diesem Markt agierenden Hersteller und wie sind diese zu benennen?*
3. *Lassen sich unterschiedliche Ausprägungen Strategischer Allianzen klassifizieren und in einem einheitlichen, mehrdimensionalen Modell vereinen?*
4. *Wenn ja, können die unterschiedlichen Ausprägungen Strategischer Allianzen nutzbar gemacht werden, um individuell den unterschiedlichen Herausforderungen, auf Basis ihrer jeweiligen Anforderungen, durch die Digitalisierung des OTC- Pharmamarktes zu entgegnen?*
5. *Können gewisse Ausprägungen Strategischer Allianzen grundsätzlich als übergeordnete Handlungsempfehlung im Rahmen der Digitalisierung des OTC-Pharmamarktes, ungeachtet einer individuellen Betrachtung der Herausforderung, ausgesprochen werden?*

Diesen festgelegten Erkenntniszielen und damit einhergehenden Forschungsfragen folgend wird im nächsten Abschnitt auf die wissenschaftstheoretische Einordnung dieser Arbeit eingegangen.

1.4 Wissenschaftstheoretische Einordnung des Forschungsvorhabens

„Wissenschaft trägt dazu bei, Wissen über die Welt zu gewinnen und dadurch bei der Lösung menschlicher Probleme zu helfen."[49] Gemäß dieser Aussage ist

---

49 Weber, Kabst & Baum (2014), S. 25.

14 Problemstellung und Zielsetzung

es relevant, die vorliegende Arbeit in den wissenschaftstheoretischen Rahmen einzuordnen und die dieser Arbeit zugrundeliegende Methodik festzulegen.

Wird die wissenschaftstheoretische Konzeption von einer Meta-Ebene aus betrachtet, zeigen sich als grundlegende Richtungen und Positionen von Wissenschaftstheorien der Rationalismus[50], der Idealismus / Konstruktivismus[51], der Empirismus[52] und der Realismus[53,54] Darüber hinaus zeigt Töpfer (2012) auf, dass weitere Wissenschaftstheorien bestehen, welche Anwendung finden können. Er nennt hier den „Radikalen Konstruktivismus"[55] „Kontingenztheoretische/Situative Ansätze"[56] sowie den „Wissenschaftlichen Realismus"[57,58]

Auf Basis dieser Wissenschaftstheorien wird daher im folgenden Unterabschnitt die für diese Arbeit gültige Einordnung des Forschungsvorhabens in den wissenschaftstheoretischen Rahmen vorgenommen.

1.4.1 Festlegung des wissenschaftstheoretischen Rahmens

Zunächst kann die Betriebswirtschaftslehre (BWL), welche den Wirtschaftswissenschaften zugehörig ist[59] und der Ausrichtung dieser Arbeit zugrunde liegt, in den Bereich der Real- oder Erfahrungswissenschaften als angewandte, praktische (Handlungs-)Wissenschaft eingeordnet werden.[60] Bei der genaueren

---

50 Der Rationalismus erkennt keine Erkenntnisgewinnung über Wahrnehmung an, sondern ausschließlich über Vernunft und Verstand des Individuums, vgl. Töpfer (2012), S. 108, 111.
51 Hier wird für die Konstruktion der Realität eine subjektive Wahrnehmung des Einzelnen angesehen, vgl. Töpfer (2012), S. 108, 110.
52 Der Empirismus basiert für die menschliche Erkenntnisgewinnung auf einer subjektiven Wahrnehmung einzig über Erfahrungen, vgl. Töpfer (2012), S. 108, 111.
53 In der Wissenschaftstheorie des Realismus wird davon ausgegangen, dass es eine objektive Realität gibt, welche auf Erfahrungen und Wahrnehmungen basiert und so anerkannt wird, vgl. Töpfer (2012), S. 108.
54 Vgl. Töpfer (2012), S. 108. Somit ergibt sich, dass die Stoßrichtungen des Idealismus / Konstruktivismus und des Empirismus auf subjektiver Wahrnehmung der Realität basieren, wohingegen die Wissenschaftstheorien des Rationalismus und Realismus auf einer objektiven Auffassung aufbauen, vgl. Töpfer (2012), S. 108.
55 Nach u.a. Ernst von Glasersfeld und Heinz von Foerster, vgl. Töpfer (2012), S. 123.
56 Nach u.a. Alfred Kieser und Tom R. Burns, vgl. Töpfer (2012), S. 123.
57 Nach u.a. Hilary Putnam und Shelby D. Hunt, vgl. Töpfer (2012), S. 123.
58 Vgl. Töpfer (2012), S. 123.
59 Vgl. Weber, Kabst & Baum (2014), S. 2.
60 Vgl. Töpfer (2007), S. 6. Im System der Wissenschaften kann innerhalb der „nichtmetaphysischen" Wissenschaften zwischen Formal- und Realwissenschaften unterschieden werden. Zu den Formalwissenschaften zählen Teile der Philosophie als

Untersuchung der BWL als Wissenschaft stellt Töpfer (2007) Folgendes fest: „Die Betriebswirtschaftslehre beschäftigt sich mit menschlichem Handeln und Verhalten in der ökonomischen, sozialen, technischen und ökologischen Welt von Wirtschaftssubjekten, und damit von Individuen, Gruppen und Betrieben/ Unternehmen."[61] Geht man noch einen Schritt weiter und betrachtet das Fachgebiet im Rahmen der Wissenschaftstheorien, ist hier ein Blick auf eine marketingbezogene Einordnung in die Wissenschaftstheorie sinnvoll.

So stellt Kaas (2005) fest, dass, obschon Arbeiten im Marketing oftmals verschiedenen Theorien zugrunde liegen, die Forschung im Marketing im Kern realtheoretisch geprägt ist.[62] In diesem Bezug zeigt auch Kuß (2013) auf, dass die in der Marketingwissenschaft vorrangige Wissenschaftstheorie der Wissenschaftliche Realismus ist,[63] und bezieht sich weiterhin auf Homburg (2007), welcher den Einsatz von Empirie in der Wirtschaftswissenschaft als zunehmenden Trend beobachtet.[64]

Nichtsdestotrotz kann die vorliegende Arbeit nicht in den Wissenschaftlichen Realismus eingeordnet werden, da dieser dadurch geprägt ist, dass die Realität nicht abhängig von der Wahrnehmung des Forschenden ist.[65] Dies ist in dieser Arbeit nicht anwendbar, da im Anwendungskapitel (Kapitel 6) die subjektive Meinung der Verfasserin dieser Arbeit in die Ergebnisfindung miteinfließt.

Auch der traditionelleren Theorie des Realismus kann hier nicht gefolgt werden, da diese besagt, dass die Realität auch durch die Wahrnehmung mit den Sinnen des Forschenden erkannt wird,[66] was in dieser Arbeit keine Anwendung findet. Ebenfalls wird die gegensätzliche[67] Wissenschaftstheorie zum Wissenschaftlichen Realismus, der Konstruktivismus, nicht in dieser Arbeit

---

auch die Mathematik. Die Real- oder Erfahrungswissenschaften lassen sich aufteilen in die reinen, theoretischen Wissenschaften, zu welchen die Naturwissenschaften zählen, und in die angewandten, praktischen Wissenschaften, zu welchen neben den Wirtschaftswissenschaften auch die Psychologie oder Politologie zählen. Vgl. Töpfer (2007), S. 6; Weber, Kabst & Baum (2014), S. 24.

61 Töpfer (2007), S. 8.
62 Vgl. Kaas (2005), S. 31.
63 Vgl. Franke (2002), S. 154 und Homburg (2007), S. 34–35, zitiert nach Kuß (2013), S. 114.
64 Vgl. Homburg (2007), S. 27, zitiert nach Kuß (2013), S. 142.
65 Vgl. Godfrey-Smith (2003), S. 173 ff., zitiert nach Kuß (2013), S. 58.
66 Vgl. Töpfer (2012), S. 108.
67 Vgl. Kuß (2013), S. 58.

angewandt. Dies ist damit zu begründen, als dass der Konstruktivismus sich darüber definiert, dass die Erkenntnisse einer Realität durch Individuen konstruiert, nicht aber aus der Realität abgeleitet werden.[68] In Bezug auf diese Arbeit wird festgestellt, dass das Forschungsvorgehen nicht ausschließlich durch die Verfasserin konstruiert wird, sondern vielmehr aus der Realität abgeleitet wird, da ein literaturbasiertes Forschungsverfahren Anwendung findet.

Die Wissenschaftstheorie des Empirismus wird ebenfalls nicht als die treibende Wissenschaftstheorie dieser Arbeit festgelegt, da die Realität hier nicht ausschließlich subjektiv durch Erfahrungen oder Beobachtungen abgeleitet wird.[69] Werden die Eigenschaften des *Rationalismus* betrachtet, wird deutlich, dass die hier vorliegende Arbeit eben diesem wissenschaftstheoretischen Ansatz folgt. Dies soll im Folgenden erläutert werden.

Die Erkenntnisgewinnung in dieser Arbeit erfolgt zunächst objektiv, da die Arbeit literaturbasiert ist. Der klassische Rationalismus besagt laut Töpfer (2012) zudem: „Form und Inhalt jeder Erkenntnis gründen auf Verstand und Vernunft und nicht auf Wahrnehmung mit den Sinnen."[70] Diesem Ansatz folgend wird die vorliegende Arbeit durchgeführt: Obschon die Arbeit auf literaturbasierter Methodik fußt, erfolgt bei der Anwendung des hier hergeleiteten, mehrdimensionalen Modells eine Abbildung der Realität auf Grundlage des Verstandes der Autorin, nicht aber auf der Wahrnehmung mit den Sinnen.[71]

Darüber hinaus wird für eine inhaltliche Abgrenzung innerhalb der Marketingwissenschaft hier ebenfalls das „*Drei-Dichotomien-Modell*" nach Hunt (1976) herangezogen.[72] Dieses Modell lässt eine tiefere Eingrenzung der Fragestellung im Forschungsgebiet des Marketing zu. Dabei greift Hunt (1976) auf drei Dichotomien zurück:[73]

---

68 Vgl. Kuß (2013), S. 58.
69 Vgl. Töpfer (2012), S. 108. Im Laufe des Abschnittes wird ebenfalls festgestellt, dass die vorliegende Arbeit einem deduktiven Forschungsansatz folgt. Laut Töpfer (2012) folgt der Empirismus aber ausschließlich einem induktiven Vorgehen, was ebenfalls zeigt, dass diese Wissenschaftstheorie somit nicht auf diese Arbeit angewandt werden kann, vgl. Töpfer (2012), S. 112.
70 Töpfer (2012), S. 108.
71 Die erweiterte Wissenschaftstheorie des Kritischen Rationalismus nach Karl Popper findet hier keine Anwendung. Die vorliegende Arbeit hat zwar – wie im weiteren Verlaufe des Abschnittes aufgezeigt – die Deduktion als methodologischen Fokus (so wie der Kritische Rationalismus), nicht aber das Prinzip der Falsifikation. Weitere Faktoren des Kritischen Rationalismus können bei Töpfer (2012), S. 113–116 nachvollzogen werden.
72 Vgl. Hunt (1976), S. 20–23.
73 Vgl. Hunt (1976), S. 20–23, zitiert nach Kuß (2013), S. 35.

Wissenschaftstheoretische Einordnung des Forschungsvorhabens 17

- Normative[74] oder positivistische[75] Marketingwissenschaft
- Mikro[76]- oder Makro[77]-Perspektive
- Non-Profit- oder Profit-Ausrichtung[78]

Für die vorliegende Marketing-Fragestellung, die dieser Arbeit zugrunde liegt, wird ein Ansatz mit den folgenden Ausprägungen verfolgt: *Normativ / Makro / Profit.*

Die normative Ausprägung ist damit zu begründen, dass als Ergebnis dieser Arbeit explizite Handlungsempfehlungen an OTC-Pharmahersteller ausgesprochen werden. Wenngleich Inhalt dieser Arbeit, besteht das Forschungsziel dieser Arbeit nicht in einer Bestandsaufnahme des Ist-Zustandes über den Einsatz spezifischer Marketing-Aktivitäten.

Weiterhin liegt in dieser Arbeit eine Makro-Perspektive vor. Dies ist damit begründet, als dass hier eine gesamte Branche (OTC-Pharmabranche) und ihre Hersteller als Gesamtheit untersucht werden, nicht aber explizite Unternehmen innerhalb dieser Branche. Schließlich stellen OTC-Pharmahersteller Unternehmen mit einer Profit-Ausrichtung dar.

---

74 Innerhalb der normativen Marketingwissenschaft werden Empfehlungen ausgesprochen, welchen Wegen im Marketing die Personen und Unternehmen folgen sollen, vgl. Kuß (2013), S. 35.

75 Die positivistische Marketingwissenschaft hat einen deskriptiven Charakter und untersucht somit durch Erklärungen und Vorhersagen Ist-Zustände über das Marketing. Hier wird als Beispiel ein Erforschen von Kaufentscheidungen genannt. Vgl. Kuß (2013), S. 35.

76 In diesem Zusammenhang bedeutet die Mikro-Perspektive die Fokussierung der Marketing-Forschung auf Verhalten und Zustände bei spezifischen Unternehmen oder Kunden, vgl. Kuß (2013), S. 36.

77 Die Makro-Perspektive bedeutet hier die Untersuchung einer Marketing-Fragestellung mit Fokus auf gesamte Gruppen, die ganze Gesellschaft oder die Wirtschaft, vgl. Kuß (2013), S. 36.

78 Marketing ist sowohl Bestandteil von Unternehmen, bei denen das Erreichen von Gewinnen im Vordergrund steht (Profit-Ausrichtung) als auch bei Non-Profit-Organisationen, welche nicht (vorrangig) auf das Erzielen von Gewinnen ausgerichtet sind, etwa Wohltätigkeitsverbände. Das Non-Profit-Marketing zielt im Kern dennoch ebenso darauf ab, bei einer gewissen Zielgruppe das Interesse für ein spezielles Angebot einer Non-Profit-Organisation hervorzurufen. Vgl. Busch, Fuchs & Unger (2008), S. 907–908.

Darauf aufbauend wird die Ursachen-Wirkungs-Beziehung dieser Arbeit aufgezeigt, da das Forschungsziel der BWL als Wissenschaft die Untersuchung und das Lösen von eben diesen Beziehungen ist.[79] Die Ursachen-Wirkungs-Beziehung für die vorliegende Arbeit wird somit wie folgt bestimmt:

Ursache: Die Digitalisierung und die damit einhergehenden, neuen Technologien machen nicht Halt vor der Pharmabranche und den Konzeptionen des (Pharma)marketing. Insbesondere die Erwartungshaltung der Kunden innerhalb der Customer Journey wird seit einigen Jahren zunehmend durch die Digitalisierung der Customer Journey anderer Branchen beeinflusst.

Wirkung: Daraus resultieren Herausforderungen, welchen Unternehmen, die in der OTC-Pharmabranche tätig sind, durch die Digitalisierung gegenüberstehen. Traditionelle Aspekte des Marketing wie die Customer Journey selbst, sowie die darin enthaltenen Kundenkontaktpunkte und Kommunikationskanäle ändern sich grundlegend, welche durch das derzeitige Know-how der OTC-Pharmahersteller nur begrenzt abgedeckt sind. Hierdurch entstehen neue Chancen für einen Markeintritt von digital reiferen Unternehmen, die den Ansprüchen und Bedürfnissen der Kunden entsprechen.

Folge:[80] Die Unternehmen müssen den Herausforderungen durch die Digitalisierung entgegnen, um trotz der fallenden Markteintrittsbarrieren langfristig wettbewerbsfähig zu bleiben. Um dies zu erreichen, können Unternehmen ihre digitalen Ressourcen und Fähigkeiten durch Strategische Allianzen entsprechend anpassen. Die Folgen sind weitreichend, werden in der vorliegenden Arbeit aber spezifisch im Rahmen des Herausforderungs-Kapitels (Kapitel 4) eingegrenzt.

Diese Ursachen-Wirkungs-Kette zeigt die Interdependenzen zwischen Ursache, Wirkung und Folge in der vorliegenden Arbeit auf, macht die Aktualität als auch Neuartigkeit der Fragestellung deutlich und unterstreicht den Forschungsbedarf.

1.4.2 Deduktiver Forschungsansatz

Zur Untersuchung der bereits dargelegten Ursachen-Wirkungs-Beziehung im Rahmen der vorliegenden Arbeit, bedarf es weiterhin einer

---

79 Vgl. Töpfer (2007), S. 10, 39.
80 Laut Töpfer (2007) werden innerhalb solcher Ursachen-Wirkungs-Beziehungen ebenfalls die relevanten Folgen als Teil dieser Ableitungskette aufgezeigt, vgl. Töpfer (2007), S. 10.

Richtungsbestimmung zur Erkenntnisgewinnung. Dazu kann ein deduktives oder induktives Vorgehen gewählt werden. Während bei der Induktion aus Sachverhalten eines spezifischen Falles in der Realität auf allgemeine Erkenntnisse geschlossen wird, stellt die deduktive Methode das Gegenteil dar; dabei werden Rückschlüsse von Erkenntnissen, welche auf allgemeinen Erfahrungen und Zusammenhängen basieren, auf einzelne Fälle geschlossen.[81] Somit stellt der einzelne Fall bei der Deduktion das Explanandum dar, welches auf einem Explanans basiert.[82]

Dieses *deduktive* Vorgehen findet ebenfalls Anwendung in der vorliegenden Arbeit. So wird untersucht, welchen Herausforderungen die OTC-Pharmahersteller durch die Digitalisierung im Bereich des Marketing gegenüberstehen. Um diese innerhalb der vorliegenden Arbeit zu identifizieren, wird, aufgrund begrenzter Anzahl bestehender Forschung, auf branchenübergreifende Literatur diese Thematik betreffend zurückgegriffen. Somit wird von allgemeinem Wissen über die Herausforderungen der Digitalisierung in übergreifenden Branchen auf den Einzelfall des OTC-Pharmamarktes, unter Berücksichtigung dessen spezifischer Besonderheiten, geschlossen. In einem nächsten Schritt der Arbeit wird weiterhin deduktiv vorgegangen, indem auf Basis allgemeiner Ausprägungen Strategischer Allianzen ein dreidimensionales Kategorisierungsmodell hergeleitet wird, welches spezifisch auf den OTC-Pharmamarkt angewandt wird. Das *Explanandum* dieser Arbeit ist somit (a) die Identifizierung der elementarsten Herausforderungen, welchen die OTC-Pharmahersteller in Deutschland durch die Digitalisierung gegenüberstehen, sowie (b) die Erforschung, welche Ausprägungen Strategischer Allianzen in der Betrachtung des OTC-Pharmamarktes aufgrund dessen spezifischer Charakteristika Sinn machen. Das *Explanans* in der vorliegenden Arbeit beruft sich auf die Herausforderungen, welchen Unternehmen verschiedener Branchen in Deutschland durch die Digitalisierung gegenüberstehen, sowie die bereits weitgehend erforschten, allgemeinen Ausprägungen Strategischer Allianzen.

Des Weiteren muss abgesteckt werden, welchen methodischen Ansatz die vorliegende Dissertation verfolgt. Dabei sind die beiden grundsätzlichen Methoden der quantitativen und qualitativen Forschung in Betracht zu ziehen.

---

81 Vgl. Töpfer (2007), S. 39; Weber, Kabst & Baum (2014), S. 28–29. Eine Übersicht der Vor- und Nachteile beider jeweiliger Wege der Erkenntnisgewinnung kann bei Kuß (2013), S. 64–65 nachvollzogen werden.
82 Vgl. Töpfer (2007), S. 39; Kuß (2013), S. 92.

Zwingend zu berücksichtigen ist bei der Auswahl der Methodik der in dieser Arbeit fokussierte Pharmamarkt und das Fachgebiet des Marketing.

Dabei weist der Pharmamarkt eine Reihe an Besonderheiten auf – speziell auch im Pharmamarketing –, welche ebenfalls im weiteren Verlaufe der Arbeit aufgezeigt werden. Konkret zu nennen sind hier besonders rechtliche Restriktionen und die ethische Besonderheit, dass jeder Einzelne der Gesellschaft im Gesundheitsmarkt stets mit dem Umgang von Krankheiten konfrontiert wird.[83] Aufgrund dieser spezifischen Besonderheiten im Pharmamarkt, konstatieren Schweitzer & Siewert (2011), dass qualitative Forschung in diesem Markt deutlich vorteilhafter ist. Genauer gesagt begründen sie dies folgendermaßen: „Da standardisierte Verfahren die Komplexität, Irrationalität und auch den Sinngehalt solcher Daten nur wenig erfass- und beeinflussbar machen, besteht für das Pharmamarketing ein erhöhter Bedarf an qualitativer Forschung."[84]

Diesem Ansatz folgend ist ausschließlich eine qualitative Forschungslinie für die vorliegende Arbeit sinnvoll. Allerdings ist auch dabei zu beachten, dass selbst die qualitative Forschung im Pharmamarkt diffizil ist.[85] So nennen Schweitzer & Siewert (2011) die Forschung im Pharmamarkt ein „Forschen in Extremen"[86]. Als zentrale Gründe dafür nennen sie den Umgang mit dem im Pharmamarkt besonders vorherrschenden Datenschutz und der daraus resultierenden Schwierigkeit, eine hohe Stichprobe zu erreichen, sowie die Tatsache, dass auch bei qualitativer Marktforschung oftmals (unbewusste) Emotionen die Ergebnisse eben dieser beeinflussen.[87]

Demnach wird für den Gang der Arbeit eine literaturbasierte Forschung und Erkenntnisgewinnung gewählt und macht aufgrund aufgezeigter Begründung für diese Arbeit besonders Sinn.[88] Auf Basis vorhandener Literatur und vorangehender Forschung wird ein eigens hergeleitetes, mehrdimensionales

---

83 Vgl. Schweitzer & Siewert (2011), S. 647–648. Die weiteren spezifischen Besonderheiten für die Forschung im Pharmamarkt sind auf den Seiten 650 ff. der genannten Publikation nachzuvollziehen.
84 Schweitzer & Siewert (2011), S. 648.
85 Vgl. Schweitzer & Siewert (2011), S. 653.
86 Schweitzer & Siewert (2011), S. 653.
87 Vgl. Schweitzer & Siewert (2011), S. 653.
88 Kuß (2013) zeigt außerdem auf, dass beanstandet wird, dass Forschung im Bereich des Marketing inzwischen, im Vergleich zu empirisch basierten Publikationen, viel zu selten auf mehrheitlich theoretisch orientierter Basis erfolgt. Er verweist dabei auf die Publikation von Yadav (2010), welche diese Entwicklung über 30 Jahre (1978–2007) offenbart. Vgl. Kuß (2013), S. 142.

Modell entwickelt, welches im Anschluss auf die Fragestellung dieser Arbeit angewandt wird. Das abgeleitete Modell entspricht dabei einem Konstruktivmodell, da Zusammenhänge konstruiert werden.[89]

Wird hier abschließend die Übersicht der dominanten Forschungsmethoden im Bereich der Betriebswirtschaftslehre von Homburg (2007) herangezogen, kann diese Arbeit ebenfalls in die Forschungsmethode „Reine Theorie" eingeordnet werden, da die Schlussfolgerungen dieser Arbeit auf Basis logischer Überlegungen und nicht auf Erfahrungen fußen.[90] Die Forschungsmethodik der reinen Theorie beschreibt laut Homburg (2007), dass die Basis des Forschungsvorhabens zwar auf empirischen Phänomenen liegt, im Laufe dessen allerdings Schlussfolgerungen auf Grundlage logischer Überlegungen – unter Berücksichtigung der vorangehenden, aufgezeigten Phänomene – getroffen werden. Innerhalb der Forschungsmethodik der reinen Theorie werden die schlussendlich getroffenen Aussagen allerdings nicht – wie auch in dieser Arbeit – in der Realität geprüft.[91]

Zusammenfassend folgt die vorliegende Arbeit somit der Wissenschaftstheorie des Rationalismus. Hinzu kommt die in dieser Arbeit qualitativ durchgeführte Forschung im Pharmamarkt.

Da der Markt, wie aufgezeigt, spezifischen Besonderheiten unterliegt, muss bei der wissenschaftstheoretischen Einordnung stets darauf geachtet werden, dass die der Arbeit zugrundeliegende Wissenschaftstheorie die vorliegende

---

89 Vgl. Weber & Kabst (2006), S. 27. Die beiden Autoren stellen fest, dass in der Betriebswirtschaftslehre häufig auf die Darstellung von Sachverhalten durch Modelle zurückgegriffen wird. Dies beschreiben sie als sinnvoll, um komplexe Zusammenhänge einfacher darzustellen. Konträr zu dem in dieser Arbeit verwendeten Konstruktivmodell gibt es ebenfalls sogenannte Reduktivmodelle, welche eine detaillierte Realität auf das Nötigste abstrahieren und in einem Modell überschaubar zusammentragen. Vgl. Weber & Kabst (2006), S. 27.
90 Vgl. Homburg (2007), S. 29. Der Autor teilt die in der Betriebswirtschaftslehre dominanten Forschungsmethoden ein in „Schlussfolgerungen auf Grundlage logischer Überlegungen" und „Schlussfolgerungen auf Grundlage von Erfahrungen". Zu Letzterem zählt die „Morphologie" und die „Empirie", zu Ersterem die „Reine Theorie" und das „Modeling", vgl. Homburg (2007), S. 29. Das Modeling basiert auf dem Einbinden mathematischer Modelle und die Forschungsmethode der reinen Theorie wird von Homburg (2007) wie folgt definiert: „Entwicklung eines konsistenten theoretischen Aussagengerüsts und deduktive Analyse einzelner betriebswirtschaftlicher Probleme." Homburg (2007), S. 29.
91 Vgl. Homburg (2007), S. 29.

Forschung nicht einschränkt. Besonders ist dies mit Blick auf die methodische Grundlage dieser Arbeit zu beachten.

Nachdem die wissenschaftliche Einordnung dargestellt wurde, wird anschließend im Folgenden Abschnitt auf den Aufbau der vorliegenden Arbeit eingegangen.

1.5 Aufbau der Untersuchung

Anknüpfend an die vorangehenden Erläuterungen zur Problemstellung und Relevanz des Forschungsgegenstandes dieser Dissertation, in welchen ebenso der Stand der Forschung und die daraus resultierenden Forschungsfragen definiert wurden, werden im Anschluss zunächst die konzeptionellen Grundlagen, welche für die vorliegende Forschung von Bedeutung sind, behandelt. Diese sind Gegenstand des deskriptiven Teiles dieser Dissertation. Eine Übersicht des gesamtheitlichen Aufbaus dieser Arbeit befindet sich am Ende dieses Abschnittes (siehe Abbildung 1).

So wird in Abschnitt 2.1 zunächst auf das strategische Marketing als Teil der Unternehmensstrategie eingegangen, wobei die beiden Konstrukte des Komparativen Konkurrenzvorteiles (KKV) und die Strategieoptionen Strategischer Geschäftsfelder (SGF) herausgearbeitet werden. Dieser erste Schritt ist fundamental, um aufzuzeigen, wie ein solcher Komparativer Konkurrenzvorteil erreicht werden kann und wie Strategische Geschäftsfelder – welche in einem Unternehmen im strategischen Kontext auf gleicher Ebene wie der KKV zu behandeln sind – anhand verschiedener Strategieoptionen vom Unternehmen ausgerichtet werden können. Diese Konstrukte bilden die theoretische Grundlage ab und werden erneut im praktisch-normativen Teil auf die Fragestellung und Ergebnisse dieser Arbeit angewandt.

Daran anschließend werden in Abschnitt 2.2 spezifisch die Grundlagen des Over-the-Counter-Pharmamarktes behandelt. Dieser Abschnitt beinhaltet, neben der Darstellung genereller Zahlen und Fakten und dessen Wettbewerbsumfeld, die Abgrenzung des Marktes durch eine Arzneimittel-Klassifizierung anhand der rechtlichen Begebenheiten von Zulassungsart und Vertriebsweg.

Dieser Schritt ist besonders wichtig, da der OTC-Pharmamarkt für eine spezifische Bearbeitung im Rahmen dieser Arbeit aufgrund seiner Besonderheiten genauestens abgesteckt werden muss. Der Fokus dieser Arbeit wird dabei auf apothekenpflichtige, rezeptfreie OTC-Arzneimittel gelegt. Danach werden die Akteure des Marktes, welche besonders vor dem Hintergrund der Forschungsfrage relevant sind, bestimmt und näher thematisiert.

Nach dieser ersten Übersicht über den Markt, wird in Abschnitt 2.3 die Thematik der Strategischen Allianzen, welche einen essenziellen Forschungsgegenstand dieser Arbeit darstellen, behandelt. Im Rahmen dessen wird aufgrund der Fülle an Literatur und den verschiedenen Begriffsdefinitionen zunächst eine begriffliche Einordnung vollzogen. Dabei wird festgelegt, dass innerhalb dieser Arbeit die Begriffe „Strategische Allianz", „Kooperation" und „Partnerschaft" synonym gesetzt werden. Im Anschluss daran werden in Unterabschnitt 2.3.2 verschiedene Ausprägungen Strategischer Allianzen aufgezeigt. Dieser Unterabschnitt ist von hoher Relevanz für diese Arbeit, da im deduktiven Teil dieser Arbeit ein mehrdimensionales Modell zur Anwendung im praktisch-normativen Teil hergeleitet wird, welches auf verschiedenen Allianzausprägungen basiert. Daran anschließend wird Abschnitt 2.3 mit dem Aufzeigen von Erfolgsfaktoren und Grenzen von Strategischen Allianzen und der Einordnung Strategischer Allianzen in die zentralsten theoretischen Rahmenkonzepte abgeschlossen. Kapitel 2 und seine wesentlichen Punkte werden anhand eines Zwischenfazits in Abschnitt 2.4 zusammengefasst.

Darauffolgend behandelt Kapitel 3 zunächst die Besonderheiten des Pharmamarketing und die Selbstmedikation in Deutschland. Dabei werden in Abschnitt 3.1 zunächst das Pharmamarketing und dessen zentralsten Elemente dargestellt. Im Anschluss daran wird in Abschnitt 3.2 die Selbstmedikation in Deutschland behandelt, da die zunehmende Relevanz der Selbstmedikation in Deutschland für die Fragestellung dieser Arbeit, besonders die Digitalisierung betreffend, bedeutsam ist. Bestandteil dieses Abschnittes sind zunächst die allgemeinen Vor- und Nachteile der Selbstmedikation. Daran anschließend werden die Möglichkeiten und Grenzen der Selbstmedikation exemplarisch anhand von Schmerzmitteln und der gegenwärtigen (2020 / 2021) Covid-19-Pandemie aufgezeigt.

Der nächste Unterabschnitt zeigt spezifisch die rechtlichen Grundlagen und gesundheitspolitischen Initiativen auf,[92] welche Einfluss auf den Selbstmedikationsmarkt in Deutschland nehmen. Anhand dessen wird schließlich geprüft,

---

92 Da die vorliegende Arbeit im betriebswirtschaftlichen und nicht im juristischen Bereich stattfindet, kann eine vollumfassende Darstellung und Analyse von Gesetzesgrundlagen im OTC-Pharmamarkt nicht gegeben werden. Ziel ist es daher, die gesetzlichen Grundlagen und gesundheitspolitischen Initiativen vor dem Hintergrund der Problemstellung dieser Arbeit hinreichend darzustellen, da diese mitbestimmend für die Rahmenbedingungen innerhalb des hier betrachteten Marktes sind, um hierfür ein ausreichendes Verständnis zu schaffen.

inwieweit die dort identifizierten Selbstmedikationsziele durch den Gesetzgeber gefördert bzw. eingeschränkt werden.

Im Anschluss daran werden im Rahmen von Abschnitt 3.3 die Kernthematik der Digitalisierung und das Konzept der „Cross-Industry Innovation" behandelt. So wird zunächst der Begriff der Digitalisierung aufgegriffen und charakterisiert und im Anschluss auf den OTC-Pharmamarkt bezogen. Dabei werden verschiedene Begriffe, welche aus der Digitalisierung heraus für den Gesundheitsmarkt entstanden sind, definitorisch voneinander abgegrenzt. Darüber hinaus wird ein Status Quo der Digitalisierung des OTC-Pharmamarktes aufgezeigt, was bedeutend für den weiteren Verlauf der Arbeit ist, besonders in Hinblick auf die Patient Journey des Marktes. Nachdem diese Punkte thematisiert wurden, wird erneut die Verbindung zu Strategischen Allianzen aufgebaut, spezifisch, welche Rolle diese im OTC-Pharmamarkt im Zuge der Digitalisierung spielen. Dabei werden die Konzepte der Business Model Innovation (BMI) und des Innovation Driven Marketing im Rahmen von Cross-Industry Innovation in die Betrachtung aufgenommen. Anhand dessen wird aufgezeigt, wie Innovation (durch die Digitalisierung) im Marketing stattfinden und dies zu neuartigen Geschäftsmodellen führen kann. Ebenfalls wird hier die Brücke zu Strategischen Allianzen gelegt, indem anhand der Cross-Industry Innovation aufgezeigt wird, inwiefern branchenübergreifende Kooperationen Sinn machen können. Der Abschnitt 3.3 schließt dabei mit einer Zusammenfassung neuer, primärer Anforderungen an OTC-Unternehmen durch die Digitalisierung.

Darauffolgend wird in Abschnitt 3.4 auf die Customer Journey im OTC-Pharmamarkt eingegangen. Da es sich bei den Endkunden in diesem Markt um Patienten handelt und dieser Begriff in der Branche gängig ist, wird – wie bereits eingangs dieser Arbeit erwähnt – im Folgenden der Begriff „Patient Journey" synonym genutzt.

Nach dem Aufzeigen der konzeptionellen Grundlagen einer Customer Journey, wird im Anschluss daran zunächst die traditionelle, branchenspezifische Patient Journey hergeleitet und visuell dargestellt. Diese wird in einem nächsten Schritt um eine volldigitalisierte Patient Journey ergänzt. Dabei werden sowohl digitale Kundenkontaktpunkte als auch zukünftig eingesetzte Technologien betrachtet, welche sich bereits in der Entwicklung befinden oder bereits in anderen Branchen eingesetzt werden. In einem nächsten Unterabschnitt wird schließlich eine Potenzialidentifikation der branchenspezifischen Patient Journey durchgeführt, welche auf einem Abgleich der traditionellen und der volldigitalisierten Patient Journey basiert. Dieser Abschnitt ist wesentlich für diese Arbeit, da die Patient Journey im OTC-Pharmamarkt als zentrales Element der Untersuchung bestimmt wurde und Einfluss auf den weiteren

Forschungsverlauf der Arbeit nimmt. Dies trifft vor allem im weiteren deduktiven und praktisch-normativen Bereich dieser Arbeit zu.

Auch Kapitel 3 endet mit einer Konklusion, welche die hauptsächlichen Elemente des Kapitels zusammenfasst. Kapitel 2 und 3 legen abschließend die theoretische, konzeptionelle Basis für die weitere Untersuchung, speziell da der OTC-Pharmamarkt Besonderheiten aufweist, welche für die weitere Bearbeitung und praktische Anwendung zu berücksichtigen sind. Die beiden Kapitel bilden somit den deskriptiven Teil dieser Arbeit und dienen der Beantwortung des deskriptiven Erkenntniszieles dieser Arbeit.

Mit Kapitel 4 beginnt der deduktive Teil dieser Dissertation. In diesem werden die für diese Arbeit gültigen, größten Herausforderungen, welchen OTC-Pharmahersteller durch die Digitalisierung gegenüberstehen, herausgearbeitet und definitorisch festgelegt. Bei der Herleitung der Herausforderungen wird festgestellt, dass nur eine begrenzte Anzahl an Literatur zur Darstellung branchenspezifischer Herausforderungen gefunden werden kann. Daher werden branchenübergreifende Herausforderungen durch die Digitalisierung zusammengetragen und auf den OTC-Pharmamarkt im Bereich des Marketing mit Schwerpunkt auf die Customer Journey übertragen und entsprechend abgeleitet. Ergebnis dieses Vorgehens sind drei, spezifisch auf den OTC-Pharmamarkt formulierte, Herausforderungen (C_1–C_3), welche als weitere Forschungsgrundlage für den Verlauf dieser Arbeit bestimmt werden. In den folgenden Abschnitten (Abschnitte 4.2–4.4) wird jede Herausforderung inhaltlich vertieft und in den Bezug zur Patient Journey des OTC-Pharmamarktes gesetzt.

Dabei enden die Abschnitte jeweils mit einer Zusammenfassung der Anforderungen der einzelnen Herausforderungen, welche wiederum schließlich im mehrdimensionalen Modell in Kapitel 6 Anwendung finden.

Beendet wird Kapitel 4 mit einer Zusammenfassung der primären Anforderungen an die OTC-Arzneimittelhersteller durch die größten Herausforderungen (C_1–C_3) durch die Digitalisierung und einem anschließenden Zwischenfazit.

Im Anschluss daran wird in Kapitel 5, welches ebenfalls dem deduktiven Teil dieser Arbeit zugehörig ist, das auf Ausprägungen Strategischer Allianzen basierende, mehrdimensionale Kategorisierungsmodell, welches den Kern der Untersuchung bildet, eigens hergeleitet. Dabei werden zunächst in Abschnitt 5.1 andere, in der Literatur existente Modelle aufgezeigt, welche ebenfalls verschiedene Ausprägungen Strategischer Allianzen in Beziehung zueinander setzen. Im Zuge dessen wird zur weiteren Herleitung des Kategorisierungsmodells festgestellt, dass sich übergeordnet zu den Ausprägungen „Dimensionen" befinden. Dabei werden im hergeleiteten Kategorisierungsmodell, auf Basis der Darstellung der Ausprägungen in Unterabschnitt 2.3.2, drei

Dimensionen festgelegt, welche jeweils zwei oder drei Ausprägungen beinhalten. Daraus ableitend resultieren verschiedene Kombinationsmöglichkeiten, welche in Kapitel 6 daraufhin überprüft werden, inwieweit sie das Potenzial aufweisen, eine oder mehrere Herausforderung(en) aus dieser Arbeit zu lösen. Jedoch wird vorab noch auf die möglichen Risiken und Grenzen für Unternehmen sowie branchenspezifische Anforderungen an das Kategorisierungsmodell eingegangen. Auch dieses Kapitel endet mit einem Zwischenfazit.

Die Kapitel 4 und 5 bilden somit zusammen den deduktiven Teil dieser Arbeit und legen weiterhin die Grundlage für die abschließende Anwendung in den darauffolgenden Kapiteln zur Herleitung von Handlungsempfehlungen für OTC-Pharmahersteller.

Mit Kapitel 6 beginnt schließlich der praktisch-normative Bereich dieser Arbeit. Dieses stellt das Anwendungskapitel dar und befasst sich mit der Eignungsbewertung der Ausprägungen Strategischer Allianzen zur Entgegnung der Herausforderungen durch die Digitalisierung im OTC-Pharmamarkt.

Eingeleitet wird dieses Kapitel mit der Darlegung des methodischen Vorgehens, welches ein Bewertungssystem vorstellt, womit untersucht wird, inwieweit die Ausprägungen Strategischer Allianzen aus dem mehrdimensionalen Modell für die Entgegnung der einzelnen Anforderungen der verschiedenen Herausforderungen geeignet sind. Dieses methodische Vorgehen zieht sich durch Kapitel 6 und wird jeweils auf jede einzelne Herausforderung und deren spezifischen, in Kapitel 4 aufgezeigten, Anforderungen angewandt. Die Zusammenfassung der Ergebnisse dieser Eignungsbewertung wird anhand einer Ergebnismatrix in Abschnitt 6.5 dargestellt.

Im Anschluss daran folgt Kapitel 7 mit der finalen Darstellung und Analyse der Forschungsergebnisse dieser Arbeit und der Ableitung von Handlungsempfehlungen an OTC-Pharmahersteller. Dabei werden die Ergebnisse in „Handlungsempfehlungen", „weitere Handlungsoptionen" und „ausgeschlossene Handlungsoptionen" unterteilt und diskutiert. Darüber hinaus werden die in Unterabschnitt 2.1.4 und 2.1.5 thematisierten Konstrukte des Komparativen Konkurrenzvorteiles und der Strategieoptionen Strategischer Geschäftsfelder auf die abgeleiteten Handlungsempfehlungen dieser Arbeit angewandt.

Kapitel 6 und 7 bilden somit den praktisch-normativen Teil dieser Arbeit und sprechen sowohl explizite Handlungsempfehlungen als auch weitere, mögliche Handlungsoptionen sowie ausgeschlossene Handlungsoptionen an OTC-Pharmahersteller aus.

Die Dissertation schließt in Kapitel 8 mit einer Zusammenfassung, den Limitationen der vorliegenden Arbeit und einem abschließenden Ausblick.

Das gesamtheitliche Vorgehen dieser Arbeit soll zusammenfassend in folgender Darstellung (Abbildung 1) deutlich gemacht werden:

Aufbau der Untersuchung 27

| 1. Problemstellung und Zielsetzung |

| 2. Konzeptionelle Grundlagen und der OTC-Pharmamarkt |
| 2.1 Strategisches Marketing als Teil der Unternehmensstrategie |
| 2.2 Der Over-the-Counter-Pharmamarkt |
| 2.3 Strategische Allianzen |

| 3. Pharmamarketing und die digitalisierte Patient Journey im OTC-Pharmamarkt | — Deskriptiver Teil |
| 3.1 Pharmamarketing |
| 3.2 Selbstmedikation in Deutschland |
| 3.3 Digitalisierung und Cross-Industry Innovation |
| 3.4 Patient Journey als Customer Journey im OTC-Pharmamarkt |

| 4. Herausforderungen durch die Digitalisierung im OTC-Pharmamarkt |
| 4.1 Übersicht und Eingrenzung der größten Herausforderungen |
| 4.2 Herausforderung 1 |
| 4.3 Herausforderung 2 |
| 4.4 Herausforderung 3 |

| 5. Ausprägungen Strategischer Allianzen | — Deduktiver Teil |
| 5.1 Ausprägungsbasierte Modelle Strategischer Allianzen |
| 5.2 Hergeleitetes, dreidimensionales Kategorisierungsmodell mit Ausprägungen Strategischer Allianzen |

| 6. Eignungsbewertung der Ausprägungen Strategischer Allianzen zur Entgegnung der Herausforderungen durch die Digitalisierung im OTC-Pharmamarkt |
| 6.1 Methodisches Vorgehen |
| 6.2 Anwendung Herausforderung 1 |
| 6.3 Anwendung Herausforderung 2 |
| 6.4 Anwendung Herausforderung 3 |

| 7. Darstellung und Analyse der Forschungsergebnisse und Ableitung von Handlungsempfehlungen an OTC-Pharmahersteller | — Praktisch-normativer Teil |
| 7.1 Forschungsergebnisse |
| 7.2 Handlungsempfehlungen |
| 7.3 Weitere Handlungsoptionen |
| 7.4 Ausgeschlossene Handlungsoptionen |

| 8. Schlussbetrachtung |
| 8.1 Zusammenfassung |
| 8.2 Limitationen |
| 8.3 Ausblick |

| Anhang |

Abbildung 1: Aufbau der Arbeit

2 Konzeptionelle Grundlagen und der OTC-Pharmamarkt

Die Pharmabranche in Deutschland stellt in ihrer Gesamtheit einen komplexen Markt dar, welcher geprägt ist von spezifischen Merkmalen wie einer Vielzahl an Marktakteuren, gesetzlichen Regulierungen durch den Staat und häufig wechselnden Allianzen.[93] Gleichzeitig leistet sie als hochgradig forschungs- und innovationsstarke Branche einen wichtigen Beitrag für den Standort Deutschland als Innovationstreiber und dessen Gesellschaft.[94] Dies wird besonders mit Blick auf die aktuelle (2020 / 2021) Covid-19-Pandemie deutlich. So hat hier das in Deutschland angesiedelte Unternehmen „BioNTech" (in Kooperation mit dem US-amerikanischen Pharmaunternehmen „Pfizer") einen wirksamen Impfstoff gegen Covid-19 („Comirnaty") entwickeln und diesen als erstes Unternehmen in Europa von der Europäischen Arzneimittel-Agentur (EMA) erfolgreich zulassen können. Ebenfalls gilt diese Zulassung als die erste reguläre Zulassung eines Covid-19-Impfstoffes weltweit.[95] Weiterhin prägen Besonderheiten diesen Markt, wie der steigende Bedarf an Gesundheitsleistungen und gleichzeitige Ressourcenknappheit durch den demografischen Wandel, spezielle Herausforderungen durch die Zunahme an Digitalisierung, und eine Veränderung der Patientenbedürfnisse- und wünsche, welche die Branche vor wachsende organisatorische und finanzielle Herausforderungen stellen. Die beteiligten Stakeholder dieses Marktes müssen entsprechend reagieren.[96]

Aufgrund dieser Entwicklungen und den gleichzeitig sehr spezifischen Anforderungen gilt es, den Markt abzustecken und durch den Fokus dieser Arbeit im Rahmen des OTC-Pharmamarktes detailliert zu betrachten. Vor allem im Bereich des Marketing gibt es einige Besonderheiten, die es im Rahmen dieser Arbeit zu beachten gilt. Diese sollen im weiteren Verlaufe des Kapitels erörtert werden und stellen somit den ersten deskriptiven Teil dieser Dissertation dar. Dies ist essenziell, da ein grundlegendes Verständnis des integrativen Marketing geschaffen werden soll, um die Relevanz der Beachtung von Interessen verschiedener Bezugsgruppen hervorzuheben.

---

93 Vgl. Umbach (2013), S. 46–47.
94 Vgl. Gehrke & Haaren-Giebel (2015), S. 7.
95 Vgl. Rößler (2020); Karliczek (2020).
96 Vgl. Schweitzer & Siewert (2011), S. 647; Gassmann, Schuhmacher, von Zedtwitz & Reepmeyer (2018), S. 155.

Weiterhin werden die beiden Konstrukte des Komparativen Konkurrenzvorteiles und der Strategischen Geschäftsfelder behandelt, da diese für die praktische Anwendung in dieser Arbeit eine wichtige Rolle einnehmen. Zunächst soll jedoch eine Einordnung des strategischen Marketing vorgenommen werden. Zu diesem Zweck wird in Abschnitt 2.1 der Begriff des strategischen Marketing als Teil der Unternehmensstrategie beschrieben und zu einem einheitlichen, im Rahmen dieser Arbeit gültigen Verständnis gebracht.

2.1 Strategisches Marketing als Teil der Unternehmensstrategie

Um zunächst einen breiten Überblick über die Einordnung des strategischen Marketing und dessen Einordnung im Unternehmen zu erlangen, wird zunächst auf den ganzheitlichen Ansatz des „strategischen Managements" eingegangen. Dieses ist als theoretisches Unternehmenskonzept bereits seit den 1960er Jahren im Gebrauch und geprägt durch US-amerikanische Universitäten und wissenschaftliche Vertreter wie Igor Ansoff oder Alfred Chandler. Große Unternehmensberatungen wie „McKinsey" oder „The Boston Consulting Group" erweiterten bereits zu dieser Zeit die wissenschaftlichen Ansätze durch anwendungsorientierte Praxiseinblicke.[97] Strategisches Management als solches umfasst somit laut Müller-Stewens & Lechner (2016) „[…] (1) die Realisierung einer angestrebten Leistung für die (2) Anspruchsgruppen eines Unternehmens; dies kann erreicht werden durch (3) geplante und emergente Initiativen sowie (4) den Einsatz von Ressourcen, die zu einer (5) einzigartigen Positionierung und (6) möglichst dauerhaften Wettbewerbsvorteilen verhelfen."[98]

Verursacht durch die in den vergangenen Jahrzehnten stetig dynamisch wachsenden und internationalen Wirtschaften ist die Geschäftswelt durch zunehmende Komplexität geprägt. Diese Entwicklungen erschweren es Unternehmen im Rahmen des strategischen Managements, eine langfristige Unternehmensstrategie festzulegen, da sie in der Lage sein müssen, sich flexibel an diese volatilen Veränderungen anpassen zu können.[99]

Innerhalb dieser Betrachtung sprechen Meyer & Mattmüller (1993) dem Begriff der Strategie eine „Lenkungsfunktion"[100] zu, da im Rahmen von Strategien die zum Erlangen der vorab definierten Ziele wegweisenden Richtungen bestimmt werden.[101] Darauf aufbauend kann laut Probst & Wiedemann (2013)

---

97 Vgl. Müller-Stewens & Lechner (2016), S. 8–11.
98 Müller-Stewens & Lechner (2016), S. 19.
99 Vgl. Probst & Wiedemann (2013), S. 5.
100 Meyer & Mattmüller (1993), S. 19.
101 Vgl. Meyer & Mattmüller (1993), S. 19.

die Strategie eines Unternehmens beschrieben werden als eine „[...] langfristige, bewusst geplante Entwicklung einer Organisation. Sie gibt die einzuschlagende Richtung vor und setzt Leitplanken für den Handlungsspielraum. Anhand von Aktivitäten wird sie konkretisiert, um die gesteckten Ziele zu erreichen."[102] Demgemäß werden im Rahmen von Strategien der Unternehmensebene Bestimmungen für die gesamte Organisation festgelegt. Untergeordnet davon befindet sich die Geschäftsfeldebene, auf welcher entsprechend die Strategien der Geschäftsfelder, abgeleitet von der Unternehmensstrategie, definiert werden. Sofern ein Unternehmen darüber hinaus auf der Ebene einzelner Funktionsbereiche (wie etwa Einkauf, Finanzierung oder Produktion) weitere Strategien festlegt, werden diese „Funktionsbereichsstrategien"[103] genannt.[104]

Wird das Marketing im Unternehmen hierarchisch eingeordnet betrachtet, ist festzustellen, dass dieses oftmals isoliert von der unternehmensstrategischen Ebene angesehen wird. Mit Blick auf den Gesamtplanungsprozess der traditionellen strategischen Unternehmensplanung, befinden sich die Schnittmengen bzw. Differenzen dieser zum strategischen Marketing in weitgehend ungeklärtem Terrain.[105] Betrachtet man dies im wissenschaftlichen Kontext, wird weitreichend die Meinung vertreten, diese Gebiete zu verbinden.[106] Begründen lässt sich dies laut Mattmüller (2012) durch Heranziehen der „wesentlichen Erfolgspotenziale"[107], welche zur Erlangung des übergeordneten Zieles eines Unternehmens, der Sicherung des eigenen Bestehens, erforderlich sind.[108]

Gegenstand gemäß Mattmüller (2012), in Anlehnung an Coenenberg & Baum (1987), sind in diesem Zusammenhang die grundlegenden Potenziale, welche sich einteilen lassen in die Lösungskompetenz von Kundenproblemen, Festlegung gewinnbringender Marktsegmente sowie wettbewerbsfähiger Positionierung im Markt.[109] Da diese Potenziale mit den Grundgedanken des strategischen Marketing als weitgehend übereinstimmend betrachtet werden können, kann das strategische Marketing als zentrales Element der strategischen Unternehmensplanung angesehen werden.[110]

---

102 Probst & Wiedemann (2013), S. 5.
103 Meffert, Burmann & Kirchgeorg (2015), S. 245.
104 Vgl. Meffert, Burmann & Kirchgeorg (2015), S. 245.
105 Vgl. Mattmüller (2012), S. 147.
106 Vgl. Mattmüller (2012), S. 147.
107 Vgl. Mattmüller (2012), S. 147.
108 Vgl. Mattmüller (2012), S. 147.
109 Vgl. Coenenberg & Baum (1987), S. 33, zitiert nach Mattmüller (2012), S. 147.
110 Vgl. Mattmüller (2012), S. 147–148.

In dieser Betrachtung ordnet sich strategisches Marketing aufgrund seines „dualen Führungskonzeptes"[111], als „funktionsübergreifendes Leitkonzept der Unternehmensführung"[112] ein.[113] Neben dieser Einordnung übernimmt das Marketing zusätzlich auf operativer Ebene – als zweiter Teil des dualen Führungskonzeptes – die Form einer Funktion (Abteilung).[114]

Nachdem ein grober Überblick über die Einordnung des strategischen Marketing gegeben wurde, wird im Folgenden zum Zwecke der Eingrenzung dieser Arbeit zunächst auf die Unternehmensstrategie an sich und anschließend eigens auf das strategische Marketing eingegangen, um die konzeptionelle Grundlage dessen zu bilden.

2.1.1 Unternehmensstrategie

Der Begriff der Unternehmensstrategie lässt sich als Kernbereich des strategischen Managements einordnen.[115] In der Theorieerörterung des „Strategie"-Begriffes lassen sich dabei eine Vielzahl von Definitionen finden.[116] Diese unterschiedlichen Auffassungen des Begriffes lassen sich besonders auf die hohe Kontextabhängigkeit von Strategien zurückführen.[117] Somit ist der Begriff „Strategie" in diversen Bereichen vorhanden, fokussiert sich in der vorliegenden Arbeit jedoch auf die Managementlehre.

Im Rahmen dieser können drei grundlegende Strategieebenen bestimmt werden, auf welchen jeweils Ziele, Strategien und abgeleitete Maßnahmen festgelegt werden:[118] Die Unternehmensebene, Geschäftsfeldebene und Funktionsebene.[119]

Im Rahmen dessen bestimmt die *Unternehmensstrategie* als Teil der Unternehmensebene die Führung und grundlegenden Werte des gesamten Unternehmens.[120] Untergeordnet dazu werden auf *Geschäftsfeldebene* Taktiken

---

111 Dieses wird näher in Unterabschnitt 2.1.2 erläutert, weshalb an dieser Stelle auf eine nähere Begriffserläuterung verzichtet wird.
112 Meffert, Burmann & Kirchgeorg (2015), S. 246.
113 Vgl. Meffert, Burmann & Kirchgeorg (2015), S. 246.
114 Vgl. Meffert, Burmann & Kirchgeorg (2015), S. 246.
115 Vgl. Varadarajan R. (2018), S. 73.
116 Vgl. Kotler, Berger & Bickhoff (2016), S. 5–6.
117 Vgl. Wißmeier (1992), S. 16.
118 Diese verhalten sich analog zu den bereits getätigten Ausführungen im vorangehenden Abschnitt.
119 Vgl. Hax & Majluf (1996), S. 24–25; Backhaus & Schneider (2007a), S. 16–17; Griese & Bröring (2011), S. 33–34.
120 Vgl. Backhaus & Schneider (2007a), S. 3, 17; Müller-Stewens & Lechner (2016), S. 16.

Strategisches Marketing als Teil der Unternehmensstrategie 33

und Wettbewerbspositionierungen der jeweiligen Unternehmenseinheiten festgelegt.[121] Dabei ist nach Hax & Majluf (1996) das ultimative Ziel von Geschäftsfeldstrategien, die einzelnen Geschäftsfelder stark im Wettbewerb aufzustellen, unter gleichzeitiger Beachtung der durch die Unternehmensstrategie bestimmten Faktoren und unter der Berücksichtigung der Verteilung von vorhandenen Ressourcen.[122] Dabei ist strategisches Marketing als solches auf der Geschäftsfeldebene angesiedelt, obschon die Strategien des Marketing durch ihr Aufgabenspektrum ebenfalls Teil der gesamten Unternehmensstrategie sind.[123] Da sich das Marktumfeld dynamisch bewegt, ist es entscheidend für Unternehmen, ihre Strategien entsprechend (neu) auszurichten. Dies kann bei exogenen Erneuerungen wie dem Fortschritt von Technologien notwendig sein, was ein Umdenken der Marktbearbeitung mit strategischer Ausrichtung erfordert.[124] Dies unterstreicht die Notwendigkeit der Forschung dieser Arbeit, da der OTC-Pharmamarkt den veränderten Gegebenheiten in der Marktbearbeitung durch die Digitalisierung gegenübersteht.

Im Rahmen der davon untergeordneten *Funktionsebene* wird schließlich, auf Basis der Strategien, die auf den hierarchisch überlegen (soeben aufgezeigten) Ebenen getroffen werden, Bestimmungen für die jeweiligen Funktionsgebiete (Personal, Einkauf, Produktion etc.) festgelegt.[125]

In dem vorliegenden Falle ist dies die Marketingabteilung, die in entsprechend vordefinierten Strategischen Geschäftsfeldern[126] etwa entsprechende Kommunikationsmaßnahmen plant und ausführt.[127]

Darüber hinaus kann eine enge Verbindung zwischen den Begriffen der Strategie und des Zieles hergestellt werden, häufig mit langfristiger Ausrichtung. Somit können Ziele einerseits aus Strategien abgeleitet werden (z.B. bei der Zielgruppen-Suche), andererseits führen Ziele als Anstoß zur Strategiefindung und -determinierung.[128] Zentrale Kernpunkte von Strategien werden somit folgendermaßen zusammengefasst: Strategien sind beeinflusst von der Tatsache,

---

121 Vgl. Müller-Stewens & Lechner (2016), S. 16.
122 Vgl. Hax & Majluf (1996), S. 25. Zu den einzelnen Elementen der Geschäftsfeldstrategie (wie etwa Budgetierung oder Branchenattraktivität), vgl. Hax & Majluf (1996), S. 46–47.
123 Vgl. Backhaus & Schneider (2007a), S. 3.
124 Vgl. Backhaus & Schneider (2007a), S. 5–6.
125 Vgl. Backhaus & Schneider (2007a), S. 20; Griese & Bröring (2011), S. 35.
126 Siehe Unterabschnitt 2.1.5.
127 Vgl. Griese & Bröring (2011), S. 35.
128 Vgl. Mattmüller (2012), S. 144–145.

dass externe Faktoren und die schnelle Weiterentwicklung der Umwelt jederzeit Einfluss auf einzelne Strategien nehmen können. Daher sollten Strategien den Anspruch einer womöglich nötigen, flexiblen Anpassung haben.[129] Weiterhin erfolgt die Umsetzung von Strategien mithilfe verschiedener Instrumente auf dem operativen und taktischen Level und eine kritische Überprüfung – sowie eine womöglich benötigte Anpassung – von Strategien sollte gegeben sein.[130]

Auf Basis dieser Erkenntnisse wird im Weiteren speziell auf die Relevanz und Merkmale des strategischen Marketing eingegangen.

2.1.2 Strategisches Marketing

Für ein grundlegendes Verständnis des Marketingbegriffes werden im Folgenden dessen charakteristischen Eigenschaften betrachtet. Einen Einblick in diese gibt die Definition der American Marketing Association (AMA). Die AMA definiert den Begriff „Marketing" wie folgt: „Marketing is the activity, set of institutions, and processes for creating, communicating, delivering, and exchanging offerings that have value for customers, clients, partners, and society at large."[131]

Dies bedeutet: „Marketing ist die Tätigkeit, Einrichtung und der Prozess, Angebote zu erstellen, zu kommunizieren, zu liefern und auszutauschen, die für den Kunden, Klienten, Partner und die gesamte Gesellschaft wertvoll sind."[132]

Aus dieser Definition abgeleitet wird Marketing im modernen Verständnis als ein „*duales Führungskonzept*" verstanden.[133] So wird Marketing zum einen als eine gleichberechtigte Funktion eines Unternehmens angesehen. Betrachtet man Marketing zum anderen von der marktorientierten Seite, kann es als Gegenstand der gesamten Unternehmensführung und somit als Leitgedanke des Managements interpretiert werden.[134] Somit ist Marketing nicht ausschließlich auf eine isolierte Abteilung zu begrenzen, sondern umfasst insbesondere ebenso eine „unternehmerische Denkhaltung", die sowohl ihre extern- als auch intern-gerichteten Aktivitäten strikt entlang des Nutzens der Kunden orientiert.[135] Laut Bruhn (2014) besteht dabei eine zentrale Zielsetzung

---

129 Vgl. Meyer & Mattmüller (1993), S. 21.
130 Vgl. Meyer & Mattmüller (1993), S. 20.
131 American Marketing Association (2017).
132 Wolf Sussman (2008), S. 233.
133 Vgl. Meffert (1999), S. 8; Roski (2009), S. 15; Meffert, Burmann & Kirchgeorg (2015), S. 13.
134 Vgl. Meffert (1999), S. 8; Roski (2009), S. 15.
135 Vgl. Binckebanck (2011), S. 13.

Strategisches Marketing als Teil der Unternehmensstrategie

des Marketing darin, dem Kunden und anderen Stakeholdern durch das eigene Marktangebot eine Nutzensteigerung zu verschaffen. Wird dies stetig sichergestellt, kann das Unternehmen somit in der Lage sein, strategische Wettbewerbsvorteile zu erreichen.[136]

Die systematische Konzeption, Umsetzung und Überwachung der Aktivitäten des bereits dargestellten Begriffes des Marketing, wird in der Bezeichnung „Marketingmanagement" zusammengefasst.[137]

Dabei können die Marketingaufgaben mit ihren Interdependenzen im Rahmen des Marketingmanagements wie folgt aufgezeigt werden:

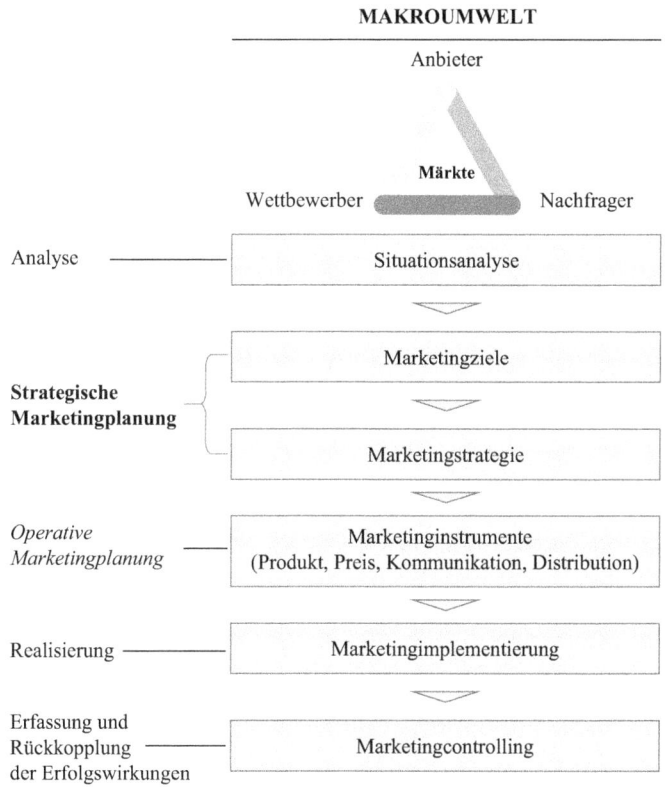

Abbildung 2: Marketingaufgaben im Rahmen des Marketingmanagements[138]

---

136 Vgl. Bruhn (2014), S. 14.
137 Vgl. Meffert, Burmann & Kirchgeorg (2015), S. 18.
138 Vgl. Meffert, Burmann & Kirchgeorg (2015), S. 20.

Hier wird erneut deutlich, dass sich das strategische Marketing in die Definition der übergeordneten Marketingziele und -strategien einfindet.[139] Daraus geht hervor, dass die strategische Marketingplanung Elemente wie die Identifizierung Strategischer Geschäftsfelder (SGF)[140] sowie die Bildung Strategischer Geschäftseinheiten (SGE)[141] bestimmt und Instrumentalstrategien im Rahmen dessen festlegt.[142] Weiterhin ist die zentrale Aufgabe des strategischen Marketing laut Backhaus & Schneider (2007a) das Erreichen und Managen Komparativer Konkurrenzvorteile (KKV).[143]

Das operative Marketing hingegen plant und führt die zu den übergeordneten Marketingzielen entsprechenden Instrumente aus, die aus den Elementen des Marketingmix bestehen: Produkt, Preis, Kommunikation und Distribution.[144] Hier wird deutlich, dass der Vertrieb im Rahmen der Distributionspolitik im Marketingmix eingeordnet wird, weshalb der Vertrieb als ein Teilbereich des Marketing angesehen wird.[145]

Aufgrund von Veränderungen durch die Digitalisierung, die Globalisierung, und den damit einhergehenden Anpassungen vonseiten der Unternehmen, wird die Schnittstelle des Vertriebes zu Kunden und Markt zunehmend komplexer, weshalb das moderne Verständnis dem Vertrieb eine ebenfalls strategische Rolle im Unternehmen zuspricht.[146] Aus diesem Grund wird im Rahmen dieser Arbeit der Vertrieb im Rahmen des strategischen Marketing stets mit eingezogen, da die Betrachtung der zusätzlichen Möglichkeiten der Vermarktung und den Absatzkanälen vor dem Hintergrund der Digitalisierung gleichermaßen wichtig ist. Allerdings ist es hier essenziell zu beachten, dass die

---

139 Vgl. Meffert, Burmann & Kirchgeorg (2015), S. 20.
140 Vgl. Mattmüller (2012), S. 150.
141 Oftmals wird der Begriff des Strategischen Geschäftsfeldes (SGF) und der Strategischen Geschäftseinheit (SGE) synonym verwendet, bspw. bei Kreilkamp (1987), S. 317. Eine Abgrenzung dieser beiden Begriffe wird allerdings deutlich in der Literatur aufgezeigt und findet auch in der vorliegenden Arbeit Anwendung. Betrachtet die Bildung von SGEs zentrale Aspekte einer Aufbauorganisation, identifizieren SGFs verschiedene Geschäftsfelder eines Unternehmens. Vgl. Mattmüller (2012), S. 153.
142 Vgl. Meffert, Burmann & Kirchgeorg (2015), S. 245–247.
143 Vgl. Backhaus & Schneider (2007a), S. 3. Für die explizite thematische Behandlung des Komparativen Konkurrenzvorteiles siehe Unterabschnitt 2.1.4.
144 Vgl. Meffert, Burmann & Kirchgeorg (2015), S. 20.
145 Vgl. Binckebanck (2011), S. 14; Mattmüller (2012), S. 71.
146 Vgl. Binckebanck (2013), S. 4–6.

grundsätzliche Besonderheit des apothekenpflichtigen OTC-Pharmamarktes, ausschließlich über den Absatzmittler in Form einer Apotheke gegenüber dem Endkonsumenten aktiv zu werden, unverändert bleibt und lediglich durch die neue Erscheinungsform von Online-Apotheken erweitert wird.

Daraus folgend ergibt sich, dass strategisches Marketing als zentraler Teil des Integrierten Marketing[147] für Aufgabenbereiche wie die Festlegung, Koordination und Überwachung Strategischer Geschäftsfelder[148], Sortiment-Gestaltung, aber auch für die Konzipierung der Kommunikation oder des Vertriebes verantwortlich ist.[149]

Zusammenfassend wird das Gebiet des strategischen Marketing gemäß Varadarajan R. (2010) abschließend wie folgt definiert: „The study of organizational, inter-organizational, and environmental phenomena concerned with (1) the behavior of organizations in the marketplace in their interactions with consumers, customers, competitors and other external constituencies, in the context of creation, communication and delivery of products that offer value to customers in exchanges with organizations, and (2) the general management responsibilities associated with the boundary spanning role of the marketing function in organizations."[150]

Anhand der getätigten Darstellung des umfassenden Marketingbegriffes wird schließlich der Fokus dieser Arbeit dargelegt: Die Forschungsfrage ordnet sich einerseits deutlich in den Rahmen des strategischen Marketing ein, da auf Unternehmensebene untersucht wird, welche externen Faktoren und Entwicklungen (in diesem Fall primär die Digitalisierung) OTC-Pharmahersteller vor Herausforderungen stellen. Mit einem übergeordneten Ziel des strategischen Marketing, einen Komparativen Konkurrenzvorteil zu erreichen, ergibt sich somit die Fragestellung, welche Marketingstrategie – durch die Selektion von unterschiedlichen Ausprägungen Strategischer Allianzen – entsprechend abgeleitet werden kann, um diesen zu erreichen. Teil dieser Überlegung ist ebenfalls der Einbezug operativer Marketinginstrumente, um die aktuellen, primären Marketing-Instrumente, die OTC-Pharmahersteller nutzen, zu analysieren, und entlang der Customer Journey die zusätzlichen Kommunikationskanäle und somit neuen, digitalen Touchpoints aufzuzeigen. Essenziell dabei ist

---

147 Auf das Verständnis des Integrierten Marketing wird eigens im nachfolgenden Unterabschnitt 2.1.3 eingegangen.
148 Zu Strategischen Geschäftsfeldern siehe Unterabschnitt 2.1.5.
149 Vgl. Mattmüller & Tunder (2004), S. 8–9.
150 Varadarajan R. (2010), S. 119.

ebenfalls eine abschließende Anwendung der verschiedenen Marketingoptionen für Strategische Geschäftsfelder auf die Ergebnisse dieser Arbeit.

Für den Zweck einer Einordnung des Marketing als ganzheitliches Konzept im Umfeld der Anspruchsgruppen wird im Folgenden auf die Logik der „Integrationsfelder und -beziehungen des Integrierten Marketing"[151] eingegangen.

2.1.3 Integriertes Marketing mit seinen Bezugsgruppen

Im Rahmen der Marketing-Betrachtung kann dem Marketing eine Querschnittsfunktion innerhalb des Unternehmens zugesprochen werden, um die sich verändernden Anforderungen[152] aller Stakeholder in die unternehmerisch strategische und operative Ausrichtung einzubeziehen.[153] Dementsprechend kann Marketing als ganzheitliches Konzept im Sinne des Integrierten Marketing betrachtet werden, bei welchem im Rahmen von Entscheidungen umfassend alle maßgeblichen Anforderungen relevanter Bezugsgruppen eines Unternehmens beachtet werden. Zu diesen Gruppen zählen das Unternehmen, die Nachfrager, die Wettbewerber, Lieferanten, und die Gesellschaft (siehe Abbildung 3).[154]

---

151 Vgl. Mattmüller & Tunder (2004), S. 16.
152 Mattmüller (2012) fügt hier beispielhaft soziale, ökologische oder ethische Veränderungen an, vgl. Mattmüller (2012), S. 25. Im Rahmen dieser Arbeit werden die Veränderungen der Kundenanforderungen durch die Digitalisierung betrachtet, unter der Berücksichtigung des gesellschaftlichen Einflusses der zunehmenden Selbstmedikation.
153 Vgl. Mattmüller (2012), S. 25.
154 Vgl. Mattmüller & Buschmann (2015), S. 1–2. Nähere Ausführungen zu den einzelnen Bezugsgruppen und Zielsetzungen können bei Mattmüller & Tunder (2004), S. 16 ff. nachvollzogen werden.

Strategisches Marketing als Teil der Unternehmensstrategie 39

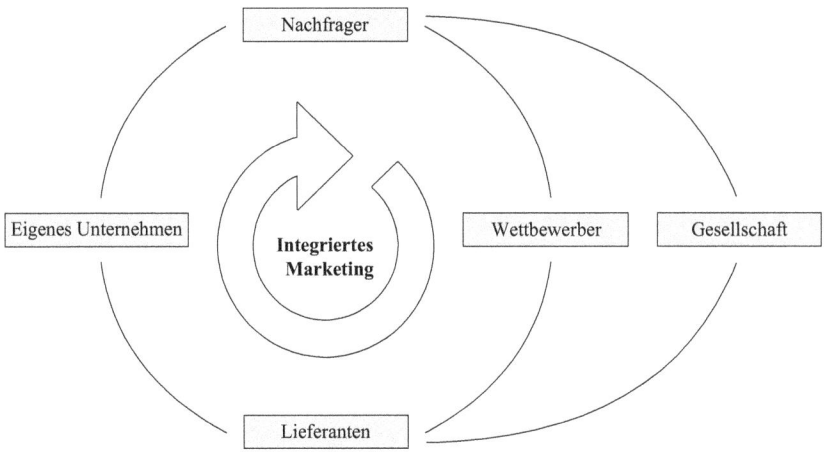

Abbildung 3: Integriertes Marketing und seine Bezugsgruppen[155]

Diese Betrachtung des Marketing ist von hoher Bedeutung, da die Anspruchsgruppen eines Unternehmens als abhängig voneinander betrachtet werden müssen, da sie interdependent zueinander stehen und sich gegenseitig beeinflussen. Konsequenterweise können durch die Vielzahl an Zielgruppen und deren unterschiedlichen Anforderungen und Absichten ebenfalls Interessenkonflikte zwischen den einzelnen Stakeholdern entstehen. Dies zeigt auf, dass es ein zwangsläufig primäres Ziel des Integrierten Marketing sein muss, zwischen den Anspruchsgruppen mithilfe homogener Kommunikation Einigungen zu finden und Entscheidungen strategisch optimal abzustimmen.[156]

Exemplarisch kann hier laut Mattmüller (2012) die Kommunikation als Teilbereich des Marketing genannt werden, bei welcher die aufgezeigte, notwendige Integration deutlich wird. So ist es hier essenziell, die Aussagen bei der Kommunikation nach außen, bspw. in Form von Werbekampagnen, durchweg aufeinander abzustimmen, da nicht nur der Kunde selbst diese Werbemaßnahmen sieht, sondern ebenfalls andere Anspruchsgruppen wie die eigenen Mitarbeiter oder Lieferanten. Widersprüche in den Inhalten der Kommunikation zum Kunden und der Kommunikation zu Mitarbeitern oder anderen Anspruchsgruppen können zu Verlusten der Glaubwürdigkeit des Unternehmens führen.[157]

---
155 Mattmüller & Tunder (2004), S. 16.
156 Vgl. Mattmüller & Buschmann (2015), S. 2.
157 Vgl. Mattmüller (2012), S. 28.

Wird diese Sichtweise auf den OTC-Pharmamarkt übertragen, wird deutlich, dass auch (und insbesondere) in diesem Markt die Interessen verschiedenster Akteure im Vordergrund stehen. Auf diese Feststellung und die nähere Eingrenzung, welche Akteure vor dem Hintergrund dieser Arbeit eine zentrale Rolle einnehmen, wird in Unterabschnitt 2.2.4 näher eingegangen.

Darauf aufbauend wird im nachfolgenden Unterabschnitt 2.1.4 das Konstrukt des Komparativen Konkurrenzvorteiles (KKV) als zu erreichende Zielgröße von Unternehmen betrachtet.

2.1.4 Komparativer Konkurrenzvorteil

Die (weltweit) steigende Anzahl neuer Konkurrenten innerhalb der überwiegenden Zahl an Märkten und die damit einhergehend zunehmende Intensität des Wettbewerbes, erfordern von Unternehmen eine starke Positionierung im Markt, um somit Wettbewerbsvorteile absichern zu können.[158]

Um die Betrachtung des Wettbewerbsvorteiles im Rahmen der marktorientierten Unternehmensführung zu forcieren, hat besonders Plinke (2000a) zusätzlich zur Kundenperspektive, die Anbieterperspektive als maßgeblich relevant herangezogen.[159]

Dementsprechend wurde die ausschließliche Betrachtung der Kundenorientierung durch eine Wettbewerbskomponente ergänzt.[160] Laut Plinke (2000a) besteht der Begriff des Wettbewerbsvorteiles somit aus einerseits einem Kundenvorteil, und aus andererseits einem Anbietervorteil.[161] Der Kundenvorteil bezeichnet in dieser Betrachtung einen Wettbewerbsvorteil, welcher durch einen (relativen) Nutzenvorteil für den Kunden entsteht, der ihm durch ein Unternehmen gegenüber eines Konkurrenten gegeben wird.[162] Der Anbietervorteil hingegen zeichnet sich durch einen Wettbewerbsvorteil zwischen Unternehmen aus, welcher auf Unterschieden bzw. einem Vorsprung von entsprechenden Ressourcen oder Fähigkeiten von einem Unternehmen gegenüber einem anderen besteht.[163] Diese beiden Perspektiven haben ihren Ursprung in

---

158 Vgl. Meffert, Burmann & Kirchgeorg (2015), S. 275.
159 Vgl. Backhaus (2006), S. 9.
160 Vgl. Backhaus (2006), S. 7.
161 Vgl. Plinke (2000a), S. 86–87.
162 Vgl. Plinke (2000a), S. 87.
163 Vgl. Plinke (2000a), S. 86.

Strategisches Marketing als Teil der Unternehmensstrategie

der Logik der Effizienz- und Effektivitätsperspektive[164] und sind entsprechend damit zu begründen.[165]
Diese Erkenntnisse fungieren als zentrale Elemente bei der Betrachtung des Komparativen Konkurrenzvorteiles (KKV). So stellen Backhaus (2006) und Backhaus & Schneider (2007a) in ihren Veröffentlichungen ihr Verständnis des KKV als erweiterte Interpretation des Wettbewerbsvorteiles dar, welches ebenfalls in der vorliegenden Arbeit als Verständnis des KKV genutzt wird.[166] Dabei wird der KKV als zentrales Element des strategischen Marketing angesehen.[167]
Die Faktoren der Effektivität und Effizienz nehmen dabei in der Betrachtung des KKV[168] eine entscheidende Rolle ein. Um im Markt wettbewerbsfähig zu

---

164 Plinke (2000a) definiert „Effektivität" wie folgt: „Effektivität ist ein externes Leistungsmaß, das angibt, inwieweit ein Unternehmen den Erwartungen und Ansprüchen seiner Kunden gerecht wird." Plinke (2000a), S. 86. Den Begriff „Effizienz" definiert er folgendermaßen: „Effizienz ist ein internes Leistungsmaß, das das Verhältnis von Output zu Input angibt." Plinke (2000a), S. 86. Eine ausführliche Behandlung der beiden Dimensionen der Effizienz und Effektivität als Teil unternehmerischen Denkens und Vorgehens kann bei Backhaus & Voeth (2004), S. 85–88 und Plinke (2000a), S. 82–87 ausführlich betrachtet werden.
165 Vgl. Plinke (2000a), S. 86–87.
166 An dieser Stelle ist anzumerken, dass das Konstrukt des Wettbewerbsvorteiles und das des KKV nicht automatisch als völlig übereinstimmend angesehen werden können. Dies ist damit zu begründen, als dass zwar ein relativer Anbietervorteil in Verbindung mit einem relativen Kundenvorteil einen Wettbewerbsvorteil darstellt, nicht aber einen KKV, solange dieser Wettbewerbsvorteil nicht aktiv vom Unternehmen an den Markt übermittelt wird. Als Beispiel hierfür dient die günstigere Produkt-Herstellung eines Unternehmens, die dadurch einen Wettbewerbsvorteil nach obiger Auffassung darstellt. Aus Sicht des Marketing muss dieser Kostenvorteil allerdings ebenfalls durch entsprechende preispolitische Anpassungen im Markt wiedergegeben werden, um einen KKV darzustellen. Vgl. Backhaus & Schneider (2007b), S. 20. Dennoch wird im Fortgang dieser Arbeit davon ausgegangen, dass sämtliche Aktivitäten und Handlungsmöglichkeiten, welche einen Wettbewerbsvorteil innehaben, im Bereich des Marketing stattfinden und unmittelbar an den Markt und die Kunden weitergegeben werden, wodurch die Begriffe KKV und Wettbewerbsvorteil für diese Arbeit synonym gestellt werden.
167 Vgl. Backhaus & Schneider (2007a), S. 3.
168 Abzugrenzen ist das Konstrukt des KKV ebenso vom Konzept der Unique Selling Proposition (USP). Obschon die USP eines Unternehmens das Herausstellen eines Alleinstellungsmerkmals eines Produktes oder einer Dienstleistung vom Wettbewerb umschreibt, betrachtet dieses Konstrukt nicht die Kostenseite des Kunden, die durch bei einem Erwerb anfallenden Preis aufkommt. Die USP umschreibt somit ausschließlich die dem Konstrukt des KKV zugrunde liegende Nutzendifferenz, nicht aber die Kostendifferenz. Vgl. Backhaus & Schneider (2007a), S. 24.

sein (und zu bleiben), erfordert es von Unternehmen, dem Kunden Produkte / Dienstleistungen mit einem spürbaren Mehrwert, welcher für das Unternehmen quantifizierbar ist (Value Proposition), bereitzustellen, die sich gleichzeitig gewinnbringend für Unternehmen darstellen.[169]

Laut Backhaus & Schneider (2007a) muss der KKV somit vier maßgebliche Voraussetzungen erfüllen:[170]

1. Aufseiten des Anbieters (Effizienz):[171]
   a. Der KKV muss vom anbietenden Unternehmen „*verteidigungsfähig*"[172] sein, sprich, er darf nicht (leicht) von Wettbewerbern imitierbar sein.[173]
   b. Ebenfalls muss sich ein KKV auf Unternehmensseite als „*wirtschaftlich*"[174] darstellen. Dementsprechend muss als Maßstab dessen ein gewisser Anstieg im Ergebnis sichtbar werden.
2. Aufseiten des Nachfragers (Effektivität):[175]
   a. Das vom Unternehmen angebotene Produkt oder die Dienstleistung muss für den Kunden „*bedeutsam*"[176] sein.
   b. Gleichzeitig muss eben dieses Angebot des Unternehmens vom Kunden als bedeutsam vorteilhafter „*wahrgenommen*"[177] werden als Angebote von Konkurrenzunternehmen.

Somit beschreibt der KKV den Einsatz von Unternehmen, ein besseres Leistungsangebot für den (potenziellen) Kunden darstellen zu können als Wettbewerber.[178] Erneut wichtig aufzuzeigen ist daher die Tatsache, dass der erstrebte KKV eines Unternehmens erst dann zu einem realen Vorteil des Anbieters (im Sinne der tatsächlichen Wahrnehmung des Kunden und einer

---

169 Vgl. Backhaus (2006), S. 9.
170 Vgl. Backhaus & Schneider (2007a), S. 37.
171 Vgl. Backhaus & Schneider (2007a), S. 41–43.
172 Backhaus & Schneider (2007a), S. 41.
173 So sind Geschäftsmodellinnovationen oftmals ein deutlich stärkerer strategischer Vorteil im Sinne des KKV als Innovationen auf Produktseite, da Geschäftsmodellinnovationen in ihrer Komplexität und Vielschichtigkeit schwieriger von der Konkurrenz nachzuahmen sind, vgl. Backhaus & Schneider (2007a), S. 41.
174 Backhaus & Schneider (2007a), S. 43.
175 Vgl. Backhaus & Schneider (2007a), S. 38–40.
176 Backhaus & Schneider (2007a), S. 40.
177 Backhaus & Schneider (2007a), S. 38. Dies sei nicht gleichzustellen mit einem (bspw. technischen) Produktvorteil, vgl. Backhaus & Schneider (2007a), S. 39.
178 Vgl. Mattmüller (2012), S. 28.

daraus resultierenden verbesserten Unternehmens-Position) wird, sobald dieser (wenigstens teilweise) an den Kunden transferiert wird.[179] Diese Aussage unterstreicht auch Mattmüller (2012), da letztlich ausschließlich der Kunde bewertet, welcher Wettbewerber im Markt seiner Auffassung nach besser ist.[180] Mit der Betrachtung auf die bereits erläuterten Perspektiven der Effektivität und der Effizienz, sollte vor dem Hintergrund des Erreichens der Zielgröße des Komparativen Konkurrenzvorteiles, die Ausrichtung des strategischen Marketing somit einerseits effektiv gestaltet sein, im Sinne der Bereitstellung eines „Nettonutzenvorteiles" durch das Unternehmen an den Kunden.[181] Andererseits sollte die Ausrichtung gleichzeitig unter der Berücksichtigung der Erzielung von Effizienz erfolgen, sprich einer Erhöhung des Unternehmenswertes durch den Aufbau von Anbietervorteilen.[182] Da der „Nettonutzenvorteil" eine besonders zu betrachtende Größe ist, wird hier näher darauf eingegangen. Backhaus & Schneider (2007a) beschreiben, dass sobald der Kunde den Preis, den er für ein Produkt oder eine Dienstleistung zahlen muss, als geringer wahrnimmt als den Nutzen, den er aus dem Produkt oder der Dienstleistung erlangt, ein Kundenvorteil (von Plinke (2000a) auch „Nettonutzenvorteil" genannt) besteht. Dabei ist es für ein Unternehmen entscheidend, dem Kunden einen höheren Nettonutzen anbieten zu können als ein Wettbewerbsunternehmen, wodurch dann die von Plinke (2000a) sogenannte „Nettonutzendifferenz" (bzw. nach Backhaus & Schneider (2007a) der sogenannte „relative Kundenvorteil") entsteht. Laut Plinke (2000a) ergibt sich die Nettonutzendifferenz durch die Betrachtung des Kunden auf die vom Unternehmen verschiedenen, bereitgestellten Eigenschaften (Ressourcen / Fähigkeiten). Aufgrund dieses Vergleiches, der zwischen den Angeboten verschiedener Unternehmen getroffen wird, ist der relative Kundenvorteil bzw. die Nettonutzendifferenz eine relative Größe und keine Absolute.[183]

Als zusammenfassende Übersicht des hier dargestellten Konzeptes des Komparativen Konkurrenzvorteiles, wird dieses hier abschließend grafisch dargestellt (Abbildung 4):

---

179 Vgl. Backhaus (2006), S. 9.
180 Vgl. Mattmüller (2012), S. 28.
181 Vgl. Meffert, Burmann & Kirchgeorg (2015), S. 275.
182 Vgl. Meffert, Burmann & Kirchgeorg (2015), S. 275.
183 Vgl. Backhaus & Schneider (2007a), S. 22–23; Plinke (2000a), S. 78–79.

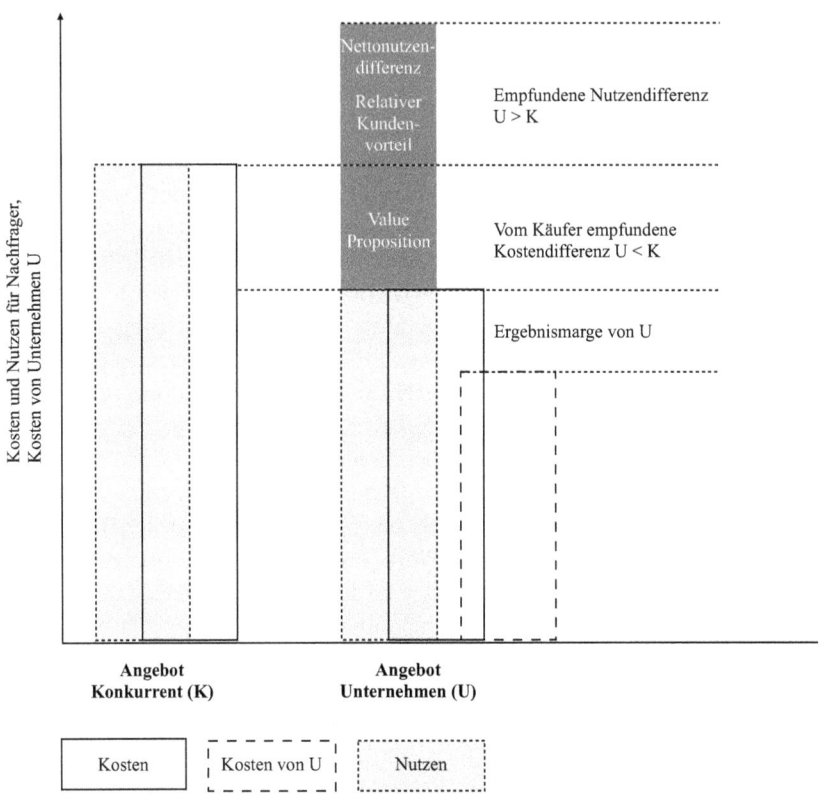

Abbildung 4: Komparativer Konkurrenzvorteil[184]

Diese Darstellung legt nahe, dass Hersteller im OTC-Pharmamarkt dem durch die Digitalisierung entstehenden, zusätzlichen Nutzen entgegnen müssen, welchen neue (digital fortgeschrittene) Marktteilnehmer durch digitale Geschäftsmodelle schaffen, um einen KKV und damit eine positive Nettonutzendifferenz zu erreichen. Dies kann durch eine Vielzahl an Optionen erreicht werden, die sich unter anderem in der Auswahl der möglichen Ausprägungen Strategischer Allianzen niederschlägt. Deutlich wird dies insbesondere in der Entscheidung, ob ein KKV mittels Kostenführerschaft aufrechterhalten oder mithilfe eigener digitaler Geschäftsmodelle geschaffen werden soll.

---

184 Vgl. Backhaus & Schneider (2007a), S. 28.

Zur Erreichung von Wettbewerbsvorteilen, können Strategische Geschäftsfelder als „Träger" dieser angesehen werden.[185]

Daher wird für eine weitere Betrachtung zur Erreichung von Wettbewerbsvorteilen, hier im Speziellen Komparativer Konkurrenzvorteile, im nachfolgenden Unterabschnitt auf verschiedene Marketingoptionen Strategischer Geschäftsfelder eingegangen, und welche Rolle diese Betrachtung im Rahmen dieser Arbeit einnimmt.

2.1.5 Strategieoptionen anhand Strategischer Geschäftsfelder

Gemäß Porter M. E. (1998) können zum Erreichen von Wettbewerbsvorteilen gegenüber Konkurrenzunternehmen drei Strategieansätze identifiziert werden:[186]

1. Kostenführerschaft
2. Fokussierung auf spezielle Zielgruppen oder Nischenmärkte
3. Differenzierung im Angebot der Leistungen

Vor dem Hintergrund dieser Arbeit, mit Fokus auf den OTC-Pharmamarkt, wird festgestellt, dass hier eruiert werden muss, welche der drei Strategien denkbar und vorteilhaft für die Problemstellung dieser Arbeit wäre. Insbesondere ist dabei wichtig anzumerken, dass es bei der vorliegenden Arbeit nicht um eine Differenzierung auf Produktebene, im Sinne der Erweiterung des OTC-Arzneimittelsortimentes geht, sondern um die Bereitstellung bzw. Erweiterung des digitalen Leistungsangebotes für den Endkunden (Patienten).

Um darüber hinaus zu erörtern, wie ein Unternehmen sein strategisches Vorhaben vor dem Hintergrund divergenter Maßnahmen auf dem Markt bestimmen kann, lässt sich das Konstrukt des Strategischen Geschäftsfeldes (SGF)[187] heranziehen.[188]

---

185 Vgl. Freiling & Reckenfelderbäumer (2010), S. 329. Auch Hungenberg (2014) ordnet die Schaffung von Wettbewerbsvorteilen auf Geschäftsfeldebene ein, vgl. Hungenberg (2014), S. 79–80. Bruhn (2016) zeigt auf, dass für ein Unternehmen die Bestimmung des Wettbewerbsvorteiles auf der strategischen Ebene im Rahmen der Geschäftsfelder-Betrachtung liegt, vgl. Bruhn (2016), S. 103.
186 Vgl. Porter, M. E. (1998), S. 35 ff.
187 In der Literatur gibt es eine Vielzahl an Veröffentlichungen, die sich mit dem Thema der Strategischen Geschäftsfelder befassen, siehe neben den hier bereits genannten Veröffentlichungen bspw. Wilde (1985), Hans (2013) oder Camphausen (2013). Im Rahmen dieser Arbeit wird ausdrücklich die Koordination Strategischer Geschäftsfelder anhand möglicher Strategieoptionen dargestellt, um daraus ableitend Rückschlüsse auf die Fragestellung dieser Arbeit ziehen zu können.
188 Vgl. Kreilkamp (1987), S. 316–317; Mattmüller (2012), S. 150.

Hierbei wird betrachtet, welche Zielgruppe[189] vom Unternehmen mit welchem Angebot (Produkt oder Dienstleistung) angesprochen wird.[190] Das Resultat der Verknüpfung dieser beiden Faktoren und die daraus resultierende Einteilung der umfassenden Aktivitätsbereiche eines Unternehmens in bestimmte Tätigkeitsfelder mündet in ein sogenanntes „Strategisches Geschäftsfeld".[191] Dabei ist es von entscheidender Bedeutung die jeweiligen SGFs eines Unternehmens strikt voneinander abzugrenzen und trotzdem passend zueinander abzustimmen, und je nach spezifischen Anforderungen entsprechend zu bearbeiten.[192] In diesem Zusammenhang ist anzumerken, dass ein Produkt über mehrere Geschäftsfelder hinaus integriert werden kann, und gleichzeitig mehrere Produkte innerhalb eines Geschäftsfeldes eingegliedert werden können.[193]

Über diesen zweidimensionalen Ansatz der Zielgruppen- / Produktbetrachtung hinaus, ist ebenfalls eine dreidimensionale Betrachtung nach Abell (1980) bzw. Abell & Hammond (1979) in der Wissenschaft existent, welche große Relevanz in der Forschung hat.[194] Grundlegend für diese Erweiterung ist die Kritik

---

189 Häufig wird in diesem Zusammenhang synonym der Begriff „Markt" genutzt, welcher aber als bedeutungsgleich angesehen wird, vgl. Kleinaltenkamp (2002), S. 69.
190 Vgl. Mattmüller (2012), S. 150.
Kommentar: Meffert (1994) beschreibt in seinem Buch die Herleitung der Markt- / Produktbetrachtung mit Bezug auf Literatur dieses Gebietes. So wurde bereits in den 1960er Jahren von u.a. Levitt (1960) herausgestellt, dass eine ausschließliche Produktbetrachtung Strategischer Geschäftsfelder zu kurz greifen würde, da die sich ändernden Kundenanforderungen und marktseitigen Entwicklungen nicht berücksichtigt würden. Hinterhuber (1992) erweiterte diese Ansicht für den Zwecke der Abgrenzung von SGFs schließlich durch die Markt-Komponente, wodurch die Markt- / Produktbetrachtung entstanden ist. Darüber hinaus entwickelte Abell (1980) in seinem Werk einen dreidimensionalen Ansatz, bei welchem er die Dimensionen jeweils „Funktionserfüllung", „Abnehmergruppe" und „Technologie" benennt. Vgl. Meffert (1994), S. 42. Über diese Herleitung hinaus kann zudem aufgezeigt werden, dass Bea & Haas (2019) das Modell von Abell (1980) ausbauen, woraus insgesamt fünf Dimensionen resultieren, die sie nennen: „Produkt", „Technologie", „Problemlösung", „Nachfrager" und „Wettbewerber", vgl. Bea & Haas (2019), S. 162–164. Mattmüller & Tunder (2004) dagegen fassen ihr Argument deutlich prägnanter, indem sie eine direkte Verbindung zu Ansoff (1966) herstellen, der durch sein Werk als grundlegender Vertreter des Verständnisses der Markt- / Produktbetrachtung angesehen wird, vgl. Mattmüller & Tunder (2004), S. 52.
191 Vgl. Hofbauer, Körner, Nikolaus & Poost (2009), S. 81; Mattmüller (2012), S. 150; Hofbauer & Sangl (2018), S. 214–215.
192 Vgl. Mattmüller (2012), S. 150.
193 Vgl. Kuß (2006), S. 143–144.
194 Vgl. Kuß (2006), S. 136.

an damalig bestehenden Konzepten wie der Ansoff'schen Matrix, welche ausschließlich die zwei Dimensionen des Marktes und Produktes betrachtet.[195]

In diesem Sinne erweiterte Abell (1980) in seiner Veröffentlichung die Produkt- / Marktbetrachtung auf die drei Dimensionen der „Abnehmergruppe"[196], der „Funktionserfüllung"[197] und der „Technologie"[198] dar.[199] Dabei beschreibt die Dimension der „Abnehmergruppe", wie auch bei der zweidimensionalen Betrachtung, die anzusprechende Zielgruppe. Die Dimension der „Funktion" bzw. „Funktionserfüllung" bedeutet in diesem Zusammenhang, mit welchem Leistungsangebot des Unternehmens – also mit welchem angebotenen Produkt oder welcher angebotenen Dienstleistung –, die Bedürfnisse der jeweiligen Zielgruppe gelöst werden sollen.[200] Die Erweiterung zu einem dreidimensionalen Ansatz erfolgt durch die Dimension der „Technologie". Diese beschreibt, durch welche verschiedenen Wege die genannte Erfüllung der Funktion erfolgen kann.[201] Dieser dreidimensionale Ansatz gliedert dementsprechend erneut die Dimension des Leistungsangebotes des Unternehmens an den Kunden auf.[202]

Zusammenfassend lässt sich aus den Darlegungen von Abell & Hammond (1979) bzw. Abell (1980) ableiten, dass sich Unternehmen im Rahmen dieser drei Dimensionen die folgenden Fragen stellen müssen:[203]

1. Die Dimension der Abnehmergruppe: „*Wer* wird bedient?"
2. Die Dimension der Funktion: „*Welches Bedürfnis* wird befriedigt?"
3. Die Dimension der Technologie: „*Wie* wird die Dimension der Funktion erfüllt?"

Eine Betrachtung dieser drei Dimensionen kann, durch die Erweiterung der Technologie-Dimension, ebenfalls Sinn für die strategische Marktbearbeitung

---

195 Vgl. Abell (1980), S. 12. Auch Brixle (1993) zeigt auf, dass verschiedene Autoren wie Abell die Ansoff'sche Matrix als zu allgemein ausgerichtet ansehen, vgl. Brixle (1993), S. 93.
196 Im englischen Original genannt: „Customer groups served" Abell (1980), S. 17.
197 Im englischen Original genannt: „Customer functions served" Abell (1980), S. 17.
198 Im englischen Original genannt: „Technologies utilized" Abell (1980), S. 17.
199 Vgl. Abell (1980), S. 17.
200 Vgl. Abell (1980), S. 170-171; Meffert (1994), S. 42.
201 Vgl. Abell (1980), S. 172-173; Frazier & Howell (1983), S. 60; Kuß (2006), S. 137.
202 Vgl. Mattmüller & Tunder (2004), S. 52.
203 Vgl. Abell & Hammond (1979), S. 392. Auch Bea & Haas (2019) zeigen diese Fragestellungen mit der folgenden Aufteilung auf: 1. Kundengruppe: Wer hat Bedürfnisse? 2. Kundenproblem: Welches Bedürfnis hat ein Kunde? und 3. Technologie: Wie wird das Kundenbedürfnis befriedigt?, vgl. Bea & Haas (2019), S. 162.

machen. Allerdings wird dieser Ansatz im weiteren Verlaufe dieser Arbeit nicht angewandt, da durch moderne Technologie der „Technologie"-Begriff nach Abell (1980) im eigentlichen Sinne nicht aufrechterhalten werden kann, sondern mit der Funktion verschmilzt.

In der Betrachtung des OTC-Pharmamarktes stellt die Apotheke den einzigen Absatzmittler und damit die einzige „Technologie" dar, um das Produkt (OTC-Arzneimittel) der Zielgruppe (Patienten) bereitzustellen. Zusätzliche Aktivitäten zur Erfüllung weiterer Bedürfnisse der Patienten, welche nicht unmittelbar den Verkauf eines OTC-Arzneimittels herbeiführen, sind damit vielmehr als Angebote des jeweiligen OTC-Pharmaherstellers zu verstehen, und nicht als „Technologie". Nach dieser Auffassung ist eine Erweiterung um die dritte Dimension der „Technologie" aufgrund fehlender Optionen (bedingt durch die rechtlichen Rahmenbedingungen im OTC-Pharmamarkt, siehe Unterabschnitt 3.2.3) im Rahmen dieser Arbeit nicht mehrwertstiftend, da die Apotheke a priori Bestandteil jeder Betrachtung der Strategischen Geschäftsfelder sein muss.

Infolgedessen wird weiterhin ausschließlich die Zielgruppen- / Produktkombination im Hinblick auf die strategischen Marketingoptionen Strategischer Geschäftsfelder betrachtet. Dabei wird festgestellt, dass die strategische Ausrichtung der SGFs von Unternehmen ein in der Forschung weitreichend diskutiertes Thema ist, weshalb sich eine Vielzahl an Strategieoptionen zur Orientierung von SGFs in der Literatur finden lassen.[204]

---

204 Hier sind beispielsweise zu nennen: Bruhn (2016), welcher im Rahmen der Marktfeldstrategien die strategische Orientierung der Geschäftsfelder betrachtet und die möglichen Strategien in Anlehnung an Ansoff (1966) als Strategien zur „Marktentwicklung", „Marktdurchdringung", „Diversifikation" und „Leistungsentwicklung" benennt, vgl. Bruhn (2016), S. 161–163. Ebenfalls ist dieser Ansatz nach Ansoff (1966) u.a. bei Hofbauer, Körner, Nikolaus & Poost (2009), S. 96–98; Griese & Bröring (2011), S. 47–48 und Hofbauer & Hellwig (2012), S. 83–84 zu finden. Hier sind inhaltlich deutliche Überschneidungspunkte mit den Handlungsoptionen nach Meyer & Mattmüller (1993) zu erkennen, allerdings findet sich in deren Kollektion an Strategieoptionen eine Strategie zum aktiven Austritt bzw. Rückzug aus einem Geschäftsfeld („Reduktion"), was die Ansoff'sche Produkt- / Markt-Matrix infolgedessen erweitert, vgl. Trautmann (1993), S. 143. In diesem Zusammenhang wird von Trautmann (1993) ebenso festgestellt, dass die Reduktionsstrategie als eigenständige Strategie zu wenig Aufmerksamkeit in Forschung und Praxis erhält, vgl. Trautmann (1993), S. 140. Aufgrund dieser erweiterten (und somit vollständigeren) Sammlung von Handlungsoptionen, finden eben diese Anwendung in dieser Arbeit. Ein weiterer Ansatz kann bei Plinke (2000b) gefunden werden, welcher ein entsprechendes Portfolio aufzeigt, das einzelne Geschäftsfelder in die Dimensionen des „Wertbeitrags (Wertverminderung- oder -zuwachs)" einzelner Geschäftsfelder für

Strategisches Marketing als Teil der Unternehmensstrategie 49

Innerhalb dieser Arbeit wird die Kollektion der Strategieoptionen von Meyer & Mattmüller (1993) herangezogen. Dabei kann eine Strategie entweder durch eine Eindimensionalität (Anpassungen geschehen bei entweder der Zielgruppe *oder* dem Leistungsangebot) oder Zweidimensionalität (Anpassungen geschehen bei der Zielgruppe *und* dem Leistungsangebot) dargestellt werden.[205]

Um die Gesamtheit der SGFs („SGF-Portfolio"[206]) eines Unternehmens zu koordinieren, können im Folgenden fünf grundlegende Strategieoptionen nach Meyer & Mattmüller (1993) benannt werden:[207]

1. „Beibehaltungsstrategie"
2. „Diversifikationsstrategie"
3. „Reduktionsstrategie"
4. „Konversionsstrategie"
5. „Multiplikation und Kontraktion"

Auf die einzelnen dieser genannten strategischen Marketingoptionen mit ihren spezifischen, besonderen Merkmalen wird im Folgenden eingegangen, um letztlich konstatieren zu können, welche dieser Optionen Anwendung für die Fragstellung dieser Arbeit findet. Dabei werden hier weder Vor- noch Nachteile einzelner Strategien betrachtet, da dies nicht in einen zentralen Betrachtungsraum dieser Arbeit fällt.[208]

Im Rahmen der *Beibehaltungsstrategie* wird, dem Begriff entsprechend, das grundlegende Konzept im Sinne der Aufteilung und Inhalte der SGFs beibehalten. Trotzdem kann im Rahmen dieser Strategie mit entsprechenden Handlungen reagiert werden. Dazu gibt es grundlegend zwei Stoßrichtungen, auf Basis welcher dies geschehen kann.[209]

---

das komplette Unternehmen und „Strategische Bedeutung (hoch/mittel/gering)" jeweiliger Geschäftsfelder für das Unternehmen, einteilt. Aus der Kombination dieser Dimensionen entsteht ein Portfolio, aus welchem sich schließlich die strategischen Handlungsoptionen der „Desinvestition", „Best Owner", „Restrukturierung" und „Kerngeschäfte" ergeben. Vgl. Plinke (2000b), S. 39–40. Dieser Ansatz wird hier jedoch nicht näher thematisiert.

205 Vgl. Meyer & Mattmüller (1993), S. 25.
206 Mattmüller (2012), S. 153.
207 Vgl. Meyer & Mattmüller (1993), S. 25–26; Mattmüller (2012), S. 154.
208 Für eine detailliertere Betrachtung der Ziele, Risiken sowie Vor- und Nachteile der einzelnen vorgestellten Strategien, wird an dieser Stelle an die entsprechende Literatur von Meyer & Mattmüller (1993), Mattmüller & Tunder (2004) und Mattmüller (2012) verwiesen.
209 Vgl. Mattmüller (2012), S. 154–155.

Einerseits kann die Intensivierung der SGFs durch die aktive Ansprache und folglich zur Gewinnung neuer Kunden[210] forciert werden, oder andererseits die Nachfrage bei der bestehenden Kundschaft verstärkt werden. Zu dem Bereich der Ansprache neuer Kunden zählen Maßnahmen wie die Bereitstellung von Bestandteilen, die den Kunden vom Nutzen eines Angebotes überzeugen, und somit letztlich zum Kauf anregen. Beispiele hierfür sind entweder überarbeitete, bessere Garantieinhalte, oder eine entsprechende Anpassung des Preises. In das Areal der verstärkten Nachfrage fällt etwa das Einführen bzw. die Intensivierung personalisierter Angebote. Bei dieser Vorgehensweise müssen, explizit im Gebiet der Kommunikation, entsprechende Anpassungen der Maßnahmen auf operativer Ebene vollzogen werden.[211]

Bei der *Diversifikationsstrategie* werden Anpassungen im Sinne von Erweiterungen der SGFs vollzogen, wodurch ein weiteres SGF gestaltet wird. Dabei gibt es drei Ausprägungsformen, wie solch ein neues SGF entstehen kann, welche entweder ein- oder zweidimensional gestaltet sind. Im Rahmen der eindimensionalen Gestaltung kann entweder (1) eine neue Zielgruppe bearbeitet werden, während das Leistungsangebot gleich bleibt, oder (2) ein neues Leistungsangebot erstellt werden, während die Zielgruppe bestehen bleibt. Konträr dazu wird die zweidimensionale Gestaltung betrachtet, sofern (3) beide Dimensionen erneuert werden (Zielgruppe und Angebot).[212] Diese aufgezeigte Diversifikation zur Gründung neuer SGFs vor dem Hintergrund der ein- bzw. zweidimensionalen Gestaltung kann weiterhin entweder anhand der „Richtung" (horizontal / vertikal / lateral), der „Erkennbarkeit" (offen / verdeckt) oder des „Aktivitätsgrades" (offensiv / defensiv) erfolgen.[213] Zur Ausführung des neuen SGF's bestehen verschiedene Wege zur Umsetzung. Einerseits kann das Unternehmen das neue SGF durch eigens besitzende Fähigkeiten und Ressourcen gestalten und entsprechende Maßnahmen bezüglich des neuen SGF's planen und umsetzen (hierzu zählt auch etwa der Kauf von Lizenzen). Andererseits kann das neue SGF durch die Zuhilfenahme unternehmensfremder Fähigkeiten oder Ressourcen, beispielsweise durch Akquisitionen oder Kooperationen, bearbeitet werden.[214]

---

210 Dabei ist es wichtig anzumerken, dass hier neue Kunden der gleichen Zielgruppe gemeint sind, da sich bei einer Beibehaltungsstrategie die Zielgruppe an sich (sowie das Leistungsangebot) nicht verändert, vgl. Mattmüller (2012), S. 154.
211 Vgl. Mattmüller (2012), S. 154–155.
212 Vgl. Graßy (1993), S. 33; Mattmüller (2012), S. 156.
213 Vgl. Graßy (1993), S. 37–39; Mattmüller (2012), S. 158–160.
214 Vgl. Graßy (1993), S. 47–52; Mattmüller (2012), S. 162.

Als weitere Strategie wird die *Reduktionsstrategie* betrachtet. Im Gegensatz zur Diversifikationsstrategie, bei welcher die Erhöhung der Zahl der SGFs im Vordergrund steht, bedeutet die Reduktionsstrategie ihrem Namen nach eine Verminderung der Zahl der SGFs.[215] Dementsprechend bedeutet die Strategieoption der Reduktion „[…] den unternehmerisch geplanten und umgesetzten Rückzug aus einzelnen Marktsegmenten, Angebotsbereichen oder ganzen Geschäftsfeldern."[216] Dies bedeutet somit entweder einerseits, dass eine bisherige bestimmte Zielgruppe nicht mehr angesprochen werden soll, oder andererseits, dass spezielle Leistungen nicht mehr angeboten werden. Auch eine Kombination beider Sachverhalte ist möglich, sodass sich ein Unternehmen dazu entscheiden kann, auf zweidimensionaler Betrachtungsweise, sowohl die bisherige jeweilige Zielgruppe nicht mehr anzusprechen als auch ein entsprechendes Produkt oder eine entsprechende Dienstleistung aus dem Angebot zu nehmen und das SGF somit aufzulösen.[217]

Bei Betrachtung der *Konversionsstrategie* wird deutlich, dass sich diese im Spannungsfeld der beiden bereits vorgestellten Strategien der Reduktion und Diversifikation einordnet.[218] Entsprechend werden im Rahmen der Konversionsstrategie alle oder einzelne SGFs durch die Gründung neuer SGFs substituiert. Dabei ist anzumerken, dass die Ressourcen aus den aufgelösten SGFs den neu gegründeten SGFs zugutekommen und somit auf diese übertragen werden.[219] Auch in dieser Strategiebetrachtung ist erneut auf die verschiedenen Dimensionen von Leistungsangebot und Zielgruppe zurückzugreifen. So kann innerhalb eines Geschäftsfeldes entweder eine bisher bearbeitete Zielgruppe durch eine Neue ersetzt werden, während das Leistungsangebot bestehen bleibt, oder vice versa (eindimensionale Betrachtung). Ebenfalls ist es auch hier möglich, im Rahmen der zweidimensionalen Betrachtung gleichzeitig sowohl die bisherige Zielgruppe als auch das bisherige Leistungsangebot durch jeweils neue Zielgruppen-Ausrichtungen bzw. Angebote zu ersetzen.[220]

---

215 Vgl. Trautmann (1993), S. 146; Mattmüller (2012), S. 163.
216 Trautmann (1993), S. 146.
217 Vgl. Trautmann (1993), S. 146; Mattmüller (2012), S. 164–165.
218 Vgl. Brixle (1993), S. 87.
219 Vgl. Brixle (1993), S. 92; Mattmüller (2012), S. 169.
220 Vgl. Brixle (1993), S. 95–97; Mattmüller (2012), S. 169–170.

Letztlich wird die Strategieoption der *Multiplikation*[221] und *Kontraktion* betrachtet. Innerhalb der Multiplikationsstrategie werden bereits bestehende SGFs vervielfältigt, bspw. durch eine breitere geographische Ausrichtung. Hierbei werden nun weder Zielgruppe noch Leistungsangebot verändert, sondern lediglich werden die geographische Ausrichtung des Marktes und dessen Merkmale differenziert.[222] Dementsprechend kann hier zunächst die eindimensionale Multiplikation herangezogen werden. So darf einerseits die Zielgruppe ausschließlich in Bezug auf geographische Eigenschaften angepasst werden, bspw. durch die Akquisition potenzieller Kunden aus bereits bearbeiteten Zielgruppen, um diese zu den bereits bestehenden Verkaufsstellen zu leiten. Andererseits kann das Leistungsangebot im Sinne einer Erhöhung der Anzahl an Verkaufsstellen gestaltet werden, während die regional definierte(n) Zielgruppe(n) beibehalten wird (werden). Das Ziel dieser eindimensionalen Multiplikation ist somit die Marktausschöpfung.[223] Besteht das Ziel jedoch in einer Marktausweitung, kann weiterhin eine zweidimensionale Multiplikation erfolgen. Dabei werden neue Verkaufsstellen (in noch nicht bearbeiteten Gebieten) gebildet, wodurch gleichzeitig aufgrund der geographischen Erweiterung neue Kunden[224] angesprochen werden.[225] Konträr zu diesem Vorgehen hat die Kontraktionsstrategie Gegenteiliges zur Aufgabe, nämlich die aktive Verkleinerung des bisher bearbeiteten geographischen Marktes.[226]

Im Rahmen dieser Arbeit wird in einem folgenden Abschnitt (Abschnitt 7.2) genauer erörtert, inwieweit welche Strategieoption nach Meyer & Mattmüller

---

221 Diese ist nicht gleichzusetzen mit der Strategieoption der Diversifikation. Während bei der Diversifikation Märkte aufgrund ihrer Neuheit auf neuen Wegen bearbeitet und ausgerichtet werden müssen, zielt die Strategie der Multiplikation auf die Bearbeitung bereits existierter Märkte (und somit bereits verwendeter Elemente der Marktbearbeitung) ab, die jedoch geographisch erweitert werden. Vgl. Hübner (1993), S. 194.
222 Vgl. Hübner (1993), S. 195; Mattmüller (2012), S. 172.
223 Vgl. Hübner (1993), S. 197; Mattmüller (2012), S. 172–173.
224 Hier wird erneut darauf hingewiesen, dass die Ansprache der hier beschriebenen Kunden im Rahmen dieser Strategieoption ausschließlich durch die zusätzliche, geographische Ausrichtung erfolgt. Würden sich diese neuen Kunden hingegen von den Eigenschaften der bisherigen Zielgruppe unterscheiden (etwa bei ihrem Kaufverhalten), würde es sich im Sinne der Strategieoptionen Strategischer Geschäftsfelder um eine Diversifikation auf der Ebene der Zielgruppe handeln. Vgl. Mattmüller (2012), S. 173.
225 Vgl. Hübner (1993), S. 198; Mattmüller (2012), S. 173.
226 Vgl. Mattmüller (2012), S. 172.

(1993) vor dem Hintergrund der Problemstellung Anwendung findet (und welche nicht).

Allerdings kann bereits an dieser Stelle die folgende Feststellung getroffen werden: Im traditionellen Sinne des Vertriebsweges im OTC-Pharmamarkt (Hersteller > (Großhandel) > Apotheke > Endverbraucher)[227] kann die Zielgruppe von OTC-Pharmaherstellern in diesem Bereich sowohl Apotheken als auch Endverbraucher darstellen. Spezifischer betrachtet wird im Falle der vorliegenden Arbeit aus Sicht der Arzneimittelhersteller somit eine Differenzierung zwischen *subfinaler Zielgruppe(n)* – hier: Großhandel / Apotheken / Ärzte – und *finaler Zielgruppe* – hier: Patient – vorgenommen. Unter Berücksichtigung der dieser Forschungsarbeit zugrundeliegenden Fragestellung, welche eine Ansprache der Zielgruppe der Patienten durch digitale Wege erzielt, definiert sich die hier betrachtete, finale Zielgruppe infolgedessen ausschließlich als die Patienten (Endkonsumenten).[228]

Ebenfalls wird hier bereits darauf hingewiesen, dass Unternehmen im Rahmen der möglichen, verschiedenen Ausrichtungen der Handlungsoptionen für die SGFs beachten müssen, welche Fähigkeiten und Ressourcen für die Verfolgung einer bestimmten Strategie notwendig sind.[229] Auf Basis dessen ist es entscheidend für Unternehmen, denkbare Defizite zu schließen, beispielsweise durch das Heranziehen von Partnerunternehmen.[230] Diese Aussage nimmt in dieser Arbeit eine bedeutende Rolle ein, da im Laufe dieser Arbeit speziell betrachtet wird, welche Ausprägungen Strategischer Allianzen genutzt werden sollten, um den größten Herausforderungen der Digitalisierung für OTC-Pharmahersteller entgegnen zu können.

Nachdem in Abschnitt 2.1 das strategische Marketing als Teil der Unternehmensstrategie konzeptionell eingeordnet wurde, werden im folgenden Abschnitt der OTC-Pharmamarkt und seine, für diese Arbeit relevantesten, Elemente eingeordnet.

---

227 Vgl. Dambacher & Schöffski (2008), S. 282.
228 Inwieweit sich die Ansprache von OTC-Pharmahersteller zur subfinalen Zielgruppe der Apotheke vor dem Hintergrund der Digitalisierung verändert, gilt einer separaten Betrachtung, welche in der vorliegenden Arbeit allerdings nicht abgedeckt wird, da dies zwei völlig verschiedene Ansätze darstellt.
229 Vgl. Griese & Bröring (2011), S. 48.
230 Vgl. Prahalad & Hamel (1990), zitiert nach Griese & Bröring (2011), S. 48.

2.2 Der Over-the-Counter-Pharmamarkt

Das betrachtete Land im Rahmen dieser Dissertation stellt wie bereits beschrieben Deutschland dar. Hintergrund dieser Entscheidung ist, dass die Pharmabranche aufgrund rechtlicher Vorgaben eine Vielzahl länderspezifischer Charakteristika aufweist, was einen direkten synonymen Transfer einzelner Märkte auf andere Länder so gut wie unmöglich macht.

Innerhalb dieser länderspezifischen Betrachtung wird die Pharmabranche in Deutschland als mitwirkender Markt der Gesundheitswirtschaft[231] gesehen: „Die Gesundheitswirtschaft umfasst im Kern die medizinischen und pflegerischen Versorgungsdienstleistungen. Darum gruppieren sich zahlreiche Akteure aus dem Produzierenden [sic] Gewerbe, dem Handel sowie den Dienstleistungen, deren Güter der Bewahrung und Wiederherstellung unserer Gesundheit dienen."[232] Die Gesundheitswirtschaft ist Deutschlands größter Bereich der Wirtschaft, der Pharmamarkt die forschungsstärkste Branche und essenzielles Standbein der Gesundheitswirtschaft.[233]

Weiterhin stellen die deutsche Pharmabranche Entwicklungen wie ein zunehmender Wettbewerb durch eine steigende Anzahl von Generika[234] im Markt, die zunehmende Einbindung von Patienten, eine sich verändernde Rolle von beteiligten Akteuren wie beispielsweise Apothekern,[235] und die zunehmende Rolle von

---

231 Der Gesundheitsmarkt in Deutschland umfasst laut dem Bundesministerium für Wirtschaft und Energie Gütergruppen, welche separiert werden in einen „Kernbereich" sowie einen „erweiterten Bereich", vgl. Bundesministerium für Wirtschaft und Energie (2019), S. 21. Zum „Kernbereich" zählen Humanarzneimittel, die öffentliche Verwaltung und Krankenversicherungen, medizintechnische Großgeräte und Medizinprodukte, Dienstleistungen stationärer und nicht-stationärer Einrichtungen sowie Leistungen sowohl des Einzelhandels als auch des Großhandels innerhalb des Kernbereiches. Bestandteile des „erweiterten Bereiches" setzen sich zusammen aus Wellness-, Tourismus- und Sportleistungen, Gütern zur selbständigen Gesundheitsversorgung, E-Health, Investitionen sowie weiteren, sonstigen Dienstleistungen der Gesundheitswirtschaft. Vgl. Bundesministerium für Wirtschaft und Energie (2019), S. 21.
232 Institut der deutschen Wirtschaft Köln (2013), S. 2.
233 Vgl. Institut der deutschen Wirtschaft Köln (2013), S. 3.
234 Siehe dazu den nächsten Unterabschnitt 2.2.1.
235 Vgl. Bundesverband der Arzneimittel-Hersteller (2017), S. 7. Die Rolle des Apothekers verändert sich dadurch, dass die Beratungsfunktion stärker zunehmen wird, ausgelöst durch die Intensivierung der Selbstmedikation und der damit verbundenen Verifizierung von (Online-)Informationen sowie dem Wegfall von

Digitalisierung,[236] vor Herausforderungen.[237]

Dabei ist anzumerken, dass diese Branche sich grundlegend von vielen anderen Märkten unterscheidet, da das Thema Gesundheit für den Patienten und somit Endverbraucher von Arzneimitteln oder Gesundheitsservices einen hohen Grad an persönlichem „Involvement" auslöst.[238]

Vor diesem Hintergrund wird im weiteren Verlaufe dieses Abschnittes zunächst der OTC-Pharmamarkt als Teil des gesamten Pharmamarktes durch eine Arzneimittel-Klassifizierung abgegrenzt. Darauf aufbauend wird der OTC-Arzneimittelmarkt mit seinen Zahlen und Fakten beleuchtet und schließlich auf sein Wettbewerbsumfeld eingegangen. Der Abschnitt schließt mit einer Eingrenzung der für diese Dissertation relevanten Akteure. Da somit die vorliegende Dissertation den Over-the-Counter Pharmamarkt als Teilmarkt der gesamten Pharmabranche betrachtet, wird sich nach einer groben Übersicht über den gesamten deutschen Pharmamarkt auf den OTC-Pharmamarkt fokussiert. Die hierfür vorab notwendige Aufteilung und Klassifizierung von Arzneimitteln wird daher im folgenden Unterabschnitt 2.2.1 thematisiert.

2.2.1 Abgrenzung durch Arzneimittel-Klassifizierung

Auf vorangehender Einführung dieser Dissertation beruhend kann der Pharmamarkt systematisch durch zwei zentrale Differenzierungskriterien im Hinblick auf Arzneimittel eingegrenzt werden: Den Bereich der Verschreibung (verschreibungspflichtige Arzneimittel) und den Bereich der Selbstmedikation (nicht verschreibungspflichtige Arzneimittel).[239] Während verschreibungspflichtige (Rx-)Arzneimittel durch den Apotheker ausschließlich an Patienten ausgegeben werden dürfen, die ein ärztliches Rezept einreichen können,[240] ist

---

Arztbesuchen und damit zusammenhängenden Konsultationen, vgl. Bundesverband der Arzneimittel-Hersteller (2017), S. 7, 11.
236 Vgl. Dillmann & Kahl (2017), S. 9.
237 Vgl. Umbach (2013), S. 46–47.
238 Vgl. Kay (2007), S. 250.
239 Vgl. Dambacher & Schöffski (2008), S. 281; Huber, Dippold & Forsthofer (2012), S. 291. Weiterhin gibt es sogenannte „OTX-Arzneimittel", welche eine Kombination aus Rx- und OTC-Arzneimitteln darstellen. Dabei handelt es sich um Arzneimittel, die zwar rezeptfrei sind, aber von einem Arzt verordnet werden können. Vgl. Bundesverband der Arzneimittel-Hersteller (2020), S. 48.
240 Der verschreibungspflichtige Arzneimittelmarkt unterliegt ebenfalls strengeren Auflagen im Marketing der Arzneimittel, welche im Heilmittelwerbegesetz (HWG) rechtlich reguliert sind, vgl. § 48 AMG. So gilt: „Für verschreibungspflichtige Arzneimittel darf nur bei Ärzten, Zahnärzten, Tierärzten, Apothekern und Personen,

es Patienten im OTC-Bereich rechtlich gestattet, rezeptfreie Arzneimittel ohne ärztliches Rezept zu beziehen.[241]

Gesetzliche Grundlage bieten hierbei § 48 und § 49 des Arzneimittelgesetzes (AMG), welche auf Basis des Wirkstoffes zwischen verschreibungspflichtigen und nicht-verschreibungspflichtigen Arzneimitteln differenzieren.[242]

Der rezeptfreie Pharmamarkt lässt sich wiederum in drei Produktbereiche unterteilen, welche sich maßgeblich in ihrem (ebenso rechtlich festgelegten) Vertriebsweg[243] unterscheiden: (a) rezeptfreie, apothekenpflichtige Arzneimittel (OTC), (b) freiverkäufliche Arzneimittel und (c) Gesundheitsmittel (GMS).[244] Zu den beiden Letzteren zählen Gesundheitsprodukte wie beispielsweise Nahrungsergänzungsmittel, die auch außerhalb der Apotheke (etwa in Drogerien) vertrieben werden dürfen und nicht vom Arzneimittelrecht reguliert sind.[245] Für den thematischen Hintergrund dieser Arbeit wird demnach – basierend auf gesetzlichen Bestimmungen – differenziert nach Art der Zulassung sowie nach Vertriebsweg,[246] und in Abbildung 5 grafisch dargestellt (hier wird bereits der für diese Arbeit eingegrenzte Markt entsprechend farblich abgehoben):

---

die mit diesen Arzneimitteln erlaubterweise Handel treiben, geworben werden." § 10 Abs. 1 HWG. Die den Selbstmedikationsmarkt betreffenden gesetzlichen Grundlagen werden näher in Unterabschnitt 3.2.3 thematisiert.

241 Vgl. Feldmann (2005), S. 213.
242 Vgl. §§ 48–49 AMG.
243 Vgl. §§ 43–47 AMG; Feldmann (2005), S. 208.
244 Vgl. Bundesverband der Pharmazeutischen Industrie (2020), S. 81.
245 Vgl. Bundesverband der Arzneimittel-Hersteller (2020), S. 26.
246 Vgl. Feldmann (2005), S. 208–209, 213. Weitere Einteilungen sind möglich, bspw. in „Therapiekonzeption", „Rohstoffbasis", oder „Erstattungsfähigkeit", vgl. Feldmann (2005), S. 208–209.

Der Over-the-Counter-Pharmamarkt

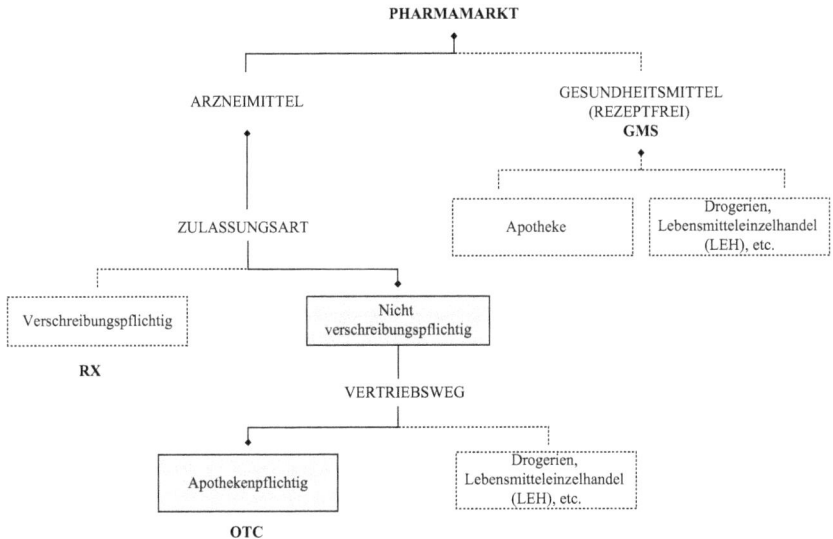

Abbildung 5: Arzneimittel-Klassifizierung[247]

Auf Basis dieser vorgenommenen Arzneimittel-Klassifizierung wird daher erneut auf die Eingrenzung dieser Arbeit eingegangen. So wird in der vorliegenden Dissertation ausschließlich der rezeptfreie, apothekenpflichtige Arzneimittelmarkt (OTC) betrachtet, welcher sich somit im Bereich der Selbstmedikation befindet.[248] Diese OTC-Arzneimittel werden dabei aufgrund ihrer rezeptfreien Eigenschaft generell genutzt, um leichte Beschwerden wie Erkältungen oder Schmerzen zu bekämpfen.[249] Die getätigte Eingrenzung erfolgt dabei aus zwei Hauptgründen: Erstens hat der Markt der apothekenpflichtigen Arzneimittel eine höhere Relevanz für die Betrachtung des deutschen Marktes inne (gemessen am Marktanteil innerhalb der Selbstmedikationsmarktes), da der Umsatz apothekenpflichtiger Arzneimittel über 70 % des Gesamtumsatzes des Selbstmedikationsmarktes ausmacht (Stand: 2019).[250] Zweitens gilt es

---

247 Vgl. Dambacher & Schöffski (2008), S. S. 281–282.
248 Somit wird sich ebenfalls deutlich von den Konsumgütern der pharmazeutischen Branche abgegrenzt.
249 Vgl. Gassmann, Schuhmacher, von Zedtwitz & Reepmeyer (2018), S. 19.
250 Vgl. Bundesverband der Pharmazeutischen Industrie (2020), S. 81. Der Umsatzanteil der Gesundheitsmittel lag im gleichen Jahr bei ca. 25 %, der Umsatzanteil der rezeptfreien, freiverkäuflichen (nicht apothekengebundenen) Arzneimittel bei etwa 4 %, vgl. Bundesverband der Pharmazeutischen Industrie (2020), S. 81.

erneut, die gesetzlichen Rahmenbedingungen zu beachten, da rezeptfreie, apothekenpflichtige Medikamente anderen Regulierungen unterliegen, als freiverkäufliche Arzneimittel, die auch außerhalb der Apotheke verkehrsfähig sind.[251]

Darüber hinaus soll im Rahmen der Arzneimittelabgrenzung kurz auf die Unterscheidung zwischen Generika und Biosimilars eingegangen werden. So werden Generika wie folgt definiert: „Generika [...] sind Fertigarzneimittel, die nach Ablauf des Patentschutzes (in der Regel 20 Jahre) für ein Originalpräparat [...] mit dem internationalen Freinamen oder unter einem neuen Handelsnamen auf den Markt gebracht werden."[252] Dabei unterliegen Generika ebenso starken Vorschriften zur Sicherheit der Arzneimittel wie ihre zugehörigen Originalpräparate.[253] Ähnlich dazu gibt es sogenannte „Biosimilar-Arzneimittel", kurz „Biosimilars" genannt, welche nach Ablauf des Patentschutzes auf Basis biologischer Originalpräparate hergestellt bzw. nachgeahmt werden.[254]

Der Unterschied zwischen Generika und Biosimilars liegt demnach darin, dass Generika auf Basis chemisch synthetischer Verfahren hergestellt werden und damit vollständig identisch zum Originalpräparat sind. Biosimilars hingegen gelten als ein biologisches Arzneimittel, dessen (biologischer) Herstellungsprozess und die damit einhergehende Variabilität der Substanz sowie Komplexität während der Produktion „[...] keine exakte Nachbildung der molekularen Mikroheterogenität [...]"[255] ermöglicht.[256]

Dabei können Generika der Verschreibungspflicht unterliegen, gleichzeitig gibt es aber auch eine Vielzahl nicht-verschreibungspflichtiger Generika.[257] Da der Fokus dieser Arbeit auf nicht-verschreibungspflichtigen Arzneimitteln liegt, werden somit rezeptfreie Generika in diese Betrachtung einbezogen, die jedoch der Apothekenpflicht unterliegen. Biosimilars werden in Deutschland

---

251 Siehe dazu die Verordnung über apothekenpflichtige und freiverkäufliche Arzneimittel (AMVerRV).
252 Simmenroth-Nayda, et al. (2002), S. 284.
253 Vgl. Pro Generika (2018), S. 30.
254 Vgl. Europäische Arzneimittel-Agentur / Europäische Kommission (2019), S. 8.
255 Europäische Arzneimittel-Agentur / Europäische Kommission (2019), S. 10.
256 Vgl. Europäische Arzneimittel-Agentur / Europäische Kommission (2019), S. 10. Damit sind Biosimilars nicht notwendigerweise molekular identisch zum Originalpräparat und können in ihrer chemischen Struktur von diesem abweichen. Aufgrund dieser eingeschränkten Kongruenz müssen Biosimilars, konträr zu Generika, für eine Zulassung weitere Untersuchungen zur Sicherstellung von Wirksamkeit und Risiko durchlaufen. Vgl. Europäische Arzneimittel-Agentur / Europäische Kommission (2019), S. 10.
257 Vgl. Hofmann & Schöffski (2008), S. 397.

gemäß der hier getätigten Definition besonders bei chronisch entzündlichen Krankheiten eingesetzt und unterliegen der Verschreibungspflicht.[258] Sie sind somit nicht Teil der Betrachtung dieser Dissertation.

Nachdem die für diese Arbeit notwendige Eingrenzung auf den rezeptfreien, apothekenpflichtigen OTC-Pharmamarkt vorgenommen wurde, wird dieser im folgenden Unterabschnitt mit seinen Zahlen und Fakten näher beleuchtet.

2.2.2 Zahlen und Fakten

Allgemein sind Arzneimittel gemäß § 2 Abs. 1 Arzneimittelgesetz (AMG):

> *„[…] Stoffe oder Zubereitungen aus Stoffen,*
> *1. die zur Anwendung im oder am menschlichen oder tierischen Körper bestimmt sind und als Mittel mit Eigenschaften zur Heilung oder Linderung oder zur Verhütung menschlicher oder tierischer Krankheiten oder krankhafter Beschwerden bestimmt sind oder*
> *2. die im oder am menschlichen oder tierischen Körper angewendet oder einem Menschen oder einem Tier verabreicht werden können, um entweder*
> *a) die physiologischen Funktionen durch eine pharmakologische, immunologische oder metabolische Wirkung wiederherzustellen, zu korrigieren oder zu beeinflussen oder*
> *b) eine medizinische Diagnose zu erstellen."*[259]

Dabei stellt die Pharmabranche in Deutschland einen Wachstumsmarkt dar; so lag der Umsatz der Branche im Jahr 2019 bei etwa 53 Milliarden Euro,[260] während er im Jahr 2014 noch bei knapp 46 Milliarden Euro lag,[261] was einem Wachstum von etwa 15 % entspricht. Auch die Beschäftigungszahlen weisen einen Anstieg in den letzten Jahren auf; so beschäftigte die Branche im Jahr 2014 noch rund 112.500 Mitarbeiter,[262] verzeichnete im Jahr 2019 jedoch einen Anstieg der Beschäftigung auf knapp 120.000 Mitarbeiter[263]. Wie relevant die Branche für den Wirtschaftsstandort Deutschland ist, verdeutlicht die Bruttowertschöpfung[264] pro Beschäftigtem in der Branche. Liegt diese im Jahr 2018

---

258 Vgl. Arzneimittelkommission der deutschen Ärzteschaft, Ärztliches Zentrum für Qualität in der Medizin (2019), S. 1.
259 § 2 Abs. 1 AMG.
260 Vgl. Institut der deutschen Wirtschaft Köln (2020), S. 10.
261 Vgl. Institut der deutschen Wirtschaft Köln (2015), S. 4.
262 Vgl. Institut der deutschen Wirtschaft Köln (2015), S. 5.
263 Vgl. Institut der deutschen Wirtschaft Köln (2020), S. 11.
264 „Die Bruttowertschöpfung gibt den Wert der erstellten Waren und Dienstleistungen abzüglich des Werts der in der Produktion verbrauchten Güter an." Institut der deutschen Wirtschaft Köln (2020), S. 13.

60 Konzeptionelle Grundlagen und der OTC-Pharmamarkt

bei etwa 125.000 Euro, weist beispielsweise die Nahrungsmittel- / Getränke- / Tabakindustrie lediglich eine Bruttowertschöpfung je Beschäftigtem von etwa 70.000 Euro auf.[265]

Da der Betrachtungsmarkt dieser Arbeit auf dem OTC-Pharmamarkt apothekenpflichtiger, rezeptfreier Arzneimittel liegt, werden hier weiterhin Zahlen und Fakten des allgemeinen Apothekenmarktes betrachtet.

Dieser umfasst den Verkauf von rezeptpflichtigen und rezeptfreien Arzneimitteln, sowie „apothekenüblichem Ergänzungssortiment"[266], welche(s) Apotheken neben Arzneimitteln vertreiben. Dabei lag der gesamte Apothekenumsatz im Jahr 2019 bei knapp über 54 Milliarden Euro.[267] Der für diese Arbeit spezifisch relevante Markt apothekenpflichtiger, rezeptfreier Arzneimittel hat davon einen Umsatz von 4,6 Milliarden Euro verzeichnen können, was einem Anteil von 8,5 % des gesamten Apothekenmarktes entspricht.[268]

Da apothekenpflichtige OTC-Arzneimittel zwar ohne Rezept vom Patienten erworben, jedoch trotzdem vom Arzt verordnet werden können, wird die Zahl von 4,6 Milliarden Euro erneut aufgeteilt in „verordnet" (1,12 Milliarden Euro und 2,1 % vom Gesamtumsatz) und „nicht verordnet" (3,48 Milliarden Euro und 6,4 % vom Gesamtumsatz).[269] Dabei fällt der Umsatz der Kategorie „nicht

---

265 Vgl. Institut der deutschen Wirtschaft Köln (2020), S. 13.
266 Dieses Ergänzungssortiment beinhaltet Produkte, welche zwar in der Apotheke vertrieben werden, allerdings keine Arzneimittel darstellen. So etwa Vitaminpräparate, Sonnenschutz oder Kosmetika. Vgl. Bundesvereinigung Deutscher Apothekerverbände (2020a), S. 77.
267 Vgl. Bundesvereinigung Deutscher Apothekerverbände (2020a), S. 74. Im Jahr 2018 belief sich der Apothekenumsatz noch auf knapp 51 Milliarden Euro, wodurch ein jährliches Wachstum vermerkt werden kann, vgl. Bundesvereinigung Deutscher Apothekerverbände (2020a), S. 76.
268 Vgl. Bundesvereinigung Deutscher Apothekerverbände (2020a), S. 74. Betrachtet man die Marktentwicklung aufseiten des Absatzes, kann im apothekenpflichtigen, rezeptfreien Markt im Jahr 2019 ein Absatz von 576 Millionen Packungen an Arzneimitteln verzeichnet werden, was einem Anteil von etwa 42 % vom Gesamtmarkt entspricht. Der gesamte Apothekenmarkt wies 2019 somit einen Absatz von 1.376 Millionen Arzneimittel-Packungen auf. Vgl. Bundesvereinigung Deutscher Apothekerverbände (2020a), S. 75.
269 Vgl. Bundesvereinigung Deutscher Apothekerverbände (2020a), S. 74. Die nicht verordneten rezeptfreien, apothekenpflichtigen Medikamente wurden dabei in Höhe von 458 Millionen Packungen abgesetzt, was einem etwaigen Anteil von 33 % vom gesamten Apothekenmarkt entspricht. Der Absatz der verordneten rezeptfreien, apothekenpflichtigen Arzneimittel entspricht 118 Millionen Packungen und somit etwa 9 % vom Gesamtmarkt. Vgl. Bundesvereinigung Deutscher Apothekerverbände (2020a), S. 75.

Der Over-the-Counter-Pharmamarkt 61

verordnet" in die Betrachtung dieser Arbeit, da dieser zur Sparte der Selbstmedikation und nicht zum Arzneimittelverordnungsvolumen der gesetzlichen und privaten Krankenversicherungen gezählt wird.[270] Darüber hinaus wurde durch den Verkauf freiverkäuflicher Arzneimittel in Apotheken, welche allerdings nicht apothekenpflichtig sind, im Jahr 2019 ein Umsatz in Höhe von 0,27 Milliarden Euro verzeichnet, was einem Umsatzanteil am Gesamtmarkt von 0,5 % entspricht.[271] Dabei gehören zu den umsatzstärksten Indikationsgruppen im OTC-Arzneimittelmarkt Präparate gegen Erkältungen, Schmerzmittel und Muskel- und Gelenkschmerzmittel.[272]

Weiterhin wird die Preisentwicklung in diesem Markt betrachtet. Dazu wird zwecks weiterer Untergliederung des „Verbraucherpreisindex"[273] der durchschnittliche Apothekenverkaufspreis (AVP) der rezeptfreien, apothekenpflichtigen sowie der freiverkäuflichen Arzneimittel (welche in der Apotheke abgesetzt wurden) aufgezeigt. Befand sich der durchschnittliche AVP aller rezeptfreien, apothekenpflichtigen Medikamente im Jahr 2015 noch bei einem Wert von 8,78 Euro, ist dieser im Jahr 2019 auf 9,42 Euro angestiegen, was einem prozentualen Anstieg von etwa 7 % entspricht. Der durchschnittliche AVP von freiverkäuflichen Arzneimitteln, welche in der Apotheke verkauft wurden, sind im gleichen Betrachtungszeitraum hingegen um etwa 10 % gestiegen.[274] Dies zeigt, dass das Preisniveau in der Versorgung der Patienten im Bereich der Selbstmedikation durch apothekenpflichtige, rezeptfreie Arzneimittel zwar steigt, jedoch als vergleichsweise (preis)stabil angesehen werden kann.[275]

Werden die Wachstumstreiber für den OTC-Pharmamarkt betrachtet, sind die zunehmende Rolle der Selbstmedikation[276] und sogenannte Rx-zu-OTC Switches zu nennen.[277] Ein Rx-zu-OTC Switch bezeichnet dabei den Vorgang,

---

270 Vgl. Bundesvereinigung Deutscher Apothekerverbände (2020a), S. 74.
271 Vgl. Bundesvereinigung Deutscher Apothekerverbände (2020a), S. 74.
272 Vgl. Bundesverband der Arzneimittel-Hersteller (2020), S. 31.
273 Dieser liegt für rezeptfreie Arzneimittel im März 2019 bei einem Wert von 108 (ausgehend von einem Index von 100 im Mai 2015), vgl. Statistisches Bundesamt (Destatis) (2021). Eine weitere Untergliederung in apothekenpflichtige und freiverkäufliche Arzneimittel wird vonseiten des Verbraucherpreisindex jedoch nicht vorgenommen, weshalb hier ergänzend dazu auf die Ermittlung von Durchschnittspreisen dieser Unterkategorien gemäß dem Bundesverband der Pharmazeutischen Industrie (2020) zurückgegriffen wird.
274 Vgl. Bundesverband der Pharmazeutischen Industrie (2020), S. 85–86.
275 Vgl. Bundesverband der Pharmazeutischen Industrie (2020), S. 85.
276 Siehe hierzu Abschnitt 3.2.
277 Vgl. DeLorme, Huh, Reid & An (2010), S. 208, zitiert nach Huber, Dippold & Forsthofer (2012), S. 292.

wenn ein Arzneimittel durch ein streng überwachtes und reguliertes Verfahren von der Verschreibungspflicht in die Apothekenpflicht überführt wird. Es wird argumentiert, dass die Anspruchsgruppen der Patienten, Ärzte und das Gesundheitssystem durch Switches entlastet werden. Zu den Vorteilen zählen die einfachere Beschaffung von benötigten Medikamenten, ohne die zwingend notwendige Konsultation eines Arztes vorab und die Entlastung der Krankenkassen durch den Wegfall eines Teiles der Kostenübernahme von Medikamenten.[278] Als weiterer Faktor, welcher für das Wachstum des OTC-Pharmamarktes herangezogen werden kann, ist die Alterung der Generation der „Babyboomer", da ältere Menschen generell eine gewinnbringende Kundengruppe für Arzneimittel darstellen.[279]

Zusammenfassend ist generell ist von einem Wachstum des OTC-Pharmamarktes auszugehen. Dies ist damit zu begründen, als dass sich zum einen ein gesellschaftlicher Trend zur Selbstmedikation bewegt, um leichtere Erkrankungen zu behandeln, zum anderen werden Rx-zu-OTC Switches weiterhin stattfinden, wodurch eine noch höhere Anzahl an freiverkäuflichen Medikamenten zur Verfügung gestellt werden. Darüber hinaus wird die aktive Informationseinholung zum Bildungsaufbau bezüglich OTC-Medikamenten aufgrund von digitalen Medien als Quelle für die Informationsbeschaffung bezüglich der Selbstmedikation zunehmen.[280] Gleichzeitig zeigte sich sowohl in der Vergangenheit[281] als auch aktuell[282], dass ein Mangel an Wissen über gesundheitsrelevante Themen bei den Endverbrauchern, also Patienten vorhanden ist.[283]

Um die Marktstruktur von Unternehmen in der OTC-Pharmabranche zu verstehen, wird im folgenden Unterabschnitt das Wettbewerbsumfeld des Marktes betrachtet. Dies ist ebenfalls notwendig, um zu identifizieren für welche Unternehmen die abschließenden Handlungsempfehlungen dieser Arbeit relevant sind.

---

278 Vgl. Bundesverband der Arzneimittel-Hersteller (2018a), S. 4.
279 Vgl. Moschis & Friend (2008), S. 7–8, zitiert nach Huber, Dippold & Forsthofer (2012), S. 292.
280 Vgl. DeLorme, Huh, Reid & An (2010), S. 211.
281 Vgl. Kay (2007), S. 249; Adkins & Corus (2009), S. 199; Kauppinen-Räisänen, Owusu & Bamfo (2012), S. 231; Schaeffer, Vogt, Berens & Hurrelmann (2016), S. 55–57.
282 Vgl. Schaeffer, et al. (2021), S. 21–22.
283 So hat sich die Gesundheitskompetenz der Bevölkerung in Deutschland in den letzten Jahren sogar verschlechtert, vgl. Hurrelmann, Klinger & Schaeffer (2020), S. 5. Die Thematiken der Gesundheitskompetenz in Verbindung mit der Selbstmedikation werden ausführlicher in Unterabschnitt 3.2.1 behandelt.

2.2.3 Wettbewerbsumfeld

Das Wettbewerbsumfeld im Rahmen dieser Dissertation besteht in erster Linie aus den OTC-Pharmaherstellern, an welche in der vorliegenden Arbeit Handlungsempfehlungen ausgesprochen werden sollen.

Dabei ist der Wettbewerb im deutschen OTC-Pharmamarkt stark umkämpft: OTC-Pharmahersteller müssen ihre Position im Markt aufgrund der vorherrschenden Vielzahl an Produktsegmenten und Marken, und somit hoher Konkurrenzdichte, behaupten. So bieten in den Apotheken etwa 2.000 Pharmahersteller ihre OTC-Präparate mit nahezu 5.500 Marken an.[284]

Genauer betrachtet behaupten die führenden zehn Hersteller[285] die OTC-Pharmabranche mit 40 % des Marktumsatzes im Jahre 2017. Trotz dieser Beteiligung am Markt sind diese Unternehmen in den zuletzt vergangenen Jahren langsamer als der OTC-Pharmamarkt gewachsen, weshalb deren Marktanteil von 42 % auf 39 % sank. Betrachtet man die zehn darauffolgenden Hersteller der Branche (also im Umsatz kleiner, aber direkt den führenden zehn Unternehmen folgend), kann festgestellt werden, dass diese Unternehmen durchschnittlich um 8 % gewachsen sind; ihr Marktanteil ist im betrachteten Zeitraum von 13 % auf 15 % gestiegen.[286] Auch bei der weltweiten Betrachtung der Marktanteile der Hersteller rezeptfreier Arzneimittel (Stand: 2017) kann die hohe Konkurrenzdichte erkannt werden. So sind „GlaxoSmithKline" mit 3,7 %, „Johnson & Johnson" mit 3,5 % und „Bayer" mit 3,3 % die Unternehmen mit den höchsten Marktanteilen.[287] Insbesondere im Vertrieb von Generika, im Rahmen des rezeptfreien OTC-Marktes, stehen (deutsche) Hersteller vor der Herausforderung, dass ein Endkonsument (Patient) eine Vielzahl an Produkten mit gleichem Wirkstoff in der Apotheke zur Auswahl hat. So treten mitunter die Hersteller Bayer, Ratiopharm und Sanofi-Aventis in den direkten Wettbewerb miteinander, sollte sich ein Kunde für den Wirkstoff Ibuprofen entschieden haben.[288] Hersteller können sich hier beispielsweise durch unterschiedliche

---

284 Vgl. Spiegel, 2018, S. 14.
285 Diese haben sich über die vergangenen zehn Jahre nicht geändert, vgl. Spiegel, 2018, S. 14.
286 Vgl. Spiegel, 2018, S. 14.
287 Vgl. Euromonitor (2018). Weiterhin haben die folgenden Unternehmen diese Marktanteile: „Sanofi" (3,1 %), „Pfizer" (2,5 %), „Herbalife" (2,0 %), „Reckitt Benckiser" (1,7 %), „Amway" (1,6 %), „Procter & Gamble" (1,5 %) und „Nature's Bounty" (1,2 %). Vgl. Euromonitor (2018).
288 Dies wird deutlich, wenn man in der Arzneimitteldatenbank des offiziellen Gesundheitsportals deutscher Apotheker (www.aponet.de) – welches von der

Verpackungsmerkmale, den Markennamen selbst oder durch die Beigabe von Zusatzstoffen (wie bspw. Koffein) differenzieren.[289]

Neben der Betrachtung dieses direkten Wettbewerbsumfeldes, rücken der Gesundheitsmarkt als solcher, als auch die Technologie-Branche zunehmend in den Wettbewerbs-Bereich des OTC-Pharmamarktes. Dies ist damit zu begründen, dass im Bereich digitaler Lösungen für Patienten eine zunehmende Zahl an Wettbewerbern den Gesundheitsmarkt betreten, welche den Endkunden von OTC-Arzneimittel-Herstellern digitale Plattformen oder Apps zur Verfügung stellen.[290]

Somit sind nicht mehr nur die traditionellen, direkten Wettbewerber im OTC-Pharmamarkt für die OTC-Pharmahersteller von Bedeutung, sondern ebenfalls neue Wettbewerber aus der Technologie-Branche.[291] Im Anschluss an das Wettbewerbsumfeld des OTC-Pharmamarktes werden im Folgenden die für diese Arbeit relevanten Akteure aufgezeigt.

2.2.4 Relevante Akteure

Das deutsche Gesundheitssystem umfasst eine Vielzahl von Akteuren und Stakeholdern, welche in einem komplexen System stark differenzierte Interessen verfolgen.[292] Um einen groben Überblick über die Gesamtheit dieser zu erhalten, zeigt die folgende Abbildung (Abbildung 6) eine Übersicht, eingeteilt in „Nachfrager", „Anbieter", „Kostenträger" und „Regulatoren" sowie die „Produktionsfaktoren / Güter".[293]

Bundesvereinigung Deutscher Apothekerverbände e.V. herausgegeben wird – nach rezeptfreien Arzneimitteln mit dem Wirkstoff „Ibuprofen" sucht. Als Ergebnis erscheinen 162 Suchtreffer an rezeptfreien Präparaten von knapp 60 verschiedenen Anbietern. Vgl. aponet.de (2021).

289 Hier kann etwa das rezeptfreie, apothekenpflichtige Präparat „Thomapyrin TENSION DUO" von Sanofi-Aventis genannt werden, welches die beiden Wirkstoffe Ibuprofen und Koffein in einem Arzneimittel verbunden anbietet, vgl. Sanofi-Aventis (2019).
290 Vgl. BearingPoint (2015), S. 4.
291 Vgl. BearingPoint (2015), S. 4. BearingPoint unterstreicht diesen Diskurs mit der Aussage, dass Pharmaunternehmen die Potenziale der Digitalisierung ausschöpfen müssen, da sie ansonsten zunehmend gefährdet sind von ihren direkten, traditionellen Wettbewerbern, die diese Potenziale bereits nutzen oder von neuen Unternehmen aus der Technologie-Branche, die digitale Lösungen im Gesundheitsbereich für Patienten bereitstellen, vgl. BearingPoint (2015), S. 4.
292 Vgl. Feldmann (2005), S. 274–275.
293 Vgl. Penter & Augurzky (2014), S. 21.

Der Over-the-Counter-Pharmamarkt 65

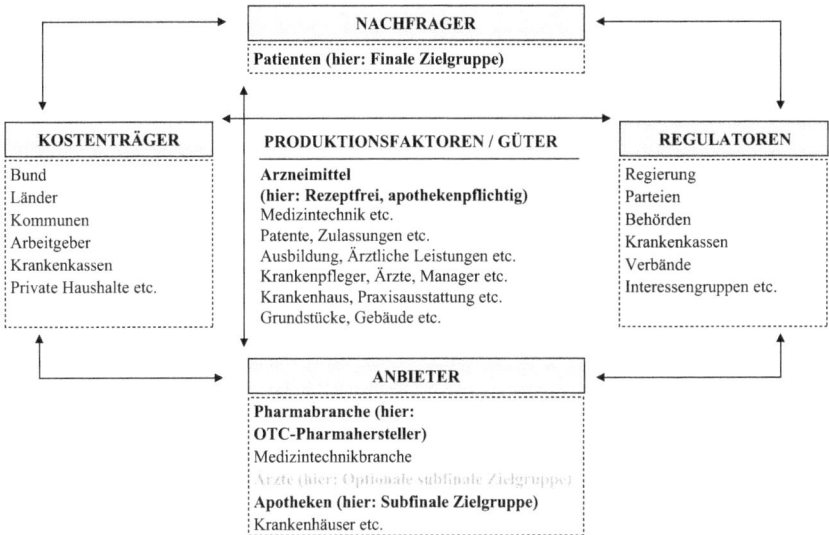

Abbildung 6: Akteure im deutschen Gesundheitssystem[294]

Für den Zweck dieser Arbeit wird – wie in Abbildung 6 entsprechend eingearbeitet – eine Eingrenzung auf die Akteure der Pharmabranche (in diesem Falle die OTC-Arzneimittelhersteller), die Apotheken als ausschließlicher Vertriebskanal und subfinale Zielgruppe, und die Patienten als Nachfrager (besonders im Rahmen der Patient Journey) und somit finale Zielgruppe, vorgenommen. Diese Fokussierung ist zweckmäßig, da diese drei Anspruchsgruppen besonders relevant für das Forschungsvorhaben dieser Arbeit sind. Dies ist damit zu begründen, als dass der Vertrieb von apothekenpflichtigen, rezeptfreien Arzneimitteln in Deutschland ausschließlich über Apotheken als Vertriebskanal erfolgen darf, wodurch die Relevanz dieser Anspruchsgruppe unterstrichen wird. Der Patient als Endkunde, welcher durch das Marketing des OTC-Arzneimittelherstellers erreicht werden soll, ist somit ebenfalls essenzieller Teil dieser Betrachtung. Letztlich ist das Ziel dieser Dissertation, Handlungsempfehlungen an OTC-Arzneimittelhersteller auszusprechen, weshalb diese Akteure ebenfalls zentral in der hier getätigten Betrachtung sind.

Eine optionale Rolle nehmen in der vorliegenden Arbeit Ärzte ein,[295] da diese im Markt der rezeptfreien, apothekenpflichtigen Arzneimittel ebenfalls

---
294 Vgl. Penter & Augurzky (2014), S. 21.
295 Diese sind jedoch in der vorliegenden Arbeit als untergeordnet zu den drei bisherig genannten Hauptakteuren zu betrachten.

als subfinale Zielgruppe agieren können. Dies ist der Fall, da Menschen in Deutschland stets die Möglichkeit haben, einen Arzt auch bei leichten Gesundheitsbeschwerden zu konsultieren. Regulatoren und Kostenträger spielen zwar nicht ausschließlich im Rx-Arzneimittelmarkt eine Rolle, sind aber für die Betrachtung dieser Arbeit nicht von größter Relevanz und werden daher nicht näher betrachtet. Dieser Feststellung folgend wird anschließend auf die einzelnen, relevanten Stakeholder (OTC-Arzneimittelhersteller, Apotheken, Ärzte, Patienten) eingegangen.

Pharmabranche / OTC-Pharmahersteller
Zentraler Akteur des Gesundheitssystems ist für die vorliegende Dissertation die Pharmabranche, im vorliegenden Falle spezifisch die OTC-Pharmahersteller.

Diese stellen im Gesundheitssystem (zugelassene) Arzneimittel her, sind verpflichtet, alle Anspruchsgruppen umfassend über diese zu informieren, um Risiken und Nebenwirkungen nach außen zu kommunizieren und gleichzeitig eine sichere und erfolgreiche Therapie der Endverbraucher sicherzustellen. Im Rahmen dessen ist es von jedem Hersteller das Ziel, diese Medikamente im Markt erfolgreich zu vertreiben, stets unter Berücksichtigung ethischer Verantwortung.[296] Zentraler Betrachtungsmarkt ist hier somit der Markt der OTC-Arzneimittelhersteller, da als Forschungsergebnis dieser Dissertation Handlungsempfehlungen an eben diese ausgesprochen werden sollen. Diese werden an dieser Stelle allerdings nicht erneut detailliert behandelt, da sie anhand des Wettbewerbsumfeldes in Unterabschnitt 2.2.3 bereits ausreichend thematisiert wurden.

Apotheken / Apotheker (subfinale Zielgruppe)
Wie bereits im Rahmen der Zahlen und Fakten (Unterabschnitt 2.2.2) aufgezeigt, betrug im Jahr 2019 der für diese Arbeit relevante Umsatzanteil der Kategorie der apothekenpflichtigen, rezeptfreien und nicht verordneten Arzneimittel 6,4 % vom gesamten Apothekenumsatz, was einem Umsatzwert von 3,48 Mrd. Euro entspricht.[297] Dabei besteht die Hauptrolle von Apotheken aus der Versorgung der Gesellschaft mit Arzneimitteln. Im Rahmen dessen geben sie Arzneimittel an den Endverbraucher ab und nehmen eine beratende Funktion für diesen ein.[298] Dabei haben die Apotheken in Deutschland – aufgrund

---

296 Vgl. Feldmann (2005), S. 275.
297 Vgl. Bundesvereinigung Deutscher Apothekerverbände (2020a), S. 74.
298 Vgl. Penter & Augurzky (2014), S. 26.

der vorherrschenden Apothekenpflicht für eine Vielzahl an Arzneimitteln – ein Abgabemonopol für einen Großteil an Medikamenten.[299]

Für den Erwerb von OTC-Arzneimitteln sind die klassischen stationären Apotheken noch immer die beliebteste Anlaufstelle für die deutsche Bevölkerung. Dies hängt u.a. damit zusammen, dass der deutsche Durchschnittsverbraucher Vertrauen in die Beratung eines Apothekers hat, falls er keinen Arzt aufsucht.[300]

Da der Selbstmedikationsmarkt sehr komplex ist und eine Vielzahl verschiedener Medikamente umfasst, nimmt der Apotheker daher ebenfalls eine essenzielle Position in diesem Markt ein. Aufgrund der meist nicht stattfindenden Konsultation eines Arztes durch den Patienten im OTC-Pharmamarkt, steht in diesem Markt die Beratung mit Fachwissen durch den Apotheker im Mittelpunkt, um eine wirkungsvolle und sichere Anwendung des jeweiligen rezeptfreien Präparates sicherzustellen.[301] Einer Umfrage von The Nielsen Company (2012) nach, bringen Patienten nach dem Arzt als beratende Quelle, der Empfehlung eines Apothekers am meisten Vertrauen entgegen.[302]

Auch im Zusammenhang mit der Digitalisierung nimmt der Apotheker eine zunehmende Beraterfunktion für die Patienten ein, um die durch Internet-Recherchen gewonnenen Erkenntnisse zu einer Krankheitsangelegenheit von Patienten verifizieren oder falsifizieren zu lassen.[303] Der Apotheker hat demnach durch seine Kontroll- und Beratungsfunktion eine wichtige Schlüsselrolle an der Schnittstelle zwischen Apotheke als Vertriebskanal und dem Patienten als Endverbraucher inne.[304] Dabei bestehen die wesentlichen gesetzlich-rechtlichen Grundlagen für den Apothekenbetrieb in Deutschland aus dem Apothekengesetz (ApoG), der Arzneimittelpreisverordnung (AMPreisV), der Apothekenbetriebsordnung (ApBetrO) und dem Arzneimittelgesetz (AMG).[305]

---

299 Vgl. Dambacher & Schöffski (2008), S. 286. So sind ausschließlich Arzneimittel, die nicht als apothekenpflichtig gekennzeichnet sind (freiverkäuflich), nicht an den Vertrieb innerhalb einer Apotheke gebunden, vgl. Dambacher & Schöffski (2008), S. 286.
300 Vgl. Euromonitor International (2019).
301 Vgl. Bundesverband der Arzneimittel-Hersteller (2020), S. 32–33.
302 Vgl. The Nielsen Company (2012), S. 19.
303 Vgl. Bundesverband der Arzneimittel-Hersteller (2017), S. 7.
304 Vgl. Guminski (2008), S. 212.
305 Vgl. Penter & Augurzky (2014), S. 26. Auf einige dieser Gesetze wird näher in Unterabschnitt 3.2.3 eingegangen.

Ärzte (optionale subfinale Zielgruppe)
Der Akteur „Arzt" fungiert in der vorliegenden Arbeit als optionale subfinale Zielgruppe. Dies ist der Fall, da es für die deutsche Bevölkerung im Markt der rezeptfreien OTC-Arzneimittel nicht notwendig ist, vor dem Kauf eines Arzneimittels in der Apotheke, einen Arzt zu konsultieren. Gleichzeitig ist ein grundlegendes Ziel der Selbstmedikation, weniger Arztbesuche bei leichten Krankheitsbildern zur forcieren, um die Ressourcen des Gesundheitssystems effizienter (für Patienten mit schwereren Krankheiten) nutzen zu können.[306]

Nichtsdestotrotz hat der Arzt die Befugnis ein „Grünes Rezept" auszustellen, welches zwar nicht direkt erstattungsfähig durch die gesetzliche Krankenversicherung ist, jedoch dem Patienten ein sicheres Gefühl für eine Empfehlung eines rezeptfreien Medikamentes geben kann.[307] Der Arzt als solcher wird aufgrund der untergeordneten Relevanz zu den anderen hier aufgezeigten Akteuren somit nicht näher beleuchtet, ist jedoch Bestandteil weiterer Ausführungen dieser Arbeit.

Patient (finale Zielgruppe)
„Der Mensch ist der primäre Nachfrager in einem Gesundheitssystem."[308] Somit steht dieser im Gesundheitsmarkt als Kunde (Patient) im Zentrum der marketingversierten Ausrichtung.[309] Im Rahmen des gesamten Gesundheitssystems weist der Patient dabei einige Charakteristika auf, beispielsweise mangelnde Rationalität oder Informationsasymmetrie gegenüber des Leistungsanbieters.[310] Aus diesen entstehen Konsequenzen für das Gesundheitssystem, wie etwa die Einführung des allgemeinen Patientenrechtes, welches durch den Staat mitgeregelt wird.[311] Gleichzeitig unterscheidet sich das Endkonsumentenverhalten als Patient im Gesundheitsmarkt von Kaufentscheidungs-Situationen als Endverbraucher in anderen Branchen. Gemäß des Leitgedankens „health

---

306 Vgl. Becker & Nölte (2017), S. 31.
307 Vgl. Becker & Nölte (2017), S. 33.
308 Penter & Augurzky (2014), S. 21.
309 Vgl. Frodl (2011), S. 21.
310 Vgl. Penter & Augurzky (2014), S. 33–34. Fehlende Rationalität bezeichnet in diesem Zusammenhang, dass die Wahl von Gesundheitsleistungen der Patienten auf Basis von deren Einkommens- und Bildungslevel getroffen wird. Informationsasymmetrie bedeutet hier, dass der Anbieter von Gesundheitsleistungen und -gütern einen Informationsvorsprung über seine Angebote gegenüber dem Patienten hat. Vgl. Penter & Augurzky (2014), S. 21, 33–34.
311 Vgl. Penter & Augurzky (2014), S. 21.

is wealth", ist das Thema Gesundheit eng gebunden an Attribute wie „Lebensqualität" und „Wohlbefinden".[312] Während ein Endverbraucher etwa beim Kauf eines Konsumgutes einen Kompromiss bei einem günstigeren Preis für ein qualitativ niederwertiges Konsumgut eingeht, kann dieses Entscheidungsverhalten nicht auf den Pharmamarkt übertragen werden. Hier zählt das Merkmal der Qualität durch den das Leben direkt beeinträchtigenden Charakter in Bezug auf die eigene Gesundheit als zwangsweise vorwiegende Voraussetzung. Weiterhin erwarten Patienten stets eine möglichst schnelle und effektive Behandlung ihrer Beschwerden oder Krankheiten.[313]

Das Patientenverhalten verändert sich allerdings; Patienten möchten zunehmend Entscheidungen, die ihre Gesundheit betreffen beeinflussen und engagieren sich verstärkt für diese. Ein großer Faktor in diesem Hinblick spielt das heutige digitale Umfeld. Patienten möchten über den Arzt- oder Apothekenbesuch hinaus mehr über Krankheiten und andere Gesundheitsthemen erfahren, weshalb das Internet heutzutage als essenzielle Quelle für Recherchen nach diesbezüglichen Informationen dient.[314] Gleichzeitig beziehen viele Patienten vor einem Arzneimittelkauf das Expertenwissen des Apothekers mit ein.[315] Zusätzlich zu diesen Ausführungen wird sich in Abschnitt 3.4 näher mit der Rolle des Patienten im Zeitalter der Digitalisierung befasst, im Speziellen mit der Customer Journey als zentrales Element des Marketing.

Nachdem somit das grundlegende Verständnis des OTC-Pharmamarktes geschaffen wurde, werden im Anschluss die konzeptionellen Grundlagen Strategischer Allianzen erarbeitet.

2.3 Strategische Allianzen

Vor dem Hintergrund des verstärkten Wettbewerbes durch verschiedene Treiber wie der Globalisierung und Digitalisierung müssen Unternehmen neue Möglichkeiten zur Entstehung und nachhaltigen Verbesserung von Wettbewerbsvorteilen finden. Zu diesem Zwecke können Strategische Allianzen zwischen zwei (oder mehreren) Unternehmen geschlossen werden. Dabei können ebenso Strategische Allianzen zwischen Wettbewerbern vorteilhaft sein.[316] Auf

---

312 Vgl. Kay (2007), S. 248.
313 Vgl. Kay (2007), S. 249.
314 Vgl. Bundesverband der Arzneimittel-Hersteller (2017), S. 7; Breisach (2017), S. 326; Wangler & Jansky (2021), S. 360.
315 Vgl. Kauppinen-Räisänen, Owusu & Bamfo (2012), S. 231.
316 Vgl. Drewniak (2016), S. 116–117.

Basis der Forschungsfrage der vorliegenden Dissertation wird daher im Folgenden das Konstrukt Strategischer Allianzen mit seinen Ausprägungen sowie Erfolgsfaktoren und Risiken aufgezeigt.

2.3.1 Begriffliche Einordnung

Das Themengebiet Strategischer Allianzen (SA) ist bereits langjähriger Bestandteil der Managementforschung.[317] So wurde das Konstrukt Strategischer Allianzen bereits in einer Vielzahl an Veröffentlichungen anhand von theoretischen Rahmenkonzepten wie der Transaction Cost Theory (TCT) oder Resource-Based-Theory (RBT)[318] beleuchtet, und zudem oftmals im praxisnahen Umfeld und in Anwendung auf verschiedene Branchen betrachtet.[319] In welch hohem Umfang diese Fülle an Thematiken rund um Strategische Allianzen in den letzten zwei Jahrzehnten erforscht wurde, zeigen Gomes, Barnes & Mahmood (2016) in ihrer Literature Review auf. Dabei stellen die Autoren fest, dass die Erforschung Strategischer Allianzen in einer vielseitigen kontextbezogenen und methodischen Art und Weise stattgefunden hat.[320] So stellen Strategische Allianzen eine zentrale Thematik in diversen Forschungsfeldern dar, wie etwa Entrepreneurship, Strategic Management Research und Marketing, um herauszufinden, wie Unternehmen Strategische Allianzen nutzen, steuern und von ihnen profitieren können.[321] Aufgrund der Vielzahl an Literatur zum Thema Strategische Allianzen finden sich ebenfalls eine große Menge verschiedener Definitionen wieder.[322] Zur weiteren Konzipierung des dieser Dissertation zugrundeliegenden Bezugsrahmens muss somit zunächst der Begriff der Strategischen Allianz in seinem Terminus abgegrenzt werden.

Dies erweist sich allerdings nicht als eine simple Abgrenzung, da sich der Begriff „Strategische Allianz" über eine große Anzahl verschiedener Begriffsverständnisse erstreckt und oftmals mit anderen Begriffsbezeichnungen

---

317 Vgl. Ferreira, Storopoli & Serra (2014), S. 110.
318 Diese theoretischen Konzepte werden detaillierter in Unterabschnitt 2.3.4 thematisiert.
319 Vgl. Ferreira, Storopoli & Serra (2014), S. 110.
320 Vgl. Gomes, Barnes & Mahmood (2016), S. 15.
321 Vgl. Cavazos & Varadarajan (2012), S. 571; Kohtamäki, Rabetino & Möller (2018), S. 188.
322 Beispielsweise bei Mowery, Oxley & Silvermann (1996); Devlin & Bleackley (1988); Harrigan (1988); Bronder & Pritzl (1992); Cegarra (2005); Kale & Singh (2009); O'Dywer, Gilmore & Carson (2011) und einer ausführlichen Literature Review in Gomes, Barnes & Mahmood (2016).

Strategische Allianzen 71

ausgetauscht wird.[323] Um die wissenschaftliche Untersuchung jedoch so transparent wie möglich zu halten, wird eine möglichst spezifische Begriffsdefinition erstrebt.

Daher wird zunächst die Strategische Allianz anhand ausgesuchter Definitionen wie folgt definiert:

Laut Ferreira, Storopoli & Serra (2014) beschreiben Strategische Allianzen „[...] interfirm collaborative models that allow firms to create value by sharing an array of possible resources [...], obtain market influence [...], learn [...], or access novel markets [...]."[324] Anders ausgedrückt beschreibt eine Strategische Allianz somit eine auf freiwilliger Basis eingegangene Beziehung zur Zusammenarbeit zweier oder mehrerer Unternehmen, welche unabhängig zueinander stehen. Die Inhalte einer solchen Allianz erstrecken sich dabei von der gemeinsamen Entwicklung oder Nutzung, bis zum Austausch von Fähigkeiten oder Ressourcen, mit dem Ziel gemeinsam Vorteile zu generieren.[325] Gulati (1998) beschreibt in diesem Zusammenhang den Zweck Strategischer Allianzen weiterhin als die von den beteiligten Partnerunternehmen gegenseitige Nutzung, den Austausch oder die gemeinsame Entwicklung von Dienstleistungen, Produkten oder Technologien.[326] Dabei können Strategische Allianzen über verschiedene Komplexitätsgrade verfügen, da sie entweder etwa ausschließlich den gegenseitigen Zugriff auf Ressourcen von Partnerunternehmen umfassen, oder gar länderübergreifend gestaltet sein können, was zu einer höheren Komplexität in der Umsetzung der Allianz führt.[327] Zusammenfassend lassen sich die folgenden, essenziellen Charakteristika Strategischer Allianzen festlegen:

1. Eine Strategische Allianz besteht aus zwei oder mehr Unternehmen (Partnerunternehmen), welche sich zur Verfolgung vereinbarter Ziele zusammenschließen. Dabei bleiben sie auch nach der Gründung der Strategischen Allianz unabhängig voneinander und rechtlich selbständig.[328]
2. In einem oder mehreren strategischen Schlüsselbereichen (z.B. Technologie) leisten die Partnerunternehmen einen fortwährenden Beitrag.[329]

---

323 Vgl. Hammes (1994), S. 19; Gomes (2020), S. 146.
324 Ferreira, Storopoli & Serra (2014), S. 111.
325 Vgl. Gulati (1995), S. 86, zitiert nach Kale & Singh (2009) S. 46; Gulati (1998), S. 293.
326 Vgl. Gulati (1998), S. 293.
327 Vgl. O'Dywer, Gilmore & Carson (2011), S. 92–93.
328 Vgl. Yoshino & Rangan (1995), S. 5.
329 Vgl. Yoshino & Rangan (1995), S. 5. Durch diese Eigenschaft des kontinuierlichen Beitrages zwischen den Partnerunternehmen, wird hier von

3. Die Aufsicht über die Ausführung der jeweils zugewiesenen Aufgaben sowie die Vorteile und Ergebnisse des Bündnisses werden von den Allianzpartnern geteilt.[330]
4. Zumeist ist die Strategische Allianz mittel- bis langfristig ausgerichtet und erstreckt sich auf mindestens ein Gebiet entlang der Wertschöpfungskette.[331]

Anhand dieser Charakteristika können verschiedene Ausprägungen Strategischer Allianzen aufgezeigt werden, welche im Detail in Unterabschnitt 2.3.2 betrachtet werden.

Die aufgezeigten Merkmale und Definitionen machen deutlich, dass die Motive für das Eingehen Strategischer Allianzen weitläufig sind, das grundlegende Ziel jedoch in der Ausschöpfung von Umsatz- und Absatzwachstumsmöglichkeiten liegt.[332] Darüber hinaus erstrecken sich die Motive für das Eingehen Strategischer Allianzen vom Zugang zu neuen Märkten, dem Teilen von Forschung und Entwicklung, dem Herstellungsprozess oder den Marketingkosten, über das Erweitern der Produktlinie, bis hin zum Transfer von (neuem) Know-how.[333] Townsend (2003) teilt dabei die Motive zum Eingehen Strategischer Allianzen in zwei Kategorien ein. Erstens in Aspekte auf Unternehmensebene, wie Produkt-, Ressourcen- oder Know-how-bezogene Elemente, zweitens auf Überlegungen, welche Umwelteinflüsse betreffen (wie etwa der technologische Wandel).[334]

Bei der speziellen Betrachtung Strategischer Allianzen im Bereich des Marketing wird deutlich, dass Strategische Allianzen ein elementarer Bestandteil dessen sind. Dies wird damit begründet, als dass Strategische Allianzen die Stellung von Unternehmen im Wettbewerb verbessern können.[335]

Ad-hoc-Kooperationen abgegrenzt. So zeigen Huber & Steinhausen (2004) ein Modell von Zusammenarbeitsformen auf, in welchem die Ad-hoc Zusammenarbeit die am wenigsten intensive Form der Kooperation beschreibt. Vgl. Huber & Steinhausen (2004), S. 55–56.
330 Vgl. Yoshino & Rangan (1995), S. 5.
331 Vgl. Kupke (2009), S. 38.
332 Vgl. Varadarajan & Cunningham (1995), S. 284–285.
333 Vgl. Varadarajan & Cunningham (1995), S. 285.
334 Vgl. Townsend (2003), S. 146–148. Pangarkar & Klein (1998) finden in ihrer Untersuchung am Beispiel der Pharmabranche heraus, dass ein weiterer Anlass zur Gründung von Allianzen im Einfluss und „Gruppendruck" von Wettbewerbern liegt. Geht ein vergleichbares Unternehmen eine Allianz ein, erzielt dies einen gewissen Druck bei einem anderen jeweiligen Unternehmen, was dieses dazu bewegen kann, ebenfalls eine Allianz einzugehen. Vgl. Pangarkar & Klein (1998), S. 65.
335 Vgl. Webster (1992), S. 8.

Im Rahmen dessen zeigt Webster (1992) auf, dass die verschiedensten Formen Strategischer Allianzen innerhalb des Marketing angesiedelt sind. Dies begründet er damit, dass etwa der Eintritt in neue Märkte durch Zusammenarbeit mit anderen Unternehmen zumeist im Rahmen des Marketing erfolgt.[336] Darüber hinaus zeigen O'Dywer, Gilmore & Carson (2011) in ihrer Veröffentlichung auf, dass Strategische Allianzen als ein Instrument des innovativen Marketing fungieren können.[337] Über diese Betrachtung Strategischer Allianzen hinaus, ist ein weiterer essenzieller Faktor, dass Strategische Allianzen sowohl innerhalb einer Branche als auch über eine Branche hinaus geschlossen werden können.[338] Das Schlagwort für dieses Konzept heißt „Cross-Industry Innovation", auf welches eigens in Unterabschnitt 3.3.5 eingegangen wird. Ein in diesem Zusammenhang weiterer wichtiger Punkt ist, dass Strategische Allianzen zwischen etablierten, traditionellen Großkonzernen und kleinen und mittelständischen Unternehmen (KMU)[339] vorteilhaft für beide Seiten sein können.[340] So können Großkonzerne von der modernen, meist technologisch-fortschrittlicheren Eigenschaft von KMUs (z.B. Technologie Start-Ups) profitieren, und KMUs von den Kapazitäten an Ressourcen und der geografischen Reichweite von Großunternehmen.[341]

Weiterhin muss im Rahmen des Forschungsgebietes der Strategischen Allianzen zwischen einer Mikro- und Makroperspektive auf die Thematik abgegrenzt werden. Dabei beschäftigt sich auf der einen Seite die Mikroperspektive vorrangig mit der Sichtweise und den Auswirkungen von Strategischen Allianzen innerhalb der Unternehmen, also etwa der Aufteilung von Überwachungsrechten oder der Stabilitätskontrolle des Bündnisses. Diese Perspektive auf die Thematik ist somit eher prozessorientiert. Auf der anderen Seite können Strategische Allianzen von einer Makroperspektive aus beleuchtet werden, bei welcher vorrangig erforscht wird, warum Strategische Allianzen generell für

---

336 Vgl. Webster (1992), S. 8.
337 Vgl. O'Dywer, Gilmore & Carson (2011), S. 100–102.
338 Vgl. Varadarajan & Cunningham (1995), S. 282.
339 KMUs stehen synonym zu dem – in Abschnitt 1.2 bereits genannten – englischen Begriff der „small and medium-sized enterprises" (SMEs).
340 Vgl. Yoon, Rosales & Talluri (2018), S. 862. Bei der Publikation von Yoon, Rosales & Talluri (2018) werden spezielle Vertragsgestaltungen (in puncto Vergütungsformen) Strategischer Allianzen zwischen Start-Ups aus dem Technologiesektor und etablierten Pharmakonzernen untersucht.
341 Vgl. O'Dywer, Gilmore & Carson (2011), S. 91–92.

Unternehmen von Vorteil sind, für welche Branchen sie nützlich sind oder welche Folgen sie für das Marktumfeld bzw. den Wettbewerb haben.[342]

Im Rahmen dieser Arbeit wird aufgrund der Forschungsfrage daher ausschließlich die *Makroebene* betrachtet und dementsprechend in der weiteren Forschung berücksichtigt. Darüber hinaus muss trotz des aufgezeigten Begriffspluralismus und der Vielschichtigkeit des Begriffes der Strategischen Allianzen ein für diese Arbeit gültiges begriffliches Rahmenwerk mithilfe einer Abgrenzung zu anderen, ähnlichen Bezeichnungen geschaffen werden.

Diese Bezeichnungen – die häufig als Synonyme zur Erklärung der gleichen Thematik genutzt werden – umfassen beispielsweise „Strategische Allianz", „Netzwerk", „Wertschöpfungspartnerschaft", „Collaborative Agreement", „Joint Venture", „Partnerschaft", „Kooperation", „Strategic Partnership".[343] Dabei fungiert der Terminus der Kooperation oftmals als übergreifende Bezeichnung für die Zusammenarbeit zwischen Unternehmen.[344] Bei der Betrachtung der Begriffsdefinition von „Kooperation" wird dies deutlich: „Die Kooperation ist die freiwillige Zusammenarbeit rechtlich und wirtschaftlich selbständiger Unternehmen auf vertraglicher Basis."[345] Diese unterscheidet sich somit nicht von den bereits aufgezeigten Begriffsdefinitionen der Strategischen Allianz. Jones & Bouncken (2008) stellen gleichermaßen fest, dass es sich bei Strategischen Allianzen um eine Form von Kooperation handelt.[346] Wie bereits eingangs dieser Arbeit angedeutet, werden somit an dieser Stelle die Begriffe „Strategische Allianz" mit den beiden Begriffen der „Kooperation" und „Partnerschaft" gleichgesetzt.

Vom Begriff der Strategischen Allianzen deutlich abgegrenzt werden, müssen – aufgrund der bereits genannten wesentlichen Charakteristika dieser – „Mergers & Acquisitions" (M&A), da diese sich im wesentlichen Punkt darin unterscheiden, dass die bei M&As beteiligten Unternehmen im Gegensatz zu Strategischen Allianzen nicht als autonome Unternehmen bestehen bleiben.[347] Auch in Anbetracht der Eigenschaften dieser beiden Begriffe wird deutlich,

---

342 Vgl. Hammes (1994), S. 11.
343 Vgl. Meyer (1995), S. 156 und Picot, Reichwald & Wigand (2001), S. 303, zitiert nach Morschett (2003), S. 389.
344 Vgl. Specht & Beckmann (1996), S. 387 und Zentes, Swoboda & Morschett (2003), S. 5, zitiert nach Fladnitzer (2006), S. 61.
345 Wöhe & Döring (2010), S. 256.
346 Vgl. Jones & Bouncken (2008), S. 156.
347 Vgl. Yoshino & Rangan (1995), S. 5; Mockler (1997), S. 392; Villalonga & McGahan (2005), S. 1183–1184.

dass Allianzen einem Unternehmen den Zugang zu neuen Märkten verschaffen können sowie einen höheren Grad an Flexibilität eröffnen als M&As.[348] In diesem Zusammenhang ist es zudem wichtig, kurz zu erläutern, warum Unternehmen oftmals Strategische Allianzen eingehen, statt Unternehmen in Form von Fusionen oder Übernahmen aufzukaufen.

Für diese Betrachtung zeigen Todeva & Knoke (2005) auf, dass die Literatur Strategischen Allianzen eine höhere Erfolgsträchtigkeit[349] zuschreibt als M&As.[350] Zudem entstehen durch den Aufkauf von Unternehmen (wie es bei M&As der Fall ist) hohe Investitionskosten, die von Unternehmen unter Umständen nicht getragen werden können.[351] Darüber hinaus wird in der Unternehmenspraxis zunehmend festgestellt, dass Unternehmen das Eingehen Strategischer Allianzen einem Aufkauf von Unternehmen vorziehen.[352]

Nachdem somit ein erster Überblick über das Konstrukt Strategischer Allianzen gegeben wurde, wird nun die zusammenfassende Eingrenzung der Terminologie, die in dieser Arbeit fortan verwendet wird, vorgenommen. Zu diesem Zwecke werden die Rahmenwerke von Yoshino & Rangan (1995)[353] und Mockler (1997) zugrunde gelegt und entsprechend auf diese Arbeit eingegrenzt:

---

348 Vgl. Swaminathan & Moorman (2009), S. 64.
349 Beispielsweise in Form von höheren Erfolgsquoten oder einem besseren Return on Investment, vgl. Todeva & Knoke (2005), S. 123.
350 Vgl. Todeva & Knoke (2005), S. 123.
351 Vgl. Deloitte (2017), S. 14.
352 Vgl. PwC (2016), S. 1.
353 Dass diese Übersicht aus dem Jahre 1995 auch heute noch hohe Beachtung findet, untermauern Kale & Singh (2009) durch die Verwendung dieser Eingrenzung in ihrer Veröffentlichung zu Strategischen Allianzen im Jahre 2009, vgl. Kale & Singh (2009), S. 47. Auch kürzlich – im Jahre 2020 – wurde diese weiterhin genutzt, etwa bei Dhaundiyal & Coughlan (2020), S. 523.

76 Konzeptionelle Grundlagen und der OTC-Pharmamarkt

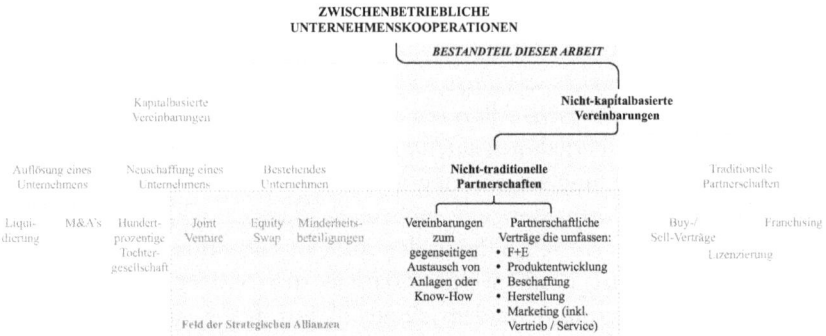

Abbildung 7: Zwischenbetriebliche Unternehmenskooperationen[354]

Wie Abbildung 7 zu entnehmen ist, beinhalten zwischenbetriebliche Unternehmenskooperationen sowohl Partnerschaften, die auf Basis von kapitalbasierten Vereinbarungen einerseits und auf Basis nicht-kapitalbasierter Vereinbarungen andererseits geschlossen werden. Im Rahmen der kapitalbasierten Vereinbarungen werden Joint Ventures, Equity Swaps und Minderheitsbeteiligungen laut der hier dargestellten Literatur in den Bereich der Strategischen Allianzen miteinbezogen, nicht aber M&As oder die Neugründung einer hundertprozentigen Tochtergesellschaft.[355]

Aufseiten der nicht-kapitalbasierten Vereinbarungen werden nicht-traditionelle Partnerschaften wie Vereinbarungen zum gegenseitigen Austausch von Anlagen oder Fähigkeiten / Know-how und partnerschaftliche Verträge eingeordnet, welche Forschung & Entwicklung (F&E), Produktentwicklung, Beschaffung, Herstellung, Marketing (inkl. Vertrieb / Service) umfassen. Laut der hier betrachteten Literatur nicht in den Definitionsbereich der Strategischen Allianzen fallen traditionelle Partnerschaften, die Lizenzierung, Franchising und Buy- / Sell-Verträge beinhalten.[356]

Auf Grundlage dessen wird der Definitionsbereich Strategischer Allianzen für die Betrachtung dieser Arbeit gelegt. Zu diesem Zwecke werden zunächst alle Begriffe ausgegrenzt, die nicht in das in Abbildung 7 markierte „Feld der

---

354 Vgl. Yoshino & Rangan (1995), S. 8; Mockler (1997), S. 393.
355 Vgl. Yoshino & Rangan (1995), S. 8; Mockler (1997), S. 393.
356 Vgl. Yoshino & Rangan (1995), S. 8; Mockler (1997), S. 393.

Strategischen Allianzen" fallen,[357] da diese nicht Untersuchungsgrundlage in der hier betrachteten Arbeit sind.

Im Forschungsfokus dieser Dissertation im Rahmen des Begriffes „Strategische Allianz" (in Abbildung 7 mit „Bestandteil dieser Arbeit" markiert) liegen somit ausschließlich Kooperationen, die nicht-kapitalbasierten Vereinbarungen unterliegen und nicht-traditionelle Partnerschaften inkludieren, wie:

- Vereinbarungen zum gegenseitigen Austausch von Anlagen oder Fähigkeiten
- Partnerschaftliche Verträge, welche umfassen:
  - F&E
  - Produktentwicklung
  - Beschaffung
  - Herstellung
  - Marketing (inkl. Vertrieb / Service)[358]

Somit werden ebenfalls deutlich von dieser Arbeit alle Kooperationen oder Partnerschaften ausgegrenzt, die Kapitalvereinbarungen als Grundlage haben. In dieses Raster im Rahmen des Begriffsbereiches der Strategischen Allianz, fallen Joint Ventures, Equity Swaps und Minderheitsbeteiligungen.

Diese Eingrenzung ist sinnvoll, da sich Allianzen mit Kapitalbeteiligungen erneut deutlich von nicht-kapitalbasierten Allianzen unterscheiden.[359]

Auch der Entstehungsprozess Strategischer Allianzen muss an dieser Stelle eingegrenzt werden, da die verschiedenen Stufen dieses Prozesses eine große Bedeutung in der Forschung haben.[360] Zu diesem Zwecke wird folgend der

---

357 Darunter fallen gemäß der Abbildung 7 Kapitalvereinbarungen, die mit einer Auflösung von Unternehmen einhergehen (M&A's und Liquidierung) sowie die Neuschaffung eines Unternehmens im Sinne einer hundertprozentigen Tochtergesellschaft, als auch Partnerschaften auf Basis traditioneller Verträge wie Lizenzierung, Franchising und Buy / Sell-Verträgen.
358 Um der ursprünglichen Differenzierung der Originalquellen von Yoshino & Rangan (1995) und Mockler (1997) gerecht zu werden, wird hier darauf hingewiesen, dass dort explizit unterschieden wird in die separaten Bereiche „Marketing" sowie „Vertrieb / Service", vgl. Yoshino & Rangan (1995), S. 8; Mockler (1997), S. 393. Da allerdings zu Beginn dieser Dissertation festgelegt wurde, dass im Rahmen dieser Arbeit der Vertrieb als integrierter Teilbereich des Marketing angesehen wird, findet auch hier keine Aufteilung von Marketing und Vertrieb statt.
359 Vgl. Kale & Singh (2009), S. 47.
360 So werden in der Forschung verschiedene Aspekte Strategischer Allianzen beleuchtet, die sich an verschiedenen Stufen im Entstehungsprozess Strategischer Allianzen

Entstehungsprozess Strategischer Allianzen mithilfe von Literatur dargestellt und die Forschung dieser Arbeit anhand dessen entsprechend eingeordnet. Grundlage bilden hier die Publikationen von Bronder & Pritzl (1992) und Kale & Singh (2009). Besonders Bronder & Pritzl (1992) widmen ihre gesamte Veröffentlichung der Untersuchung der verschiedenen Stufen im Entstehungsprozess Strategischer Allianzen.[361] Sie identifizieren anhand einer strukturierten Prozedur zum Entstehungsprozess Strategischer Allianzen die folgenden vier zentralen Phasen:[362]

1. Strategische Entscheidung[363]
2. Konfiguration der Strategischen Allianz[364]
3. Partnerwahl[365]
4. Verwaltung der Strategischen Allianz[366]

Im Rahmen der ersten Stufe „Strategische Entscheidung" entscheidet ein Unternehmen anhand einer Situationsanalyse des Unternehmens, in der es externe Faktoren wie die Globalisierung oder Technologieentwicklungen miteinbezieht,

---

eingliedern. Beispielsweise sind Veröffentlichungen, welche die Beweggründe zum Eingehen Strategischer Allianzen untersuchen, Teil der Formationsphase im Entstehungsprozess Strategischer Allianzen, wohingegen sich Publikationen, welche die Effekte Strategischer Allianzen auf den Unternehmenserfolg analysieren, auf der Prozessstufe des Allianz-Managements eingliedern. Vgl. Gomes, Barnes & Mahmood (2016), S. 15.

361 Sie begründen die Relevanz ihrer Untersuchung mit der Tatsache, dass viele Strategische Allianzen nicht erfolgreich werden, wodurch es ihrer Auffassung nach umso wichtiger sei, die Entstehung eben dieser tiefgehend zu verstehen und daher näher zu untersuchen, vgl. Bronder & Pritzl (1992), S. 412.

362 Vgl. Bronder & Pritzl (1992), S. 413. Ähnlich zu diesem Ansatz identifizieren die Autoren Schreiner, Kale & Corsten (2009) drei Hauptstufen, die Unternehmen bei der Bildung einer Strategischen Allianz durchlaufen: 1. die Entstehungsstufe: Hier entscheiden Unternehmen grundsätzlich über das Eingehen einer SA und einen möglich passenden Allianzpartner, 2. die Designstufe: In diesem Schritt konfiguriert das Unternehmen die SA und legt die Führungsstruktur dieser fest, und 3. die Nachgründungsstufe: Hier verwaltet das Unternehmen die SA. Vgl. Schreiner, Kale & Corsten (2009), S. 1398.

363 Im englischen Original genannt: „Strategic Decision" Bronder & Pritzl (1992), S. 413.
364 Im englischen Original genannt: „Configuration of a Strategic Alliance" Bronder & Pritzl (1992), S. 413.
365 Im englischen Original genannt: „Partner Selection" Bronder & Pritzl (1992), S. 413.
366 Im englischen Original genannt: „Managing a Strategic Alliance" Bronder & Pritzl (1992), S. 413.

welche Potenziale[367] eine Strategische Allianz für das eigene Unternehmen mit sich bringt. Auf Basis dessen findet in einem nächsten Schritt eine Einschätzung zur möglichen Veränderung bestimmender Kennzahlen, besonders des Shareholder Values statt, um abzuschätzen welchen Beitrag eine Strategische Allianz zu diesem als relevanter Werttreiber liefern würde.[368] Zusammenfassend wird in dieser ersten Phase des Prozesses somit geprüft, ob es für ein Unternehmen sinnvoller ist, weiterhin jegliche Aktivitäten ohne einen Kooperationspartner zu vollziehen, oder ob die Zusammenarbeit mit einem Allianzpartner zu einem besseren Ergebnis führen kann.[369]

Ist das Unternehmen zu dem Entschluss gekommen eine Strategische Allianz einzugehen, wird in der zweiten Phase „Konfiguration der Strategischen Allianz" zunächst entschieden, entlang welcher Richtung der Wertschöpfungskette die Kooperation gebildet werden soll.[370] Im Rahmen dessen gibt es drei verschiedene Richtungen, zwischen denen unterschieden wird:[371]

1. *Horizontale Strategische Allianz*: Diese wird mit Wettbewerbern auf der gleichen Wertschöpfungsstufe innerhalb der gleichen Branche geformt. Diese Art Strategischer Allianzen wird häufig im Bereich Forschung & Entwicklung gebildet.[372]
2. *Vertikale Strategische Allianz*: Diese wird mit Zulieferern oder Kunden in vor- oder nachgelagerten Stufen entlang der Wertschöpfungskette gebildet.[373]
3. *Diagonale Strategische Allianz*: Diese wird mit Unternehmen anderer Branchen eingegangen. Die Richtung wird häufig mit Unternehmen aus der Technologiebranche gewählt.[374]

Anschließend wird die Intensität der Kooperation festgelegt, welche Ausprägungen wie den Formalisierungsgrad, den Zeithorizont oder die Verteilung von Ressourcen beinhaltet.[375] Dabei wird der Formalisierungsgrad laut Bronder &

---

367 Diese können bspw. durch einen Abgleich mit den internen Stärken und Schwächen aufgedeckt werden, vgl. Bronder & Pritzl (1992), S. 414.
368 Vgl. Bronder & Pritzl (1992), S. 413–415.
369 Vgl. Bronder & Pritzl (1992), S. 414.
370 Vgl. Bronder & Pritzl (1992), S. 415–416.
371 Vgl. Bronder & Pritzl (1992), S. 416.
372 Vgl. Bronder & Pritzl (1992), S. 416.
373 Vgl. Bronder & Pritzl (1992), S. 416.
374 Vgl. Bronder & Pritzl (1992), S. 416.
375 Vgl. Bronder & Pritzl (1992), S. 416.

Pritzl (1992) beeinflusst durch gegenseitige Überprüfungsrechte und die rechtliche Form der an der Allianz beteiligten Unternehmen. Weiterhin kann der zeitliche Rahmen einer Strategischen Allianz nach Bronder & Pritzl (1992) entweder kurz- oder langfristig gestaltet sein. Bei der Verteilung der Ressourcen muss im Rahmen der SA abgesteckt werden, ob die Partnerunternehmen mit ihren jeweils eigenen Ressourcen operieren, oder ob die Ressourcen der beteiligten Unternehmen gepoolt („zusammengelegt") genutzt werden.[376] Die dritte Phase „Partnerwahl" befasst sich mit der Wahl eines passenden Partnerunternehmens für eine Strategische Allianz. Als Grundlage dessen muss zunächst evaluiert werden, ob entsprechende Unternehmen vom Grundsatz her zusammenpassen.[377]

Dies ist laut Bronder & Pritzl (1992) gegeben, sofern die Kernfähigkeiten und die Tätigkeiten eines in Frage kommenden Partnerunternehmens als Bestandteil der angestrebten Strategischen Allianz zu einer Wertsteigerung für beide Parteien beisteuern. Zentral bei dieser Betrachtung ist ebenso die Sicherstellung, dass die grundlegend strategischen Ziele sowie die kulturellen Aspekte der möglicherweise kooperierenden Unternehmen übereinstimmen.[378] Der Prozess endet mit der vierten Phase „Verwaltung der Strategischen Allianz". An dieser Stelle von Bedeutung sind die Vertragsverhandlung, die Abstimmung der spezifischen Inhalte der Partnerschaft etwa im Sinne einer spezifischen Kompetenzzuteilung innerhalb der Unternehmen und ein Konzept zur Überwachung der Strategischen Allianz.[379]

Dieser aufgeführte Prozess wird in folgender Abbildung (Abbildung 8) im gesamtheitlichen Entstehungs- und Entwicklungsprozess einer Strategischen Allianz aufgezeigt:

---

376 Vgl. Bronder & Pritzl (1992), S. 416.
377 Vgl. Bronder & Pritzl (1992), S. 417. Die Autoren bezeichnen dies als die Überprüfung des „Fundamental Fit", vgl. Bronder & Pritzl (1992), S. 417.
378 Vgl. Bronder & Pritzl (1992), S. 417–418.
379 Vgl. Bronder & Pritzl (1992), S. 418–420.

Strategische Allianzen 81

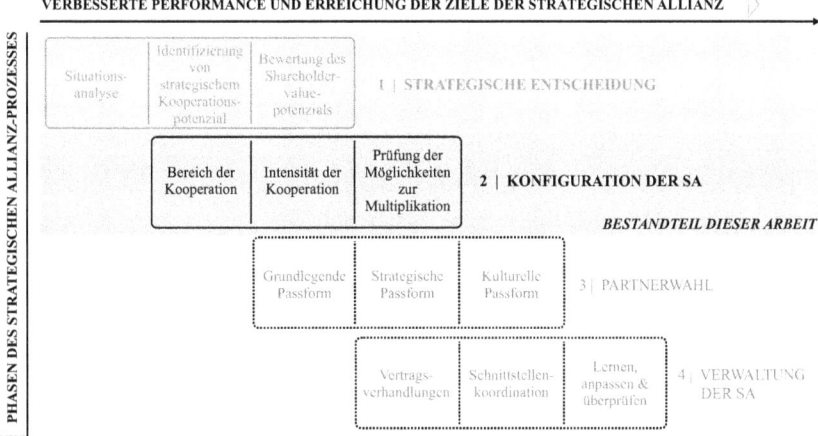

Abbildung 8: Entstehungs- und Entwicklungsprozess einer Strategischen Allianz[380]

Wie entsprechend markiert, befindet sich der Fokus dieser Arbeit auf Stufe eins („Strategische Entscheidung") und zwei („Konfiguration der Strategischen Allianz") des aufgezeigten Prozesses, wobei durch die Ausrichtung dieser Arbeit mehrheitlich Stufe zwei bearbeitet wird.

Die spezifischen Inhalte dieser beiden Stufen werden erneut im nächsten Unterabschnitt im Rahmen der Ausprägungen Strategischer Allianzen (Unterabschnitt 2.3.2) aufgegriffen, da diese eine zentrale Rolle in dieser Arbeit einnehmen.

Nichtsdestotrotz kann hier bereits für die Betrachtung dieser beiden Stufen in Bezug auf die Fragestellung dieser Arbeit festgestellt werden, welche zentralen Punkte innerhalb dieser beiden Stufen untersucht werden:

1. Strategische Entscheidung:
Der Faktor der Digitalisierung wird als Herausforderung für Unternehmen allgemein, besonders aber auch für die OTC-Pharmabranche angesehen. Im Rahmen dessen werden in dieser Arbeit die elementarsten Herausforderungen durch die Digitalisierung für Hersteller von OTC-Arzneimitteln erörtert.

2. Konfiguration der Strategischen Allianz:
Es wird untersucht, welche Ausprägungen Strategischer Allianzen OTC-Pharmahersteller vor dem Hintergrund der Digitalisierung wählen können,

---

380 Vgl. Bronder & Pritzl (1992), S. 413–420; Kale & Singh (2009), S. 48.

um den größten Herausforderungen durch die Digitalisierung entgegnen zu können.

Die Phasen der Partnerwahl und der Verwaltung der SA bleiben in der Betrachtung dieser Forschung außen vor, da dies bereits die Mikroebene thematisiert, welche zuvor ausgeschlossen wurde.

Im Anschluss an diese Einführung in die Thematik Strategischer Allianzen werden nun die Ausprägungen dieser behandelt.

2.3.2 Ausprägungen Strategischer Allianzen

Hierbei ist die Typologisierung von Keller (2004)[381] dienlich, die zur Orientierung im Umfeld der Primärquellen zu den unterschiedlichen Allianzausprägungen dient, jedoch fortan – in diesem sowie im Abschnitt 5.1 zu den ausprägungsbasierten Kategorisierungsmodellen – nur für jene Inhalte zitiert wird, deren Ursprung für die Autorin in dessen Werk liegt und sich nicht durch die Inhalte der anderen Primärquellen ergeben, da ausschließlich diese – aufgrund deren größeren Reliabilität – herangezogen werden.

Zum Zwecke der Betrachtung verschiedener Ausprägungen Strategischer Allianzen soll zunächst durch ein überlegenes Rahmengerüst aufgezeigt werden, inwieweit Kooperationen systematisch abgesteckt werden können. Dazu wird der Ansatz von Balling (1997) herangezogen, welcher verschiedene Systematisierungen bzw. Differenzierungen von Kooperationen aufzeigt.[382] Demnach kann die Differenzierung von Kooperationen gemäß Balling (1997) nach

1. dem „Aktivitätsgrad" (reaktiv / proaktiv)
2. den „Kooperationszielen" (Macht- / Effizienzziele)
3. den „Kooperationsmodalitäten" (hier sind eine Vielzahl verschiedener Modalitäten denkbar. Exemplarisch werden hier genannt: befristet / unbefristet, formell / informell.)
4. den „faktisch wirtschaftlichen Auswirkungen" (ökonomische Bedeutung)
5. den „Kooperationsbereichen" (mehrsektoral / einsektoral)
6. den „Kooperationspartnern" (Wirtschaftsstufe und / oder Branche)

stattfinden.[383]

Innerhalb dieser Differenzierungen lassen sich daraus ableitend verschiedenste Ausprägungen Strategischer Allianzen feststellen, die betrachtet werden

---

381 Vgl. Keller (2004), S. 22–40.
382 Vgl. Balling (1997), S. 39–40.
383 Vgl. Balling (1997), S. 39–40.

können, weshalb Strategische Allianzen somit anhand einer Vielzahl an Ausprägungen klassifiziert werden können.[384]
Dabei ist es Ziel dieses Unterabschnittes, eine grundlegende Auswahl verschiedener Ausprägungen Strategischer Allianzen aufzuzeigen, da aufgrund der Vielschichtigkeit des Allianz-Begriffes keine komplett umfassende Aufstellung der Ausprägungen Strategischer Allianzen gegeben werden kann.[385] In Kapitel 5 werden – auf Basis des hier behandelten und des vorhergehenden Unterabschnittes (Unterabschnitt 2.3.1) – die für das Forschungsziel dieser Arbeit relevantesten Ausprägungen detaillierter erläutert und entsprechend spezifisch auf die in dieser Dissertation betrachtete Problemstellung durch die Entwicklung eines Kategorisierungsmodells angewandt.

Die hier jeweils aufgezeigten Ausprägungen werden dabei in den vorab genannten Entstehungs- und Entwicklungsprozess Strategischer Allianzen nach Bronder & Pritzl (1992),[386] sowie in die aufgezeigten Systematisierungs-Bereiche nach Balling (1997)[387] entsprechend eingeordnet.

In diesem Zuge wird als eine erste Allianzausprägung die *Kooperationsrichtung*[388] betrachtet, welche im Entstehungsprozess Strategischer Allianzen nach

---

384 Vgl. dazu u.a. Sydow (1992), S. 85; Lutz (1993), S. 50; Balling (1997), S. 152 ff.
385 Exemplarisch dazu kann Lutz (1993) genannt werden, welche aufgrund der ebenfalls hier genannten Komplexität des Allianz-Begriffes in ihrer Arbeit die Ausprägungen „Ziele", „Bindungsintensität", „Nationalisierungsgrad", „Richtung", „Art der verknüpften Wertaktivitäten" und „Größe" betrachtet, vgl. Lutz (1993), S. 50. Ein weiteres Beispiel ist Balling (1997), welcher in seiner Arbeit eine umfassendere Anzahl an Ausprägungen betrachtet, namentlich: „Umfang/Größe", „Erfasste Unternehmensbereiche", „Räumliche Distanz", „Struktur der Eigentumsverhältnisse", „Stabilität", „Zugehörigkeit der Kooperationspartner zu bestimmten Wirtschaftsstufen", „Verwendung/Verteilung des Kooperationserfolgs", „Branchenzugehörigkeit der Kooperationsbeteiligten", „Funktionsteilung", „Formalisierungsgrad", „Offenheit", „Sichtbarkeit", „Interdependenz", „Dichte", „Konnektivität", „Diversität", „Zentralität/Kräfteverhältnis", „Redundanz", „Organisiertheit" und „Bindungsintensität", vgl. Balling (1997), S. 152 ff. Für einen zeitlich größeren Betrachtungszeitraum zeigen Gomes, Barnes & Mahmood (2016) in ihrer Literature Review auf, welche verschiedenen Hintergründe Strategischer Allianzen in der Forschung in den letzten zwei Jahrzehnten besonders untersucht wurden. Hier sind mit Blick auf die Allianzausprägungen besonders die zeitliche Komponente, die internationale Ausrichtung und „knowledge and learning" zu nennen. Vgl. Gomes, Barnes & Mahmood (2016), S. 15–16.
386 Siehe Abbildung 8.
387 Siehe die vorherigen Ausführungen dieses Unterabschnittes.
388 Vgl. Bronder & Pritzl (1992), S. 416; Lutz (1993), S. 56; Balling (1997), S. 40, 162.

84　Konzeptionelle Grundlagen und der OTC-Pharmamarkt

Bronder & Pritzl (1992) den „Bereich der Kooperation" (im Sinne von „horizontal", „vertikal" oder „diagonal") festlegt. Diese Ausprägung kann gemäß den in dieser Arbeit vorangehend aufgezeigten Systematisierungs-Bereichen nach Balling (1997) in den Bereich der „Kooperationspartner" eingeordnet werden. Da auf diese Ausprägung zur Strukturierung der Allianzen bereits in Unterabschnitt 2.3.1 eingegangen wurde, wird diese hier nicht erneut thematisiert.

Eine weitere Ausprägung ist die *geographische Ausrichtung*.[389] Diese kann ebenfalls in den „Bereich der Kooperation" nach Bronder & Pritzl (1992) und den aufgezeigten Systematisierungs-Bereich der „Kooperationspartner" eingeordnet werden. Varadarajan & Cunningham (1995) unterscheiden hier zwischen Strategischen Allianzen, die entweder „Intranational" oder „International" ausgerichtet sind.[390] Diese Ausrichtung einer Allianz, entweder innerhalb eines gleichen Landes (Intranational) oder über mehrere Länder hinweg (International), kann sowohl in Bezug auf die geographische Reichweite der Partnerschaft verstanden werden als auch auf die Herkunft bzw. Nationalität der an der Allianz beteiligten Unternehmen.[391]

Eine weitere Ausprägung ist die *zeitliche Dauer*[392], welche die „Intensität der Kooperation" festlegt und dem aufgezeigten Systematisierungs-Bereich der „Kooperationsmodalitäten" zugehörig ist.

Diese Ausprägung kann laut Bronder & Pritzl (1992) einerseits auf eine gewisse Projektdauer angelegt sein, sprich ob die Allianz kurzfristig ausgerichtet ist bspw. für ein bestimmtes Forschungs- & Entwicklungsprojekt, oder langfristig bspw. für eine gemeinsame Produktion oder Kooperation im Bereich des Marketing.[393] Lutz (1993) unterscheidet zwar ebenfalls zwischen einer kurz- und langfristigen Ausprägung Strategischer Allianzen, verbindet diese Komponente allerdings damit, ob die Allianz von Beginn an zeitlich und vor allem inhaltlich festgelegt wurde oder nicht.[394] So sind Lutz (1993) zufolge diejenigen Partnerschaften durch eine kurzfristige Ausprägung charakterisiert, denen eine klar trennbare Aufgabe zugrunde liegt, die sich aber über mehrere Jahre

---

389　Vgl. Varadarajan & Cunningham (1995), S. 289; Johansson (1995), S. 301; Balling (1997), S. 40.
390　Vgl. Varadarajan & Cunningham (1995), S. 289.
391　Vgl. Varadarajan & Cunningham (1995), S. 289.
392　Vgl. Bronder & Pritzl (1992), S. 416; Lutz (1993), S. 56; Balling (1997), S. 40, 162.
393　Vgl. Bronder & Pritzl (1992), S. 416. Auch Balling (1997) unterscheidet in diesem Zusammenhang die zeitliche Determinante anhand der Faktoren „unbefristet" oder „befristet", vgl. Balling (1997), S. 40.
394　Vgl. Lutz (1993), S. 60.

erstrecken können. Als langfristige Ausprägung definiert sie Allianzen, die von vornherein langfristig ausgerichtet geplant sind.[395]

Generell kann im Hinblick auf die zeitliche Dauer einer Allianz zusammenfassend laut Keller (2004) unterschieden werden zwischen dem Extrem einer langfristigen Zusammenarbeit und dem einer zeitlich begrenzten Partnerschaft, welche auf einem Projekt basiert. Innerhalb dieses Rahmens sind seiner Auffassung nach eine Vielzahl verschiedener zeitlicher Optionen möglich.[396]

Eine weitere Ausprägung Strategischer Allianzen im Rahmen der „Intensität der Kooperation" ist der *Formalisierungsgrad*[397], welche ebenfalls zu dem aufgezeigten Systematisierungs-Bereich der „Kooperationsmodalitäten" gehört.

Bei dieser Ausprägung wird betrachtet, welche gegenseitige Kontrollverteilung vereinbart wird und wie die Prozesse und Kommunikationswege zwischen den Bündnispartnern gestaltet werden.[398] Dementsprechend werden hier spezifisch die Inhalte der Beziehung zwischen den Allianzpartnern betrachtet.[399]

Eine weitere Ausprägung, die die „Intensität der Kooperation" festlegt, ist die Ausprägung der *Ressourcenverteilung*[400], welche im vorangehenden Systematisierungs-Bereich den „Kooperationsmodalitäten" zugeordnet werden kann. An dieser Stelle soll jedoch zunächst der Begriff der „Ressourcen" definiert werden.

Dabei sind die Ressourcen eines Unternehmens generell bspw. dessen interne Verfahren, Vermögenswerte und Wissen.[401] Für eine spezifischere Eingrenzung des Ressourcen-Begriffes wurde dieser mithilfe vorangehender Literatur durch Barney (1991)[402] allgemein in drei Bereiche eingeteilt: Physische Ressourcen, Humankapital und organisatorische Ressourcen.[403] Zu physischen Ressourcen zählen bspw. Anlagen und Ausstattung, physische Technologien sowie (der Zugang zu) Rohmaterialien. Humankapital hingegen umfasst die

---

395 Vgl. Lutz (1993), S. 60.
396 Vgl. Keller (2004), S. 27.
397 Vgl. Bronder & Pritzl (1992), S. 416; Balling (1997), S. 40, 162.
398 Vgl. Bronder & Pritzl (1992), S. 416.
399 Vgl. Jones & Bouncken (2008), S. 157.
400 Vgl. Bronder & Pritzl (1992), S. 416.
401 Vgl. Tsang (1998), S. 208.
402 Auch Tsang (1998) verweist in seiner Publikation auf diese Unterteilung von Barney (1991), vgl. Tsang (1998), S. 208.
403 Vgl. Barney (1991), S. 101. Im englischen Original genannt: „Physical capital resources", „human capital resources" und „organizational capital resources" Barney (1991), S. 101.

Fähigkeiten, Beziehungen, Erfahrungen und Trainings von Mitarbeitern eines Unternehmens.[404]

Zu den organisatorischen Ressourcen gehören etwa die Planungs-, Steuerungs- und Überwachungssysteme eines Unternehmens, sowie die innerhalb eines Unternehmens vorhandenen, informellen Beziehungen zwischen den verschiedenen Anspruchsgruppen.[405] Im Rahmen der Ausprägung der Ressourcenverteilung stellen Bronder & Pritzl (1992) fest, dass die Verteilung von Ressourcen (in deren Verständnis im übergeordneten Sinne beschrieben als das Management, die Produktion und das Kapital) durch zwei Optionen vonstatten gehen kann. Entweder wird ein Pool an Ressourcen zwischen den Partnerunternehmen gebildet, zu welchem die beteiligten Partnerunternehmen beisteuern und auf welchen sie zugreifen können, oder aber die Partnerschaft wird auf Basis der jeweilig eigenen, getrennten Ressourcen ausgeführt.[406] Lutz (1993) hingegen unterscheidet zwischen „Pool-Allianzen" und „Transfer-Allianzen", im Rahmen welcher die gleichsame Nutzung von Ressourcen bzw. die Übertragung von Know-how festgelegt wird.[407] Inwieweit der Begriff der Ressource zum Zwecke dieser Arbeit im praktisch-normativen Teil eingeteilt wird, und welchem in der Literatur dargestellten Weg der Ressourceneinteilung im Rahmen Strategischer Allianzen dort gefolgt wird, wird explizit in Kapitel 5 diskutiert und festgelegt.

Weiterhin zeigen Varadarajan & Cunningham (1995) die Ausprägungen „Branchenbezug" („intra- vs. interindustry") und „Funktionsbereich" (F&E, Produktion, Marketing, etc.) auf.[408] Auch kann für weitere Ausprägungen Strategischer Allianzen die Übersicht von Sydow (1992) herangezogen werden, welcher diese eingeteilt in die strukturelle Dimension einerseits und die kulturelle Dimension andererseits aufzeigt. Auf der Achse der strukturellen Dimension lassen sich Ausprägungen wie „Formalisierungsgrad", „hierarchische Verankerung", oder „Vertragsgestaltung" finden. Zu den Ausprägungen in der kulturellen Dimension zählen „geteilte Werte", „Kohäsion" oder „Vertrauen".[409] An dieser Stelle ist anzumerken, dass einige Ausprägungen aufgrund ihrer inhaltlichen Ausrichtung auf Mikro-Ebene nicht in die Betrachtung dieser Arbeit fallen.

---

404 Vgl. Barney (1991), S. 101.
405 Vgl. Barney (1991), S. 101.
406 Vgl. Bronder & Pritzl (1992), S. 416.
407 Vgl. Lutz (1993), S. 59.
408 Vgl. Varadarajan & Cunningham (1995), S. 288.
409 Vgl. Sydow (1992), S. 85. Ebenso kann in genanntem Literaturnachweis die ausführliche Liste dieser Einteilung an Ausprägungen nachvollzogen werden.

Nachdem hiermit eine Übersicht über zentrale Ausprägungen Strategischer Allianzen gegeben wurde, ist eine Betrachtung der Erfolgsfaktoren und Grenzen Strategischer Allianzen wichtig, um herauszustellen, was eine SA erfolgreich macht und auf welche Faktoren im Speziellen geachtet werden muss, um eine erfolgreiche Umsetzung zu erreichen. Da im Rahmen dieser Arbeit speziell Handlungsempfehlungen zum Eingehen Strategischer Allianzen gegeben werden, und es das Ziel für Unternehmen sein muss, diese von Grund auf erfolgreich zu gestalten, ist diese Betrachtung relevant.

2.3.3 Erfolgsfaktoren und Grenzen

Da es im Bereich Strategischer Allianzen sowohl gescheiterte als auch erfolgreiche Beispiele gibt,[410] sollen im Folgenden einige Erfolgsfaktoren und Grenzen Strategischer Allianzen aufgezeigt werden.

Im Rahmen dessen zeigen Elmuti & Kathawala (2001) eine Reihe an primären Erfolgsfaktoren Strategischer Allianzen auf. Dazu zählen zunächst die richtige Wahl des Partnerunternehmens (oder der Partnerunternehmen), gefolgt vom aktiven Engagement und der Einbindung der leitenden Personen eines Unternehmens in den Allianzprozess. Ferner tragen Gemeinsamkeiten im Rahmen der Management-Philosophien der an der Allianz beteiligten Unternehmen zum Erfolg einer solchen bei sowie ein ausgebildetes und zielorientiertes Team, das die Strategische Allianz führt und steuert. Im Rahmen dessen sind klar definierte und zwischen den Partnerunternehmen kommunizierte Ziele sowie eine tiefgründige Planung zur Erreichung dieser von hoher Bedeutung.[411]

Weiterhin liegt ein essenzieller Erfolgsfaktor Strategischer Allianzen im Allianz-Management, welches aktiv geplant und ausgeführt werden sollte. Dabei umfasst das aktive Management der Allianz mehrere Komponenten: So ist es zunächst maßgeblich, dass die Strategische Allianz mit Blick auf die Art sowie den Umfang / die Inhalte eindeutig abgesteckt wird. Im Zuge dessen ist es von Belang, dass sich die für die Allianz verantwortlichen Personen innerhalb eines Unternehmens in der Rolle für die Führung der Allianz sehen, um diese verantwortungsvoll und zielgerichtet auszuführen. Weiterhin ist der Bedarf an Ressourcen festzulegen sowie die interne Steuerung sicherzustellen.[412]

---

410 Vgl. Bronder & Pritzl (1992), S. 412; Varadarajan & Cunningham (1995), S. 290; Kale & Singh (2009), S. 45; Zhang, Shu, Jiang & Malter (2010), S. 74.
411 Vgl. Elmuti & Kathawala (2001), S. 209–215.
412 Vgl. Yoshino & Rangan (1995), S. 117.

Darauf aufbauend können durch das Eingehen von Strategischen Allianzen Wettbewerbsvorteile generiert werden.[413] Laut Dyer & Singh (1998), welche sich bei den folgend genannten Feststellungen auf Literatur stützen, zählen hierzu Investitionen der Partnerunternehmen in allianzspezifische Vermögenswerte sowie den Austausch von Wissen und Fähigkeiten, da dieser gleichzeitig zur Unterstützung eines gemeinsamen Fähigkeitsauf und -ausbaus führt. Weiterhin wird die komplementäre Nutzung von Ressourcen und der komplementäre Austausch von Know-how genannt, da beides zur gemeinsamen Entwicklung partnerschafts-eigenständiger Resultate (etwa in Form von Produkten) führen kann.[414]

Duysters, Saebi & De Man (2011) stellen außerdem heraus, dass zusätzlich die unternehmenseigenen Fähigkeiten für eine Zusammenarbeit mit einem anderen Unternehmen (diese werden auch „alliance capability" genannt) eine zunehmende Rolle in der Forschung einnehmen. Alliance capabilities beschreiben somit verschiedene Fähigkeiten eines Unternehmens bezüglich der Ausführung einer Strategischen Allianz (wie etwa bereits gesammelte Erfahrungen in diesem Bereich), welche die Allianzfähigkeit eines Unternehmens steigern.[415]

Konträr dazu können ebenfalls Risiken bzw. Probleme im Hinblick auf Strategische Allianzen auftreten. Als solche identifizieren Elmuti & Kathawala (2001) etwa eine fehlende Vertrauensbasis zwischen den Partnerunternehmen, nicht eindeutig formulierte Ziele, keine funktionierende Abstimmung zwischen den an der Allianz beteiligten Mitarbeitern der Partnerunternehmen sowie mögliche Unstimmigkeiten aufgrund von kulturell bedingten Differenzen.[416]

Ferner zeigen Serapio & Cascio (1996) in ihrer Veröffentlichung mithilfe mehrerer Fallbeispiele verschiedene Gründe auf, warum Allianzen enden:[417]

1. Zwischen den an der Allianz beteiligten Unternehmen gibt es grundlegende Unstimmigkeiten wie etwa die fehlende, zwischenmenschliche Verträglichkeit der Mitarbeiter.
2. Die Allianz wird nicht erfolgreich ausgeführt und hat somit keinen Mehrwert für die beteiligten Partnerunternehmen.
3. Die Partnerschaft erfüllt nicht mehr den initialen Zweck für ein beteiligtes Unternehmen, bspw. passt diese nicht mehr zur strategischen Ausrichtung dessen.

---

413 Vgl. Dyer & Singh (1998), S. 662.
414 Vgl. Dyer & Singh (1998), S. 662–663.
415 Vgl. Duysters, Saebi & De Man (2011), S. 191.
416 Vgl. Elmuti & Kathawala (2001), S. 207–209.
417 Vgl. Serapio & Cascio (1996), S. 64.

4. Absprachen im Rahmen der Allianz werden nicht erfüllt bzw. wurden gebrochen.
5. Ein Allianzpartner muss die Partnerschaft aufgrund finanzieller Probleme aufgeben.
6. Die Allianz erreicht ihr vorab festgesetztes Ziel und wird regulär im zeitlichen Rahmen beendet.

Zusammenfassend lässt sich festhalten, dass die Bemühungen seitens aller an der Allianz beteiligten Unternehmen grundlegend zum Erfolg einer solchen beitragen.[418] Weiterhin ist es für die finanzielle Leistungsfähigkeit von an Allianzen beteiligten Unternehmen wichtig, die Partnerschaft in ihrer Gänze zu verstehen und entsprechend korrekt zu führen, um die Transaktionskosten für das Erreichen von Zielen innerhalb dieser (besonders bei einer Ausführung über Ländergrenzen hinweg) zu begrenzen.[419]

Im Anschluss an die aufgezeigten Erfolgsfaktoren und Grenzen von Strategischen Allianzen, werden die Strategischen Allianzen im nächsten Unterabschnitt (Unterabschnitt 2.3.4) abschließend anhand theoretischer Rahmenkonzepte beleuchtet.

2.3.4 Theoretische Rahmenkonzepte

Um Kenntnisse über die Diversität Strategischer Allianzen zu erhalten, haben Forscher bereits eine Vielzahl theoretischer Ansätze herangezogen.[420] Diese umfassen nach ausgiebiger Durchsicht der Literatur in ihrer Mehrheit: Transaction Cost Theory (TCT), Resource-Based Theory (RBT), Knowledge-Based View (KBV) und Dynamic Capability View (DCV).[421] Diese werden somit in diesem Unterabschnitt näher beleuchtet.[422] Weitere theoretische Rahmenkonzepte[423] werden in dieser Arbeit nicht betrachtet, da sie entweder nicht relevant

---

418 Vgl. Yoshino & Rangan (1995), S. 109.
419 Vgl. Sivakumar, Roy, Zhu & Hanvanich (2011), S. 757.
420 Vgl. Cavazos & Varadarajan (2012), S. 571.
421 Vgl. Townsend (2003), S. 149; Kale & Singh (2009), S. 48; Cavazos & Varadarajan (2012), S. 571; Gomes, Barnes & Mahmood (2016), S. 16; Russo & Cesarani, 2017, S. 2-4.
422 Maßgebliche Bezugsquelle ist hierbei die Veröffentlichung von Russo & Cesarani (2017), welche mit dieser inhaltlich und strukturell diesen Unterabschnitt prägen.
423 Weitere Theorien umfassen beispielsweise: Agency Theory, Organization Theory, Stakeholder Theory und Institutional Theory, vgl. Parmigiani & Rivera-Santos (2011), S. 1126.

für die hier betrachtete Fragestellung sind oder schlichtweg über den inhaltlichen Rahmen dieser Arbeit hinausgehen würden.

Im Rahmen der *Transaction Cost Theory*[424] *(TCT)* wird zunächst eine Transaktion wie folgt definiert: „A transaction occurs when a good or service is transferred across a technologically separable interface. One stage of activity terminates and another begins."[425] Weiterhin heißt es im Bezug auf die daraus resultierenden Transaktionskosten: „Transaction cost analysis supplants the usual preoccupation with technology and steady-state production (or distribution) expenses with an examination of the comparative costs of planning, adapting, and monitoring task completion under alternative governance structures."[426] Transaktionen lassen sich dabei durch drei zentrale Elemente kennzeichnen, welche sind: Die Häufigkeit von Transaktionen, das Ausmaß, zu welchem Investitionen transaktionsspezifisch sind sowie Unsicherheit.[427] Haben sich Unternehmen für das Eingehen einer Strategischen Allianz entschieden, sind diese laut Hammes (1993) als effizient zu betrachten, sofern sie niedrigere Transaktionskosten verursachen, als dem Unternehmen durch andere, ähnliche Optionen zur Zielerreichung (etwa durch M&As) entstanden wären.[428]

So können Allianzen exemplarisch dazu beitragen, Transaktions- und Herstellungskosten der Unternehmen zu vermindern, da die an einer Allianz beteiligten Unternehmen im Rahmen dieser grundsätzlich die gleichen Ziele verfolgen.[429] Dabei entscheidend für den Erfolg einer Strategischen Allianz ist gemäß der TCT die Wahl der Unternehmen für die adäquateste Governance-Struktur.[430] Dabei wird die Governance-Struktur wie folgt definiert: „Alliance governance defines how an alliance is managed, how it is organized and regulated by agreements and processes, and how the partners control and influence its evolution and performance over time."[431]

---

424 In der Literatur häufig auch Transaction Cost Approach genannt. Die hauptsächlichen Begründer dieser Theorie sind Coase (1937) und Williamson (1981).
425 Williamson (1981), S. 552.
426 Williamson (1981), S. 552–553.
427 Vgl. Williamson (1979), S. 246–247.
428 Vgl. Hammes (1993), S. 495.
429 Vgl. Russo & Cesarani (2017), S. 2.
430 Vgl. Russo & Cesarani (2017), S. 2.
431 Doz & Hamel (1998), S. 120.

Jedoch zeigt die TCT ebenso auf, dass Transaktionskosten auf „opportunistisches Verhalten"[432], „eingeschränkte Rationalität"[433] und „Spezifizität"[434] zurückzuführen sind.[435]

Angewandt auf den Kontext Strategischer Allianzen besagt opportunistisches Verhalten, dass ein an der Allianz beteiligtes Unternehmen eigene Ziele verfolgt, ohne Bedacht auf das andere an der Allianz beteiligte Unternehmen oder gar zu dessen Nachteil.[436] Weiterhin bedeutet eingeschränkte Rationalität im Rahmen der TCT, dass es aufgrund externer Einflussfaktoren für Unternehmen nicht möglich ist, alle (hier die Partnerschaft betreffend) womöglich eintreffenden Umstände vorauszuahnen und abschätzen zu können.[437] Letztlich beschreibt die Spezifizität bestimmte Investitionen in Transaktionen, welche Unternehmen innerhalb der Allianz vornehmen, die sich jedoch fernab dieser als nicht mehrwertstiftend darstellen.[438] Gemäß diesen Ausführungen wurde bereits früh versucht, die mannigfaltigen Elemente Strategischer Allianzen mit der TCT zu erklären. Durch die zunehmend internationalen Verflechtungen und volatilen Märkte jedoch, veränderten sich die Möglichkeiten strategischer Ausrichtungen von Unternehmen, weshalb als Konsequenz ebenso andere Theorien vermehrt (auch in Verbindung zueinander) Gegenstand von Untersuchungen wurden.[439] In diesem Sinne wird im Anschluss auf ein weiteres theoretisches Rahmenkonzept eingegangen.

So entspricht laut der *Resource-Based Theory*[440] *(RBT)* ein Unternehmen der Menge an Ressourcen, die es besitzt. Die RBT basiert damit auf der zentralen Betrachtung der unternehmenseigenen Ressourcen, was konträr zum Verständnis der traditionellen Unternehmensökonomie steht, im Sinne welcher vorrangig das Wettbewerbsumfeld eines Unternehmens untersucht wird.[441] Dementsprechend geht die RBT davon aus, dass sich der nachhaltige Wettbewerbsvorteil eines Unternehmens aus dem Besitz und der Kontrolle seltener,

---

432 Im englischen Original genannt: „Opportunism" Williamson (1981), S. 553–554.
433 Im englischen Original genannt: „Bounded Rationality" Williamson (1981), S. 553–554.
434 Im englischen Original genannt: „Asset Specificity" Williamson (1981), S. 555–556.
435 Vgl. Williamson (1981), S. 553–556; Russo & Cesarani (2017), S. 2.
436 Vgl. Russo & Cesarani (2017), S. 2.
437 Vgl. Cesarani (2014), S. 98, zitiert nach Russo & Cesarani (2017), S. 2.
438 Vgl. Russo & Cesarani (2017), S. 2.
439 Vgl. Townsend (2003), S. 149.
440 Die RBT wurde maßgeblich geprägt durch Barney (1991).
441 Vgl. Das & Teng (2000b), S. 31–32.

wertvoller, nicht vollkommen nachahmbarer und nicht substituierbarer Ressourcen ergibt.[442] Im Kontext der Strategischen Allianzen sind in der Resource-Based Theory die Ressourcen, welche die Partnerunternehmen in die Allianz einbringen, zentraler Bestandteil.[443] Dabei wird es als maßgeblich für den Erfolg Strategischer Allianzen angesehen, dass diese Ressourcen zwischen den Partnerunternehmen komplementär[444] sind.[445] Neben dem Zugang von bisher nicht verfügbaren Ressourcen, können ebenso gemeinsam neue Ressourcen („eigenständige Ressourcen"[446]) im Rahmen der Partnerschaft entwickelt werden.[447]

Als weiteres theoretisches Rahmenkonzept wird der *Knowledge-Based View*[448] *(KBV)* betrachtet, welcher als eine Erweiterung der Resource-Based Theory angesehen wird.[449]

Im Sinne der RBT ist Humankapital in Form von Mitarbeitern mit deren Arbeitskraft sowie deren Wissen Teil der Ressourcen, welche verwendet werden, um für ein Unternehmen Produkte und Dienstleistungen zu entwickeln.[450]

Dementsprechend hängen das Wissen und die Fähigkeiten, welche(s) Mitarbeiter des Unternehmens innehaben, eng mit den Produkten und

---

442 Vgl. Barney (1991), S. 105–106. Barney inkludiert in seinem Verständnis – in Anlehnung an Daft (1983) – als Ressourcen von Unternehmen all deren „[…] assets, capabilities, organizational processes, firm attributes, information, knowledge […]" Barney (1991), S. 101. Eine Klassifizierung dieser Vielzahl verschiedener Ressourcenarten wurde bereits – ebenfalls in Anlehnung an die von Barney durchgeführte Einteilung – in Anwendung auf die vorliegende Arbeit in Unterabschnitt 2.3.2 „Ausprägungen Strategischer Allianzen" vorgenommen.
443 Vgl. Russo & Cesarani, 2017, S. 3.
444 In diesem Zusammenhang ist „komplementär" zu verstehen als das Ausgleichen der jeweils gegenseitigen Mängel an Ressourcen, sodass die Partnerunternehmen gemeinsam die festgesetzten Ziele der Allianz erfüllen können, vgl. Lambe, Spekman & Hunt (2002), S. 144, zitiert nach Russo & Cesarani (2017), S. 3.
445 Vgl. Russo & Cesarani (2017), S. 3.
446 Eigenständige Ressourcen (im englischen Original genannt: „Idiosyncratic resources") sind dadurch charakterisiert, dass sie für die Kooperation einzigartig sind. Dies ist der Fall, da sie im Rahmen der Partnerschaft gemeinsam von den Partnerunternehmen entwickelt werden und dabei auf den beteiligten Seiten der Allianz die jeweiligen Unternehmen bei dem Zusammenspiel der gemeinsam genutzten, unternehmenseigenen Ressourcen unterstützen. Vgl. Lambe, Spekman & Hunt (2002), S. 143.
447 Vgl. Russo & Cesarani (2017), S. 3.
448 Der KBV wurde maßgeblich geprägt durch Grant (1996).
449 Vgl. Curado & Bontis (2006), S. 371.
450 Vgl. Curado & Bontis (2006), S. 368.

Dienstleistungen, welche durch diese aus den physischen Ressourcen geschaffen werden, zusammen.[451] Dementsprechend besagt der KBV gemäß den Ausführungen von Curado & Bontis (2006), dass Unternehmen als „Depots" von Wissen fungieren.[452] In diesem Zusammenhang gehen laut McEvily & Chakravarthy (2002) eine Vielzahl an Forschern (u.a. Peter Drucker)[453] davon aus, dass die Ressource des Wissens als das maßgeblichste Element für nachhaltige Differenzierung zu anderen Unternehmen und der Schaffung von Wettbewerbsvorteilen gilt.[454]

In Anwendung des KBV auf die Thematik Strategischer Allianzen betrachtet der KBV den Einsatz von Wissen der an der Partnerschaft beteiligten Unternehmen. Dabei übersteigt diese Betrachtung des Wissens als Ressource das Verständnis der RBT.[455] So greifen Unternehmen für das Erlangen von externem Wissen – laut Lin & Darnall (2015), welche mit Verweis auf andere Forscher[456] darauf hinweisen – auf Strategische Allianzen zurück.[457] Dabei argumentiert Hamel (1991), dass die Internalisierung des durch den Austausch innerhalb einer Allianz erlangten Wissens der Gegenpartei im eigenen Unternehmen von hoher Bedeutung ist, um auch fernab der Allianz weiterhin von dem Wissen zu profitieren.[458] Zusammenfassend impliziert der KBV somit, dass Unternehmen Strategische Allianzen eingehen, um Zugang zu neuem Wissen zu erlangen.[459] Werden neben den positiven Effekten des Wissensaustausches

---

451 Vgl. Curado & Bontis (2006), S. 368.
452 Vgl. Curado & Bontis (2006), S. 368.
453 In Drucker (1995).
454 Vgl. McEvily & Chakravarthy (2002), S. 285.
455 Vgl. Sivakumar, Roy, Zhu & Hanvanich (2011), S. 759.
456 U.a. Hamel (1991).
457 Vgl. Lin & Darnall (2015), S. 552.
458 Vgl. Hamel (1991), S. 84. Hamel stellt hier eine deutliche Differenz beim Umgang des durch eine Allianz erlangten Wissens heraus. So zeigt er auf, dass unterschieden werden muss zwischen einerseits simplem Zugriff auf Wissen des Partnerunternehmens und andererseits auf das explizite Internalisieren von Wissen. Geht es bei dem simplen Zugriff auf Wissen ausschließlich um ein gewisses Vorhaben, bei dem Zugang zu benötigtem Wissen im Rahmen der Allianz freigegeben wird (etwa durch eine Lizenzfreigabe), handelt es sich beim Internalisieren von Wissen des Partnerunternehmens im eigenen Unternehmen um einen höheren Mehrwert. Solange das Wissen des Partners nur in dem spezifischen Ergebnis der Partnerschaft bleibt, hat das Unternehmen, welches Wissen benötigt, keinen Wert davon fernab der Allianz. Vgl. Hamel (1991), S. 84.
459 Vgl. Russo & Cesarani (2017), S. 2.

durch Strategische Allianzen auch die Kehrseiten dessen betrachtet, wird deutlich, dass Unternehmen auf allen Seiten der Allianz ebenfalls opportunistischem Verhalten gegenüberstehen können.[460]

Dies kann sich beispielsweise darin äußern, dass sich ein Partnerunternehmen die Kernkompetenzen des jeweilig anderen Allianzpartners aneignet.[461] Um einer solchen Gefahr entgegenzuwirken, verweisen Russo & Cesarani (2017) auf die Bildung von „relational capital"[462] (zu deutsch: „Beziehungskapital") zwischen den an der Allianz beteiligten Unternehmen.[463] Dieses Vorgehen wird laut der beiden Autoren weiterhin in der *Social Exchange Theory*[464] *(SET)* zusammengefasst, welche Sozialfaktoren wie gegenseitige Bindung und Vertrauen impliziert. Demnach weisen diese beiden Faktoren im Rahmen einer Strategischen Allianz eine hohe Relevanz auf, da sie die Entwicklung von Kompetenzen innerhalb der Partnerschaft fördern.[465] Zusammenfassend liegt ein zentraler Erfolgsfaktor Strategischer Allianzen im Verständnis des KBV und der SET somit im Ausbau von sozialen Fähigkeiten zwischen den Allianzpartnern.[466]

Letztlich wird der Ansatz des *Dynamic Capability Views*[467] *(DCV)* betrachtet, welcher ebenso als eine Erweiterung der RBT angesehen wird. Dabei wird davon ausgegangen, dass Unternehmen stets aufs Neue dynamisch auf Veränderungen reagieren können müssen, indem sie ihre vorhandenen Ressourcen anpassen oder erneuern.[468] Mit Bezug des DCV auf Strategische Allianzen kann der Erfolg dieser – wie bereits im Rahmen der Erfolgsfaktoren (siehe Unterabschnitt 2.3.3) erläutert – über die Beziehung zwischen den Unternehmen hinaus, durch die „alliance capabilities" (zu deutsch: „Allianzfähigkeiten") der jeweiligen Unternehmen und somit den Fähigkeiten des Managements von Allianzen, erklärt werden („Alliance Management Capabilities").[469] Niesten &

---

460 Vgl. Russo & Cesarani (2017), S. 2–3.
461 Vgl. Russo & Cesarani (2017), S. 2.
462 Russo & Cesarani (2017), S. 2.
463 Vgl. Russo & Cesarani (2017), S. 2.
464 Begründer der SET sind Homans (1958); Thibaut & Kelley (1959); Blau (1964) und Emerson (1976).
465 Vgl. Russo & Cesarani (2017), S. 3.
466 Vgl. Russo & Cesarani (2017), S. 3.
467 Der DCV wurde maßgeblich geprägt durch Teece & Pisano (1994) bzw. Teece, Pisano & Shuen (1997).
468 Vgl. Russo & Cesarani (2017), S. 3.
469 Vgl. Duysters, Saebi & De Man (2011), S. 191, zitiert nach Russo & Cesarani (2017), S. 3.

Jolink (2015) zeigen anhand einer Literature Review auf, dass in einer Vielzahl an Veröffentlichungen das Konzept der alliance capabilites aus dem DCV hervorgeht, da alliance capabilities als dynamische Fähigkeiten angesehen werden können, um Allianzen erfolgsversprechend zu gestalten, und diese flexibel entsprechend externer Entwicklungen die Allianz betreffend anpassen zu können.[470]

Zusammenfassend werden im Rahmen der DCV, in Verbindung mit den alliance capabilities, die Allianzfähigkeiten von Unternehmen als primäre Erfolgsfaktoren angesehen.[471] Russo & Cesarani (2017) zeigen zusammenfassend zu diesen Darlegungen auf, dass innerhalb jeder aufgezeigten Theorie sowohl Beweggründe von Unternehmen für das Eingehen von Allianzen sowie kritische Erfolgsfaktoren im Rahmen dieser erkannt werden können.[472] Diese werden in folgender Übersicht (Tabelle 1) zusammenfassend aufgezeigt:

Tabelle 1: Theoretische Rahmenkonzepte Strategischer Allianzen[473]

	Beweggründe für das Eingehen Strategischer Allianzen	Kritische Erfolgsfaktoren Strategischer Allianzen
Transaction Cost Theory Coase (1937) und Williamson (1981)	Verminderung der Herstellungs- & Transaktionskosten.	Um opportunistisches Verhalten des / der jeweilig anderen an der Allianz beteiligten Unternehmen(s) zu unterbinden oder zumindest einzuschränken, ist die Bestimmung der adäquatesten Governance-Struktur von Bedeutung.
Resource-Based Theory Barney (1991)	Allianzpartner erhalten gegenseitigen Zugang zu (zuvor nicht vorhandenen) neuen Ressourcen & können gleichermaßen gemeinsam neue Ressourcen entwickeln.	Gegenseitiger Zugriff auf Ressourcen der Partnerunternehmen & ggf. gemeinsame Entwicklung partnerschafts-eigenständiger Ressourcen.

(wird auf nächster Seite fortgesetzt)

---

470 Vgl. Niesten & Jolink (2015), S. 72.
471 Vgl. Russo & Cesarani (2017), S. 3.
472 Vgl. Russo & Cesarani (2017), S. 3–4.
473 Vgl. Russo & Cesarani (2017), S. 4.

Tabelle 1: Fortsetzung

	Beweggründe für das Eingehen Strategischer Allianzen	Kritische Erfolgsfaktoren Strategischer Allianzen
Knowledge-Based View Grant (1996) (+ Social Exchange Theory) Homans (1958) und Blau (1964)	Zugang zu (neuem) Wissen durch Wissensaustausch der Partnerunternehmen.	1. Aufbau von „Beziehungskapital" zur Förderung gegenseitigen Vertrauens. 2. Allianzfähigkeiten aus vorangehenden Erfahrungen mit Strategischen Allianzen.
Dynamic Capability View Teece & Pisano, (1994) und Teece, Pisano & Shuen (1997)	Festlegung einer Methode, durch welche die Allianzpartner ihre Ressourcen anpassen & erneuern können.	Entwicklung von Allianzfähigkeiten innerhalb der jeweiligen Partnerunternehmen.

Nichtsdestotrotz unterstreichen Russo & Cesarani (2017), dass die einseitige Betrachtung jeweiliger Theorien nicht ausreichend ist, um die Vielschichtigkeit Strategischer Allianzen vollumfänglich begreiflich zu machen. Vielmehr wird die Relevanz aufgezeigt, die verschiedenen theoretischen Rahmenkonzepte in Relation zueinander zu betrachten. Exemplarisch dazu stellen sie anhand der TCT fest, dass ein entscheidender Aspekt in der Bestimmung der adäquatesten Governance-Struktur liegt, wobei gleichzeitig das möglich auftretende opportunistische Verhalten von Allianzpartnern berücksichtigt werden muss. Jedoch wird im Rahmen der TCT kein Ansatz vorgestellt, welcher zur Einschränkung oder gar Unterbindung dieses opportunistischen Verhaltens von Unternehmen beiträgt. An dieser Stelle setzt jedoch die SET an, welche zum Entgegenwirken von opportunistischem Verhalten die Schaffung von Beziehungskapital (gegenseitige(s) Vertrauen und Bindung) thematisiert.[474]

2.4 Zwischenfazit

Kapitel 2 thematisierte die konzeptionellen Grundlagen, welche im weiteren Verlaufe der Arbeit grundlegend für die weitere Bearbeitung und schließlich die Anwendung im praktisch-normativen Teil dieser Dissertation sind.

---

474 Vgl. Russo & Cesarani (2017), S. 3–4.

Dabei wurde zunächst ein Fokus auf das strategische Marketing und dessen Eingliederung in die Unternehmensstrategie gelegt. Besonders von Bedeutung sind hierbei die Konstrukte des Komparativen Konkurrenzvorteiles und die Strategieoptionen Strategischer Geschäftsfelder. So wird beschrieben, wie ein solcher Komparativer Wettbewerbsvorteil von anderen, vergleichbaren Konstrukten abgegrenzt, und von einem Unternehmen erreicht werden kann. Da, wie aufgezeigt, Strategische Geschäftsfelder als Träger von Wettbewerbsvorteilen angesehen werden, wurden diese ebenfalls untersucht. Dabei wurde festgestellt, dass vor allem die verschiedenen Marketingoptionen Strategischer Geschäftsfelder nach Meyer & Mattmüller (1993) Anwendung in dieser Arbeit finden, weshalb diese entsprechend vorgestellt wurden.

Im Anschluss daran wurde der hier betrachtete OTC-Arzneimittelmarkt logisch sinnvoll anhand einer Arzneimittel-Klassifizierung mithilfe der rechtlichen Betrachtung der Zulassungsart und des Vertriebsweges abgesteckt. Dabei wurde der Fokusmarkt dieser Arbeit definiert als der rezeptfreie, apothekenpflichtige Pharmamarkt. Darauf folgte die nähere Darstellung der Zahlen und Fakten des OTC-Pharmamarktes sowie dessen Wettbewerbsumfeld. In diesem Zuge wurde festgestellt, dass zwar Handlungsempfehlungen an OTC-Pharmahersteller als Ergebnis dieser Arbeit ausgesprochen werden, jedoch auch der allgemeine Gesundheitsmarkt innerhalb der Untersuchung betrachtet wird. Dies wird damit begründet, dass digitale Lösungen an die Endkunden bereits im Gesundheitsmarkt implementiert wurden und diese somit in die Wettbewerbsbetrachtung zu OTC-Pharmaherstellern aufgenommen werden muss. Der Unterabschnitt endete mit einer Übersicht der für diese Arbeit relevanten Akteure: OTC-Pharmahersteller, Patienten als Endkunden (= finale Zielgruppe), Apotheken (= subfinale Zielgruppe) und optional Ärzte (= optionale subfinale Zielgruppe).

Darauffolgend befasste sich das Kapitel mit der Thematik Strategischer Allianzen. Dabei wurde zunächst aufgrund der Fülle an Literatur und Begriffsdefinition der Begriff „Strategische Allianz" abgegrenzt und das Verständnis einer solchen im Rahmen dieser Arbeit festgelegt. Ergebnis davon ist, dass diese Arbeit sich ausschließlich mit Strategischen Allianzen befasst, welche nicht-traditionelle Partnerschaften auf Basis von nicht-kapitalbasierten Vereinbarungen umfassen. Dies schließt Vereinbarungen zum gegenseitigen Austausch von Anlagen oder Know-how sowie partnerschaftliche Verträge (welche F&E, Produktentwicklung, Beschaffung, Herstellung, Marketing (inkl. Vertrieb / Service) umfassen) ein. Ebenfalls wurden innerhalb dieser Arbeit die Begriffe „Kooperation" und „Partnerschaft" synonym zu „Strategische Allianz" gesetzt. Zusätzlich dazu wurde der Entstehungsprozess Strategischer Allianzen nach

Bronder & Pritzl (1992) und Kale & Singh (2009) aufgezeigt und festgelegt, auf welcher / welchen Prozessstufe/n sich diese Arbeit befindet: Von insgesamt vier Stufen findet sich die Thematik dieser Arbeit auf Stufe eins „Strategische Entscheidung" und vorrangig auf Stufe zwei „Konfiguration der Strategischen Allianz" ein.

Nachdem dies aufgezeigt wurde, wurden die Dimensionen und Ausprägungen Strategischer Allianzen vorgestellt. Diese bilden die konzeptionelle Grundlage für das zu entwickelnde, mehrdimensionale Anwendungsmodell in Kapitel 5. Darüber hinaus wurden kurz die Erfolgsfaktoren und Grenzen Strategischer Allianzen beleuchtet sowie zentrale theoretische Rahmenkonzepte thematisiert, welche Forscher verwendet haben, um Einblicke in die unzähligen Bestandteile Strategischer Allianzen zu erhalten. Hierzu zählen u.a. die Transaction Cost Theory, die Resource-Based Theory, der Knowledge-Based View und der Dynamic Capability View.

Im nächsten Kapitel wird als weitere Komponente des deskriptiven Teiles dieser Arbeit das Pharmamarketing und die Patient Journey des OTC-Pharmamarketing vor dem Hintergrund der Digitalisierung behandelt.

3 Pharmamarketing und die digitalisierte Patient Journey im OTC-Pharmamarkt

Im folgenden Kapitel wird auf das Marketing im OTC-Pharmamarkt eingegangen sowie die damit zusammenhängende Selbstmedikation in Deutschland beleuchtet. Im Rahmen dessen werden Vor- und Nachteile der Selbstmedikation sowie gesetzliche Regulierungen in Deutschland, welche die Selbstmedikation betreffen, aufgezeigt und diskutiert. Weiterhin wird die Digitalisierung als eigenständiger Begriff als auch in Bezug auf den Status Quo der OTC-Pharmabranche betrachtet. Als Ergebnis dessen werden primäre Anforderungen, welche für Unternehmen durch die Digitalisierung entstehen, formuliert. In diesem Zusammenhang ebenso grundlegender Bestandteil dieses Kapitels ist die Patient Journey im OTC-Pharmamarkt. Besonderen Stellenwert nimmt in dieser Betrachtung die Veränderung der branchenspezifischen Patient Journey vor dem Hintergrund der Digitalisierung ein. Zu diesem Zwecke wird zunächst die traditionelle, branchenspezifische Patient Journey dargestellt und anschließend die sich durch die Digitalisierung verändernde (volldigitalisierte) branchenspezifische Patient Journey hergeleitet.

3.1 Pharmamarketing

Im Rahmen des gesamten Gesundheitsmarktes nimmt das Marketing eine Schlüsselrolle mit wachsender Relevanz ein. Dabei erfährt das Pharmamarketing besondere Eigenschaften, da ein Arzneimittel, welches das beworbene Produkt der Pharmabranche darstellt, zur Genesung von Krankheiten eingesetzt wird, und somit einen anderen Stellenwert im Leben der Verbraucher einnimmt.[475] Dabei unterliegt das Pharmamarketing strikten Regulierungen, und eine Vielzahl an Stakeholdern mit verschiedensten Interessen müssen bei der Marktbearbeitung berücksichtigt werden. Daher spielen in diesem Markt zusätzlich Gruppen wie institutionelle Entscheider und sozialpolitische Instanzen eine Rolle.[476]

---

475 Vgl. Petersen (2015), S. 13.
476 Vgl. Wolf Sussman (2008), S. 234. Institutionelle Entscheider beschreiben in diesem Zusammenhang Kooperationen von Pharmaunternehmen mit Verbänden wie dem Bundesverband der Arzneimittel-Hersteller e.V. (BAH) oder Bundesverband der Pharmazeutischen Industrie e.V. (BPI). Unter sozialpolitischen Entscheidern

Weiterhin wird dem Marketing im Pharmaunternehmen eine „integrale Querfunktion"[477] zugesprochen, da es einen hohen Anteil an interdisziplinärer Zusammenarbeit mit internen Abteilungen sowie externen Partnern beinhaltet.[478] Wird spezifisch der OTC-Pharmamarkt betrachtet, in dem auf Basis des Heilmittelwerbegesetzes das Bewerben von OTC-Arzneimitteln rechtlich zulässig ist (mit rechtlichen Einschränkungen und spezifischen Voraussetzungen), wird die direkte Ansprache von Pharmaunternehmen zu den Endkonsumenten der Arzneimittel (Patienten) als „Direct-to-Consumer-Marketing" – durch den Marktbezug in dieser Arbeit „Direct-to-Patient"-Marketing (DTPM) genannt[479] – verstanden.[480] Dabei verfolgt das DTPM nach Lonsert (1995) drei zentrale Ziele: Erstens soll sich das DTPM stets nach den Bedürfnissen der Patienten richten, wobei zweitens eine stringente und durchgängige Marktforschung notwendig ist, um diese Bedürfnisse der Patienten zu erkennen und entsprechend reagieren zu können. Drittens ist es das Ziel von DTPM eine langfristige Bindung von OTC-Arzneimittel und Patient zu erwirken.[481] Demnach zielen die entschiedensten Maßnahmen von OTC-Pharmaherstellern darauf ab, Patienten über die OTC-Arzneimittel und deren Merkmale zu informieren und sie anschließend davon zu überzeugen, einen Kauf abzuschließen. Dabei wird OTC-Pharmamarketing gezielt genutzt, um bei der Bevölkerung das Bewusstsein von Krankheitssymptomen zu verstärken und die Selbstmedikation an sich anzupreisen.[482]

So bleibt festzuhalten, dass, auch wenn die Vermarktung und das Bewerben von OTC-Arzneimitteln auf den ersten Blick ähnlich zu anderen Konsumentenprodukten erscheint, spezielle Eigenschaften des Marktes berücksichtigt werden müssen.[483] Besonders gilt dies für die vorliegende Dissertation, da in

---

werden Einrichtungen wie Regierungsstellen oder Krankenkassen verstanden. Vgl. Wolf Sussman (2008), S. 235.
477 Wolf Sussman (2008), S. 246.
478 Vgl. Gehrig (1987), S. 125–127, zitiert nach Wolf Sussman (2008), S. 246. Interne Abteilungen umfassen etwa die Rechts- oder die medizinisch-wissenschaftliche Abteilung. Unter externen Partnern werden hier etwa Unternehmensberatungen oder Werbeagenturen verstanden. Vgl. Wolf Sussman (2008), S. 246–248.
479 Von Wolf Sussman (2008) wird die Begrifflichkeit mit der gleichen Thematik beispielsweise „Direct To Patient (DTP) Promotions" genannt, vgl. Wolf Sussman (2008), S. 244.
480 Vgl. Lonsert (1995), S. 339; Umbach (2013), S. 115–116.
481 Vgl. Lonsert (1995), S. 339–340.
482 Vgl. DeLorme, Huh, Reid & An (2010), S. 213.
483 Vgl. DeLorme, Huh, Reid & An (2010), S. 213.

die Betrachtung dieser Arbeit nicht die freiverkäuflichen OTC-Konsumgüter einbezogen werden. Weiterhin wurden in Unterabschnitt 2.2.4 bereits die für diese Dissertation relevanten Akteure des OTC-Pharmamarktes aufgezeigt.

Auf Grundlage dessen, und um greifbarer zu veranschaulichen, inwieweit OTC-Pharmaunternehmen mithilfe von verschiedenen Instrumenten ihr Marketing und ihre Kommunikation als solche umsetzen können, wird eine Übersicht von Dan (2016) herangezogen (siehe Abbildung 9, welche für die vorliegende Arbeit entsprechend modifiziert wurde).

Diese beinhaltet die maßgeblichen Ziele, Adressaten und Instrumente der (OTC-)Pharmakommunikation. Gruppiert werden können die Instrumente und Adressaten entlang der Ziele der Umsatzsteigerung, Beeinflussung von Rahmenbedingungen sowie der Erreichung bzw. Steigerung von Sympathie und Bekanntheit. Da der Großteil der Pharmaunternehmen wohl jedoch die Umsatzsteigerung zum Ziel hat, gilt es zu beachten, dass diese Zieleinteilung nicht vollständig trennscharf ist.[484] Eine Übersicht dieser Einteilung kann in Abbildung 9 nachvollzogen werden.

---

484 Vgl. Dan (2016), S. 2.

102 Pharmamarketing und die digitalisierte Patient Journey

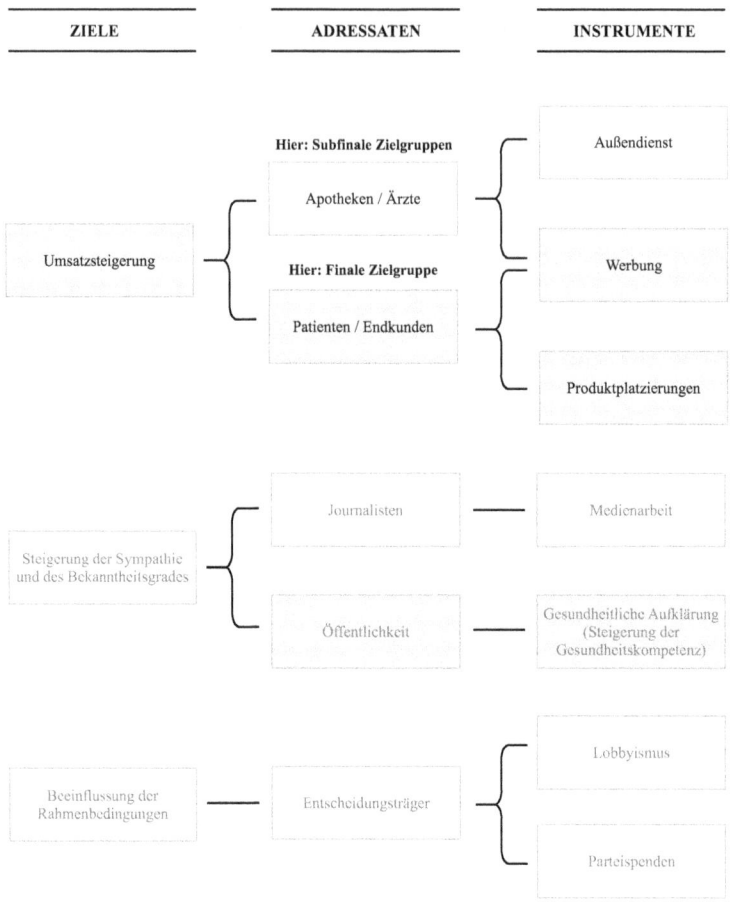

Abbildung 9: Ziele, Adressaten und Instrumente von OTC-Pharmamarketing[485]

Für die vorliegende Arbeit ist demnach das Ziel einer Umsatzsteigerung besonders relevant, welche im Selbstmedikationsmarkt primär durch die Nachfrage und Auswahl eines OTC-Präparates seitens der Patienten (und in der vorliegenden Betrachtung somit der finalen Zielgruppe) getrieben wird. Ebenfalls relevant ist hier der Blick auf die beiden subfinalen Zielgruppen im Rahmen dieser Dissertation. So wird festgestellt, dass diese aus Sicht der OTC-Pharmahersteller (durch ihren Außendienst und ihre Werbung) zwar ebenfalls

---

485 Vgl. Dan (2016), S. 3.

zum zu erreichenden Ziel der Umsatzsteigerung beitragen, sich deren Rolle im Bereich der Selbstmedikation jedoch verändert. Während sich die Relevanz der (im OTC-Pharmamarkt optionalen) subfinalen Zielgruppe des Arztes als primärer Berater zu Gesundheitsthemen durch die Digitalisierung verringert, erfährt die subfinale Zielgruppe der Apotheker eine zunehmend relevantere Rolle in der Aufklärung zu OTC-Medikamenten.[486] Ebenfalls spielt im Rahmen dieser Arbeit eine bessere Aufklärung der Bevölkerung über gesundheitsrelevante Themen eine bedeutende Rolle. Dies ist maßgeblich, um den Ansprüchen einer funktionierenden Selbstmedikation in Deutschland gerecht zu werden.[487] Dementsprechend gilt das Ziel der Steigerung des Bekanntheitsgrades eines Pharmaunternehmens und dessen Produkte als ebenfalls wichtig für den Zweck dieser Arbeit.

Um sich im stark wettbewerbsgetriebenen OTC-Pharmamarkt behaupten zu können, müssen OTC-Pharmaunternehmen in der Lage sein, für den Endkunden bzw. den Patienten einen „spürbaren Mehrwert"[488] zu generieren. Zu diesem Zwecke müssen OTC-Pharmahersteller proaktiv, mithilfe von Kommunikationsmaßnahmen, das entsprechende OTC-Arzneimittel und dessen bedeutsamen Zusatznutzen für den Patienten bewerben.[489] Bevor allerdings auf die Elemente des Marketing im OTC-Pharmamarkt eingegangen wird, soll vorher die Wertschöpfungskette im Pharmamarkt thematisiert werden.

3.1.1 Wertschöpfungskette im Pharmamarkt

Die Wertschöpfungskette in der pharmazeutischen Branche erstreckt sich von der Forschung und Entwicklung (nur bei forschenden Pharmaunternehmen), über die Produktion und schließlich den Verkauf von Arzneimitteln.[490]

Ein Überblick über die typische Wertschöpfungskette im Pharmamarkt wird in Abbildung 10 dargestellt:

---

486 Vgl. Guminski (2008), S. 212; Becker & Nölte (2017), S. 30–31.
487 Die Thematiken der Selbstmedikation, und die damit einhergehenden Gesetzesgrundlagen und gesundheitspolitischen Initiativen in Deutschland, werden speziell im Rahmen von Abschnitt 3.2 aufgezeigt.
488 Spiegel (2018), S. 16.
489 Vgl. Spiegel (2018), S. 16.
490 Vgl. Koch (2006), S. 108.

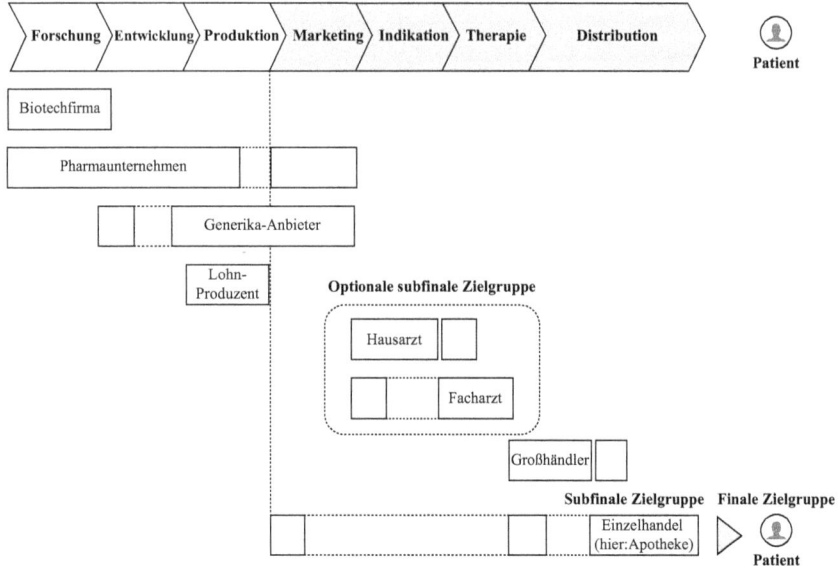

Abbildung 10: Wertschöpfungskette im Pharmamarkt[491]

Die dargestellte Wertschöpfungskette (Abbildung 10) unterscheidet sich, wie bereits angedeutet, hinsichtlich Pharmaunternehmen, deren Kerngeschäft das Erforschen neuer Wirkungsweisen von Medikamenten ist und neue pharmazeutische Arzneimittel auf den Markt bringen, die einem 20-jährigen Patentschutz unterliegen, und Herstellern von Generika, welche Nachahmerprodukte herstellen und somit ihren Fokus nicht auf die Forschung und Entwicklung, sondern auf die Vermarktung legen.[492]

In Abbildung 10 wird ebenfalls deutlich, dass – wird die Forschung und Entwicklung aus der Betrachtung ausgeschlossen – im Falle des Patentablaufes und des Vertriebes von Generika, ein forschendes Pharmaunternehmen direkt mit Generika-Anbietern konkurriert. Deren Einfluss auf die Wertschöpfung erstreckt sich bis hin zum Marketing. Zudem ist erkennbar dargestellt, dass im hier betrachteten Bereich der rezeptfreien, apothekenpflichtigen Medikamente, Haus- und Fachärzte im Verlaufe der Wertschöpfung optionale Instanzen sind sowie die Wertschöpfung – allein schon aufgrund der rechtlichen

---

491 Vgl. Koch (2006), S. 108.
492 Vgl. Koch (2006), S. 108.

Gegebenheiten – stets mit der Apotheke endet und diese die essenzielle, letzte Instanz der Wertschöpfungskette vor dem letztendlichen Verkauf an die Endkunden darstellt.

Somit liegt im Prozessschritt des Marketing der Übergang von den Pharma- / Generika Herstellern hin zur Apotheke, in der Betrachtung des kürzesten Pfades. Bleibt die Konsultation von Ärzten aus – so wie es hier im rezeptfreien Markt in der Regel Anwendung findet – so bleibt dem Kunden lediglich die Konsultation anderer Quellen nach einem geeigneten Wirkstoff zur Behandlung seiner Beschwerden. An dieser Stelle beginnt die Customer bzw. Patient Journey des Kunden. Da Hersteller nur begrenzt mit Apotheken kooperieren können, müssen die Marketingaktivitäten der Hersteller dahingehend ausgebaut werden, dass der Kunde bei dem Absatzmittler, in Gestalt der Apotheke, nicht ausschließlich weitere Konsultation sucht, sondern gezielt nach einem Produkt der eigenen Marke fragt. Diese Schnittstelle gilt es entlang der Patient Journey an die Ansprüche der Kunden anzupassen bzw. zu optimieren, um einen KKV zu erreichen.

Im Anschluss an die Darstellung der hier relevanten Wertschöpfungskette werden im folgenden Abschnitt die aktuellen, primär eingesetzten Elemente des Marketing aufgezeigt.

3.1.2 Marketing im OTC-Pharmamarkt

Wie bereits im Rahmen dieser Arbeit erläutert, stellen Apotheken den primären Vertriebskanal von rezeptfreien OTC-Arzneimitteln dar. Dies ist auch dadurch bedingt, dass es in der Pharmabranche durch gesetzliche Vorschriften keinen breiten Handlungsbereich bezüglich der Vertriebswege gibt.

Dies ist der Fall, da der Vertrieb sich in den Bereich der verschreibungspflichtigen Arzneimittel sowie in den Bereich der Arzneimittel zum Zwecke der Selbstmedikation unterscheiden.[493] Durch die vorangehende Eingrenzung dieser Arbeit wird im Folgenden allerdings ausschließlich auf den Vertriebsweg von freiverkäuflichen, aber vertriebsgebundenen[494] OTC-Medikamenten (Bereich der Selbstmedikation) eingegangen. Der klassische Vertriebsweg in diesem Markt besteht dabei aus Hersteller > (Großhandel) > Apotheke >

---

493 Vgl. Dambacher & Schöffski (2008), S. 281–282.
494 Vertriebsgebunden bedeutet in dem Zusammenhang, dass ein Verkauf ausschließlich über den Vertriebskanal der Apotheken erfolgen darf, vgl. Dambacher & Schöffski (2008), S. 281–282.

Endverbraucher.[495] Durch die daraus resultierende Prämisse, dass sich der Vertrieb apothekenpflichtiger, rezeptfreier Arzneimittel ausschließlich über die Apotheke als Intermediär abbilden lässt, sind andere Vertriebswege zum Patienten nicht möglich.[496] Daraus ergibt sich ebenfalls eine starke Einschränkung des Marketing und der Kommunikation mit dem Endverbraucher: Es ist für einen OTC-Pharmahersteller nicht möglich, direkten, stationären Kontakt mit dem Endverbraucher zu erlangen, da das Recht eine Apotheke zu eröffnen und zu führen, ausschließlich approbierten Apothekern vorbehalten, und somit keinen Unternehmen gestattet ist.[497]

Auch der neuartige Online-Apothekenvertrieb[498] über Versandapotheken ist streng reguliert.[499] So besitzen knapp 3000 stationäre Apotheken in Deutschland eine Versandhandelserlaubnis, von welchen allerdings nur etwa 150 aktiv Versandhandel ausüben.[500] Als in Deutschland vertretene Online-Apotheken mit den höchsten Umsätzen sind „DocMorris", „Shop-Apotheke" und „Medpex" zu nennen (Stand: 2019).[501]

Dabei erwirtschaftet der Versandhandel mit Medikamenten bereits einen Umsatzanteil von etwa zwei Prozent des ganzheitlichen deutschen Umsatzes mit

---

495 Vgl. Dambacher & Schöffski (2008), S. 282.
496 Vgl. Dambacher & Schöffski (2008), S. 281. Anders verhält sich der Vertrieb von freiverkäuflichen OTC-Arzneimitteln, welcher auch über den Lebensmitteleinzelhandel oder Drogerien vollzogen werden darf, vgl. Dambacher & Schöffski (2008), S. 281.
497 Dies geht aus dem Gesetzestext des deutschen Apothekengesetzes (APoG) hervor: So sind die Grundvoraussetzungen für die Eröffnung einer Apotheke u.a.: Approbation als Apotheker (vgl. § 2 Abs. 1 Nr. 3 APoG), behördliche Erlaubnis: Polizeiliches Führungszeugnis und ärztliches Gesundheitszeugnis (vgl. § 2 Abs. 1 Nr. 7 APoG) und die Beschränkung auf einen maximalen Besitz von drei Apothekenfilialen pro Antragsteller (vgl. § 1 Abs. 2 APoG).
498 Dieser ist in Deutschland zugelassen seit 2004, vgl. § 43 Abs. 1 AMG.
499 Vgl. § 11a APoG. Hier sind eine Vielzahl an Anforderungen vonseiten des Inhabers der Apotheke zu erfüllen, u.a.: Der Versand muss zusätzlich zu dem generellen Apothekenbetrieb erfolgen (vgl. § 11a Nr. 1 APoG), der Versandhandel muss über ein Qualitätssicherungssystem verfügen, welches die Rahmenbedingungen für einen sicheren Versand bestimmt (vgl. § 11a Nr. 2 APoG) und die Lieferzeit von zwei Arbeitstagen nach Bestelleingang muss eingehalten werden (vgl. § 11a Nr. 3 lit. a APoG).
500 Vgl. Bundesvereinigung Deutscher Apothekerverbände (2019), S. 15. Zum Stand 2018 bestehen in Deutschland insgesamt fast 19.500 Apotheken, vgl. Bundesvereinigung Deutscher Apothekerverbände (2019), S. 10.
501 Vgl. ecommerceDB.com & Statista (2021).

Arzneimitteln.[502] Eine Steigerung dieses Anteiles kann aufgrund des fortlaufenden digitalen Wandels als unausweichlich angesehen werden.[503]

Dennoch sind traditionelle Vor-Ort-Apotheken durch ihren weiterhin deutlich höheren Umsatzbeitrag nach wie vor der wichtigste Teil am Ende der Vertriebskette.[504] Der Einfluss der Digitalisierung macht sich jedoch auch hier durch neue Dienstleistungskonzepte bemerkbar, die Vor-Ort-Apotheken auch zukünftig wettbewerbsfähig halten sollen.[505] Daher soll an dieser Stelle insbesondere der Faktor der Face-to-Face Beratung genannt werden, da diese weiterhin eine der Vorzüge von Vor-Ort Apotheken und eines der Defizite von Versandapotheken ist,[506] dem auch Versandapotheken mit innovativen Dienstleistungen entgegenwirken möchten.[507] Aus Sicht der OTC-Pharmahersteller

---

502 Vgl. Hermeier & Matusiewicz (2019), S. 381. Im Selbstmedikationsmarkt beträgt der Umsatzanteil der Online-Apotheken bereits etwa zwölf Prozent, vgl. Hermeier & Matusiewicz (2019), S. 381.
503 Vgl. Hermeier & Matusiewicz (2019), S. 381. Dies wird bereits bei der Betrachtung des Umsatzes deutlich: So ist der Umsatz des Apothekenversandhandels von 2018 zu 2019 um +6,7 % gewachsen, der Wert der stationären Apotheken um lediglich +2,2 %. Vgl. Bundesvereinigung Deutscher Apothekerverbände (2020a), S. 18. In dieser Betrachtung sind jedoch ebenfalls Nichtarzneimittel einbegriffen.
504 Vgl. Bundesverband der Pharmazeutischen Industrie (2020), S. 82. So weisen die Vor-Ort-Apotheken in Deutschland im Jahre 2019 einen Marktanteil von knapp 61 % für apothekenpflichtige OTC-Arzneimittel auf, der Marktanteil für den Arzneimittel-Versandhandel in selbigem Markt etwas mehr als 10 %. Die restlichen Anteile fallen auf freiverkäufliche OTC-Arznei- sowie Gesundheitsmittel. Vgl. Bundesverband der Pharmazeutischen Industrie (2020), S. 82.
505 Vgl. Däinghaus (2008), S. 363; Schröder, Knobloch & Ersöz (2018), S. 305–332.
506 Vgl. Edalat (2020). Hier wird ebenfalls angemerkt, dass die Face-to-Face Beratung weiterhin als der „Goldstandard" innerhalb des Apothekenmarktes tituliert wird, vgl. Edalat (2020). Darüber hinaus ist von der deutschen Bundesregierung Ende 2020 ein Gesetz zur Stärkung von Vor-Ort-Apotheken verabschiedet worden (auf dieses wird speziell in Unterabschnitt 3.2.3 eingegangen). Dieses Gesetz soll zu einem fairen Wettbewerb zwischen Versandapotheken und Vor-Ort-Apotheken beitragen sowie zusätzlich angebotene Dienstleistungen von Apotheken unterstützend finanzieren, vgl. Bundesgesundheitsministerium (2020e).
507 Vgl. Becker (2019), S. 409. In diesem Zusammenhang thematisiert Becker (2019) das Konzept des „Curated Shopping", das Anbieter im Bereich des Arzneimittelversandhandels bereits von der digitalen Bekleidungsbranche adaptieren. Dabei geht es in erster Linie darum, den Patienten neben dem reinen Kauf von Arzneimitteln zusätzlich bereits eine Selektion von Präparaten bzw. Produktempfehlungen auszusprechen und den Einkaufsprozess mit „persönlicher" (etwa per Telefon, Chat oder

stellen Versandapotheken jedoch ein großes Potenzial durch einen verbesserten Einfluss und eine vereinfachte Analyse der Customer Journey durch moderne Tracking-Methoden dar.[508]

Mit Blick auf die Außenkommunikation und Werbung für OTC-Arzneimittel müssen jedoch stets die gesetzlichen Vorschriften und Einschränkungen für Werbetreibende in der OTC-Pharmabranche beachtet werden.[509] Diese werden im Heilmittelwerbegesetz geregelt und in Unterabschnitt 3.2.3 anhand der gesetzlichen Grundlagen und gesundheitspolitischen Initiativen, welche den Selbstmedikationsmarkt betreffen, näher beleuchtet.

Werden die Werbeausgaben der Hersteller im OTC-Markt näher betrachtet, ist ein zweimal so schnelles Wachstum gegenüber des Umsatzes zu erkennen.[510] Dabei ist anzumerken, dass noch immer vorrangig in die traditionellen Medien wie Radio, Print und Fernsehen investiert wird. Allein dieser Teil an Werbeausgaben ist in den letzten Jahren um 50 % gestiegen und betrug 2017 über 1 Milliarde Euro.[511] Wird die Apotheke als Absatzmittler von OTC-Pharmaherstellern betrachtet, wird in einer Vielzahl dieser die Zeitschrift „Apotheken-Umschau" kostenfrei an die Kundschaft ausgehändigt (obschon die Apotheken Ausgaben der Zeitschrift vorher entgeltlich beschaffen). Darin lassen sich eine hohe Zahl an Anzeigen von OTC-Pharmaherstellern finden.[512] Zusätzlich zur Kommunikation über das Printmedium wird die Hälfte des Werbebudgets in Fernseh-Werbung investiert, was die Relevanz dieses Werbekanals unterstreicht. Somit

---

E-Mail) und individueller Beratung zu begleiten. Diesen Ansatz zeigt Becker (2019) exemplarisch an der sogenannten „Rat-&-Tat-Kategorie" der Online-Apotheke „SANICARE" auf. Vgl. Becker (2019), S. 410–412, für die ausführliche Betrachtung dessen siehe Becker (2019), S. 409–420. Doch auch reine Vor-Ort-Apotheken erweitern ihre Serviceportfolios, etwa um einen Botendienst – inklusive einer telefonischen Vorab-Beratung –, welcher durch die Covid-19-Pandemie zunehmend Zulauf erfährt, vgl. Edalat (2020).

508 Vgl. Flocke & Holland (2014), S. 213–242.
509 Vgl. Ehrnstorfer (2008), S. 273.
510 Vgl. Spiegel (2018), S. 16. In dieser Betrachtung betrug das jährliche Umsatzwachstum im OTC-Pharmamarkt durchschnittlich 3–4 %; die Ausgaben für Werbung, welche an die Patienten gerichtet war, wuchsen hingegen jährlich um etwa 10 %. Vgl. Spiegel (2018), S. 16.
511 Vgl. Spiegel (2018), S. 16.
512 Vgl. Gehl (2019), S. 63. Ein Blick auf die Auflagenanzahl von 4,5 Millionen Heften pro Ausgabe verdeutlicht die Relevanz dieses Mediums als Werbemittel. So findet man im Beispielmonat Februar 2019 auf insgesamt 15,5 Seiten eines Exemplares Werbeanzeigen für OTC-Präparate. Vgl. Gehl (2019), S. 63.

nimmt die Werbung als klassisches Kommunikationswerkzeug in Verbindung mit traditioneller Printwerbung im OTC-Pharmamarkt einen großen Stellenwert ein.[513]

Wird hingegen der Kanal der Online-Werbung betrachtet, können im Jahre 2018 gerade einmal 0,6 Prozent der Werbeausgaben für OTC-Produkte verzeichnet werden. Diese wird als Kommunikationskanal allerdings zunehmend wichtiger für die Branche. Belegt wird dies durch das sich verändernde Kundenverhalten; so werden von Kunden vermehrt Online-Kanäle zur Informationsbeschaffung genutzt.[514]

Gleichzeitig haben OTC-Pharmahersteller die Relevanz digitaler Medien erkannt, um Patienten über Produkte zu informieren, und investieren somit inzwischen auch in die Nutzung von sozialen Medien und des Internets.[515]

Dies ist besonders im OTC-Pharmamarkt von hoher Bedeutung, da in diesem der Patient (häufig durch die Beratung eines Apothekers) eigenständig (und somit ohne Absprache mit einem Arzt) entscheidet, für welches Medikament er sich zur Therapie seiner Beschwerden entscheidet und letztendlich erwirbt. Dies ermöglicht OTC-Pharmaherstellern somit die direkte Ansprache von Patienten im Bereich des Selbstmedikationsmarktes. Dementsprechend haben sich über die vergangenen Jahre weitere Alternativen zur Kommunikation von Unternehmen an Patienten gebildet. Beispiele dafür sind die Abgabe von informativen Ratgebern und Broschüren am Point of Sale (im vorliegenden Falle der Apotheke) sowie die Mitwirkung in Online-Communities zur Informationsbereitstellung für die Patienten und die Erstellung oder Unterstützung diverser Selbsthilfegruppen.[516] Mithilfe dieser „patientenorientierten Kommunikationspolitik"[517] werden zwei Primärziele verfolgt: Erstens soll den Patienten die Möglichkeit zur Erlangung von Gesundheitsinformationen verschafft werden, zweitens sollen die Vorteile der unternehmenseigenen Arzneimittel dargestellt werden.[518] So setzen bereits OTC-Anbieter mit Marken wie

---

513 Vgl. Gehl (2019), S. 64.
514 Vgl. Gehl (2019), S. 64.
515 Vgl. Spiegel (2018), S. 16.
516 Vgl. Guminski (2008), S. 212. In diesem Kontext zeigen auch Haßing & Müther (2020) – hinsichtlich der eher schwachen Gesundheitskompetenz der deutschen Bevölkerung (siehe hierzu Unterabschnitt 3.2.1 der vorliegenden Dissertation) – die Notwendigkeit von Pharmaherstellern auf, den Patienten qualitativ hochwertige Gesundheitsinformationen digital bereitzustellen, vgl. Haßing & Müther (2020), S. 111.
517 Guminski (2008), S. 212.
518 Vgl. Guminski (2008), S. 212–213.

„Femibion" verstärkt auf verschiedene digitale Kommunikationsmaßnahmen, um etwa auf Facebook oder anderen Online-Communities den Dialog unter Gleichgesinnten zu intensivieren.[519] Weiterhin sind in diesem Markt ebenfalls die Verpackung eines Arzneimittels sowie die bisherige persönliche Erfahrung eines Patienten und Word of Mouth relevant bei der Informationsbeschaffung und Kaufentscheidung.[520]

Wird letztlich das Marketingmix-Instrument „Preis" betrachtet, ist dieser in Bezug auf den Versandhandel im OTC-Pharmamarkt deutlich wichtiger geworden. Dies ist darauf zurückzuführen, dass der Versandhandel einen Distributionskanal darstellt, in welchem der Preis einen ausschlaggebenden Faktor bei den Kaufabsichten der Patienten darstellen kann. Die dafür benötigte Preistransparenz lässt sich heutzutage leicht über verschiedene Vergleichsportale erhalten.[521]

Zusammenfassend folgt daraus, dass Fernseh- und Printwerbung im OTC-Pharmamarkt die führenden Marketingmaßnahmen darstellen, die Relevanz für das Online-Medium aber erkannt und teilweise bereits umgesetzt wird. Zudem stehen Apotheken für OTC-Pharmahersteller als einzige Absatzmittler nicht im Zentrum sämtlicher Marketingaktivitäten, stellen jedoch nach wie vor einen Bruch innerhalb der Customer Journey dar, an dessen Stelle die OTC-Pharmahersteller den Fortlauf der Customer Journey weder weiter beeinflussen noch kontrollieren können. Durch den seit 2004 zugelassenen Arzneimittelversand in Deutschland[522] verändern sich zwar nicht die Absatzmittler für OTC-Pharmahersteller, wohl aber entsteht ein erweiterter Absatzkanal, der eine Multichannel-Customer Journey erlaubt. So kann jede Vor-Ort Apotheke gleichzeitig als Versandapotheke agieren.

Nachdem somit ein grundlegendes Verständnis über die Kommunikation im OTC-Pharmamarkt geschaffen wurde, wird nun auf die Thematik der Selbstmedikation in Deutschland eingegangen und ein Überblick über die gesetzlichen Grundlagen sowie gesundheitspolitischen Initiativen geschaffen, welche Einfluss auf den OTC-Pharmamarkt und die Patienten als Endkunden in diesem Markt nehmen.

---

519 Vgl. Gehl (2019), S. 65.
520 Vgl. Creyer, Hrsistodoulakis & Cole (2001), S. 53.
521 Vgl. Spiegel (2018), S. 16.
522 Vgl. § 43 Abs. 1 AMG.

3.2 Selbstmedikation in Deutschland

Wie bereits beschrieben, ist das deutsche Gesundheitssystem ein komplexes System mit vielen Regulierungen und verschiedensten Stakeholdern mit grundlegend verschiedenen Interessen.[523] Wird dieses System von außen betrachtet, wirken weitere Faktoren auf die Belastung des Gesundheitssystems ein. So etwa der demographische Wandel, da die deutsche Bevölkerung in ihrer Gesamtheit über die nächsten Jahrzehnte altern wird,[524] wodurch hohe Anforderungen an die allgemeine Gesundheitsversorgung in Deutschland gestellt werden.[525] Unter dem Einfluss dieses demographischen Wandels verändert sich ebenso die Arbeitswelt, da die Erwerbsbelegschaft altert. Dies hat höhere Fehlzeiten zur Konsequenz, welche ebenfalls neue Anforderungen an das Gesundheitssystem stellen.[526]

Wird die Relevanz der Selbstmedikation im weltweiten Vergleich betrachtet, nimmt Deutschland eine führende Rolle ein.[527] Laut einer Studie der Unternehmensberatung „Vintura" und dem Pharmaunternehmen „GlaxoSmithKline" (GSK) weist Deutschland auf europaweiter Ebene den größten Markt für nicht-verschreibungspflichtige Arzneimittel und somit für die Selbstmedikation auf.[528] Innerhalb Deutschlands unterstreichen ebenfalls die dargelegten Umsatzzahlen des OTC-Pharmamarktes im Bereich apothekenpflichtiger OTC-Arzneimittel[529] die wachsende Bedeutung dieses Marktes in Deutschland.[530] Auf Basis dieser Begebenheiten wird in der vorliegenden Dissertation davon ausgegangen, dass die Selbstmedikation mit OTC-Arzneimitteln eine von der Gesellschaft erwünschte Maßnahme ist. Der Abschnitt zeigt darauf aufbauend, dass der Selbstmedikationsmarkt – welcher jedoch nicht ausschließlich mit Vorteilen behaftet ist – nicht nur erwünscht, sondern ebenso

---

523 Siehe dazu die Unterabschnitte 2.2.4 und 3.2.3.
524 Vgl. Hullen (2004), S. 20.
525 Vgl. Bundesverband der Arzneimittel-Hersteller (2017), S. 7.
526 Vgl. Bundesverband der Arzneimittel-Hersteller (2017), S. 7.
527 Vgl. Kroth (2017), S. 3–4.
528 Vgl. Vintura & GSK (2020), S. 18.
529 Siehe dazu Unterabschnitt 2.2.2 „Zahlen und Fakten".
530 Grundlage sind Zahlen vor den Auswirkungen der Covid-19-Pandemie. Zieht man diese in die Betrachtung in diesem Kapitel mit ein, ist festzustellen, dass aufgrund der Abstands- und Hygieneregelungen durch die Pandemie der Umsatz von OTC-Arzneimitteln gesunken ist. Dies ist vor allem im Bereich der Medikamente gegen Erkältungsbeschwerden festzustellen. Vgl. DAZ.online (2021); INSIGHT Health (2021), S. 4.

notwendig ist, um die auf dem deutschen Gesundheitssystem liegende Last auszugleichen.

Folglich wird in diesem Abschnitt zunächst ein grundlegendes Verständnis über die Thematik der Selbstmedikation geschaffen, welches ein Aufzeigen der Vor- und Nachteile bzw. Möglichkeiten und Risiken der Selbstmedikation inkludiert. Gleichermaßen von Bedeutung für diesen Abschnitt sind die der Selbstmedikation zugrundeliegenden rechtlichen Grundlagen und gesundheitspolitischen Initiativen in Deutschland, da diese die Selbstmedikation sowohl fördern als auch einschränken können. Diese werden somit ebenfalls in diesem Abschnitt dargestellt. Insbesondere wird hier das durch die rechtlichen Rahmenbedingungen entstehende Spannungsfeld zwischen dem eingeschränkten Direct-to-Patient-Marketing der OTC-Arzneimittelhersteller und dem steigenden Informationsbedarf seitens der Patienten zur Intensivierung der Selbstmedikation hervorgehoben. Abschließend soll auf Basis dieser Punkte diskutiert werden, inwieweit die Gesetzesgrundlagen in Deutschland zeitgemäß aufgestellt sind und in welchen spezifischen Bereichen ggf. Handlungsbedarf besteht.

3.2.1 Allgemeine Rahmenbedingungen

Die Selbstmedikation ermöglicht Patienten die Behandlung leichter gesundheitlicher Beschwerden oder Erkrankungen wie Erkältungen, Magen-Darm Probleme, Schlafstörungen oder Schmerzen mit apothekenpflichtigen, rezeptfreien OTC-Arzneimitteln, welche sie zu diesem Zwecke in der Apotheke erwerben können.[531] In dieser Betrachtung kann „Selbstmedikation" wie folgt definiert werden:

„Selbstmedikation ist die eigenverantwortliche Form einer Selbstbehandlung mit rezeptfreien Arzneimitteln [...] mit dem Ziel, das gesundheitliche Wohlbefinden wiederherzustellen oder zu erhalten. [...] Selbstmedikation kann durch Unterstützung eines Apothekers oder Arztes optimiert werden. Nicht selten kann sie eine Alternative für einen Arztbesuch bei bestimmten Krankheiten sein oder eine heilberufliche Therapie ergänzen. Selbstmedikation ist der Ausdruck einer aktiven Beteiligung des Menschen an seinem individuellen Heilungs- und Gesunderhaltungsprozess."[532]

Dabei sind alle für die eigenständige Selbstmedikation für Patienten verfügbaren apothekenpflichtigen OTC-Arzneimittel jahrelang klinisch geprüft und zur

---

531 Vgl. Krumm, 2020, S. 10; Bundesverband der Pharmazeutischen Industrie (2021), S. 4.
532 Bundesverband der Arzneimittel-Hersteller (2017), S. 6.

Selbstmedikation zugelassen, da sie einen höheren nachweisbaren Nutzen für die Patienten aufweisen als Risiken; auch ohne die Überwachung durch einen Arzt.[533] Die Autoren Eichenberg & Auersperg (2015) zeigen in ihrer Veröffentlichung aus dem Jahre 2015 auf, dass bereits in diesen Jahren der Wunsch der Bevölkerung nach Selbstmedikation steigt. Obschon sie konstatieren, dass es bisher ausschließlich vereinzelte Erklärungsansätze dafür gibt, begründen sie diese Entwicklung mit der sich verändernden Gesellschaft. Dabei führen sie auf Grundlage verschiedener Studien das erhöhte Bestreben zur Prävention, das zunehmende Bewusstsein über die allgemeine Gesundheit, sowie das Aufstreben des Internets als Instrument zur Beschaffung von Gesundheitsinformationen und zum Erwerb von OTC-Arzneimitteln an.[534]

In diesen Ausführungen wird deutlich, dass Selbstmedikation im weiteren Sinne, aufbauend auf der getätigten Definition, nicht nur den Gang in die Apotheke zum Erwerb eines OTC-Arzneimittels umfasst, sondern ebenfalls die Bereiche vor und nach dem Kauf des Arzneimittels. Somit wird die Gesundheitskompetenz, also die Fähigkeit, sich vorab zu Symptomen oder leichten, gesundheitlichen Beschwerden zu informieren, im Rahmen dieser Arbeit ebenfalls als Teil der Selbstmedikation angesehen.

In diesem Zusammenhang wurde bereits erwähnt, dass die Gesundheitskompetenz der deutschen Bevölkerung gering ist und sich in den letzten Jahren sogar verschlechtert hat.[535]

Eine verbesserte Gesundheitskompetenz ist somit die Voraussetzung für eine Weiterentwicklung für Selbstmedikation,[536] weshalb diese in der Betrachtung

---

533 Vgl. Bundesverband der Pharmazeutischen Industrie (2021), S. 6.
534 Vgl. Eichenberg & Auersperg, 2015, S. 75. Die Autoren zeigen ebenfalls auf, dass die Wissenschaft bereits verschiedene Determinanten untersucht hat, welche Einfluss auf die Selbstmedikation von Patienten nehmen. Sie nennen hier etwa das Alter oder das Geschlecht der Personen. So zeigen sie u.a. auf, dass Frauen im Vergleich zu Männern ihre gesundheitlichen Leiden häufiger mit Selbstmedikation behandeln. Vgl. Eichenberg & Auersperg (2015), S. 75–76.
535 Vgl. Hurrelmann, Klinger & Schaeffer (2020), S. 5; Schaeffer, et al. (2021), S. 21–22. Während der bisherigen (2020 / 2021) Covid-19-Pandemie konnte eine leichte Verbesserung der Gesundheitskompetenz der deutschen Bevölkerung festgestellt werden. Dies zeigt, dass die durch die Pandemie stark zugenommene Berichterstattung und somit Informationsfluss zu Gesundheitsthemen durchaus einen positiven Einfluss auf die Gesundheitskompetenz der Menschen genommen hat. Vgl. Schaeffer, et al. (2021), S. 96. Auch Bleilevens & Schenk (2020) zeigen die eher schlecht vorherrschende Gesundheitskompetenz der Patienten in Deutschland auf, vgl. Bleilevens & Schenk (2020), S. 13.
536 Vgl. DAZ.online (2017).

der Selbstmedikation im engeren Sinne, also dem ausschließlichen Gang zur Apotheke und anschließendem Kauf eines OTC-Präparates unbedingt in die Betrachtung der Selbstmedikation im weiteren Sinne aufzunehmen ist. Dies trifft ebenso auf die Phase nach dem Kauf des OTC-Arzneimittels zu, welche die Einnahme des OTC-Arzneimittels und die Erfahrungen damit umfasst. Dies wird in der folgenden Grafik (Abbildung 11) zusammenfassend dargestellt:

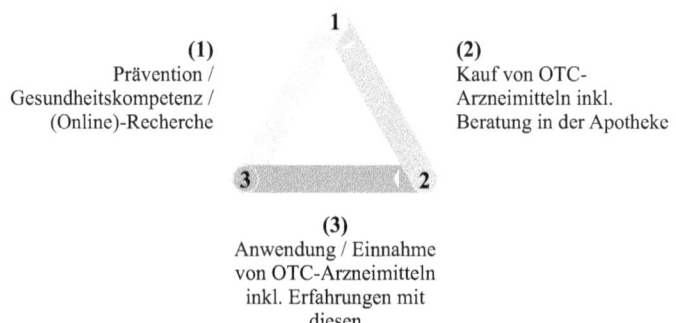

Abbildung 11: Zyklus der Selbstmedikation

Weiterhin wird aus den bisher getätigten Ausführungen zu der Thematik der Selbstmedikation deutlich, dass es sowohl Vorteile / Möglichkeiten durch diese gibt als auch Nachteile / Risiken, welche durch die Selbstmedikation entstehen können. Diese sollen im Folgenden näher beleuchtet werden.

Zu diesem Zwecke werden zunächst die *Vorteile / Möglichkeiten*, welche durch die Selbstmedikation entstehen, aufgezeigt.

Dabei wird zu Beginn auf die (möglichen) Einsparungen von Ressourcen des Gesundheitssystems eingegangen. Obschon in Deutschland vor dem Erwerb eines OTC-Arzneimittels in der Apotheke ein Arztbesuch zur Konsultation möglich ist, ist dies aufgrund der rezeptfreien Eigenschaft von OTC-Arzneimitteln nicht zwingend notwendig. Daher liegt, wie bereits aufgezeigt, die Entscheidung für den Erwerb eines bestimmten rezeptfreien OTC-Präparates bei dem Patienten. Benötigt dieser Beratung, steht ein Apotheker als qualitativ hochwertige Beratungsquelle zur Verfügung. Durch den Entfall eines Arztbesuches vorab, können auf diesem Wege Ressourcen des Gesundheitssystems sowie des Patienten (wie Kapazitäten von Arztpraxen, Zeit und

Ausgaben) eingespart und anderweitig eingesetzt werden.[537] Dies gilt besonders auch dann, wenn vorhandene Ressourcen für schwerwiegendere Krankheiten notwendig und vorrangig genutzt werden sollten.[538] Diese Tatsache wird auch in der Gesundheitsökonomie unterstrichen,[539] in welcher sich für eine zunehmende Förderung von Selbstmedikation eingesetzt wird, da diese die Arztpraxen entlastet.[540]

In dieser Betrachtung spielen erneut „Switches"[541] eine Rolle. Sowohl weltweit als auch in Deutschland erhöht sich jährlich die Zahl an Arzneimitteln, welche aus der Verschreibungspflicht entlassen werden und schließlich rezeptfrei in der Apotheke vertrieben werden dürfen.[542] Stippler, Eckstein & Kroth (2019) konstatieren in ihrer Publikation, dass das daraus entstehende, wachsende Angebot apothekenpflichtiger, rezeptfreier OTC-Arzneimittel sowohl wirtschaftliche Einsparungen als auch eine Entlastung der Ärzte hervorruft. Sie geben weiterhin an, dass 51 % der Befragten[543] ihrer Studie der Meinung sind, dass die dadurch wachsende Selbstmedikation in Verbindung mit dem Verkauf der Präparate in Apotheken und somit der Beratung durch Apotheker vorteilhaft für die Patienten ist.[544] Diese Aussage unterstreichen ebenfalls Becker & Nölte (2017), welche aufzeigen, dass Switches das Gesundheitssystem insgesamt sowie die Funktion der Apotheken an sich stärken.[545]

Daraus folgend spielt die Rolle des Arztes im Bereich der Selbstmedikation eine eher untergeordnete Rolle, die des Apothekers hingegen eine zunehmend Bedeutsamere. Hier wird weiter darauf hingewiesen, dass der Apotheker im Bereich der Selbstmedikation eine Lotsenfunktion einnimmt, indem er entweder mit seinem Fachwissen Empfehlungen über ein bestimmtes OTC-Präparat ausspricht oder, falls seiner Auffassung nach notwendig, gleichermaßen einen Arztbesuch empfehlen kann.[546] Somit übernimmt der Apotheker im Bereich

---

537 Vgl. Bundesverband der Pharmazeutischen Industrie (2021), S. 4.
538 Vgl. Kroth (2017), S. 11.
539 Siehe als Beispiel dazu die Ausführungen über bzw. von Gesundheitsökonom Uwe May in Krumm (2020), S. 10.
540 Vgl. Krumm (2020), S. 10.
541 Zu „Switches" siehe Unterabschnitt 2.2.2.
542 Vgl. Stippler, Eckstein & Kroth (2019), S. 12. Für eine Übersicht der Switches in Deutschland von 2006 bis 2016 vgl. Kroth (2017), S. 5.
543 Die Befragten bestanden aus 540 Ärzten, vgl. Stippler, Eckstein & Kroth (2019), S. 15.
544 Vgl. Stippler, Eckstein & Kroth (2019), S. 20.
545 Vgl. Becker & Nölte (2017), S. 31.
546 Vgl. Becker & Nölte (2017), S. 31. Es ist anzumerken, dass dies ebenso gesetzlich in der Apothekenbetriebsordnung (ApBetrO) festgelegt ist. So heißt es dort: „Im Falle

der Selbstmedikation gemeinsam mit dem Patienten die Verantwortung für dessen nächsten Behandlungsschritte. Auch eine zentrale Rolle spielt hier die kommunikative Kompetenz des Apothekers, um bei dem Patienten die notwendige Adhärenz zu erreichen.[547]

Weiterhin ergeben sich durch die Selbstmedikation finanzielle Vorteile für das deutsche Gesundheitssystem. So zeigt eine Untersuchung, welche den Nutzen von Selbstmedikation für Deutschland analysiert hat, dass durch die Selbstmedikation jährliche Einsparungen für die gesetzliche Krankenversicherung (GKV) in Höhe von rund 21 Milliarden Euro verzeichnet werden können.[548] Darauf aufbauend wäre das Gesundheitssystem in Deutschland als solches bereits überfordert, sofern auch nur ein kleiner Anteil der Patienten, welche Selbstmedikation in Eigenverantwortung und mithilfe von Apothekern in Anspruch nehmen, von nun an als erste Anlaufstelle bei ihren Beschwerden einen Arzt konsultieren würden.[549]

Als weitere Möglichkeit durch die Selbstmedikation stellt sich die Erfüllung der zunehmend erwünschten Selbstbestimmung der Menschen dar. Patienten streben heutzutage nach bewusster Eigenverantwortung und Mitbestimmung, wenn es um die Prävention vor Krankheiten oder die Therapie solcher geht.[550] So erfüllt die Möglichkeit der Selbstmedikation in Deutschland dieses Bedürfnis.

An diesen Punkt anknüpfend bietet sich durch die regelmäßige Selbstmedikation die Möglichkeit, die Gesundheitskompetenz der Patienten zu erhöhen.[551]

Nicht zuletzt wird durch die Selbstmedikation ein Nutzen erzeugt, welcher sich an die Gesamtheit der Gesellschaft richtet. So ist die Selbstmedikation für eine solidarische Gesellschaft notwendig, um durch ausreichende Kapazitäten in Arztpraxen und Krankenhäusern sowie mithilfe finanzieller Mittel sicherzustellen, dass ein jeder Bürger Zugang zum deutschen Gesundheitssystem hat.[552]

---

der Selbstmedikation ist auch festzustellen, ob das gewünschte Arzneimittel zur Anwendung bei der vorgesehenen Person geeignet erscheint oder in welchen Fällen anzuraten ist, gegebenenfalls einen Arzt aufzusuchen." § 20 Abs. 2 Satz 4 ApBetrO.
547 Vgl. Becker & Nölte (2017), S. 31.
548 Vgl. May & Bauer (2017), S. 15.
549 Vgl. Becker & Nölte (2017), S. 32.
550 Vgl. Eichenberg & Auersperg (2015), S. 75; Bundesverband der Arzneimittel-Hersteller (2017), S. 14; Hertle (2017), S. 10; Becker & Nölte (2017), S. 31; Bleilevens & Schenk (2020), S. 13.
551 Vgl. Eichenberg & Auersperg (2015), S. 77.
552 Vgl. Bundesverband der Arzneimittel-Hersteller (2017), S. 11.

Zusammenfassend spricht der Bundesverband der Arzneimittel-Hersteller der Selbstmedikation in Deutschland die folgende Relevanz zu: „Selbstmedikation hat eine medizinische, soziale, ökonomische und gesundheitspolitische Bedeutung. Sie ist kein Selbstzweck und ist daher sowohl in Bezug auf den einzelnen Menschen als auch im übergeordneten Kontext der Gesundheitsversorgung und des Gesundheitssystems zu bewerten."[553]

Kritische Stimmen zeigen jedoch ebenfalls mögliche *Nachteile / Risiken* der Selbstmedikation auf.

Dazu zählt zunächst das Risiko eines möglichen Missbrauches bzw. einer Abhängigkeit einzelner Patienten von Arzneimitteln. Besonders häufig beteiligt daran sind Schlafmittel.[554] Da apothekenpflichtige OTC-Präparate in der Apotheke rezeptfrei verkäuflich sind, ist das Risiko dort besonders groß, dass Patienten sich diese Arzneimittel unkompliziert selbst in hohen Mengen beschaffen können.

Ein weiteres Risiko, welches durch die Selbstmedikation entstehen kann, sind Wechselwirkungen bei der gleichzeitigen Einnahme verschiedener Arzneimittel. Wenngleich apothekenpflichtige, rezeptfreie Arzneimittel unkompliziert in der Apotheke zu erwerben sind, können diese sowohl Nebenwirkungen als auch Wechselwirkungen mit anderen Arzneimitteln hervorrufen. Selbst wenn eine Beratung durch den Apotheker erfolgt, hat dieser in vielen Fällen vorab keine Kenntnis über die Krankheitsgeschichte der Patienten, die er berät. So ist es möglich, dass sich rezeptfreie Arzneimittel nicht mit anderen Arzneimitteln, die ein Patient ggf. aufgrund einer chronischen Erkrankung einnehmen muss, vertragen. Informiert der Patient den Apotheker nicht darüber, besteht hier ein mögliches Risiko von Wechselwirkungen zwischen den verschiedenen Medikamenten, die ein Patient einnimmt. Andere Medikamente können somit entweder zu gering oder zu stark wirken.[555] In diesem Zusammenhang zählen Schmerzmittel zu den rezeptfreien OTC-Arzneimitteln, welche am häufigsten missbraucht werden[556] und welche zu unerwünschten Neben- und / oder Wechselwirkungen führen können.[557]

Weiterhin äußern sich einige Ärzte kritisch gegenüber der Selbstmedikation, da sie weiterhin erster Ansprechpartner für ihre Patienten mit Beschwerden

---

553 Bundesverband der Arzneimittel-Hersteller (2017), S. 14.
554 Vgl. Eichenberg, Brähler & Hoefert (2017), S. 20.
555 Vgl. Eichenberg & Auersperg (2015), S. 77; Krumm (2020), S. 13.
556 Vgl. Ganso, Goebel, Hinz, Said & Schulz (2018), S. 8.
557 Vgl. Maier & Schwarzer (2011), S. 52.

sein wollen. Dies begründen sie u.a. damit, dass Patienten nicht die notwendige Kompetenz haben zu beurteilen, ob sie mit ihren Beschwerden eine Diagnose / Behandlung eines Arztes benötigen oder nicht.[558] Verstärkt wird dies wohl durch die zunehmende Zahl an Patienten, die in digitalen Medien wie dem Internet nach Informationen zu ihren Beschwerden recherchieren[559] und somit ggf. nicht den Rat eines Arztes ersuchen.

Aus diesen Ausführungen folgend, werden die Vor- und Nachteile bzw. Möglichkeiten und Risiken durch die Selbstmedikation zusammenfassend in folgender Tabelle (Tabelle 2) dargestellt:

Tabelle 2: Vor- und Nachteile der Selbstmedikation

Vorteile / Möglichkeiten	Nachteile / Risiken
Entlastung der Ressourcen des Gesundheitssystems (u.a. Zeit und Ausgaben) und somit Sicherstellung eines funktionierenden Gesundheitssystems	Missbrauch bzw. Abhängigkeit
Gesellschaftliche Entwicklung: Patienten wollen mehr Eigenverantwortung und Selbstbestimmtheit über ihre Gesundheit	Wechselwirkungen mit anderen Arzneimitteln
Kompetenz wird durch regelmäßige Selbstmedikation gesteigert	Fehlende Kompetenz der Patienten

Es ist somit festzustellen, dass die Selbstmedikation in Deutschland sowohl eine Reihe an Vor- als auch Nachteilen für die Gesellschaft und das Gesundheitssystem an sich aufweist. Es fällt allerdings auf, dass die aufgeführten Nachteile primär aufgrund des Unwissens und der fehlenden Gesundheitskompetenz der Patienten entstehen. Dem kann jedoch durch geeignete Aufklärungs- oder konsumbegrenzende Maßnahmen entgegengewirkt werden. Als konsumbegrenzende Maßnahme ist hier etwa die Dokumentation in der elektronischen Patientenakten denkbar, wodurch auch die Abgabe von OTC-Arzneimitteln dokumentiert werden könnte, um eine Sucht (oder die Tendenz zur Sucht) erkennbar zu machen, und entsprechend die weitere Abgabe von OTC-Arzneimitteln zu reduzieren. Hier greifen allerdings die rechtlichen

---

558 Vgl. Krumm (2020), S. 12.
559 Vgl. Wangler & Jansky (2021), S. 360.

Gesetzesgrundlagen in Deutschland, welche Elemente wie die elektronische Patientenakte strikt regeln. Bevor daher ein Überblick über rechtliche Grundlagen der Selbstmedikation in Deutschland geschaffen wird, um anschließend zu diskutieren, inwieweit diese noch zeitgemäß sind bzw. zu eng oder zu weit greifen, wird zunächst anhand von zwei Praxisbeispielen aufgezeigt, wie verzahnt die Möglichkeiten und Grenzen der Selbstmedikation in Deutschland sind.

3.2.2 Selbstmedikation anhand von Schmerzmitteln und der Covid-19-Pandemie

Zum Zwecke des Aufzeigens der Möglichkeiten und aktuellen Limitationen der Selbstmedikation in Deutschland, als auch des gegenwärtigen (2020 / 2021) Bezuges zur Covid-19-Pandemie, wird die Selbstmedikation in diesem Unterabschnitt exemplarisch einerseits anhand der Einnahme von Schmerzmitteln, sowie andererseits bezüglich der (freiwilligen)[560] Verabreichung von Impfdosen dargestellt. Zu diesem Anlass werden Inhalte über die Dosierung, sowie die relevanten Schmerzmittel an sich herangezogen sowie aktuelle Diskussionen über die Verabreichung der Covid-19-Impfungen und weiterer Impfungen in Apotheken. In einem ersten Schritt wird die Selbstmedikation anhand von Schmerzmitteln thematisiert, um aufzuzeigen, wie dort die Grenzen der gesetzlichen Regularien rezeptfreier und rezeptpflichtiger Schmerzmittel ineinander übergehen. Insbesondere im Zuge der in Unterabschnitt 3.2.1 erwähnten begrenzten Kompetenzen des Patienten, werden diese Grenzen als Mittel zum Schutze dessen herangezogen, schränken diesen jedoch unter Umständen ein. Dies wird im Nachfolgenden näher erläutert.

So hat in Deutschland ein Patient mit akuten Schmerzen die Möglichkeit, sich entweder durch die Konsultation eines Arztes Zugang zu rezeptpflichtigen Schmerzmitteln wie opioidhaltigen Analgetika (Opioide und Opiate) zu verschaffen (sehr starke Schmerzen) oder alternativ zu rezeptfreien OTC-Schmerzmitteln (nicht opioidhaltige Analgetika bei leichteren Schmerzen) mit den Wirkstoffen Ibuprofen oder Paracetamol, für die Beschaffung welcher ausschließlich ein Gang in die Apotheke notwendig ist.[561] Diese Regelungen – welche

---

560 Es wird im Rahmen dieser Betrachtung davon ausgegangen, dass sich freiwillige Impfungen wie die Grippeimpfungen, anders als gesetzlich verpflichtende Impfungen wie die Masernimpfung bei Kindern (vgl. Masernschutzgesetz), als Teil der Selbstmedikation darstellen. Dies ist damit zu begründen, als dass hier Patienten freiwillig und aktiv diese Impfung verabreicht haben möchten und nicht gesetzlich dazu angehalten sind.
561 Vgl. Willis, 2020; Stiftung Warentest (2020), S. 90–91.

auch gesetzlich entsprechend verankert sind[562] – zeigen, dass die Abgabe der verschiedenen Intensitäten an Schmerzmitteln in Deutschland eindeutig festgelegt ist. Nichtsdestotrotz werden eben diese in Deutschland regelmäßig diskutiert. Dies lässt sich exemplarisch an den gesetzlichen Bestimmungen um den Wirkstoff Paracetamol festmachen:

Bis zum Jahre 2009 unterlag das Schmerzmittel mit dem Wirkstoff Paracetamol nicht der Verschreibungspflicht durch einen Arzt, sondern war rezeptfrei in der Apotheke erhältlich. Seit April 2009 wurde diese Regelung aufgrund möglicher gravierender Leberschäden bei einem Medikamentenmissbrauch allerdings geändert; so ist Paracetamol seither nur noch rezeptfrei in der Apotheke erhältlich, sofern der Inhalt einer Einzelpackung nicht die Menge von zehn Gramm des Wirkstoffes übersteigt.[563] Trotz dieser gesetzlichen Beschränkung ist es für einen Patienten aufgrund fehlender apothekenübergreifender Transparenz nach wie vor möglich, mehrere Apotheken aufzusuchen, um eine größere Gesamtmenge an Paracetamol zu erwerben.[564]

Weiterhin zeigt die epidemiologische Suchtsurvey 2018, dass in Deutschland in diesem Jahr 1,6 Millionen Menschen abhängig von Schmerzmitteln waren. Dabei wird deutlich hervorgehoben, dass diese Fälle vorrangig nicht auf opioidhaltige Schmerzmittel zurückzuführen sind, sondern auf rezeptfreie OTC-Schmerzmittel.[565] Schmerzmediziner fordern daher, die Abgabe von Schmerzmitteln auf rezeptfreier Basis vollständig zu unterbinden oder zumindest deutlich stärker zu kontrollieren. Es geht außerdem hervor, dass die Abgabe rezeptpflichtiger, opioidhaltiger Schmerzmittel in Deutschland im Ländervergleich (etwa mit den USA) ordnungsgemäß funktioniert, und nichts auf einen übermäßigen Missbrauch dieser Präparate hinweist.[566]

Hier wird deutlich, dass sowohl die Abgabemenge in der Apotheke, als auch die Wirkstoffmenge pro Tablette bei dem Erwerb von rezeptfreien OTC-Schmerzmitteln durch rechtliche Restriktionen eingeschränkt sind. Eine höhere Wirkstoffmenge pro Tablette und / oder Abgabemenge ist infolgedessen rechtlich ausschließlich über einen Arzt möglich, auch wenn dies – wie bereits beschrieben – von einem Patienten durch den Besuch verschiedener Apotheken umgangen werden kann. Ausschließlich bei rezeptpflichtigen,

---

562 Welche Arzneimittel in Deutschland der Verschreibungspflicht unterliegen, ist gesetzlich in der Arzneimittelverschreibungsverordnung (AMVV) geregelt.
563 Vgl. Pharmazeutische Zeitung (2009), S. 31; § 1 Nr. 1 AMVV i.V.m. Anlage 1 AMVV.
564 Vgl. Rausch (2016).
565 Vgl. Hüttermann (2019), S. 25.
566 Vgl. Müller (2019), S. 13

stärkeren Schmerzmitteln (Opiaten), muss ein Patient zwingendermaßen einen Arzt konsultieren, der ihm diese ggf. verschreibt. Gleichzeitig ist es für einen Patienten allerdings ebenfalls möglich, eine vergleichbare Wirkung mit einer vermehrten Einnahme des OTC-Präparates zu erwirken.

Dies bringt einerseits hohe Risiken mit sich, da die übermäßige Einnahme von Schmerzmitteln schwerwiegende Nebenwirkungen auslösen kann; andererseits kann es der Fall sein, dass der Patient aufgrund seiner Krankheitsgeschichte Kenntnis über die von ihm benötigten Schmerzmittel hat, und ein notwendiger Arztbesuch für ein stärkeres, verschreibungspflichtiges Schmerzmittel vermeidbar wäre. In der Situation eines Patienten mit starken Schmerzen werden hier somit die fließenden Grenzen aber auch die Nachteile einer eingeschränkten Abgabe von Schmerzmitteln deutlich.

An dieser Stelle nimmt die Digitalisierung eine hohe Relevanz ein, da in der heutigen Zeit ein digitaler Lösungsansatz diesen Situationen Abhilfe schaffen könnte. Im Falle des Besuches mehrerer Apotheken, um eine größere Menge an restriktiven Schmerzmitteln zu erhalten, wäre eine vom Gesetzgeber vorgeschriebene Patientenakte über die in Deutschland flächendeckenden Einkäufe in Apotheken denkbar. Um allgemein stärkere Schmerzmittel von einem Arzt verschrieben zu bekommen, würde eine unkomplizierte Rezeptvergabe durch einen Arzt mithilfe von Videotelefonie den Prozess deutlich vereinfachen und so Ressourcen des Gesundheitssystems entlasten.

Zusätzlich wird hier die *freiwillige*[567] Verabreichung von Impfdosen im Rahmen der Selbstmedikation betrachtet. Anlass dazu gibt die aktuelle (2020 / 2021) Impfstrategie in der Covid-19- Pandemie. Wenngleich Schutzimpfungen bislang ausschließlich vom Arzt verordnet und Patienten von ihm oder medizinischem Personal in Praxen oder Krankenhäusern geimpft werden,[568] wird in Deutschland seit 2020 ein Modellprojekt durchgeführt, welches testweise und regional einige öffentliche Apotheken dazu berechtigt, das bisherige Impfangebot gegen die saisonale Influenza (Grippe) zusätzlich zu den Arztpraxen zu ergänzen.[569] Das Ziel dieses Projektes ist gemäß des Sozialgesetzbuches (SGB), die allgemeine Impfquote gegen die Grippe in Deutschland zu verbessern.[570]

---

567 Hier ist erneut hervorzuheben, dass an dieser Stelle ausschließlich die freiwillige Verabreichung von Impfdosen betrachtet wird, da eine Verabreichung von gesetzlich verpflichtenden Impfungen *nicht* im Bereich der Selbstmedikation angesiedelt und somit nicht Teil dieser Arbeit ist.
568 Vgl. Robert Koch Institut (2017).
569 Vgl. Kandler-Schmitt (2020).
570 Vgl. § 132j Abs. 1 SGB V. Apotheker, welche an diesem Modellvorhaben teilnehmen, müssen ebenfalls eine zusätzliche, spezielle Schulung durchführen, um die

Eine Untersuchung von Bauer, Schneider-Ziebe & May (2020) gibt im Zusammenhang mit diesem Projekt und dessen Zielsetzung an, dass eine höhere Impfquote, welche durch das Angebot der Grippeschutzimpfung durch Apotheken erreicht werden soll, allgemein die volkswirtschaftlichen Ausgaben mindern kann.[571] Somit ist festzustellen, dass dadurch ebenso die Last auf das Gesundheitssystem gemindert werden könnte.

Zusätzlich ist dieses Vorgehen bereits in anderen Ländern erprobt: So zeigen Bauer, Schneider-Ziebe & May (2020) eine Übersicht auf, welche die Erfahrungen einzelner Länder mit Apothekenimpfungen darlegt. Exemplarisch dazu hat England die Impfung durch Apotheken im Jahre 2015 eingeführt. Dort impfen 77 % aller dortigen Apotheken und erreichten in der Saison 2017 / 2018 eine Zahl von 300.000 Impfungen innerhalb von 30 Tagen. Kanada hat Impfungen in Apotheken im Jahre 2013 eingeführt und bereits im ersten Jahr einen Anstieg von über acht Prozent der nationalen Impfrate verzeichnen können.[572] Die Autoren geben an, dass besonders im angelsächsisch geprägten Gebiet die Forschung bezüglich Impfungen in Apotheken zentraler Bestandteil der Gesundheitsökonomie ist. Sie zählen hier verschiedene Publikationen auf,[573] die sich bereits intensiv mit der Fragestellung auseinandergesetzt haben, inwieweit die zusätzlichen Impfungen durch Apotheken einen Effekt auf die Entlastung von Gesundheitssystemen haben.[574]

Von hoher Relevanz bei solchen Vorhaben ist allerdings auch die Akzeptanz der beteiligten Anspruchsgruppen eines Landes. Dabei stehen sich die Meinungen der Patienten, Ärzte und der Apotheker gegenüber.

So ergibt eine Befragung des Bundesverbandes der Arzneimittelhersteller, dass sich die deutsche Bevölkerung nahezu hälftig für und gegen in Apotheken durchgeführte Impfungen ausspricht. Ähnlich gestaltet es sich bei den

---

Grippeschutzimpfung bei Personen über 18 Jahren durchführen zu dürfen, vgl. § 132j Abs. 4 SGB V. Es ist außerdem in selbigem Gesetz geregelt, welche Inhalte diese Schulungen umfassen müssen, siehe dazu § 132j Abs. 5 SGB V.

571 Vgl. Bauer, Schneider-Ziebe & May (2020), S. 7–8. Hierzu zählen etwa Kosteneinsparungen durch Behandlungskosten vermiedener Ansteckungen aber auch die Steigerung an Lebensqualität durch vermiedene Krankheiten in der Gesellschaft, vgl. Bauer, Schneider-Ziebe & May (2020), S. 7–8.
572 Vgl. Bauer, Schneider-Ziebe & May (2020), S. 10.
573 Hier wird etwa die Veröffentlichung von Isenor, et al. (2016) genannt, vgl. Bauer, Schneider-Ziebe & May (2020), S. 10.
574 Vgl. Bauer, Schneider-Ziebe & May (2020), S. 10.

Apothekern; hier sprechen sich 47 % der befragten Apotheker für die zusätzliche Verabreichung von Impfungen in Apotheken aus.[575]

Dagegen stehen Ärzte dem Vorhaben, Apotheker ihre Patienten impfen zu lassen eher kritisch gegenüber. Die hier genannte Umfrage gibt zwar an, dass sich 28 % der befragten Ärzte für die Impfung in Apotheken aussprechen;[576] der Präsident der Bundesärztekammer aber bezeichnet dieses Vorhaben als „kontraproduktiv", da er es als eine Reduktion der Impfqualität in Deutschland ansieht.[577]

Besondere Beachtung erhält dieses Vorgehen durch die aktuelle (2020 / 2021) Covid-19-Pandemie. Es ist im Rahmen der Selbstmedikation diskutabel, ob dieses Vorgehen nicht aktiv die derzeitige Last von ärztlichem Personal reduzieren würde. Somit könnte die Übernahme von im Rahmen der Selbstmedikation angelegten Impfungen durch Apotheker zur Entlastung des Gesundheitssystems und somit zur Reduzierung von Ausgaben der Volkswirtschaft beitragen.[578]

Zusammenfassend zeigen diese beiden Praxisbeispiele der Selbstmedikation zwei grundlegende Forderungen an das deutsche Gesundheitssystem auf:

1. Es ist eine Restriktion der Selbstmedikation durch den Gesetzgeber notwendig, um den Patienten zu schützen.
2. Es ist gleichzeitig wichtig dem Patienten Freiheiten in der Selbstmedikation zu geben, um sich bei leichten Erkrankungen, ohne den zwingenden Besuch eines Arztes, entsprechend medizinisch behandeln zu können.

Zudem unterstreichen beide Beispiele die starke Relevanz des Apothekers im Gesundheitswesen. So fungiert dieser in dem vorangehenden Beispiel nicht mehr nur als Beratungsquelle für den Patienten, sondern das Pilotprojekt der Übernahme von Impfungen zeigt deutlich, dass die Handlungskompetenz von Apothekern noch deutlich gestärkt werden kann. Die aktuelle (2020 / 2021) Covid-19-Pandemie unterstreicht diese Entwicklungen: Die Relevanz von Selbstmedikation, der notwendige Verzicht auf den Besuch beim Arzt bei leichten Erkrankungen sowie die Verabreichung von Impfungen abseits der Arztpraxen werden während der Pandemie besonders deutlich.

---

575 Vgl. Bundesverband der Arzneimittel-Hersteller (2018b).
576 Vgl. Bundesverband der Arzneimittel-Hersteller (2018b).
577 Vgl. aerzteblatt.de (2019).
578 Vor diesem Hintergrund ist es ebenso denkbar, dass erneute Umfragen mit Ärzten seit dem Beginn und den Auswirkungen der Covid-19-Pandemie inzwischen ein anderes Bild ergeben.

Es bedarf daher einer Balance an Restriktionen im Rahmen der Selbstmedikation zum Schutze der Patienten, als auch der zeitgemäßen Freiheit in der Selbstmedikation durch den Patienten. Das Attribut „zeitgemäß" spielt daher eine große Rolle, da die stetig zunehmende Digitalisierung im Selbstmedikationsmarkt einen großen Stellenwert einnimmt. So bietet diese die Möglichkeit, sowohl die Vorteile und Möglichkeiten im Selbstmedikationsmarkt – wie die Entlastung des Gesundheitssystems durch digitale Informationsrecherche anstelle eines Arztbesuches – auszuschöpfen als auch die Nachteile und Risiken – wie Wechselwirkungen mit anderen Arzneimitteln – zu minimieren. Wie die rechtlichen Grundlagen im Markt der Selbstmedikation in Deutschland aufgestellt sind, ob diese zu weit greifen oder zu offen gestaltet sind, und ob diese zeitgemäß mit Blick auf die Digitalisierung gestaltet sind, wird daher im nächsten Unterabschnitt aufgezeigt und diskutiert.

3.2.3 Rechtliche Grundlagen und gesundheitspolitische Initiativen

Die Tatsache, dass die Selbstmedikation in Deutschland einen hohen Stellenwert für die Gesellschaft einnimmt, wurde anhand der vorherigen Ausführungen eindeutig aufgezeigt.

Nichtsdestotrotz ruft der Bundesverband der Arzneimittelhersteller die Gesetzgeber dazu auf, verstärkt in die Sicherstellung der Selbstmedikation in Deutschland zu investieren. So soll gesetzlich insbesondere weiterhin der flächendeckende Zugang zur Selbstmedikation für die Bürger sichergestellt und stets an den innovativen Fortschritt der Medizin angebunden sein. Weiterhin soll zunehmend der gesetzliche Rahmen für eine transparente, medizinische Versorgung durch Selbstmedikation gestärkt werden, sowie Vertrauen in der Gesellschaft durch geschulte, pharmazeutische Beratung im Rahmen der Selbstmedikation gebildet werden.[579]

Doch nicht nur deutschlandweit, sondern ebenfalls auf europäischer Ebene werden Initiativen gegründet, um auf die Relevanz und den Fortschritt der Selbstmedikation aufmerksam zu machen.

So etwa das „Pilot project on the promotion of Self-Care systems in the European Union" (PiSCE), welches von 2014 bis 2017 als europaweite Initiative durchgeführt wurde. Die Hauptziele dessen waren die Herleitung neuer Richtlinien, wie „self-care" bzw. Selbstmedikation besser beworben werden können aber auch wie die einzelnen Mitgliedsstaaten der Europäischen Union und andere Anspruchsgruppen Kommunikationsinstrumente über

---

579 Vgl. Bundesverband der Arzneimittel-Hersteller (2017), S. 13.

Selbstmedikation entwickeln können.[580] Weiterhin sollten Empfehlungen für spezifische gesetzliche Richtlinien auf EU-Ebene ausgesprochen werden.[581] Die Existenz der weltweiten Initiative „Global Self-Care Federation"[582] zeigt ebenfalls auf, welchen hohen Stellenwert die Selbstmedikation bzw. „self-care" weltweit hat.

Wie bereits angedeutet, ist in Deutschland ein ganzheitlicher, rechtlicher Rahmen mit Bezug auf die Selbstmedikation in Verbindung mit dem Vertriebskanal der Apotheke vorherrschend. Es soll daher zunächst ein Überblick über die wichtigsten, gesetzlichen Grundlagen und Initiativen durch die Politik in diesem Bereich geschaffen werden.[583] Im Anschluss daran soll erörtert werden, inwieweit diese angemessen sind, zu weit greifen, oder nicht ausreichend für die aktuelle Marktsituation und das Bestreben der Patienten nach Selbstmedikation sind. Einfluss hierauf nimmt ebenfalls die gegenwärtige (2020 / 2021) Covid-19-Pandemie.

Der Arzneimittelmarkt in Deutschland, mit Fokus auf den Selbstmedikationsmarkt mit apothekenpflichtigen OTC-Arzneimitteln, ist generell anhand der folgenden juristischen Regelungen festgeschrieben (alphabetisch sortiert):[584]

---

580 Vgl. European Union (2017), S. 3.
581 Vgl. European Union (2017), S. 22.
582 Vgl. Global Self-Care Federation (2021).
583 Auch Haßing & Müther (2020) und Trudnowski, Schwarte & Beyer (2020) zeigen einige rechtliche Grenzen im Bereich des Marketing im Gesundheitsmarkt auf, allerdings nicht spezifisch im apothekenpflichtigen OTC-Pharmabereich und ebenso in einem deutlich knapperen Umfang, vgl. dazu Haßing & Müther (2020), S. 104–105; Trudnowski, Schwarte & Beyer (2020), S. 151–152.
584 Hier ist zu beachten, dass aufgrund der inhaltlichen Überschneidungen der gesetzlichen Grundlagen nicht vollständig vom verschreibungspflichtigen Pharmamarkt abgegrenzt werden kann. So etwa bei dem Arzneimittelgesetz, welches gleichermaßen für verschreibungspflichtige als auch rezeptfreie Arzneimittel gilt. Dies ist ebenfalls bei der Nennung der gesetzlichen Grundlagen und gesundheitspolitischen Initiativen im gesamten, folgenden Unterabschnitt zu beachten. Trotzdem wird sich aufgrund der Forschungsfrage dieser Arbeit bei der folgenden Betrachtung nach wie vor auf den OTC-Pharma- und somit den Selbstmedikationsmarkt fokussiert.

Tabelle 3: Zentrale gesetzliche Grundlagen für den OTC-Pharmamarkt

Gesetzesgrundlage	Abkürzung	Inhaltlicher Fokus
Apothekenbetriebsordnung	ApBetrO	Die ApBetrO regelt die rechtlichen Voraussetzungen und Notwendigkeiten im Detail, um in Deutschland eine Apotheke führen zu dürfen. Es werden somit etwa die Einrichtung und Größe von Apothekenräumen rechtlich vorgegeben[585] oder auch die Vorratshaltung bestimmter Arzneimittel[586] gesetzlich festgelegt.
Apothekengesetz	ApoG	Das Gesetz über das Apothekenwesen regelt – übergeordnet zur ApBetrO – unter welchen allgemeinen Voraussetzungen eine Apotheke in Deutschland geführt werden darf und welche sonstigen Auflagen hinsichtlich des Apothekenbetriebes beachtet werden müssen.[587]
Arzneimittelgesetz	AMG	Das AMG bestimmt den Verkehr mit Arzneimitteln auf dem deutschen Pharmamarkt, und regelt die „[…] ordnungsgemäße[] Arzneimittelversorgung von Mensch und Tier […]."[588] Es definiert so beispielsweise in § 2 AMG den Arzneimittelbegriff an sich und bestimmt Anforderungen an die Arzneimittel.
Arzneimittelverschreibungs-verordnung	AMVV	Die Verordnung regelt, welche Arzneimittel ausschließlich mit Rezept von einem Apotheker ausgegeben werden dürfen.[589] Wird ein Medikament aufgrund eines Switches aus der Rezeptpflicht entlassen, bedarf es der entsprechenden Änderung in der AMVV.[590]

585 Vgl. § 4 ApBetrO.
586 Vgl. § 15 ApBetrO.
587 Vgl. ApoG.
588 § 1 AMG.
589 Vgl. § 1 AMVV.
590 Vgl. Sucker-Sket & Müller (2018).

Tabelle 3: Fortsetzung

Gesetzesgrundlage	Abkürzung	Inhaltlicher Fokus
Bundesapothekerordnung	BApO	Die BApO den rechtlichen Rahmen um die Rechte und Pflichten von Apothekern in Deutschland. So regelt etwa § 2 Abs. 3 BApO in zwölf Punkten, welche Tätigkeiten die Ausübung des Berufes „Apotheker" umfassen.[591]
Heilmittelwerbegesetz	HWG	Das HWG ist die Gesetzesgrundlage für das Bewerben von Arzneimitteln in Deutschland. Es untersagt jegliche Publikumswerbung für verschreibungspflichtige Arzneimittel;[592] für freiverkäufliche Arzneimittel gilt, dass eine Bewerbung dieser auch außerhalb von Fachkreisen erlaubt ist.
Verordnung über apothekenpflichtige und freiverkäufliche Arzneimittel	AMVerkRV	Dieses Gesetz legt fest, welche rezeptfreien Arzneimittel apothekenpflichtig sind und welche freiverkäuflich (etwa in Drogerien oder dem Lebensmitteleinzelhandel) abgegeben werden dürfen.

---

591 Vgl. § 2 Abs. 3 Nr. 1–12 BApO.
592 Vgl. § 10 HWG.

Diese gesetzlichen Grundlagen sind im OTC-Pharmamarkt elementar zu beachten, da sie sowohl aufzeigen, welche Arzneimittel rezeptfrei in der Apotheke zur Selbstmedikation erwerblich sind, als auch die rechtlichen Regularien in Bezug auf die Bewerbung von Arzneimitteln festlegen.[593] Für letzteren Punkt ist – wie bereits in Tabelle 3 aufgezeigt – das Heilmittelwerbegesetz die zentrale Gesetzesgrundlage, welches eng mit den in Unterabschnitt 3.1.2 erläuterten Direct-to-Patient-Marketing Bestrebungen der OTC-Pharmahersteller verknüpft ist.

Dabei darf im Markt der Selbstmedikation, sprich für nicht verschreibungspflichtige – anders als im verschreibungspflichtigen Arzneimittelmarkt[594] – prinzipiell auch außerhalb von Fachkreisen geworben werden, allerdings unter Berücksichtigung der gesetzlichen Bestimmungen des HWG. So etwa § 4 HWG, welcher festlegt, welche Informationen die Pharmahersteller in der jeweiligen Werbung für ein Arzneimittel angeben müssen, so u.a. „den Namen [...] des pharmazeutischen Unternehmers"[595], „die Bezeichnung des Arzneimittels"[596] sowie „die Anwendungsgebiete"[597] und „die Nebenwirkungen"[598,599] Weiterhin muss gemäß § 4 Abs. 3 HWG stets der Text „Zu Risiken und Nebenwirkungen lesen Sie die Packungsbeilage und fragen Sie Ihren Apotheker"[600] aufgeführt

---

593 Weiterhin ist die EU-Datenschutzgrundverordnung (DSGVO) 2016 in Kraft getreten, und wirksam seit 2018. Dieses beinhaltet Grundprinzipien zum Schutz personenbezogener Daten, dem Einwilligungsprinzip und zum organisatorischen Datenschutz. Dies verstärkt im Vergleich zum bisherigen Datenschutzrecht die Informationsrechte der betroffenen Person. Vgl. Maur (2018a). Dieses Gesetz spielt daher aufgrund des Umganges mit sensiblen Gesundheitsdaten in der (OTC-)Pharmabranche ebenfalls eine bedeutende Rolle, fällt hier aber nicht in den Hauptfokus der Betrachtung. Für eine ausführlichere Betrachtung des Datenschutzes vor dem Hintergrund der Digitalisierung im Gesundheitsmarkt siehe etwa die Veröffentlichungen von Kloepfer (2017) und Mleczeck (2017).
594 Vgl. § 10 HWG. Eine Bewerbung verschreibungspflichtiger Arzneimittel ist laut dem HWG ausschließlich erlaubt bei „Ärzten, Zahnärzten, Tierärzten, Apothekern und Personen, die mit diesen Arzneimitteln erlaubterweise Handel treiben" § 10 HWG. Auch hier gibt es nationale Unterschiede, beispielsweise ist in den USA die Werbung für den Endverbraucher für verschreibungspflichtige, ebenso wie für nicht verschreibungspflichtige Arzneimittel offiziell gestattet, vgl. Umbach (2013), S. 32.
595 § 4 Abs. 1 Nr. 1 HWG.
596 § 4 Abs. 1 Nr. 2 HWG.
597 § 4 Abs. 1 Nr. 4 HWG.
598 § 4 Abs. 1 Nr. 6 HWG.
599 Vgl. § 4 Abs. 1 HWG.
600 § 4 Abs. 3 HWG.

sein. Zudem ist es rechtlich vorgeschrieben, dass jegliche Werbung nicht irreführend für den Verbraucher dargestellt werden darf.[601]

Mehr Freiheiten haben OTC-Arzneimittelhersteller allerdings im Aufklären von Patienten zu Gesundheitsthemen.[602] Exemplarisch kann hier der Arzneimittelhersteller „Bayer" genannt werden, welcher auf der sozialen Plattform „YouTube" u.a. ausführlich auf die Gesundheitsaufklärung zurückgreift, statt Arzneimittel direkt zu bewerben. Mit diesem Vorgehen wird zwar nicht ein spezielles Arzneimittel beworben, Patienten werden aber mit Gesundheitsthemen, Aufklärung und Prävention und der Marke „Bayer" allgemein sensibilisiert. Dies kann sich wiederum positiv auf die Markenwahrnehmung beim Kauf eines OTC-Arzneimittels in der Apotheke auswirken und sollte daher weiterer Bestandteil der Marketing-Bestreben von OTC-Arzneimittelherstellern sein, um die Grenzen des DTPM in Verbindung mit dem Heilmittelwerbegesetz stückweit umgehen zu können.

Dies zeigt, dass obschon die Bestimmungen des HWG das Direct-to-Patient-Marketing von OTC-Pharmaherstellern an ihre finale Zielgruppe der Patienten einschränken, eine direkte Bewerbung der OTC-Arzneimittel rechtlich möglich ist. Ebenfalls kann das Direct-to-Patient-Marketing durch weitere Herangehensweisen wie die Aufklärung von Patienten zu jeglichen Gesundheitsthemen sinnvoll ergänzt werden.

Nachdem die grundlegenden Gesetze des Arzneimittelmarktes (mit Fokus auf den OTC-Pharmamarkt) in Deutschland aufgezeigt wurden, wird nun zur Darstellung der Entwicklungen im Selbstmedikationsmarkt der letzten Jahre, als auch der zukünftigen Entwicklungen, wie folgt vorgegangen:

1. Tabellarische Übersicht[603] von zentralen Gesetzesanpassungen bzw. neuen gesetzlichen Grundlagen sowie gesundheitspolitischen Initiativen, welche den Selbstmedikationsmarkt der Apotheken betreffen und in vielen Fällen

---

601 Vgl. § 3 Satz 1 HWG. Für ein tieferes, juristisches Verständnis zur Bedeutung von „Irreführung" im Kontext der Arzneimittelwerbung und dem Zusammenhang mit dem „Gesetz gegen den unlauteren Wettbewerb" (UWG) vgl. Zimmermann, 2020 § 28, Rn. 49–50.
602 Vgl. Rödl & Partner (2020).
603 Da die Selbstmedikation und das Bestreben nach einem digitalen Gesundheitswesen oftmals Hand in Hand gehen, wird in den folgenden Übersichten dieses Unterabschnittes keine Abgrenzung dieser beiden Bereiche vorgenommen, sondern gemeinsam innerhalb der gleichen tabellarischen Übersichten aufgezeigt.

ebenfalls die Digitalisierung des Marktes inkludieren.[604] Diese Aufstellung wird mit dem Jahr 2004 begonnen, da in diesem Jahr vom Gesetzgeber beschlossen wurde, dass OTC-Arzneimittel nicht mehr von der gesetzlichen Krankenversicherung als erstattungsfähige Leistung übernommen werden.
2. Beispiele für die Einschränkung der Selbstmedikation durch gesetzliche Regelungen.
3. Tabellarische Übersicht zu zukünftigen, rechtlichen Vorhaben und Initiativen durch die Politik, welche den Selbstmedikationsmarkt und die Digitalisierung des deutschen Gesundheitswesens betreffen.

Beginnend zeigt Tabelle 4 (chronologisch aufsteigend nach Jahren) die zentralen Gesetzesanpassungen bzw. neuen gesetzlichen Grundlagen für den Selbstmedikationsmarkt sowie deren Inhalte und Ziele auf:

Tabelle 4: Zentrale gesetzliche Grundlagen und gesundheitspolitische Initiativen mit Einfluss auf den Selbstmedikationsmarkt

2004	**Gesetz zur Modernisierung der gesetzlichen Krankenversicherung (GKV-Modernisierungsgesetz – GMG)**
Inhalt / Maßnahme	Rezeptfreie Arzneimittel sind nicht mehr von der gesetzlichen Krankenversicherung erstattungsfähig (mit einigen Ausnahmen wie Kindern bis zur Vollendung ihres zwölften Lebensjahres).[605]
Ziel(e)	Ausgaben der gesetzlichen Krankenkassen senken.[606]
„Grünes Rezept"	
Inhalt / Maßnahme	Einführung „Grünes Rezept"
Ziel(e)	Patienten sollen bei ihrem Arztbesuch eine schriftliche Empfehlung für ein OTC-Präparat erhalten, um sie bei der Selbstmedikation zu unterstützen.[607]

---

604 Hierbei wird anerkannt, dass Beermann (2017) ebenso auf die rechtlichen Grundlagen des Gesundheitsmarktes vor dem Hintergrund der Digitalisierung eingeht. Dabei ist jedoch anzumerken, dass die Betrachtung bei Beermann (2017) wesentlich kürzer ausfällt und sich dort nicht spezifisch auf den hier thematisierten Selbstmedikationsmarkt fokussiert wird. Vgl. Beermann (2017), S. 36–40. Zudem beinhaltet die vorliegende Dissertation eine Aufarbeitung der gesetzlichen Grundlagen im Selbstmedikationsmarkt, welche nach dem Jahre 2017 verabschiedet wurden.
605 Vgl. § 34 Abs. 1 SGB V i.V.m. § 31 SGB V.
606 Vgl. aponet.de (2020).
607 Vgl. Korzilius (2004), S. 2574.

Tabelle 4: Fortsetzung

2012	**GKV-Versorgungsstrukturgesetz (GKV-VStG)**
Inhalt / Maßnahme	Krankenkassen dürfen den Patienten rezeptfreie Arzneimittel (teilweise) zurückerstatten. Dies regelt jede Krankenkasse anhand ihrer jeweiligen Satzungsleistung und ist nur in Verbindung mit einem Grünen Rezept möglich.[608]
Ziel(e)	Krankenkassen sollen den Bedürfnissen der Patienten eher entsprechen können und haben so ein weiteres Instrument im Wettbewerb mit anderen Krankenkassen.[609]
2015	**E-Health-Gesetz**
Inhalt / Maßnahme	U.a. Einführung der elektronischen Gesundheitskarte (2015) gemäß § 15 SGB V und der elektronischen Patientenakte[610] (2021) gemäß § 341 SGB V.
Ziel(e)	Digitalisierung des deutschen Gesundheitssystems, Aufbau einer flächendeckenden Telematikinfrastruktur in Deutschland, Implementierung medizinischer Anwendungen in das deutsche Gesundheitssystem (bspw. einheitlicher Medikationsplan).[611]
2018	**Gründung des Innovationsforums „Digitale Gesundheit 2025"**
Inhalt / Maßnahme	Plattform für die weitere, digitale Entwicklung des deutschen Gesundheitssystems durch das Bundesgesundheitsministerium und Experten aus dem Gesundheitswesen.[612]
Ziel(e)	Die Gesundheitsversorgung in Deutschland durch die Implementierung der Digitalisierung verbessern.[613]

(wird auf nächster Seite fortgesetzt)

---

608 Vgl. Müller (2015), S. 15; Bundesgesundheitsministerium (2015).
609 Vgl. Bundesgesundheitsministerium (2015).
610 Für eine Betrachtung der elektronischen Gesundheitsakte aus technischer Sicht vgl. Müller-Mielitz (2017), S. 44–47.
611 Vgl. Bundesgesundheitsministerium (2020d). Auch Leikert (2017) thematisiert das E-Health-Gesetz mit seinen zentralen Bestandteilen und weiteren Handlungspotenzialen durch die Politik mit Einfluss der Digitalisierung auf den Patienten, vgl. Leikert (2017), S. 25–29.
612 Vgl. Bundesgesundheitsministerium (2020c).
613 Vgl. Bundesgesundheitsministerium (2020c).

Tabelle 4: Fortsetzung

2019	Digitale-Versorgung-Gesetz (DVG)	
	Inhalt / Maßnahme	U.a. dürfen Ärzte online über Video-Sprechstunden informieren und Gesundheitsapps verschreiben.[614]
	Ziel(e)	Digitalisierungsgrad des deutschen Gesundheitssystems weiter ausbauen und stärken.[615]

2020	Masernschutzgesetz	
	Inhalt / Maßnahme	Masern-Impfpflicht
	Ziel(e)	Die Gesundheit der Kinder besser schützen und Impfprävention stärken.[616]
	Regionale Modellvorhaben zur Durchführung von Grippeschutzimpfungen in Apotheken (§ 132j SGB V)	
	Inhalt / Maßnahme	Ausgewählte Apotheken erhalten im Rahmen eines Modellprojektes die Erlaubnis zur Verabreichung von Impfdosen.[617]
	Ziel(e)	Die Verbesserung der Influenza-Impfquote in Deutschland.[618]
	Patientendaten-Schutz-Gesetz (PDSG)	
	Inhalt / Maßnahme	U.a.: Der Patient hat das Recht selbst zu entscheiden, ob er die elektronische Patientenakte (ePa) nutzt und welche Informationen er dort über sich freigibt. Stakeholder des Gesundheitswesens wie Apotheker oder Ärzte sind verantwortlich für den Schutz der Patientendaten, welche sie verarbeiten. Es wird mit diesem Gesetz ebenfalls die rechtliche Grundlage für die Nutzung des elektronischen Rezepts (E-Rezept) gelegt.[619]

---

614 Vgl. Bundesgesundheitsministerium (2020a). Im Zusammenhang mit den hier genannten Gesundheitsapps können ebenfalls die Ausführungen von Burkart, Bender, Markarian, Ullrich & Wimmenauer (2020) genannt werden, welche die gesetzlichen Bedingungen aufzeigen, welche Gesundheitsapps benötigen, um rechtlich als Medizinprodukt anerkannt werden zu können. Vgl. Burkart, Bender, Markarian, Ullrich & Wimmenauer (2020), S. 80–83.
615 Vgl. Bundesgesundheitsministerium (2020a).
616 Vgl. Bundesgesundheitsministerium (2021f).
617 Vgl. Kandler-Schmitt (2020).
618 Vgl. § 132j Abs. 1 SGB V.
619 Vgl. Gematik (2020). Das E-Rezept wird ab dem Jahr 2022 für deutsche Bürgerinnen und Bürger, die gesetzlich versichert sind, verpflichtend sein, vgl. Gematik (2020).

Tabelle 4: Fortsetzung

Ziel(e)	Mit dem Gesetz soll der Schutz der sensiblen Gesundheitsdaten der deutschen Bevölkerung sichergestellt werden.[620]
Gesetz zur Stärkung der Vor-Ort-Apotheken (VOASG)	
Inhalt / Maßnahme	U.a. dürfen Apotheken weitere, durch den Staat entlohnte, Dienstleistungen anbieten.[621] Es dürfen den Patienten weiterhin keine Rabatte mehr auf verschreibungspflichtige Arzneimittel durch Online-Apotheken gewährt werden.[622]
Ziel(e)	Die Stellung von Vor-Ort-Apotheken in Deutschland soll mit diesem Gesetz gestärkt werden, um in einem fairen Wettbewerb zu Versandapotheken zu stehen. Im weiteren Sinne soll dies die Sicherstellung der Arzneimittelversorgung fördern.[623]

Hier wird deutlich, dass die Politik regelmäßig Initiativen und Anpassungen bzw. Neuerungen in den Gesetzen umsetzt, um die Selbstmedikation in Deutschland, ebenfalls vor dem Hintergrund der Digitalisierung, zu fördern.

Dem beschriebenen Vorgehen folgend, wird nun zum zweiten Punkt dieses Unterabschnittes übergegangen: Dem Aufzeigen von Beispielen für die gesetzliche Einschränkung der Selbstmedikation.

Dies ist sinnvoll, da es gleichermaßen Beispiele dafür gibt, wie die Politik einerseits die Sicherheit der Endverbraucher bei der Anwendung von Arzneimitteln sicherstellen, und andererseits die Befugnisse und Kompetenzen der verschiedenen Akteure im Gesundheitssystem ausgeglichen halten will. So sind hier exemplarisch die folgenden gesundheitspolitischen Eingriffe im Rahmen der Selbstmedikation zu nennen (siehe Tabelle 5):

---

620 Vgl. Bundesgesundheitsministerium (2020b).
621 Vgl. Bundesgesundheitsministerium (2020e). Die genauen Dienstleistungen werden aktuell zwischen dem GKV-Spitzenverband und dem Deutschen Apothekerverband verhandelt und ab dem Jahre 2022 aktiv, vgl. Edalat (2021).
622 Vgl. § 129 Abs. 3 SGB V.
623 Vgl. Bundesgesundheitsministerium (2020e).

Tabelle 5: Beispiele von Gesetzesanpassungen für die Einschränkung der Selbstmedikation

2009	Anpassung der Arzneimittelverschreibungsverordnung (AMVV)
Inhalt / Maßnahme	Die rezeptfreie Abgabemenge von Paracetamol wurde stark eingeschränkt.[624]
Ziel(e)	Schutz des Patienten vor Überdosis bzw. Vermeidung von Medikamentenmissbrauch.[625]

2016	Im Rahmen der Einführung des Medikationsplans gemäß § 31a SGB V
Inhalt / Maßnahme	Die Bundesregierung hat in einer Entscheidung abgelehnt, Apotheken, ebenso wie Ärzten, das Recht zuzuteilen, einem Patienten einen Medikationsplan[626] erstellen. Hier darf der Apotheker den Medikationsplan lediglich nach der durch ihn getätigten Abgabe weiterer Arzneimittel aktualisieren.[627]
Ziel(e)	Die Patienten bei der richtigen Einnahme ihrer Arzneimittel unterstützen, um somit Fehleinnahmen zu vermeiden.[628]

Darauffolgend wird anschließend auf den dritten Punkt des Vorgehens innerhalb dieses Unterabschnittes eingegangen: Die Erstellung einer tabellarischen Übersicht zu zukünftigen, rechtlichen Vorhaben, welche den Selbstmedikationsmarkt und die Digitalisierung des deutschen Gesundheitswesens betreffen. Besonders mit Blick auf das Bestreben der deutschen Bundesregierung, mit der gesundheitspolitischen Initiative „Digitale Gesundheit 2025" das deutsche Gesundheitssystem verstärkt zu digitalisieren,[629] sind bereits einige, weitere gesetzliche Vorhaben abzusehen.

Diese werden – ebenfalls tabellarisch – im Folgenden aufgezeigt (siehe Tabelle 6):

---

624 Vgl. Pharmazeutische Zeitung (2009), S. 31; § 1 Nr. 1 AMVV i.V.m. Anlage 1 AMVV.
625 Siehe die Ausführungen in Unterabschnitt 3.2.2.
626 Der bundeseinheitliche Medikationsplan wurde 2016 in Deutschland gesetzlich gemäß § 31a SGB V eingeführt. Anspruch auf einen solchen haben gesetzlich versicherte Patienten, welche mindestens drei verschriebene Arzneimittel gleichzeitig einnehmen müssen. Vgl. § 31a Abs. 1 SGB V.
627 Vgl. § 31a Abs. 3 Satz 2 SGB V.
628 Vgl. Krüger-Brand (2015), S. 1410–1411.
629 Siehe Tabelle 4.

Tabelle 6: Zentrale laufende und zukünftige Gesetzesvorhaben sowie gesundheitspolitische Initiativen mit Einfluss auf den Selbstmedikationsmarkt

Laufend (seit 2017)	„Allianz für Gesundheitskompetenz"	
	Inhalt / Maßnahme	Nationaler Aktionsplan Gesundheitskompetenz durch die gebildete „Allianz für Gesundheitskompetenz" (= Bundesregierung in Zusammenarbeit mit vierzehn Organisationen aus dem Gesundheitswesen).[630]
	Ziel(e)	Entwicklung von Projekten zur allgemeinen Stärkung der Gesundheitskompetenz der Bürgerinnen und Bürger in Deutschland. Besonders durch die Aufklärung der Bevölkerung über Gesundheitsthemen bereits im frühen Alter (etwa durch die Einbindung dessen in Lehrpläne) und die Bereitstellung evidenzbasierter Informationen zu Gesundheitsthemen (siehe nächster Punkt zur Entwicklung eines zentralen „Nationalen Gesundheitsportales").[631]
Laufend (seit 2020)	„Nationales Gesundheitsportal", abrufbar unter: www.gesund.bund.de	
	Inhalt / Maßnahme	Entwicklung eines zentralen „Nationalen Gesundheitsportales" als Teil des obig angeführten „Allianz für Gesundheitskompetenz".[632]
	Ziel(e)	Hiermit soll die in Deutschland fehlende Transparenz und Verfügbarkeit qualitativ hochwertiger online-Informationen zu gesundheitlichen Themen verbessert werden.[633] Das nationale Gesundheitsportal hat zum Ziel, evidenzbasierte Informationen zu Gesundheitsthemen und Krankheitsbildern bereitzustellen, und somit die Gesundheitskompetenz der deutschen Bevölkerung zu steigern, um schließlich den weiteren Versorgungsablauf zu verbessern.[634]

(wird auf nächster Seite fortgesetzt)

---

630 Vgl. Bundesgesundheitsministerium (2021a).
631 Vgl. Bundesgesundheitsministerium (2021a).
632 Vgl. Bundesgesundheitsministerium (2021a). Auf die Planung dieses Portales geht auch bereits Leikert im Jahre 2017 ein, welche die Relevanz des Ausbaus der Gesundheitskompetenz mithilfe online verfügbarer, evidenzbasierter Gesundheitsinformationen unterstreicht, vgl. Leikert (2017), S. 27.
633 Vgl. Wangler & Jansky (2021), S. 364.
634 Vgl. Wangler & Jansky (2021), S. 364–365.

Tabelle 6: Fortsetzung

Im Laufe des Jahres 2021	Elektronische Patientenakte App	
	Inhalt / Maßnahme	Flächendeckende Verfügbarkeit der ePA App, welche explizit durch das Unternehmen „Gematik" für die digitalen Anwendungen des deutschen E-Health-Konzeptes (wie etwa dem E-Rezept) entwickelt wurde.[635]
	Ziel(e)	Die durch die Gematik entwickelte App ist somit die zentrale App, welche den Patienten für den Zugriff ihrer digitalen Gesundheitsinformationen (wie etwa dem E-Rezept) zur Verfügung steht. Darüber hinaus wird allerdings von dem Bundesgesundheitsministerium kommuniziert, dass weitere Apps entwickelt werden dürfen, welche durch unterschiedliche Schnittstellen Zugriff auf die Daten der Patienten innerhalb der Gematik ePA App haben dürfen. Dieser Zugriff durch Dritte soll jedoch von den Patienten selbst autorisiert werden können.[636]
2022	Gesetzlich im Rahmen des 2020 eingeführten Patientendaten-Schutz-Gesetzes (PDSG) geregelt.	
	Inhalt / Maßnahme	Verpflichtende Nutzung von E-Rezept für verschreibungspflichtige Arzneimittel (inklusive Integration des Medikationsplanes und digitaler Überprüfung von Wechselwirkungen).[637]
	Ziel(e)	Der Bezug von Rezepten für verschreibungspflichtige Arzneimittel soll somit stark vereinfacht werden.[638]
	Grünes Rezept als E-Rezept	
	Inhalt / Maßnahme	E-Rezept für Grünes Rezept.[639]
	Ziel(e)	Der Bezug des Grünen Rezeptes durch einen Arzt soll vereinfacht werden.

---

635 Vgl. Rohrer (2020).
636 Vgl. Rohrer (2020).
637 Vgl. Bundesgesundheitsministerium (2021b).
638 Vgl. Bundesgesundheitsministerium (2021b). Obschon der rezeptpflichtige Arzneimittelmarkt in dieser Arbeit ausgeklammert wird, ist eine Betrachtung dieses Punktes aufgrund der Integration mit dem Medikationsplan und somit der Überprüfung von Wechselwirkungen mit anderen Arzneimitteln wichtig, da der Apotheker auch rezeptfreie Arzneimittel in dem Medikationsplan des Patienten ergänzen und auf Wechselwirkungen überprüfen darf (siehe Tabelle 5).
639 Vgl. Müller (2020).

Tabelle 6: Fortsetzung

Laufend		
	Inhalt /	Weitere Inhalte zu digitalen Maßnahmen folgen, so etwa:[640]
	Maßnahme	• Patienten dürfen über jedes Dokument in ihrer elektronischen Patientenakte entscheiden, wer Zugriff darauf erhält (ab 2022).
		• Patienten dürfen ihre Daten für Forschungszwecke zur Verfügung stellen (ab 2023).
	Ziel(e)	Die Sicherstellung von Datenschutz der Patienten.[641] So ist die gesamtheitliche Nutzung der ePA freiwillig für die deutschen Bürgerinnen und Bürger.[642]

Darüber hinaus' gehen vom Bundesgesundheitsministerium eine Vielzahl an Initiativen für die Gesundheitsaufklärung zur Erreichung nationaler Gesundheitsziele wie der Reduzierung der Mortalität bei Brustkrebs oder der Förderung von Künstlicher Intelligenz in der Pharmaforschung aus.[643] Hier wird deutlich, dass in Deutschland mit der Einführung des E-Health-Gesetzes die Grundlage für eine deutliche Entwicklung zu einer digitalen Gesundheitsversorgung geschaffen wurde. Die Einführung weiterer gesetzlicher Grundlagen diesbezüglich, wie das Digitale-Versorgung-Gesetz oder die noch bevorstehende Einführung des E-Rezeptes für das Grüne Rezept zeigen dies deutlich auf. Wie den Tabellen 4 und 6 zu entnehmen ist, weisen die dort aufgezeigten gesetzlichen Grundlagen sowie die momentan laufende Entwicklung des nationalen Gesundheitsportales darauf hin, dass im Selbstmedikationsmarkt Bestreben aufseiten der gesetzlichen Grundlagen und Initiativen zu beobachten sind.

Ob die vergangenen und zukünftig geplanten Regulierungen und Initiativen durch die deutsche Politik zu kurz greifen und gegebenenfalls nicht den Bedürfnissen der Bundesbevölkerung nachkommen, wird im folgenden Unterabschnitt diskutiert.

---

640 Vgl. Bundesgesundheitsministerium (2020b).
641 Vgl. Bundesgesundheitsministerium (2020b).
642 Vgl. § 341 Abs. 1 Satz 2 SGB V.
643 Vgl. Bundesgesundheitsministerium (2021e). Werden weiterhin die gesetzlichen Grundlagen in anderen, neuartigen und digitalen Bereichen des Gesundheitsmarktes betrachtet, etwa vor dem Hintergrund von Wearables, zeigen Bleilevens & Schenk (2020) auf, dass hier zukünftig ebenfalls ausreichende und transparente gesetzliche Grundlagen geschaffen werden müssen, vgl. Bleilevens & Schenk (2020), S. 12.

3.2.4 Diskussion der Selbstmedikationsziele für Patienten und Apotheken

Die Ausführungen zu der Selbstmedikation in Deutschland, den gesetzlichen Grundlagen und weiteren gesundheitspolitischen Entwicklungen machen deutlich, dass die Selbstmedikation (inklusive der Gesundheitskompetenz und der Einnahme / Anwendung des Arzneimittels) in Deutschland sowohl in der Gesellschaft als auch in der Gesetzgebung eine hohe Relevanz aufweist. Wenngleich die Selbstmedikation neben einer Vielzahl an Vorteilen bzw. Möglichkeiten ebenso einige Nachteile bzw. Risiken aufweist, befinden sich diese zumeist in Bereichen, welche aktiv vermindert werden können. So etwa die möglichen Wechselwirkungen, welche bei Patienten auftreten können, welche mehr als ein Medikament gleichzeitig einnehmen. Hier setzt der durch den Gesetzgeber eingeführte Medikationsplan an, um die Risiken von Wechselwirkungen einzudämmen.

Ebenfalls wurden die Grenzen der Selbstmedikation zwischen der Freiheit des Menschen über seine Selbstmedikation und dem Schutzbedürfnis des Menschen durch den Staat am Beispiel von Schmerzmitteln aufgezeigt. Dabei wird das Spannungsfeld im Markt der Selbstmedikation deutlich: Auf der einen Seite soll dem mündigen Patienten eine selbstbestimmte Selbstmedikation, verknüpft mit der Beratung in einer Apotheke ermöglicht werden, auf der anderen Seite sieht sich der Staat in der Pflicht, Patientenschutz sicherzustellen und Risiken wie Medikamentenmissbrauch oder Wechselwirkungen zwischen Medikamenten zu verhindern. Aus dieser Prämisse heraus greift der Staat, wie in Unterabschnitt 3.2.3 ausführlich aufgezeigt, auf gesundheitspolitische Entscheidungen im Rahmen von gesetzlichen Bestimmungen zurück. Neben den grundlegenden Gesetzen, welche im Pharmamarkt relevant sind, wie dem Arzneimittelgesetz oder dem Heilmittelwerbegesetz, reihen sich eine Vielzahl an gesetzlichen Veränderungen bzw. Neuerungen ein, welche Einfluss auf die Selbstmedikation in Deutschland nehmen (siehe Tabellen 4–6). Hier wird deutlich, dass zwei Säulen in der Gesetzgebung der letzten Jahre, wie aufgezeigt, besonders eminent sind:

1. Kontrollierter[644] Ausbau der Gesundheitskompetenz aufseiten der Patienten.
2. Ausbau der Handlungsfelder von Apotheken.

---

644 Hier ist „kontrolliert" im Sinne von bspw. rechtlich geregelten Abgabemengenbeschränkungen gemeint.

Diese beiden Anspruchsgruppen (Patienten und Apotheken) nehmen somit im Rahmen der gesetzlichen Grundlagen, welche die Selbstmedikation betreffen, eine überragende Rolle für die Betrachtung in diesem Unterabschnitt ein.[645] Es soll daher im Folgenden anhand der Aufteilung „Patienten" und „Apotheken" diskutiert werden, inwieweit die in Unterabschnitt 3.2.3 aufgezeigten Gesetzesgrundlagen ausreichend sind, ob diese ausgebaut werden sollten, oder ob sie den mündigen Patienten zu sehr einschränken und somit gesetzliche Deregulierungen geschaffen werden sollten. Zu diesem Zwecke werden spezifische, im Laufe des Abschnittes 3.2 aufgezeigte Entwicklungen und Ziele der Selbstmedikation in Deutschland mit einzelnen Gesetzen und gesundheitspolitischen Initiativen exemplarisch in Verbindung zueinander gebracht (falls vorhanden) und kritisch diskutiert.

Dabei setzen sich die zu diskutierenden *Selbstmedikationsziele*, welche aus den bisherigen Ausführungen aus Abschnitt 3.2 („Selbstmedikation in Deutschland") mit dessen Unterabschnitten (3.2.1 „Allgemeine Rahmenbedingungen", 3.2.2 „Selbstmedikation anhand von Schmerzmitteln und der Covid-19-Pandemie" sowie 3.2.3 „Rechtliche Grundlagen und gesundheitspolitische Initiativen") abgeleitet worden sind, wie folgt zusammen:

Patienten:

- Ausbau der Gesundheitskompetenz.
- Weniger Arztbesuche, um Ressourcen des Gesundheitssystems zu schonen und Kapazitäten für schwerer erkrankte Menschen zur Verfügung zu haben.
- Das Risiko der Wechselwirkungen zwischen Medikamenten einschränken und somit den Schutz des Patienten stärken.

Apotheken:

- Stärkung der Apotheke als Anlaufstelle für den Zugang zu vertrauensvollen Gesundheitsberatern im deutschen Gesundheitssystem.
- Ausbau der Handlungsfelder von Apotheken.

Die Ausführungen zu den einzelnen Zielen beginnen mit der Betrachtung des Bereiches der *Patienten*:

Ziel: Ausbau der Gesundheitskompetenz.

---

645 Die anderen in dieser Dissertation relevanten Akteure – OTC-Arzneimittelhersteller und Ärzte – werden hier somit nicht eigenständig betrachtet.

Gesetzliche Grundlage / gesundheitspolitische Initiative: E-Health-Gesetz (u.a. elektronische Patientenakte), Innovationsforum „Digitale Gesundheit 2025", Entwicklung „Nationales Gesundheitsportal".

Der Ausbau der Gesundheitskompetenz der deutschen Bevölkerung ist die Grundlage für die Förderung einer qualitativ hochwertigen und sicheren Selbstmedikation.[646] Diese Notwendigkeit wurde durch die hier genannten gesundheitspolitischen Initiativen und Gesetzesgrundlagen eindeutig vom Gesetzgeber erkannt. So wird aktiv die Herausforderung angegangen, dass besonders durch den Einfluss der Digitalisierung, wie aufgezeigt, eine Vielzahl an Informationen zu Gesundheitsthemen verfügbar ist, welche allerdings zu einem großen Teil nicht evidenzbasiert und somit häufig nicht zuverlässig sind. Aus diesem Grund hat der Gesetzgeber ein „Nationales Gesundheitsportal", welches online abrufbar ist, entwickeln lassen. Das Ziel dessen ist die Bereitstellung evidenzbasierter Informationen zu jeglichen Gesundheitsthemen, durch welches die Gesundheitskompetenz der deutschen Bevölkerung gestärkt werden soll. Auch die aktuell eingeführte elektronische Patientenakte, in Verbindung mit der ePa-App, soll den Patienten ein einfacheres, ressourceneffizienteres Gesundheitsmanagement ermöglichen. Wenngleich diese digitalen Umsetzungen zur Stärkung der Gesundheitskompetenz der deutschen Bevölkerung beitragen können, darf nicht davon abgesehen werden, dass diese Maßnahmen in Deutschland längst überfällig sind.

So sind andere Länder, welche zu Deutschland strukturähnlich sind (wie etwa Dänemark) bereits seit vielen Jahren deutlich fortschrittlicher bei Initiativen wie der elektronischen Patientenakte aufgestellt.[647]

---

646 Dies erkennen auch Haßing & Müther (2020) an, die der Meinung sind, dass Pharmahersteller aktiv in die Verbesserung der Gesundheitskompetenz der Bevölkerung in Deutschland investieren sollten. So zeigen die Autoren als Vorteil dessen auf, dass die Patienten dadurch zukünftig einfacher relevante und seriöse Gesundheitsinformationen bei ihrer Online-Recherche erkennen können. Vgl. Haßing & Müther (2020), S. 111.

647 Vgl. Bertram, Püschner, Oliveira Gonçalves, Binder & Amelung (2019), S. 3. So ist in Dänemark bereits seit dem Jahre 2003 das der elektronischen Patientenakte zugrundeliegende Portal verfügbar, vgl. Henriksen (2019), S. 92. Die grundlegende Thematik, dass Deutschland im Pharma- und Gesundheitsmarkt in der Entwicklung des digitalen Umfeldes im Vergleich zu anderen Branchen noch weit zurückliegt, wurde bereits in Unterabschnitt 3.3.2 mit Blick auf den Digitalisierungsindex aufgezeigt.

Dementsprechend ist es zwingend notwendig, dass die Politik diese Initiativen weiterhin ausbaut und aktiv fördert.

Dieser Meinung ist auch der Bundesverband der Arzneimittel-Hersteller, welcher konstatiert, dass sich durch die Digitalisierung weitere Möglichkeiten ergeben, um die Kompetenzen der Patienten für die Selbstmedikation auszubauen und die Versorgungsqualität in Deutschland fortzuentwickeln.[648] Gleichzeitig unterstreicht der Bundesverband der Arzneimittel-Hersteller diese Notwendigkeit damit, dass die Weiterentwicklung der Selbstmedikation in Deutschland maßgeblich von den rechtlichen Rahmenbedingungen durch die Gesetzgebung abhängt.[649] Hier ist besonders die Sicherstellung des Zuganges zu Informationen zu Produkten und Gesundheitsthemen für Patienten hervorzuheben.[650] May & Bauer (2017) zeigen hier auf, dass dies nicht nur entscheidend ist für die Selbstbehandlung mit rezeptfreien Arzneimitteln, sondern bereits bei der eigenen Einschätzung des Patienten, ob dieser im Falle einer Krankheit mit seinen Krankheitssymptomen unbedingt ein Arzt aufsuchen oder sich im Rahmen der Selbstmedikation behandeln sollte.[651]

Ziel: Weniger Arztbesuche, um Ressourcen des Gesundheitssystems zu schonen und Kapazitäten für schwerer erkrankte Menschen zur Verfügung zu haben.

Gesetzliche Grundlage / gesundheitspolitische Initiative: Einführung Grünes Rezept im Rahmen des GKV-Modernisierungsgesetzes.

Eine Umfrage von Sanofi-Aventis & Nielsen (2021) bestätigt den Wunsch der Gesellschaft nach Selbstmedikation und nach Eingriffen der Politik. So geben 61 % der Befragten an, dass sie davon ausgehen, dass weitere gesundheitspolitische Maßnahmen für die Förderung und Vielfalt digitaler Gesundheitsangebote getroffen werden, wodurch ein Gang zum Arzt zunehmend obsolet wird.[652] Dies gilt laut der Studie besonders durch die gegenwärtige (2020 / 2021) Covid-19-Pandemie, durch welche fast die Hälfte der Befragten noch öfter auf Selbstmedikation zurückgreift als zuvor (anstelle eines Arztbesuches).[653]

Somit ist es besonders vor dem Hintergrund der zeitlichen Relevanz dieser Entwicklungen essenziell, die rechtlichen Rahmenbedingungen insofern zu

---

648 Vgl. Bundesverband der Arzneimittel-Hersteller (2017), S. 7.
649 Vgl. Bundesverband der Arzneimittel-Hersteller (2019), S. 13.
650 Vgl. May & Bauer (2017), S. 17.
651 Vgl. May & Bauer (2017), S. 19.
652 Vgl. Sanofi-Aventis & Nielsen (2021), S. 2.
653 Vgl. Sanofi-Aventis & Nielsen (2021), S. 1.

schaffen, dass es in keiner Weise nachteilig für Patienten sein darf, bei leichten Erkrankungen auf eine apothekengestützte Selbstbehandlung zurückzugreifen. Auch hier ist erneut der flächendeckende Zugang zu Apotheken durch den Gesetzgeber sicherzustellen. Allerdings hat hier ebenso das seit dem Jahre 2004 gültige GKV-Modernisierungsgesetz und in diesem Zuge die Einführung des Grünen Rezeptes einen Einfluss. Durch diese Gesetzesgrundlagen müssen die Patienten, wie bereits aufgezeigt, rezeptfreie OTC-Arzneimittel selbst zahlen. Im Rahmen dessen wurde das Grüne Rezept eingeführt, um dem Arzt weiterhin die Möglichkeit zu geben, schriftlich eine Arzneimittel-Empfehlung für rezeptfreie OTC-Arzneimittel auszusprechen. Seit dem GKV-Versorgungsstrukturgesetz, welches im Jahre 2012 verabschiedet wurde, wurden gesetzliche Krankenversicherung dazu befähigt, selbst zu entscheiden, inwieweit sie die Kosten für rezeptfreie OTC-Arzneimittel ihrer Patienten übernehmen.

Die Voraussetzung hierfür ist allerdings, dass Patienten das Grüne Rezept inklusive des Kassenbeleges ihrer gekauften OTC-Arzneimittel bei der Krankenkasse für eine (teilweise) Erstattung einreichen müssen.[654] Diese Voraussetzung widerspricht eindeutig dem Ziel, Arztbesuche bei leichten Beschwerden zu reduzieren. Selbst durch die geplante Einführung des elektronischen Rezeptes auch für Grüne Rezepte, ist zumindest ein (digitaler) Arztbesuch notwendig. Es ist aus diesem Grund zu diskutieren, ob der Gesetzgeber hier nicht auf eine bessere Lösung zurückgreifen kann, um diesen Vorgang effizienter zu gestalten.

Hierzu gibt es bereits Ansätze über ein sogenanntes „Selbstmedikationsbudget", durch welches gesetzlich versicherte Patienten Anspruch auf ein durch ihre Krankenkasse festgelegtes Budget haben (ggf. mit privaten Zuzahlungen durch den Patienten).[655] Ebenfalls denkbar wäre ein durch die Apotheke ausgestellter „Beratungsschein".[656] Die Einführung einer solchen gesetzlichen Regelung kann dementsprechend zu einer Reduzierung der Arztbesuche bei leichten Erkrankungen führen, sowie zu einem Anreiz, rezeptfreie OTC-Arzneimittel zu kaufen.

Ziel: Das Risiko der Wechselwirkungen zwischen Medikamenten einschränken und somit Schutz des Patienten stärken.
Gesetzliche Grundlage / gesundheitspolitische Initiative: Medikationsplan.

---

654 Vgl. Becker & Nölte (2017), S. 33.
655 Vgl. May (2011), S. 12; May & Bauer (2017), S. 17–18.
656 Vgl. May (2011), S. 12.

Ein in diesem Abschnitt aufgezeigter Nachteil bzw. aufgezeigtes Risiko der Selbstmedikation liegt in den möglichen Wechselwirkungen zwischen Medikamenten, sofern ein Patient mehrere Arzneimittel gleichzeitig einnimmt. Eine gesetzliche Maßnahme, welche zur Reduzierung dieses Risikos entwickelt wurde, liegt in der Einführung des bundeseinheitlichen Medikationsplanes. Auf diesen sollen Patienten, welche mindestens drei verordnete Medikamente gleichzeitig einnehmen, Anspruch haben.[657] Hier greifen allerdings zwei Einschränkungen durch das Gesetz, welche vor dem Hintergrund der Förderung der Selbstmedikation diskutabel sind:

Erstens die Beschränkung des Rechtes auf einen solchen Medikationsplan für ausschließlich Patienten, welche drei oder mehr durch den Arzt verordnete Arzneimittel gleichzeitig einnehmen. Hier ist eine Option, einen solchen Medikationsplan im Rahmen der elektronischen Patientenakte für alle Patienten zugänglich zu machen. Dies ist damit zu begründen, als dass auch bei der parallelen Einnahme verschiedener rezeptfreier Medikamente Wechselwirkungen auftreten sowie auch Gefahren bei der Einnahme einer zu hohen Dosis (bei Unwissen) vorherrschen können. Ein dokumentierter Medikationsplan erleichtert einem jeden Patienten eine sichere Einnahme. Hinzu kommt, dass dadurch ebenfalls der Medikamentenmissbrauch effektiver eingeschränkt werden kann. Wie in Unterabschnitt 3.2.2 anhand des Beispiels von Schmerzmitteln aufgezeigt, ist es, trotz der rechtlichen Beschränkung der Abgabemenge von Paracetamol, für einen Patienten möglich, deutschlandweit in verschiedenen Apotheken die maximale Abgabemenge zu beziehen. Durch eine Dokumentation in einem bundeseinheitlichen Medikationsplan könnten somit sowohl die Käufe als auch die empfohlenen Einnahmemengen rezeptfreier Arzneimittel vermerkt werden.[658]

Zweitens sind ausschließlich Ärzte dazu befähigt, einen solchen Medikationsplan anzulegen. Apotheken verfügen nur über das Recht den Medikationsplan zu ändern.[659] Im Falle des vorangehenden Argumentes müsste diese gesetzliche Regelung ebenfalls gelockert werden. Eine solche Deregulierung wäre für die Förderung und den Ausbau der Selbstmedikation von großer Bedeutung, da nur dann sichergestellt ist, dass der Patient bei der Selbstmedikation ohne einen Arztbesuch einen solchen Medikationsplan erhält.

---

657 Vgl. § 31a Abs. 1 SGB V.
658 Hier müsste sichergestellt werden, dass der Patient nicht dazu befähigt ist, diese Daten nachträglich anzupassen.
659 Vgl. § 31a Abs. 1 Satz 1 SGB V; § 31a Abs. 3 Satz 2 SGB V.

Nachdem der Bereich der Patienten somit betrachtet wurde, folgen nun die Ausführungen zu den einzelnen Zielen des Bereiches der *Apotheken*:

Ziel: Stärkung der Apotheke als Anlaufstelle für den Zugang zu vertrauensvollen Gesundheitsberatern im deutschen Gesundheitssystem.

Gesetzliche Grundlage / gesundheitspolitische Initiative: Gesetz zur Stärkung der Vor-Ort-Apotheken.

Das Vertrauen der deutschen Bevölkerung in die inländischen Apotheken ist laut einer Studie des Bundesverbandes der Arzneimittel-Hersteller bereits auf einem sehr hohen Level. So gaben in der Studie 72 % der Befragten an, dass sie Apotheken eine hohe Vertrauenswürdigkeit zusprechen.[660] Die Vertrauenswürdigkeit der Patienten in die Apotheken kann in einer apothekengestützten OTC-Arzneimittelversorgung wie in Deutschland als Grundstein für eine funktionierende, tragende Säule im Gesundheitssystem angesehen werden. Daher muss weiterhin rechtlich sichergestellt werden, dass das Vertrauen ausgebaut wird. Rechtliche Hebel liegen hier beim Gesetzgeber, der die festgeschriebenen, strikten Qualitätsstandards an Voraussetzungen für die Ausübung des Berufes als Apotheker und für die Öffnung von Apotheken weiterhin aufrechterhalten und je nach Marktentwicklungen ggf. ausbauen muss (etwa durch zusätzliche Schulungen der Apotheker). Diese Elemente müssen sichergestellt werden, um den Patienten eine qualitativ hochwertige und fachkundige Beratung bieten zu können, auf die sie sich deutschlandweit, flächendeckend verlassen können.

Dazu gehört nach Auffassung des Bundesverbandes der Arzneimittel-Hersteller und des Bundesverbandes der Pharmazeutischen Industrie ebenfalls, dass die Apothekenpflicht in Deutschland aufrechterhalten wird, wenngleich auf europaweiter Ebene bereits über das Aufweichen der Apothekenpflicht von Arzneimitteln diskutiert wird.[661] Dies begründen die beiden Verbände besonders damit, dass die Apotheke im Falle einer Selbstmedikation der erste Ansprechpartner und Berater für Patienten mit leichten Erkrankungen ist. So kann der Apotheker ebenfalls als Lotse fungieren und ggf. zu einem Arztbesuch anraten.[662] Der Bundesverband der Pharmazeutischen Industrie formuliert hierzu eine Aussage, welche diese Sichtweise unterstützt: „Arzneimittelversorgung

---

660 Vgl. Bundesverband der Arzneimittel-Hersteller (2019), S. 11.
661 Vgl. Bundesverband der Arzneimittel-Hersteller (2019), S. 13; Bundesverband der Pharmazeutischen Industrie (2021), S. 7.
662 Vgl. Bundesverband der Arzneimittel-Hersteller (2017), S. 11; Bundesverband der Arzneimittel-Hersteller (2019), S. 13; Bundesverband der Pharmazeutischen Industrie (2021), S. 7.

braucht die Apotheke vor Ort, weil Arzneimittel-Beratung Vertrauen sowie Zeit benötigt und Patientensicherheit durch persönlichen Kontakt gestärkt wird."[663]

An dieser Stelle findet das durch den Gesetzgeber im Jahre 2020 verabschiedete Gesetz zur Stärkung der Vor-Ort-Apotheken Anwendung. Wie bereits in Unterabschnitt 3.2.3 aufgezeigt, wurde dieses in erster Linie eingeführt, um die Position der Vor-Ort-Apotheken in Deutschland gegenüber den Online-Apotheken zu stärken (bspw. durch das Verbot von Rabatten auf verschreibungspflichtige Arzneimittel durch Online-Apotheken).

Dabei wird festgestellt, dass rechtliche Grundlagen die notwendige Patientenberatung durch Apotheker vorgeben,[664] und ein Patient vor dem Kauf eines OTC-Arzneimittels in der traditionellen Vor-Ort-Apotheke noch immer ein (persönliches) Gespräch mit einem fachkundigen Apotheker zu führen hat.[665]

Wenngleich selbige rechtliche Rahmenbedingungen für Online-Apotheken gelten,[666] ist eine solche Beratung durch Apotheker bei der Onlinebestellung allerdings durch Dritte nur schwer nachvollziehbar und somit deren Qualität nur begrenzt festzustellen.[667] Da Online-Apotheken die gleichen

---

663 Bundesverband der Pharmazeutischen Industrie (2021), S. 7.
664 Vgl. § 20 Abs. 1 ApBetrO.
665 Im Zuge dessen konstatiert der Bundesverband der Pharmazeutischen Industrie, dass Patienten beim Kauf und der anschließenden Einnahme / Anwendung der Medikamente aufgrund der möglich auftretenden Neben- und Wechselwirkungen von Arzneimitteln eine persönliche und qualitativ hochwertige Beratung benötigen, vgl. Bundesverband der Pharmazeutischen Industrie (2021), S. 7.
666 Vgl. Stiftung Warentest (2017), S. 89. Dies basiert ebenso auf den Gesetzesgrundlagen, welche regeln, dass in Deutschland ausschließlich solche Anbieter als Online-Apotheke fungieren dürfen, welche vorrangig eine Vor-Ort-Apotheke betreiben (vgl. § 11a Nr. 1 ApoG) und zusätzlich eine sog. „Versanderlaubnis" innehaben (die Voraussetzungen für eine solche sind in § 11a ApoG geregelt).
667 Vor-Ort-Apotheken, welche eine Versanderlaubnis haben (und somit auch Online-Apotheken), müssen bei der Versendung von apothekenpflichtigen Arzneimitteln sicherstellen, dass eine „[…] Beratung durch pharmazeutisches Personal in deutscher Sprache erfolgen wird." § 11a Nr. 2 lit. d ApoG. Dies gilt gleichermaßen bei dem Versand und der Zustellung durch einen Boten, was rechtlich zwar gestattet ist; sofern jedoch vorab keine Beratung des Empfängers des Arzneimittels (Patient) durch einen Apotheker der Vor-Ort-Apotheke erfolgt ist, muss die Auslieferung durch pharmazeutisches Personal der Apotheke erfolgen. Vgl. hierzu § 17 Abs. 2 Nr. 2 ApBetrO. In diesem Zusammenhang zeigt Rohner (2018) eine Übersicht verschiedener Gerichtsbeschlüsse zu besonderen Fällen des Arzneimittelvertriebes von Vor-Ort-Apotheken (etwa im Zusammenhang mit Botendiensten oder einer Abholung der Medikamente aus Abholfächern durch den Patienten) auf, vgl. Rohner (2018).

Arzneimittel zur Selbstmedikation verkaufen wie Vor-Ort-Apotheken, und Online-Apotheken zunehmend an Relevanz als Vertriebskanal von OTC-Arzneimitteln gewinnen,[668] muss hier vom Gesetzgeber somit flächendeckend sichergestellt werden, dass die hochwertige Qualität der Beratung von Online-Apotheken ebenfalls eingehalten wird. Dies ist fundamental, da Patienten auch beim Online-Kauf von OTC-Arzneimitteln die Sicherheit und Gewissheit haben müssen, dass sie eine vertrauenswürdige Beratung erhalten.

Die Tatsache, dass dies bisher (noch) nicht ausreichend sichergestellt ist, wird durch eine Studie zu Versandhandelsapotheken in Deutschland sichtbar: So gibt in dieser jeder Dritte, der noch keine Arzneimittel online bestellt hat, an, dies nicht zu forcieren aufgrund der fehlenden, persönlichen Beratung; jeder Vierte gibt an, kein Vertrauen in Online-Apotheken zu haben.[669]

Zusammenfassend muss im Rahmen der Vertrauenswürdigkeit von Patienten in Apotheken somit weiterhin der rechtliche Rahmen aufrechterhalten und besonders im Falle von Online-Apotheken ausgebaut werden.

Ziel: Ausbau der Handlungsfelder von Apotheken.
Gesetzliche Grundlage / gesundheitspolitische Initiative: Gesetz zur Stärkung der Vor-Ort-Apotheken, Regionales Modellvorhaben zur Durchführung von Grippeschutzimpfungen in Apotheken.

Insbesondere in Anbetracht der aktuellen (2020 / 2021) Covid-19-Pandemie wird deutlich, wie ausgereizt die Ressourcen des deutschen Gesundheitssystems sind. Es ist daher ein sinnvoller Ansatz, zur weiteren Entlastung des Gesundheitssystems (und der Ärzte), den Apothekern selektiv Kompetenzen zu übertragen, die bisher nur Ärzten vorbehalten waren. Daraus resultieren mehr rechtliche Befugnisse und Handlungsfelder für den Apotheker, um für die Patienten eine weitere Anlaufstelle für medizinische Angebote zu schaffen.

---

668 Vgl. PwC (2019), S. 2.
669 Vgl. PwC (2019), S. 5. Der Gesetzgeber hat etwa durch das eingeführte, europaweite Logo für den Versandhandel ein Logo erschaffen, welches Online-Apotheken auf ihren Webseiten platzieren müssen. Anhand dieses Logos kann der Patient auf dem nationalen Versandhandelsregister des „Deutschen Instituts für medizinische Dokumentation und Information" die Legitimierung für den Handel mit Arzneimitteln des Versandhändlers überprüfen. Vgl. Bundesgesundheitsministerium (2021d). Dies kann zumindest das Risiko minimieren, dass Patienten gefälschte Medikamente online beziehen und somit im Rahmen der Legitimierung der Online-Apotheke an sich das Vertrauen von Patienten in Online-Apotheken steigern.

Hier belegen bereits Studien vor dem Hintergrund der Covid-19-Pandemie, dass die Selbstmedikation, die damit verbundene Gesundheitskompetenz, sowie die Beratung durch die Apotheker in den Vor-Ort-Apotheken stark an Bedeutung zunehmen. So zeigt die Studie „Sanofi Gesundheitstrend" im vierten Quartal des Jahres 2020 auf, dass sie im Markt der rezeptfreien Arzneimittel die Parameter „Empfehlung" und „Beratung" als besonders wichtig empfinden.[670] Eine weitere Studie der gleichen Reihe, im ersten Quartal des Jahres 2021 durchgeführt, unterstreicht die steigende Relevanz der Selbstmedikation durch die Covid-19-Pandemie.[671] Weiterhin waren im Jahre 2020 während der Covid-19-Pandemie der Großteil der deutschen Bevölkerung sehr zufrieden mit den Vor-Ort-Apotheken in Deutschland.[672] Eine Kompetenzübertragung an Apotheker in Vor-Ort-Apotheken erscheint somit als sinnvoll.

Wie bereits vorangehend aufgeführt, liegt ein erster durch den Gesetzgeber getätigter Ansatz im Gesetz zur Stärkung der Vor-Ort-Apotheken. Teil dieses Gesetzes ist – wie in Tabelle 4 dargestellt – der Ausbau von pharmazeutischen Dienstleistungen, welche Apotheken als honorierte Leistung anbieten werden dürfen.[673]

Im Rahmen dessen wurde ebenso bereits aufgezeigt,[674] dass die genaue Ausgestaltung dieser pharmazeutischen Dienstleistungen momentan diskutiert und ab 2022 deutschlandweit eingeführt werden soll. Darüber hinaus wurde das bereits thematisierte regionale Modellvorhaben zur Durchführung von Grippeschutzimpfungen in Apotheken[675] entwickelt, welches die rechtliche Möglichkeit der Verabreichung von Impfstoffen in Apotheken aufzeigt. Die Bedeutung einer erhöhten Impfquote zur flächendeckenden Eingrenzung von ansteckenden Krankheiten ist durch die andauernde (2020 / 2021) Covid-19-Pandemie nochmals deutlich geworden.

Ebenso erscheint dieses Vorgehen notwendig, damit sich Vor-Ort-Apotheken gegen die durch die Digitalisierung in den Markt eingetretenen, neuen Wettbewerber (Online-Apotheken) behaupten können. Diese Relevanz unterstreicht ebenfalls Nold (2020), der sich dabei besonders auf die sich veränderten Kundenanforderungen und -wünsche bezieht und konstatiert, dass besonders die Beratung in den Vor-Ort-Apotheken mit digitalen Instrumenten zu einem

---

670 Vgl. Sanofi-Aventis & Nielsen (2020), S. 1.
671 Vgl. Sanofi-Aventis & Nielsen (2021), S. 1–2.
672 Vgl. Bundesvereinigung Deutscher Apothekerverbände (2020b).
673 Vgl. Edalat (2021).
674 Siehe Tabelle 4.
675 Siehe die Unterabschnitte 3.2.2 und 3.2.3.

ganzheitlichen, digitalen „Service- und Beratungserlebnis"[676] führen sollte.[677] Durch eine solch erwähnte Erweiterung der Kompetenzen der Apotheken können diese zusätzlich nicht nur medizinische Leistungen übernehmen, sondern ebenfalls neuartige Dienstleistungen schaffen. Exemplarisch hierzu kann der Chat-Service „ChatHealth" des National Health Service in Groß Britannien genannt werden, welcher seit dem Jahre 2013 in Gebrauch ist.[678] Eine durch den Staat geförderte Umsetzung eines solchen Chats mit der gleichzeitigen Eingliederung von Apothekern als Beantwortende im Bereich der Selbstmedikation wäre in Deutschland ebenfalls durchaus denkbar und kann als sinnvoll für die weitere, ressourcen-schonende Aufklärung erachtet werden.[679]

Auf Basis der hier aufgezeigten Gesetzgrundlagen zur Stärkung der Vor-Ort-Apotheken sowie dem regionalen Modellvorhaben zu Grippeschutzimpfungen in Apotheken gilt es aufzubauen. Gleiches gilt für den Ausbau weiterer medizinischer Dienstleistungen, welche in der Apotheke ausgeübt werden dürfen, sowie für die Schaffung entsprechender rechtlicher Rahmenbedingungen.

3.2.5 Zusammenfassende Diskussion

Abschließend gilt es zusammenfassend, auf Basis der getätigten Ausführungen, die eingangs dieses Abschnittes gestellte Fragestellung zu beantworten, ob die gesetzlichen Grundlagen und gesundheitspolitischen Initiativen im Bereich der Selbstmedikation in Deutschland angemessen sind, zu weit greifen, oder nicht ausreichend für die aktuelle Marktsituation und das Bestreben der Patienten nach Selbstmedikation sind.

Bei dieser Betrachtung ist zunächst festzustellen, dass die Arzneimittel-Abgabe im Markt der rezeptfreien, apothekenpflichtigen Arzneimittel streng gesetzlich reguliert ist. Da das Risiko von Medikamentenmissbrauch und Wechselwirkungen mit anderen Arzneimitteln im Selbstmedikationsmarkt aufgrund der oftmals fehlenden Konsultation eines Arztes durchaus gegeben ist, greifen hier gesetzliche Maßnahmen wie die Beschränkung der Mengenabgabe von Medikamenten. Wie in Unterabschnitt 3.2.2 am Beispiel der Schmerzmittel bereits aufgezeigt, verschwimmen hier die Grenzen zwischen der Freiheit des mündigen Patienten und dem Schutze des Patienten durch den Gesetzgeber.

---

676 Vgl. Nold (2020), S. 121.
677 Vgl. Nold (2020), S. 121.
678 Der Chat ist abrufbar unter www.chathealth.nhs.uk.
679 Dies erkennen auch Idris & Heupel (2020) an, welche den Einsatz von Chatbots – also automatisierte Chats – als ein vorteilhaftes Instrument sehen, um die Gesundheitsversorgung auszubauen, vgl. Idris & Heupel (2020), S. 281.

Selbstmedikation in Deutschland   149

Dies ist auch bei dem Direct-to-Patient-Marketing von OTC-Pharmahersteller zu Patienten in Verbindung mit den Regularien im Heilmittelwerbegesetz sichtbar. So ist das Bewerben von OTC-Arzneimitteln nur mit starken, rechtlichen Vorgaben möglich. Mehr Freiheiten haben OTC-Arzneimittelhersteller allerdings im Aufklären von Patienten zu Gesundheitsthemen.

Ferner wird deutlich, dass die deutsche Bundesregierung vor dem Hintergrund der Digitalisierung den Wandel der Bevölkerung im Gesundheitsbereich erkannt hat (bspw. das gesteigerte Informationsbedürfnis zu Gesundheitsthemen und den Einsatz von digitalen Gesundheitsinstrumenten wie Wearables).[680] Daher wird – besonders in den letzten Jahren – viel in die Erhöhung der Gesundheitskompetenz der Bevölkerung investiert, welche sich ebenfalls als ein bedeutsamer Teil im Rahmen der Selbstmedikation darstellt. Dies wirkt sich gleichermaßen auf die gesetzlichen Bestimmungen in diesem Gebiet aus, welche sich simultan mitentwickeln.

Trotz dieser Aspekte besteht weiterer Handlungsbedarf im gesetzlichen Bereich der Selbstmedikation. So wurde anhand der Verabreichung von Impfstoff in Apotheken und einem einheitlichen Medikationsplan – auf den bisher nicht jeder Bürger in Deutschland Anspruch hat – aufgezeigt, dass einige gesetzliche Regularien zu weit greifen, und somit durchaus Deregulierungen in diesen Bereichen als sinnvoll erachtet werden können.

Abschließend werden die gesetzlichen Regularien im Bereich der Selbstmedikation somit als sinnvoll – vor allem zum Zwecke des Schutzes der Patienten – und nur an einzelnen Stellen als zu einschränkend erachtet (siehe Medikationsplan oder Grünes Rezept). Höheres Potenzial für die Weiterentwicklung der Selbstmedikation in Deutschland, und somit der Entlastung des Gesundheitssystems, wird auf Basis der bisherigen Ausführungen eher in der Erweiterung der gesetzlichen Initiativen gesehen. So etwa bei der aktiven Förderung und Zuteilung von Rechten durch die Politik bezüglich der deutschlandweiten Stärkung und den Anreizen der Patienten für die Selbstmedikation sowie der Erweiterung der Handlungsfelder von Apothekern. Dies erscheint auf Grundlage der Ausführungen in diesem Abschnitt als notwendig und ausschließlich vorteilhaft für Deutschland, da die Selbstmedikation einen entlastenden Effekt auf die Gesundheitsversorgung des Landes hat, und mithilfe dessen somit ein langfristig funktionierendes Gesundheitssystem sichergestellt werden kann. Insbesondere machen zahlreiche Beispiele und gesundheitspolitische Initiativen die Bedeutsamkeit der Digitalisierung deutlich, welche neue

---

680 Dies erkennt auch Beermann (2017) an, vgl. Beermann (2017), S. 40.

Möglichkeiten und Herangehensweisen zur Bewältigung von Problemstellungen im Rahmen der Selbstmedikation bieten.

Nachdem die Thematiken des Pharmamarketing und der Selbstmedikation – unter Berücksichtigung der gesetzlichen Grundlagen und gesundheitspolitischen Initiativen – somit ausgiebig behandelt wurden, wird im Folgenden auf die Digitalisierung an sich, sowie im Umfeld der OTC-Pharmabranche eingegangen. Dabei wird ebenfalls der Begriff der Cross-Industry Innovation betrachtet, welcher mit Blick auf Strategische Allianzen von Bedeutung für diese Arbeit ist.

3.3 Digitalisierung und Cross-Industry Innovation

Die Veränderungen durch die Digitalisierung können sowohl im strategischen als auch im operativen Marketing wahrgenommen werden. So entstehen auf strategischer Ebene eine Vielzahl neuer, digitaler Geschäftsmodelle, aber auch die grundlegende Veränderung der Kommunikation des Kunden mit dem Unternehmen muss berücksichtigt werden. So ist es heutzutage unabdingbar in der Marketingsicht, vor dem Hintergrund der Digitalisierung, die Verschiebung der durch die Kunden gewünschten Kommunikation in der strategischen und operativen Ausrichtung zu beachten. Wurden die Kunden auf dem traditionellen Wege über Massenmedien wie TV angesprochen, steht heute bei vielen Zielgruppen ebenso der Wunsch nach persönlicher Interaktion mit dem Unternehmen durch bspw. digitale Plattformen, Social Media, Apps oder Webseiten im Vordergrund. Diese Entwicklungen nehmen somit Einfluss auf den kompletten Marketingmix auf Basis des operativen Marketing.[681]

Werden diese Veränderungen auf die Pharmabranche angewandt, wird deutlich, dass sich im traditionellen Sinne der Außendienst der Pharmahersteller als eines der wichtigsten Instrumente zur Vermarktung von Medikamenten an den Absatzmittler (hier die Apotheke) darstellt. Vor dem Hintergrund des digitalen Zeitalters erfordert es hingegen innovative Wege, um die finale Zielgruppe der Endkonsumenten direkt zu adressieren und dadurch nachhaltig an das Unternehmen zu binden.[682] So werden sich laut Petersen (2015) diejenigen Pharmaunternehmen in der heutigen digitalen Welt langfristig mit einem Wettbewerbsvorteil durchsetzen können, die sie sich als „fürsorglicher allumfassender Gesundheitsanbieter"[683] präsentieren.[684] Daher wird in diesem

---

681 Vgl. Walsh, Deseniss & Kilian (2020), S. 24–25.
682 Vgl. Petersen (2015), S. 14–15.
683 Petersen (2015), S. 14.
684 Vgl. Petersen (2015), S. 14.

Abschnitt genau dieses Thema der neuartigen Kundenausrichtung im Rahmen des digitalen Marketing in der OTC-Pharmabranche behandelt. Zu Beginn soll der Begriff der Digitalisierung als Rahmenkonzept kurz erläutert und für den Zweck dieser Arbeit abgegrenzt werden. Darüber hinaus wird betrachtet, welche Rolle Strategische Allianzen, Business Model Innovation und Cross-Industry Innovation vor dem Hintergrund der Digitalisierung und in Bezug auf die Beantwortung der übergreifenden Forschungsfrage dieser Arbeit einnehmen.

3.3.1 Begriff der Digitalisierung

Unternehmen stehen einer zunehmend wachsenden Notwendigkeit gegenüber, sich an die Entwicklungen durch die Digitalisierung anzupassen. Dabei können Unternehmen durch den Einsatz digitaler Technologien aktiv zur Förderung neuer Wachstumspotenziale und ihrer Wettbewerbsfähigkeit beitragen. Diese Entwicklungen können dem Gesamtbegriff der digitalen Transformation zugeordnet werden.[685] Aufgrund der verschiedenen Begriffsverständnisse im Rahmen der Digitalisierung sollen daher zunächst im Folgenden die hier relevanten Begriffe „Digitalisierung", „Digitale Transformation" und „digitale Technologien" definiert werden.

Der Begriff der Digitalisierung hat eine hohe Bandbreite an Definitionen und wird sowohl branchen- als auch unternehmensübergreifend distinkt interpretiert.[686] Dies wird auch im Zuge der Literaturrecherchen dieser Arbeit festgestellt.[687] Um jedoch ein Verständnis zu erhalten, als was Digitalisierung im Rahmen dieser Arbeit definiert wird bzw. welche Elemente es mit Bezug auf das (strategische) Marketing inkludiert, wird dieser Begriff im Folgenden entsprechend eingegrenzt. Für die inhaltliche Ausrichtung dieser Arbeit wird somit die folgende Begriffsdefinition von Hanschke (2018) verwendet: „Digitalisierung bezeichnet den Wandel zu neuartigen, häufig disruptiven Geschäftsmodellen mittels Informations- und Kommunikationstechnik. Analoge Daten werden in digitale umgewandelt, Geschäftsprozesse flexibilisiert und automatisiert sowie Technik, Informationen, Dinge und Menschen vernetzt. Der Kunde

---

685 Vgl. Stief, Eidhoff & Voeth (2016), S. 1833.
686 Vgl. Hanschke (2018), S. 3.
687 So sind verschiedene Begriffserläuterungen zu finden, etwa bei Keuper, Hamidian, Verwaayen, Kalinowski & Kraijo (2013), S. 5; Parviainen, Tihinen, Kääriäinen & Teppola (2017), S. 64; Hippmann, Klingner & Leis (2018), S. 9; Harwardt (2019), S. 2–3 oder Rachinger, Rauter, Müller, Vorraber & Schirgi (2019), S. 1144–1145.

und dessen Bedürfnisse stehen im Mittelpunkt. Durch Effizienz muss der Freiraum für Innovation geschaffen werden."[688]

In diesem Zusammenhang wird ebenfalls der Begriff „Disruption"[689] folgend mit dem Zusatz „digital" als „digitale Disruption" definiert als „[...] a type of digital technology-induced environmental turbulence capable of producing industry-level upheaval."[690] Zudem wird diese Definition wie folgt ergänzt: „Disruption steht für den Umbruch, in dem traditionelle Geschäftsmodelle durch innovative Geschäftsmodelle abgelöst oder verdrängt werden."[691] Dabei haben eine Vielzahl von durch die Digitalisierung bedingten Veränderungen laut Matzler, von den Eichen, Anschober & Kohler (2018) einen disruptiven Charakter.[692]

Im Einklang mit der Digitalisierung wird nun ebenfalls der Begriff „Digitale Transformation" näher beleuchtet. Auch hier gibt es eine Reihe Begriffsdefinitionen,[693] weshalb die Folgende als Konsens im Zuge dieser Arbeit herangezogen wird: „[...] the use of new digital technologies (social media, mobile, analytics or embedded devices) to enable *major business improvements* (such as enhancing customer experience, streamlining operations or creating new business models)."[694] Zentraler Kern der Digitalisierung und der digitalen

---

688 Hanschke (2018), S. 3.
689 Hierbei muss zwischen verschiedenen Arten der Disruption unterschieden werden. Der Begriff der „Disruption" als solcher funktioniert eigenständig als Verb, welches beschreibt, dass etwas unterbrochen, zerrissen oder getrennt wird, vgl. Skog, Wimelius & Sandberg (2018), S. 432. Es kann zudem im Zusammenhang mit bestimmten Themengebieten stehen, beispielsweise im Rahmen von „relationship disruption", was die Veränderung einer Verkäufer-Kunden-Beziehung beschreibt, sofern der Verkäufer vonseiten des Unternehmens ausgetauscht wird, vgl. Schmitz, Friess, Alavi & Habel (2020), S. 66. Im Rahmen dieser Arbeit wird der Fokus allerdings auf den Begriff der digitalen Disruption gelegt. Bereits 1997 behandelte Clayton M. Christensen in seinem Werk die Misserfolge etablierter Unternehmen, als diese mit disruptiven Veränderungen in Technologien und Marktstrukturen konfrontiert wurden, vgl. Christensen, 1997.
690 Skog, Wimelius & Sandberg (2018), S. 432.
691 Hanschke (2018), S. 3. Weiterhin wird auf den Begriff des Geschäftsmodells (Business Model) im weiteren Verlaufe des Kapitels (Unterabschnitt 3.3.4) eigenständig eingegangen, da die Veränderung bzw. Innovation dessen im Rahmen der Digitalisierung eine bedeutende Rolle in dieser Arbeit einnimmt.
692 Vgl. Matzler, von den Eichen, Anschober & Kohler (2018), S. 13.
693 Verschiedene Begriffsdefinitionen zeigen Schallmo, Williams & Boardman (2017) in ihrer Publikation auf, vgl. Schallmo, Williams & Boardman (2017), S. 3.
694 Fitzgerald, Kruschwitz, Bonnet & Welch (2013), S. 2.

Transformation sind somit „digitale Technologien", welche das Zusammenspiel von Datenverarbeitung, Informationen, Technologien und Kommunikation umfassen.[695] In diesem Zusammenhang wird davon ausgegangen, dass die digitale Transformation die Aktivitäten eines jeden Unternehmens verändern werden.[696]

Den aufgezeigten Definitionen der Begriffe „Digitalisierung" und „digitale Transformation" folgend werden diese aufgrund ihrer eng miteinander verbundenen Definitionen im Rahmen dieser Arbeit synonym gestellt. Nachdem diese Begriffe somit vor dem Hintergrund dieser Arbeit eingeordnet wurden, muss die Thematik der Digitalisierung zusätzlich aus verschiedenen Gesichtspunkten beleuchtet werden, wenn es die fachliche Sicht und die unterschiedlichen Funktionsebenen innerhalb eines Unternehmens betrifft.

So setzt sich die Information Technology (IT) im Rahmen der Digitalisierung primär mit der Technologie hinter digitalen Instrumenten auseinander, wie cloud-basierten Prozessen oder mobilen Anwendungen, welche dazu führen, dass Unternehmen diese digitalen Instrumente für die Entwicklung neuer, digital-basierter Produkte und Dienstleistungen für ihre Kunden nutzbar machen.[697] Hier gliedert sich das Marketing im Bereich der Digitalisierung ein, welches eben diese digitalen Instrumente auf dem Markt anwendet, etwa um die Interaktionen der Kunden mit der jeweiligen Unternehmensmarke analysieren zu können, oder um die Online-Kanäle des Unternehmens auszubauen und stetig mit weiteren innovativen Ansätzen verbessern zu können.[698] Genau diese Marketing-Sicht der Digitalisierung, also die Nutzbarmachung und Anwendung dieser Instrumente und weniger deren Eigenschaften an sich, ist Gegenstand dieser Arbeit.

Betrachtet man die Digitalisierung im Alltag der Menschen, finden sich inzwischen eine Vielzahl digitaler Berührungspunkte wieder, welche sich durch die Kommunikations- und Informationstechnik im Rahmen der Digitalisierung entwickelt haben. So stehen sowohl bei Endkunden als auch Unternehmen heutzutage digitale Bewertungs- und Vergleichsportale, soziale Medien, Suchmaschinen, Apps oder digitale Marktplätze im Vordergrund der Handlungen.[699] Als grundlegender Treiber dieser Entwicklung steht besonders die Notwendigkeit von Unternehmen im Vordergrund, im digitalen Umfeld

---

695 Vgl. Bharadwaj, El Sawy, Pavlou & Venkatraman (2013), S. 471.
696 Vgl. Stief, Eidhoff & Voeth (2016), S. 1836.
697 Vgl. Everett (2016), S. 18.
698 Vgl. Everett (2016), S. 18.
699 Vgl. Hanschke (2018), S. 7.

durch den Einfluss von Innovationen anderer Unternehmen wettbewerbsfähig zu bleiben. Dies ist besonders relevant, da oftmals Unternehmen mit neuen, digitalen Geschäftsmodellen in bestehende Märkte eindringen.[700]

Aus diesem Grund sind sinkende Markteintrittsbarrieren[701] ein weiterer Aspekt, der hier in der Betrachtung der Digitalisierung Beachtung finden muss, da er direkten Einfluss auf bestehende Unternehmen und deren Wettbewerbsumfeld nimmt.

So erleichtert es die Digitalisierung neuen Unternehmen immens, in bereits bestehende Märkte einzutreten – insbesondere dann, wenn die Produkte und Dienstleistungen selbst digitalisiert wurden oder werden – und somit als neue Wettbewerber bestehender Unternehmen zu agieren, um vergleichbare Produkte / Dienstleistungen anzubieten. Gründe dafür liegen in der globalen Vernetzung, die es neuen – und ggf. internationalen – Wettbewerbern vereinfachen, in einen bestehenden Markt einzutreten und wettbewerbsfähige oder gar disruptive Produkte / Dienstleistungen anzubieten.[702] Beispiele hierfür sind etwa das Angebot von Software as a Service (Saas) (bspw. „Dropbox"), digital direkt aufrufbare Angebote wie online-Streamingdienste, drop shipping[703] oder social media management.[704]

Weitere zentrale Treiber der Digitalisierung sind zudem die Adaption von Unternehmen an die sich verändernden Anforderungen vonseiten der Kunden sowie die Einhaltung rechtlicher Bestimmungen, welche durch die Digitalisierung entweder neu eingeführt oder angepasst werden.[705] Aus diesem Grund steht ebenfalls der Kunde und dessen Customer Experience entlang seiner Customer Journey über die verschiedenen Kundenkontaktpunkte vor

---

700 Vgl. Hanschke (2018), S. 7–8.
701 Markteintrittsbarrieren werden als hindernde Faktoren verstanden, die es neuen Wettbewerbern erschweren, in einen bestehenden Markt einzutreten. Zu den zentralen Gründen, warum der Markteintritt neuer Wettbewerber für bestehende Unternehmen eines Marktes zu verhindern gilt, zählen der Verlust von Marktanteilen und die Minderung der Profitabilität, sofern durch neue Wettbewerber das allgemeine Preisniveau der im Markt angebotenen Produkte / Dienstleistungen sinkt. Vgl. Jelassi & Martínez-López (2020), S. 70.
702 Vgl. Wirtz (2019), S. 75.
703 „Drop shipping" bezeichnet den Vertriebsvorgang im E-Commerce, wenn ein vom Endkunden gekauftes Produkt direkt vom Hersteller an den Endkunden geliefert wird, anstatt zunächst an den Zwischenhändler, über den der Verkaufsvorgang ursprünglich abgewickelt wurde, vgl. Youderian & Hayes (2013), S. 1.
704 Vgl. Watson IV, Weaven, Perkins, Sardana & Palmatier (2018), S. 47, 52.
705 Vgl. Hanschke (2018), S. 7–8.

dem Hintergrund der Digitalisierung im Fokus.[706] Daher kann an dieser Stelle erneut die hohe Relevanz der Betrachtung der Transformation der Customer Journey einer entsprechenden Branche durch die Digitalisierung hervorgehoben werden.

Bereits bei dieser Einführung in die Thematik der Digitalisierung wird deutlich, dass, obwohl die Digitalisierung und somit das Internet eine Schlüsselrolle zur Eröffnung und zum Eintritt in globale Märkte für Unternehmen spielen, die Digitalisierung ebenfalls einige Herausforderungen hervorbringt, denen sich Unternehmen stellen müssen.[707] So ändern digitale Technologien bspw. die Wege der Produktion und der Bereitstellung von Produkten und Dienstleistungen. Dabei prägen diese Veränderungen ebenso die Erwartungen der Gesellschaft an die Digitalisierung im Gesundheitsbereich. So wird davon ausgegangen, dass sich die Digitalisierung in diesem Bereich ebenfalls in den hier aufgezeigten disruptiven Charakter einreiht, da bisherige Ausübungen bestehender Angebote in Frage gestellt werden.[708]

Demnach wird die digitale Transformation im weiteren Verlaufe dieses Kapitels im in dieser Arbeit thematisierten OTC-Pharmamarkt betrachtet. Um einschätzen zu können, wie fortschrittlich dieser bereits in Bezug auf die Digitalisierung ist, wird im nächsten Unterabschnitt zunächst der Status Quo der Digitalisierung der OTC-Pharmabranche beleuchtet.

3.3.2 Status Quo der Digitalisierung des OTC-Pharmamarktes

Zum Zwecke des Aufzeigens eines Status Quo der Digitalisierung des OTC-Pharmamarktes wird zunächst festgestellt, dass auf Basis der Erkenntnisse der vorangehenden Kapitel dieser Arbeit zwei grundlegende Kommunikationsstrategien für OTC-Pharmahersteller im Bereich apothekenpflichtiger, rezeptfreier Arzneimittel an die Patienten identifiziert werden können:

1. Der indirekte Kontakt zum Endverbraucher (Patienten) über den Absatzmittler des Apothekers, der also eine Multiplikator-Rolle einnimmt.
2. Der direkte Patientenkontakt über digitale Medien.

Dabei wurde bereits erläutert, dass der indirekte Kundenkontakt über Apotheker nicht im Fokus der hier getätigten Betrachtung liegt, sondern der direkte Endkundenkontakt über digitale Medien die Untersuchungsgrundlage dieser Arbeit festgelegt.

---

706 Vgl. Hanschke (2018), S. 4.
707 Vgl. Koehn (2018), S. 63.
708 Vgl. Alami, Gagnon & Fortin (2017), S. 3.

So sind die Möglichkeiten des digitalen Direktkontaktes zum Patienten zwar durch rechtliche Rahmenbedingungen eingeschränkt, im Markt der rezeptfreien OTC-Arzneimittel allerdings prinzipiell erlaubt (wie bereits in Unterabschnitt 3.2.3 „Rechtliche Grundlagen und gesundheitspolitische Initiativen" aufgezeigt).

Im Rahmen dieser Betrachtung erfährt das Internet auf Konsumentenseite (im Sinne der vorliegenden Arbeit also aufseiten der Patienten) eine immer größere Bedeutung im OTC-Pharmamarkt. So nimmt es inzwischen nicht nur die Rolle als Informationsmedium ein, sondern ist auch beim Handel mit Arzneimitteln präsent. Zudem informieren sich bereits zwei Drittel der Bevölkerung in Deutschland online über verschiedenste Gesundheitsthemen, wobei diese Recherche in einigen Fällen hilfreich ist, jedoch häufig auch aufgrund von sowohl Qualitätsmängeln als auch einer zu hohen Quantität an Informationen überfordernd auf die Patienten wirken kann.[709] Auch wenn die Bereitstellung von Informationen zu Gesundheitsthemen auf der einen Seite das Wissen der Bevölkerung zu eben diesen verbessern kann und Unternehmen und andere Anbieter bereits aktiv medizinische Informationen zu Gesundheitsproblemen und der präventiven Vorbeugung von Krankheiten bereitstellen, stellen sich viele dieser Informationen auf der anderen Seite jedoch auch durchaus als unübersichtlich, widersprüchlich oder gar falsch heraus.[710] Zu beachten ist hier jedoch ebenso die Verbreitung (besonders in den sozialen Medien) von medizinischen Fehlinformationen durch Patienten selbst.[711] Dieser Mangel an zuverlässigen, qualitativ hochwertigen Gesundheitsinformationen, welche online verfügbar sind, besteht auch weiterhin im Jahre 2021.[712]

---

709 Vgl. Bundesverband der Arzneimittel-Hersteller (2017), S. 7; Eichenberg (2017), S. 81.
710 Vgl. Krüger-Brand (2019), S. 468. Eine Vielzahl an Literatur geht laut Mukherjee & McGinnis (2007) sogar so weit zu sagen, dass durch die Menge an falschen Informationen im Internet und konsequenterweise dem Fehlen adäquater, evidenzbasierter Informationen, die Sicherheit der Patienten gefährdet ist, da dieser Zustand sowohl Einfluss auf die Qualität in der Patientenversorgung als auch auf die Kostenseite des Gesundheitsmarktes nimmt, vgl. Mukherjee & McGinnis (2007), S. 349.
711 Vgl. Krüger-Brand (2019), S. 468. Auch der Begriff der „Cyberchondrie" wird häufig im Zusammenhang mit fehlleitenden Internetrecherchen zu Gesundheitsthemen genannt. Diese entsteht bei Patienten, sobald sie online auf Informationen stoßen, die in ihnen Ängste oder Sorgen auslösen. So wird im Rahmen einer Untersuchung festgestellt, dass über 70 % der in dieser Studie befragten Ärzte, die Entwicklung solcher durch Internetrecherchen ausgelöster Ängste als eine zunehmende Schwierigkeit bei Patienten beobachten. Vgl. Wangler & Jansky (2019), S. 102.
712 Vgl. Wangler & Jansky (2021), S. 360. Da daraufim Zuge der Betrachtung der Gesundheitskompetenz und der gesundheitspolitischen Initiativen bereits ausführlich im

Durch diese „Informationsflut"⁷¹³ entstehen jedoch ebenso vermehrt neue Arten der Kommunikation zwischen Unternehmen und Endkunden; klassische Marketingmaßnahmen wie Werbung erfahren sinkende Resonanz.⁷¹⁴ Dementsprechend besteht hier explizit Handlungsbedarf für die Hersteller von OTC-Arzneimitteln.

Dabei existieren eine Reihe an – oftmals synonym verwendeten – Begriffen, die die digitalen Aspirationen im Gesundheitsmarkt beschreiben. Hierbei sind im Zuge der Recherchen vor allem zu nennen:

- E-Healthcare (abgekürzt auch „E-Health" oder „eHealth" genannt)
- Digital Health
- mHealth
- Telemedizin
- Smart Data
- Health 2.0

Auf diese Begriffe wird im Folgenden kurz eingegangen, um sie mithilfe einzelner Definitionen abzugrenzen und in den Kontext dieser Arbeit zu bringen.

Dabei wird *„E-Healthcare"* (hier abgekürzt: *„E-Health"*) von Mukherjee & McGinnis (2007) definiert als „[...] the combined use of electronic information and communication technology in the health sector for clinical, educational, research, and administrative purposes, both at the local site and across wide geographic regions."⁷¹⁵ Im Rahmen dessen fördert E-Health den weltweit stattfindenden Austausch, was letztlich zu einer verbesserten Gesundheitsversorgung einzelner Länder führt.⁷¹⁶ Zusammenfassend soll E-Health somit den Patienten einen schnellen und einfachen Zugang zu Gesundheitsthemen verschaffen und gleichzeitig im weiteren Sinne für andere zentrale Stakeholder (etwa Ärzte) benötigte Informationen digital bereitstellen.⁷¹⁷

Weiterhin kann der Begriff *„Digital Health"*, ebenso wie *„mHealth"* oder *„Telemedizin"*, als Synonym zum Begriff „E-Health" verwendet werden, um digitale Konzepte aus der Gesundheitsbranche zu beschreiben.⁷¹⁸

Rahmen von Abschnitt 3.2 und dessen Unterabschnitten eingegangen wurde, wird auf eine erneute Thematisierung dessen an dieser Stelle verzichtet.
713 Wolf Sussman (2008), S. 248.
714 Vgl. Wolf Sussman (2008), S. 248.
715 Mukherjee & McGinnis (2007), S. 350.
716 Vgl. Mukherjee & McGinnis (2007), S. 350.
717 Vgl. Mukherjee & McGinnis (2007), S. 351.
718 Vgl. Arthur D. Little (2016), S. 4.

Wird der Begriff „Smart Data" betrachtet, beschreibt dieser die effektive, zielgerichtete Auswertung von unterschiedlichen Datenquellen, darunter auch Big Data – also eine große, zumeist unstrukturierte Menge an Daten –, die verwendet werden kann, um Entscheidungsfindungsprozesse zu unterstützen.[719] *Health 2.0* hält eine Menge, nicht unumstrittener, Definitionen inne, welche sich grundsätzlich auf den Einsatz von Web 2.0 – also moderner Anwendungsformen des Internets – in der Gesundheitsbranche beziehen und von Sturm (2010) diskutiert werden.[720] Health 2.0 und dessen Begrifflichkeiten lassen sich aus diesem Umstand laut Sturm (2010) nur schwer in einen einheitlichen, wissenschaftlichen Diskurs einbringen.[721] Im Kontext dieser Arbeit wird Health 2.0 daher dem E-Health-Begriff synonym untergeordnet.

Nachdem die elementarsten Begriffe der Digitalisierung im Gesundheitsmarkt definitorisch abgegrenzt wurden, wird nun auf die verschiedenen, digitalen Marketingaspekte in diesem Markt eingegangen.

Zunächst kann in diesem Zusammenhang allgemein festgestellt werden, dass eine Priorisierung von Digital Health in der Pharmabranche vor allem für das Marketing von Bedeutung ist, da die Strategien zum Einsatz von Lösungen im Bereich Digital Health vorrangig im Rahmen des Marketing eines Unternehmens bestimmt werden.[722] Zum Zwecke des Patientenerlebnisses und der Beeinfluss und Entwicklung des Markenbildes eines Unternehmens, nimmt durch die Vielzahl verschiedener Kommunikationskanäle in diesem Markt, die Multichannel-Kommunikation eine zentrale Rolle ein.[723]

Werden einzelne Instrumente dieser betrachtet, besteht für OTC-Pharmahersteller eines davon aus dem Einsatz von Foren oder auch Präsenzen bei Social Media, um spezielle Patientengruppen gezielt zu adressieren und ggf. durch den Einsatz von Experten auf diesen Plattformen qualitativ aufzuwerten. Diese Form von Online-Marketing fördert den Austausch von Patienten untereinander zu einem bestimmten Krankheitsbild oder speziellen Medikamenten, und ermöglicht den Patienten, sich selbstständig zu informieren. An dieser Stelle hat der Pharmahersteller die Möglichkeit, als „Partner" für die Patienten aufzutreten und neben den entsprechenden Arzneimitteln auch Services rund um das entsprechende Krankheitsbild oder den Gesundheitsmarkt an sich bereitzustellen.[724]

---

719 Vgl. Iafrate (2015), S. 13–14, 19.
720 Vgl. Sturm (2010), S. 76–80.
721 Vgl. Sturm (2010), S. 80.
722 Vg. Arthur D. Little (2016), S. 8.
723 Vgl. Sevenval (2018), S. 13.
724 Vgl. Petersen (2015), S. 40–41.

Jedoch ist etwa bei Social Media-Auftritten von Pharmaunternehmen häufig auch Vorsicht geboten, da der Arzneimittelmarkt – wie bereits in Unterabschnitt 3.2.3 dieser Arbeit aufgezeigt – strengen Reglementierungen unterliegt. Diese nehmen ebenso Einfluss auf die Ausrichtung der Pharmahersteller im Bereich Social Media, da oftmals Befürchtungen aufkommen, in diesem Bereich dem reglementierten Umfang zur Überwachung der Medikamentenrisiken nicht nachzukommen oder für nutzergenerierte Inhalte haften zu müssen, die womöglich gegen das HWG verstoßen.[725] Trotzdem kann festgestellt werden, dass die sozialen Medien als ein erster Anlaufpunkt für Fragen von Patienten sinnvoll sind, um einen direkten Kommunikationskanal zwischen Endverbraucher und Unternehmen aufzubauen. Unter Berücksichtigung von gesetzlichen Einschränkungen ist dies möglich, setzt jedoch etwa eine konsequente und akkurate Moderation vonseiten der Unternehmen voraus.[726]

Ebenfalls sollte der dortige Austausch – zwischen Patienten und Unternehmen sowie den Patienten selbst – von Unternehmen ausgehend mit relevanten Informationen angestoßen werden.[727] Über das digitale Kommunikationsmedium der Social Media-Plattformen hinaus werden weiterhin bereits neue Formen der patientenfokussierten, digitalen Kommunikation zum Patienten

---

725 Vgl. Maur (2018b), S. 1.
726 Vgl. Maur (2018b), S. 4. In diesem Zusammenhang wird auf eine Studie von Ogilvy Health (2020) verwiesen, in welcher das Verhalten und die Präsenz von Unternehmen der Pharma- und Gesundheitsbranche in den sozialen Medien untersucht wird. Diese offenbart, dass Unternehmen dieser Branche bereits (teilweise) aktiv und regelmäßig in den sozialen Medien agieren. Das übergreifende Ergebnis der Studie ist eine Rangfolge an Unternehmen, die als „social leaders" der Branche betitelt werden. Die Kriterien für diese Rangfolge umfassen „Corporate Identity", „Content", „Community Management", „Tech Optimisation" und „Paid Social". Die Rangfolge der führenden Pharma- und Gesundheitsunternehmen im Bereich der sozialen Medien ist dabei wie folgt (absteigend nach der numerischen Gesamtbewertung): Boehringer Ingelheim, AbbVie, GSK, Pfizer, Novo Nordisk, Eli Lilly, Novartis. Auf diese Unternehmen folgend gliedern sich (ebenfalls absteigend nach numerischer Gesamtbewertung) die folgenden Unternehmen ein: BMS, Roche, Amgen, Sanofi, Janssen, AstraZeneca, MSD, Gilead Sciences. Diese zweite Gruppe an Unternehmen ist laut Ogilvy Health (2020) allerdings nicht fortschrittlich genug in den sozialen Medien vertreten. Vgl. Ogilvy Health (2020), S. 5. Die Studie deckt ebenfalls auf, dass „Corporate Identity" flächendeckend der stärkste untersuchte Bereich in den Branchen ist, der Bereich „Content" hingegen bei 60 % der untersuchten Unternehmen eine unzureichende Performance aufweist, vgl. Ogilvy Health (2020), S. 24.
727 Vgl. Maur (2018b), S. 4.

durch innovative Services entwickelt.[728] So lassen sich bereits jetzt (im gesamten Gesundheitsmarkt) eine Vielzahl mobiler Applikationen (App) finden, welche Patienten bereitgestellt werden. Beispiele hierfür sind Apps, die den Patienten an die nächste Pilleneinnahme erinnern, oder die dem Patienten ein Tagebuch zur Krankheitsüberwachung zu Verfügung stellen.[729] Exemplarisch können hier die Rückenschulen-, oder Pollenradar-App von Ratiopharm genannt werden,[730] die App „Diagnosia", die Ärztinnen und Ärzte digital Unterstützung zu Wechselwirkungen von Arzneimitteln und Fachinformationen gibt,[731] oder die App „Medgate", die es Ärzten und Patienten ermöglicht, digital miteinander zu kommunizieren.[732] Jedoch fällt auf, dass diese innovativen Ansätze oftmals nicht von den traditionellen Anbietern des Gesundheitssystems bereitgestellt werden, wie Pharmaherstellern, Krankenhäusern oder Ärzten.[733]

Trotz dieser positiven Entwicklungen des Fortschrittes der Digitalisierung im Pharmamarkt wird mit Blick auf den deutschen Digitalisierungsindex[734] 2017 deutlich, dass die Pharma- und Chemiebranche von insgesamt elf verschiedenen Branchen den siebten Platz belegt. Das Gesundheitswesen als dort eigens betrachtete Branche belegt im Digitalisierungsindex den letzten Platz.[735]

---

728 Vgl. Schachinger (2013), S. 795.
729 Vgl. Petersen (2015), S. 14; Haßing & Müther (2020), S. 99.
730 Vgl. Ratiopharm (2020).
731 Vgl. Diagnosia (2020).
732 Vgl. Medgate (2020).
733 Vgl. Schachinger (2013), S. 795–796; Illert (2017), S. 282.
734 Eine Studie zum Digitalisierungsindex (auch „Wirtschaftsindex DIGITAL" betitelt) der deutschen Wirtschaft wird jährlich vom Bundesministerium für Wirtschaft und Energie veröffentlicht, und zeigt den für das jeweilige Jahr aktuellen und für die nächsten Jahre voraussichtlich zukünftig prognostizierten Grad der Digitalisierung der gewerblichen Wirtschaft auf. Dieser ist dabei in elf Branchen aufgeteilt. Vgl. Bundesministerium für Wirtschaft und Energie (2017), S. 5. Die Skala des Index reicht von einer zu erreichenden Punktzahl von null bis hundert, vgl. Bundesministerium für Wirtschaft und Energie (2018), S. 6.
735 Vgl. Przegendza (2017), S. 10; Bundesministerium für Wirtschaft und Energie (2017), S. 24. Die Pharmabranche erreicht in dem Index 45 von 100 Indexpunkten und gilt somit als „mittelmäßig digitalisiert". Die Gesundheitsbranche hat lediglich 37 Indexpunkte erreicht. Vgl. Bundesministerium für Wirtschaft und Energie (2017), S. 24 Laut dem „Monitoring-Report Wirtschaft DIGITAL 2018" hat die Branche Pharma / Chemie im Jahr 2018 einen Wert von 50 Indexpunkten erreicht, das Gesundheitswesen hat auch wie im Jahr zuvor 37 Indexpunkte erreicht. Allerdings wird hier ein Anstieg auf 42 Indexpunkte bis zum Jahr 2023 prognostiziert. Vgl. Bundesministerium für Wirtschaft und Energie (2018), S. 13.

Diese Werte können dabei begründet werden mit der geringen Umsetzung von digitalen Lösungen und somit einem niedrigen, digital generierten Umsatz. So belegen Branchen wie der Handel oder IT & Kommunikationstechnik die vorderen Ränge, was verdeutlicht, dass im Pharma- und Gesundheitswesen Handlungsbedarf mit Blick auf die Digitalisierung besteht.[736]

Werden die gleichzeitig vorherrschenden, marktseitigen Treiber und Herausforderungen, welche aus der allgemeinen Zunahme der Digitalisierung resultieren betrachtet, wird deutlich, dass die OTC-Pharmabranche sich verändert und die Unternehmen sich entsprechend weiterentwickeln müssen.[737] In einer Befragung im „Branchenmonitor Consumer Healthcare 2016" definieren teilnehmende OTC-Manager einen Katalog an marktseitigen Herausforderungen.[738] In diesem Zusammenhang besonders hervorzuheben für die Zielsetzung dieser Arbeit sind die von Laven & Klauke (2017) identifizierten, marktseitigen Herausforderungen „Steigender Wettbewerbsdruck im OTC-Marktumfeld"[739], „Steigende Eigenverantwortung der Konsumenten/Patienten"[740], „Sinkende Resonanz klassischer Werbung beim Endverbraucher"[741] und „Kooperationsausbau mit Unternehmen anderer Branchen"[742].[743] Diese marktseitigen Herausforderungen verdeutlichen die Problemstellung dieser Arbeit.

---

736 Vgl. Przegendza (2017), S. 10–11.
737 Vgl. Laven & Klauke (2017), S. 24–25.
738 Vgl. Laven & Klauke (2017), S. 24–25. In der Befragung geben drei von vier Befragten (n = 48 Manager aus dem OTC-Pharmabereich) an, dass sie mit der aktuellen Geschäftslage im deutschen OTC-Markt nicht zufrieden sind. Gleichzeitig prognostizieren beinahe alle Befragten ein Markt- und Unternehmenswachstum über die folgenden fünf Jahre, vgl. Laven & Klauke (2017), S. 24.
Kommentar: Die hier und im Folgenden dieser Arbeit aufgezeigten Ergebnisse der Befragung, zitiert aus Laven & Klauke (2017), gehen aus einer Studie des Zielmarktes „Consumer Healthcare" hervor. Obschon dieser in seiner Begriffsdefinition OTC-Konsumgüter im Arzneimittelbereich (nicht apothekenpflichtig) einschließt, welcher aber in dieser Dissertation nicht der Betrachtungsmarkt ist, gibt diese Studie dennoch Aufschluss über den apothekenpflichtigen OTC-Arzneimittelmarkt mit einem breiteren Betrachtungshorizont der Branche.
739 In der Befragung liegt diese Herausforderung auf Rang eins, vgl. Laven & Klauke (2017), S. 25.
740 In der Befragung liegt diese Herausforderung auf Rang drei, vgl. Laven & Klauke (2017), S. 25.
741 In der Befragung liegt diese Herausforderung auf Rang sechs, vgl. Laven & Klauke (2017), S. 25.
742 In der Befragung liegt diese Herausforderung auf Rang neun, vgl. Laven & Klauke (2017), S. 25.
743 Vgl. Laven & Klauke (2017), S. 25. Andere aus dieser Befragung hervorgehende marktseitige Herausforderungen sind: „Markteintritt neuer OTC-Hersteller

Um diesen Herausforderungen entgegenzuwirken, steuert die Befragung ebenfalls verschiedene Wachstumshebel bei. Vor dem Hintergrund der dieser Dissertation zugrundeliegenden Fragestellung, und unter Berücksichtigung des marktseitigen Fokus auf apothekenpflichtige OTC-Arzneimittel, eröffnen besonders die folgenden Wachstumstreiber neue Spielfelder durch die Digitalisierung: „Markenaufbau durch neue Kommunikationskanäle"[744], „Frühzeitiges Erkennen neuer Patientenbedürfnisse"[745], „Optimierung Kundenservice/Kundenbindung"[746] und „Ergänzung des Produktangebots (neue Services)"[747,748] Diese Hebel sind richtungsweisend für die strategische Entwicklung von OTC-Pharmaherstellern.[749]

Darüber hinaus wurde bereits in Unterabschnitt 3.1.1 die allgemeine, traditionelle Wertschöpfungskette im Pharmamarkt aufgezeigt. Diese wird durch die Einflussnahme der Digitalisierung ebenfalls beeinflusst. Welche digitalen

---

(z.B. aus FCMG/Rx)" (Rang zwei), „Verstärkte Marktkonzentration (z.B. Übernahmen)" (Rang drei) (dieser Rang ist geteilt mit „Steigende Eigenverantwortung der Konsumenten/Patienten"), „Steigende Preissensitivität der Kunden (z.B. Apotheken)" (Rang fünf), „Steigende Preissensitivität der Konsumenten / Patienten" (Rang sieben), „Rückgang Apothekerempfehlung" (Rang acht), „Herausforderung mit Blick auf Rohstoffe" (Rang zehn), „Rückgang Arztempfehlung" (Rang elf), und „Sinkende Nachfrage nach OTC Arzneimitteln" (Rang zwölf). Vgl. Laven & Klauke (2017), S. 25.

744 In der Befragung liegt diese Herausforderung auf Rang eins, vgl. Laven & Klauke (2017), S. 26.
745 In der Befragung liegt diese Herausforderung auf Rang zwei vgl. Laven & Klauke (2017), S. 26.
746 In der Befragung liegt diese Herausforderung auf Rang drei vgl. Laven & Klauke (2017), S. 26.
747 In der Befragung liegt diese Herausforderung auf Rang sechs vgl. Laven & Klauke (2017), S. 26.
748 Vgl. Laven & Klauke (2017), S. 26. Andere aus dieser Befragung hervorgehende Wachstumstreiber sind: „Portfoliooptimierung (neue Präparate)" (Rang drei) (dieser Rang ist geteilt mit „Optimierung Kundenservice / Kundenbindung"), „Internationalisierung" (Rang fünf), „Portfoliooptimierung durch Erweiterung (Line Extension)" (Rang sieben), „Verstärkte Nutzung neuer Vertriebskanäle (z.B. Drogerie)" (Rang acht), „Optimierung Pricing" (Rang neun), „Optimierung der Portfolioarchitektur (z.B. Dachmarken)" (Rang zehn), „Markenaufbau durch klassische Kommunikation" (Rang elf), und „Diversifikation in neue Markt-Segmente" (Rang zwölf). Vgl. Laven & Klauke (2017), S. 26.
749 Vgl. Laven & Klauke (2017), S. 26.

Digitalisierung und Cross-Industry Innovation 163

Werkzeuge an welchem Teil der Wertschöpfungskette Bedeutung finden, wird anhand einer Studie von Roland Berger (2016) herausgestellt (Abbildung 12):[750]

PHARMAUNTERNEHMEN →	Forschung & Entwicklung	Beschaffung / Produktion	Marketing (inkl. Vertrieb)
DIGITALES INSTRUMENT ┐			
Smart Data			
Industry 4.0			
Digital Health			
Multichannel-Management			

Abbildung 12: Wertschöpfungskette im Pharmamarkt mit Einfluss der Digitalisierung[751]

So wird in Abbildung 12 deutlich, dass Digital Health klar von Industry 4.0 abgrenzbar ist und ausschließlich im Rahmen von Marketing (inkl. Vertrieb) stattfindet. Die Berührungspunkte und dennoch marginale Abgrenzung von Digital Health und Multichannel-Management werden hierbei ersichtlich. Einzig das digitale Instrument Smart Data erstreckt sich in seinem Einfluss über die gesamte Wertschöpfungskette eines (forschenden) Pharmaherstellers.

Diese digitalen Wertschöpfungspotenziale zeigen auf, dass die Digitalisierung in dem Markt mehrfach wirken kann: So entstehen über das Ziel der

---

750 Vgl. Roland Berger (2016), S. 12. Begriffe aus dieser Grafik, welche im Rahmen dieser Arbeit noch nicht definiert wurden, umfassen „Industry 4.0" und „Multichannel Management". Industry 4.0 beschreibt die digitale Transformation industrieller Märkte und somit die Transformation von Geschäftsmodellen durch die Verschmelzung von reellen und virtuellen Welten unter Zuhilfenahme von Autonomisierung, Digitalisierung und Robotertechnik. Vgl. Götz & Jankowska (2017), S. 1633. Multichannel Management beschreibt die simultane Nutzung verschiedener Kanäle, um die Kunden dadurch auf mehreren Ebenen erreichen zu können, vgl. Trudnowski, Schwarte & Beyer (2020), S. 149. Im Zusammenhang mit dem digitalen Einfluss auf die Wertschöpfungskette im Pharmamarkt können ebenso weitere digitale Instrumente Anwendung finden. So thematisieren Schweizer & Hüning (2020) etwa den Einfluss einer Blockchain auf die Wertschöpfungskette vom Pharmahersteller bis zum Endkunden (Patienten), um die Sicherheit ihrer Arzneimittel entlang der Wertschöpfungskette durchgängig sicherstellen zu können, vgl. Schweizer & Hüning (2020), S. 42.
751 Vgl. Roland Berger (2016), S. 12.

digitalen Kommunikation mit dem Endkonsumenten hinaus mehrere Einsatzfelder, sodass z.B. Smart Data bereits Vorteile ab der Forschung und Entwicklung bis hin zu Vertrieb und Marketing bringt.

So beschreiben Schweizer & Hüning (2020), dass auf Basis der Patientendaten angereicherte Big Data eine angewandte Künstliche Intelligenz (und damit Smart Data) dabei unterstützen kann, potenzielle Nebenwirkungen schon während der Forschung & Entwicklung (bei forschenden Pharmaunternehmen) aufzuzeigen.[752] Ebenfalls spielt durch die Vielzahl verschiedener Kommunikationskanäle in diesem Markt – wie bereits in diesem Unterabschnitt erläutert – die Multichannel-Kommunikation eine zentrale Rolle, da diese zum Patientenerlebnis beiträgt.[753] Auf Grundlage bisherig dargelegter Erkenntnisse über die Digitalisierung im OTC-Pharmamarkt wird vor dem Hintergrund der dieser Arbeit zugrundeliegenden Forschungsfrage nun darauf eingegangen, welche Rolle Strategische Allianzen im OTC-Pharmamarkt vor dem Hintergrund der Digitalisierung einnehmen.

3.3.3 Rolle Strategischer Allianzen im OTC-Pharmamarkt vor dem Hintergrund der Digitalisierung

Wie bereits dargelegt, nehmen Strategische Allianzen in der gesamtheitlichen Pharmabranche eine wichtige Rolle ein. Da innerhalb dieser Arbeit spezifisch die Digitalisierung im OTC-Pharmamarkt untersucht wird, wird daher im Folgenden die Rolle Strategischer Allianzen im OTC-Pharmamarkt vor dem Hintergrund der Digitalisierung beleuchtet.

Dabei ist zunächst für die weitere Bearbeitung dieser Arbeit festzustellen, dass sich die ambivalente Zuordnung von Entwicklungs- und Innovationsprojekten[754] auf das Marketing auf den Umstand zurückführen lässt, dass insbesondere solche Projekte, die eine Bereicherung der digitalisierten Customer Journey darstellen, Projekte sind, die im Zusammenhang mit Informations- und Kommunikationstechnologien (IKT) und Elektronischer Datenverarbeitung (EDV) stehen. Diese werden somit häufig als (Software)-Entwicklungsprojekte tituliert, obschon deren primärer Wertbeitrag als Marketinginstrument unstrittig ist.

---

752 Vgl. Schweizer & Hüning (2020), S. 38.
753 Vgl. Sevenval (2018), S. 13.
754 Dabei werden somit auch jene Entwicklungs- und Innovationsprojekte gemeint, denen ein Ursprung aus einer Strategischen Allianz innewohnt.

So wurden Strategische Allianzen in den letzten Jahren für Unternehmen in u.a. der Pharma- als auch Technologiebranche zu einem zentralen Erfolgsfaktor.[755] Im Zuge dessen werden im Rahmen der Studie mit dem Titel „Do digital innovations drive externalization in pharma?" von BearingPoint (2015) die Hauptziele durch die Digitalisierung in der Pharmabranche benannt, welche aus Strategischen Allianzen, neuen Geschäftsmodellen sowie Knowhow und verbesserten Innovationsprozessen bestehen.[756] Weiterhin werden digitale Instrumente und Innovationen als bedeutsame Werkzeuge angesehen, um aktuelle Herausforderungen innerhalb der Pharmabranche, wie etwa veränderte Kundenanforderungen durch Technologieentwicklungen, oder den Eintritt in den Markt durch neue Wettbewerber, bewerkstelligen zu können.[757]

Im Hinblick auf Strategische Allianzen rücken daher beispielsweise Partnerschaften zwischen Start-Ups und großen, etablierten pharmazeutischen Unternehmen in den Fokus und werden häufig aufgrund des Vorteiles der gegenseitigen Ergänzung von Fähigkeiten gebildet.[758]

BearingPoint (2015) untersucht in gleichnamiger Studie weiterhin, ob digitale Innovationen in der Pharmabranche die Externalisierung (im Sinne von strategischer Zusammenarbeit oder Outsourcing) vorantreiben. Obgleich in dieser Studie festgestellt wird, dass digitale Innovationen das Geschäftstreiben der Branche beeinflussen, kann kein flächendeckender Zusammenhang zwischen den digitalen Innovationen aller Geschäftsbereiche eines Unternehmens und einer Externalisierung festgestellt werden.[759] Entgegen dieser Feststellung kann für die Untersuchungskohorte „Marketing" von einem durchaus starken Zusammenhang zwischen dem aktuellen und dem zukünftig zunehmend, digitalgetriebenen Einsatz von Externalisierung ausgegangen werden. Allem voran wird dabei die verstärkte Nutzung – meist extern bezogener – digitaler Instrumente (z.B. in der Marktforschung) angeführt, um zu untermauern, dass die Digitalisierung die Externalisierung im Marketing befeuert. Durch

---

755 Vgl. Yoon, Rosales & Talluri (2018), S. 862.
756 Vgl. BearingPoint (2015), S. 7.
757 Vgl. BearingPoint (2015), S. 3.
758 Vgl. Yoon, Rosales & Talluri (2018), S. 862.
759 Vgl. BearingPoint (2015), S. 3. Die fehlende flächendeckende Korrelation kann laut den Autoren der Studie damit begründet werden, dass der Trend der Digitalisierung (mit seinen schwerwiegenden Veränderungen) in der Pharmabranche zum Zeitpunkt der Studie (2015) noch neuartig war. Sie gehen daher davon aus, dass es dauert, bis sich Pharmaunternehmen an diese Veränderungen anpassen können. Vgl. BearingPoint (2015), S. 3.

den Zusammenhang des Einsatzes digitaler Instrumente und der dargestellten Externalisierung, werden digitale Lösungen wie Gesundheitsapps für die Stakeholder der Pharmabranche, Online-Communities sowie Auftritte in den sozialen Medien als Instrumente mit der voraussichtlich höchsten Performance-Verbesserung angesehen.[760]

Auch Arthur D. Little (2016) macht deutlich, dass es für eine erfolgreiche Umsetzung entsprechender Digitalisierungsstrategien im Bereich der Pharmabranche neue Fähigkeiten benötigt, weshalb Partnerschaften als ein maßgebliches Instrument zur Erreichung eben dieser angesehen werden.[761]

Zu diesem Zwecke zeigt Arthur D. Little (2016) ebenfalls auf, dass Gesundheitsdienstleister, sowie Unternehmen für Software und Medizintechnik zu den relevantesten Partnern für die Pharmabranche zählen.[762]

Eine weitere Studie zeigt deutlich auf, dass Partnerschaften in sowohl der Gesundheitsbranche insgesamt als auch in der Pharmabranche an sich zunehmend an Relevanz gewinnen, um digitale Kompetenzlücken schließen zu können. Dabei offenbart die Studie, dass dies besonders für etablierte Großkonzerne gilt, da sich die Entwicklung und anschließende Umsetzung digitaler Maßnahmen für diese aufgrund ihrer zumeist komplexen Infrastruktur sehr aufwendig gestaltet.[763] Um sich die Möglichkeiten, welche für Unternehmen durch die Digitalisierung entstehen, zu eigen zu machen, schließen Technologiekonzerne wie Apple, Google oder IBM bereits Partnerschaften mit großen Pharma- und Gesundheitsunternehmen, um Zugriff auf die massive Menge digitaler Gesundheitsdaten zu erhalten und daraus neue Geschäftsmöglichkeiten zu schöpfen.[764]

Bekannte Beispiele solcher Kooperationen im Bereich der Pharmabranche sind die Partnerschaften zwischen Google und diversen Pharmaunternehmen wie Novartis, Sanofi und DexCom. Innerhalb dieser wurden gemeinsam Technologien im Bereich der innovativen Behandlung von Diabetes entwickelt.[765] Ein weiteres, hier passendes Beispiel stellt die Kooperation zwischen Merck und Medisafe dar. Medisafe ist ein Start-Up aus den USA und kooperiert seit 2018 mit Merck, um gemeinsam Patienten mit Herz-Kreislauf-Erkrankungen

---

760 Vgl. BearingPoint (2015), S. 10–12.
761 Vgl. Arthur D. Little (2016), S. 9.
762 Vgl. Arthur D. Little (2016), S. 9.
763 Vgl. Econsultancy & Adobe (2017), S. 8.
764 Vgl. Econsultancy & Adobe (2017), S. 8.
765 Vgl. Econsultancy & Adobe (2017), S. 7.

mithilfe der App von Medisafe bei der Einnahme ihrer Arzneimittel zu unterstützen.[766]

Bestandteile dieser Allianz, die unterstreichen, inwiefern beide Partnerunternehmen sowie die Patienten als Endkunden dieser von der Kooperation profitieren, sind u.a.:[767]

- Die Patienten erhalten durch die App Erinnerungen zur Einnahme ihrer Arzneimittel auf ihrem mobilen Endgerät.
- Die App wird Kunden von Merck kostenfrei zur Verfügung gestellt.
- Die durch die App gesammelten Daten werden in anonymisierter Form an Merck übermittelt, um daraus Informationen über ihre Kunden zu erhalten und ggf. Anpassungen bzw. Verbesserungen einzuleiten.
- Die Adhärenz[768] der Patienten wird durch die Bereitstellung und den Einsatz spezifischer Behandlungs- und Informationsangebote innerhalb der Applikation erhöht.

Weiterhin kann die strategische Partnerschaft zwischen Merck und Alibaba Health genannt werden, welche zum Ziel hat, gemeinsam für den Zielmarkt China, patientenzentrierte digitale Dienstleistungen zu entwickeln.[769] Abschließend zur hier getätigten exemplarischen Betrachtung Strategischer Allianzen des Pharmamarktes vor dem Hintergrund der Digitalisierung stellen Herlant & Bauwens (2017) eine Übersicht verschiedener Partnerschaften (und Übernahmen) dar, welche das klassische Pharmageschäft mit digitalen Technologien verknüpfen, um neue Behandlungsformen für Patienten bereitstellen zu können. Hier wird u.a. die Zusammenarbeit von Novartis und Qualcomm genannt, bei welcher zur besseren Behandlung der Lungenkrankheit „Chronic obstructive pulmonary disease"[770] (COPD) gemeinsam verbesserte Inhalatoren entwickelt werden, welche drahtlos Daten in Echtzeit an das mobile Endgerät des Patienten und an die Cloud von Novartis senden.[771]

Herlant & Bauwens (2017) sprechen sich in ihrer Untersuchung deutlich für eine Zusammenarbeit mit Partnern im Bereich der Digitalisierung in der

---

766 Vgl. Sevenval (2018), S. 17.
767 Vgl. Sevenval (2018), S. 17.
768 Im Bereich des Gesundheitswesens beschreibt der Begriff „Adhärenz" des Patienten die Einhaltung einer medizinischen Therapie (auch „Therapietreue" genannt), vgl. Fischer, Hoyer & Höcherl (2017), S. 175.
769 Vgl. Merck (2018).
770 Zu deutsch: „Dauerhaft atemwegsverengende Lungenerkrankung".
771 Vgl. Herlant & Bauwens (2017), S. 5.

Pharmabranche aus, um auf relevante digitale Fähigkeiten zugreifen zu können. Sie beschreiben Strategische Allianzen als „[...] a key building block in the development of digitally enabled competitive advantages."[772]

Wie bereits mehrfach in den vorangehenden Ausführungen erwähnt, haben die Entwicklungen durch die Digitalisierung (im Gesundheitsmarkt) einen disruptiven Charakter, was Einfluss auf das bestehende Geschäftsmodell (im Folgenden auch synonym „Business Model" genannt) eines Unternehmens haben kann. Folglich wird das Konzept der „Business Model Innovation" im nächsten Unterabschnitt dargestellt.

3.3.4 Business Model Innovation durch Digitalisierung

Wie im vorangehenden Unterabschnitt aufgezeigt, zählt die Entwicklung neuer Geschäftsmodelle zu den wichtigsten Zielen von Pharmaunternehmen vor dem Hintergrund der Digitalisierung.[773] Dabei hat die Digitalisierung einen starken Einfluss auf verschiedene Bereiche eines Unternehmens und oftmals auf das gesamte Geschäftsmodell des Unternehmens. So entstehen neue Geschäftsmodelle (auch durch die Bildung neuartiger Kooperationen zwischen Unternehmen), welche zu innovativen, neuen Dienstleistungs- und Produktangeboten für Kunden führen. Gleichzeitig ist zu beobachten, dass diese Entwicklung Druck auf die Unternehmen ausübt, da diese ihre aktuelle Strategie überdenken und neue Geschäftsmöglichkeiten bereits früh und systematisch in Betracht ziehen müssen.[774]

Für die Begriffsdefinitionen von Business Model (BM)[775] und Business Model Innovation (BMI)[776] werden nach ausgiebiger Sichtung der Literatur, aufgrund einer Vielzahl an vorhandenen Definitionen, die folgenden Begriffsdefinitionen als in dieser Arbeit gültig anerkannt, da diese nach eigener Auffassung

---

772 Herlant & Bauwens (2017), S. 12.
773 Vgl. BearingPoint (2015), S. 13.
774 Vgl. Johnson, Christensen & Kagermann (2017), S. 1; Rachinger, Rauter, Müller, Vorraber & Schirgi (2019), S. 1143.
775 Definitionen und Erklärungsansätze sind beispielsweise nachzuvollziehen bei Johnson, Christensen & Kagermann (2008), S. 52–53; Chesbrough (2010), S. 355; Teece D. (2010), S. 172; Wirtz, Pistoia, Ullrich & Göttel (2016), S. 36 und Rachinger, Rauter, Müller, Vorraber & Schirgi (2019), S. 1145–1146.
776 Definitionen und Erklärungsansätze sind beispielsweise nachzuvollziehen in der ganzheitlichen Veröffentlichung von Gassmann, Frankenberger & Sauer (2016) und innerhalb der umfassenden Literature Reviews von Foss & Saebi (2017) sowie Ramdani, Binsaif & Boukrami (2019), oder weiterhin bei Girotra & Netessine (2014),

den Forschungsrahmen am präzisesten erfassen. So ist ein Business Model die Summe an Mechanismen, sowie die Wertschöpfung und -bereitstellung, welche ein Unternehmen nutzt, um für seine Kunden einen Wert und hierfür auch eine Zahlungsbereitschaft zu erzeugen, wodurch ein Gewinn für das Unternehmen generiert werden soll. Hierdurch zeigt ein Unternehmen, wie es unerfüllte Bedürfnisse von Kunden identifiziert und seine Technologien und Unternehmensaktivitäten darauf ausrichtet, eben diese spezifisch zu erfüllen. Dementsprechend muss ein Geschäftsmodell, um langfristig profitabel für ein Unternehmen zu wirken, ein richtiges Gleichgewicht zwischen Wertgenerierung, Wertbereitstellung beim Kunden, und der Realisierung des Wertes – im Sinne von Gewinn – beim Unternehmen selbst aufweisen.[777]

Aufbauend auf dieser vorangehenden Definition eines Business Models kann schließlich der Begriff „Business Model Innovation" beschrieben werden als Veränderungen des Geschäftsmodells bzw. als „[…] changes made in the business logic for creating and capturing value"[778] – welche beispielsweise durch eine Digitalisierung des Geschäftsmodells hervorgerufen werden können.[779] So kann Business Model Innovation etwa zu einer Verbindung von Unternehmen als neuartige Partner führen oder bereits bestehende Partnerschaften zwischen Unternehmen neu gestalten lassen sowie gleichermaßen von Grund auf neue, digital-basierte Lösungen in die Geschäftsaktivitäten einführen, und damit traditionell-etablierte Anwendungen verschwinden lassen.[780]

Nach Bouwman, Nikou, Molina-Castillo & de Reuver (2018) kann Business Model Innovation dabei generell in drei Literaturströme unterteilt werden: Erstens betrachtet BMI den Einfluss digitaler Anwendungen, des Internets allgemein und der IT auf die Infrastruktur eines Unternehmens. Zweitens wird die Thematik der BMI auf das allgemeine Technologie- und Innovationsmanagement sowie drittens auf strategische Angelegenheiten eines Unternehmens angewandt, die sowohl mit dessen Leistungsfähigkeit als auch Wertschöpfung verbunden sind.[781] Auf Basis dieser Einteilung wird BMI im Zuge der vorliegenden Arbeit ausschließlich hinsichtlich der Nutzung von digitalen Anwendungen wie dem Internet oder sonstigen mobilen Strömen im Rahmen der

---

S. 99; Heikkilä, Bouwman & Heikkilä (2018), S. 108 und Rachinger, Rauter, Müller, Vorraber & Schirgi (2019), S. 1145–1146.
777 Vgl. Teece D. (2010), S. 172.
778 Bouwman, Nikou, Molina-Castillo & de Reuver (2018), S. 107.
779 Vgl. Zott & Amit (2017), S. 19 20.
780 Vgl. Zott & Amit (2017), S. 20.
781 Vgl. Bouwman, Nikou, Molina-Castillo & de Reuver (2018), S. 106.

strategischen Ausrichtung in Bezug auf die Leistung eines Unternehmens betrachtet. Darauf aufbauend kann das klassische Geschäftsmodell (Business Model) dabei in fünf elementare Komponenten aufgeteilt werden, welche durch Verknüpfung miteinander ein übergreifendes Gerüst bilden (siehe Abbildung 13):[782]

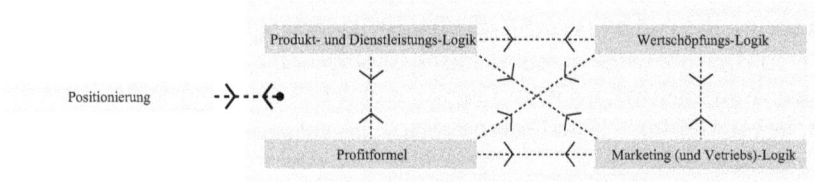

Abbildung 13: Bestandteile eines Geschäftsmodells[783]

Dieses Gerüst eines Business Models kann im Weiteren auf den Begriff der Business Model Innovation angewandt werden und wird demnach im Folgenden auf dieses übertragen. Dabei ist es für BMI von Bedeutung, diese Komponenten innovativ zu erneuern.

Dies beginnt mit der Komponente der *„Positionierung"*, welche die Ausrichtung des Unternehmens im Markt festlegt. Mit Bezug auf Business Model Innovation sollte die (neue) Positionierung einzigartig und nachhaltig sein, um (potenzielle) Kunden zielgerichtet von den Vorteilen des eigenen Angebotes zu überzeugen.[784]

Das daran anschließende Element besteht aus der *„Produkt- und Dienstleistungs-Logik"*, welche mit der Positionierung fest verzahnt ist und auf diese ausgerichtet sein muss. Dies gilt besonders im Rahmen von BMI, da innovative Produkt- und Dienstleistungsangebote als Instrument zur Realisierung einer neuartigen Positionierung im Markt dienen.[785]

Daran angeschlossen befindet sich der Bestandteil der *„Wertschöpfungs-Logik"*. Um die entsprechenden Angebote eines Unternehmens zu vermarkten, wird innerhalb dieser Komponente die Gestaltung von Prozessen und Aktivitäten eines Unternehmens festgelegt. Im Rahmen dessen steht ebenfalls die

---

782 Vgl. Matzler, Bailom, von den Eichen & Kohler (2013), S. 33.
783 Vgl. Matzler, Bailom, von den Eichen & Kohler (2013), S. 33.
784 Vgl. Matzler, Bailom, von den Eichen & Kohler (2013), S. 33.
785 Vgl. Matzler, Bailom, von den Eichen & Kohler (2013), S. 33.

Fragestellung im Mittelpunkt, ob und welche Elemente im Wertschöpfungsprozess extern in Auftrag gegeben oder eigenständig behandelt oder hergestellt werden. Mit Blick auf BMI spielt dies eine erhebliche Rolle, da der heutige Wettbewerb die eigenen Branchengrenzen überschreitet und dies somit ebenfalls die Wertschöpfungs-Architektur beeinflusst. Demnach nimmt in der heutigen Sicht der Wettbewerb zwischen Unternehmensnetzwerken zu, weshalb dieser im Rahmen einer BMI nicht mehr nur innerhalb einer Branche betrachtet werden darf.[786]

Weiterhin legt die Komponente der *„Marketing (und Vertriebs)-Logik"* fest, wie ein Unternehmen seine Kunden gezielt anspricht und eine langfristige Bindung zu diesen aufbaut. Diese steht im engen Zusammenhang mit der Komponente der Positionierung und Umsatzlogik. Die Umsatzlogik ist letztlich Teil der *„Profitformel"*, da diese sowohl Umsatz- als auch Kostenmodelle beinhaltet.[787] Betrachtet man die Umsatzkomponente im Bereich der BMI, können Treiber wie „cross-selling", Drittpartei-Verkaufsmodelle[788] oder „cross-subsidization"-Modelle[789] genannt werden.[790]

In diesem Zusammenhang wird erneut die Theorie der „dynamischen Fähigkeiten"[791] herangezogen, da eine Verbindung von Business Model (Innovation) und dynamischen Fähigkeiten deutlich hergestellt werden kann und ebenfalls auf die Entwicklungen im Bereich der Digitalisierung bedeutsam sind.

Entstanden ist diese Theorie vor dem Hintergrund der grundlegenden Fragestellung, wie Unternehmen einen nachhaltigen Wettbewerbsvorteil generieren können. Dabei beschreibt dieser Ansatz in seiner Gesamtheit die Fähigkeiten eines Unternehmens, sich in einem sich verändernden Geschäftsumfeld flexibel und innovativ zu erneuern, indem es seine sowohl internen als auch externen

---

786 Vgl. Matzler, Bailom, von den Eichen & Kohler (2013), S. 33.
787 Vgl. Matzler, Bailom, von den Eichen & Kohler (2013), S. 33.
788 Ein Drittpartei-Verkaufsmodell stellt beispielsweise die Kosten-pro-Klick Werbung von Google dar, vgl. Matzler, Bailom, von den Eichen & Kohler (2013), S. 34.
789 Als Beispiel dessen zu nennen ist das Modell von LinkedIn, welches darauf ausgerichtet ist, gezielt Nutzer, die keinen Premium-Account haben, durch Nutzer auszutauschen, die durch aktive Werbung dazu aufgefordert werden, auf einen Premium-Account zu wechseln, vgl. Matzler, Bailom, von den Eichen & Kohler (2013), S. 34.
790 Vgl. Matzler, Bailom, von den Eichen & Kohler (2013), S. 34.
791 Diese ist, wie bereits in Unterabschnitt 2.3.4 im Rahmen der theoretischen Rahmenkonzepte aufgezeigt, im Englischen als „Dynamic Capability View" bekannt; siehe hierzu ebenfalls die Dissertation von Hoog (2021, forthcoming).

Kompetenzen / Fähigkeiten und Ressourcen anpasst, integriert und neu ausrichtet, gepaart mit der Fähigkeit des Managements des Unternehmens, diese Vorgänge effektiv auszuführen und zu steuern, um sich an die neuen Anforderungen des sich wandelnden Umfeldes entsprechend zu assimilieren.[792] Besitzt ein Unternehmen starke dynamische Fähigkeiten, können diese dem Unternehmen ein grundlegendes Fundament für einen nachhaltigen Wettbewerbsvorteil verschaffen. Je tiefer diese im gesamten Unternehmen verankert sind, desto größer zeichnet sich der Wettbewerbsvorteil aus.[793] So unterstreicht Teece (2018) diese Aussage: „An enterprise with strong dynamic capabilities will be able to profitably build and renew resources, assets, and ordinary capabilities, reconfiguring them as needed to innovate and respond to (or bring about) changes in the market."[794]

Wird diese Theorie im Kontext der Business Model Innovation betrachtet, wird deutlich, dass Unternehmen in der Lage sein müssen, stets neue Geschäftsmöglichkeiten (welche etwa durch die Entwicklung des Internets aufgekommen sind) zu erkennen und diese durch eine Anpassung oder Neugestaltung ihres bisherigen Geschäftsmodells zu ergreifen. Dabei hat die übergreifende Unternehmensstrategie in diesem Konstrukt stets einen Einfluss auf das Geschäftsmodell und vice versa.[795]

Auf Basis dieses Gerüstes, in welchem die Faktoren der Unternehmensstrategie, des Geschäftsmodells und der dynamischen Fähigkeiten interdependent zueinanderstehen, und sich somit gegenseitig beeinflussen (in der Literatur „dynamic capabilities framework"[796] genannt), zeigt Teece (2018) auf, dass die Grundlage für eine jene Anpassung des Geschäftsmodells aus dem Zusammenspiel der Unternehmensstrategie und den dynamischen Fähigkeiten eines Unternehmens besteht.[797]

Aufgrund dieser Interdependenzen kann somit festgehalten werden, dass eine Strategie in Kombination mit dynamischen Fähigkeiten effektiv zur Realisierung von Business Model Innovation beitragen. Im besten Fall führt dieser Vorgang zu einer Umsatzgenerierung, welche es dem Unternehmen erlaubt, nachhaltig dessen Fähigkeiten und Ressourceneinsatz zu verbessern.[798]

---

792 Vgl. Teece, Pisano & Shuen (1997), S. 515.
793 Vgl. Teece D. (2018), S. 43–44.
794 Teece D. (2018), S. 43.
795 Vgl. Teece D. (2018), S. 43–44.
796 Teece D. (2018), S. 44.
797 Vgl. Teece D. (2018), S. 44.
798 Vgl. Teece D. (2018), S. 44–45.

Fasst man diese Logiken der Business Model Innovation, dynamischer Fähigkeiten und Strategie zusammen und bezieht diese gezielt auf die Transformation durch die Digitalisierung, können folgende Aussagen festgehalten werden:

1. Digitalisierung ist ein Treiber für das Umdenken von Geschäftsmodellen in der Wirtschaft und somit von Business Model Innovation.[799]
2. Neue Wettbewerber mit innovativen – zumeist digitalen – Geschäftsmodellen[800] stellen etablierte Unternehmen einer Branche vor die Herausforderung, mit diesen Wettbewerbern mithalten zu können und sich sowie ihre bestehenden Geschäftsmodelle entsprechend anzupassen. Exemplarisch kann hierfür die Automobilbranche herangezogen werden, welche nicht mehr ausschließlich Fahrzeuge produziert und vertreibt, sondern zunehmend „smart services", oftmals bereitgestellt durch Drittanbieter, in ihre Fahrzeuge integriert, um in der Lage sein zu können, den neuartigen Anforderungen der Kunden nachzukommen.[801]
3. Unternehmen müssen mithilfe ihrer dynamischen Fähigkeiten in der Lage sein, ihre bestehenden Geschäftsmodelle inklusive ihrer Ressourcen und Kompetenzen flexibel an die transformierenden, marktseitigen Anforderungen und Veränderungen anzupassen, um sich einen nachhaltigen Wettbewerbsvorteil zu verschaffen.[802] Eine marktseitige Veränderung in diesem Sinne beschreibt – wie aufgezeigt – die Digitalisierung,[803] weshalb festgehalten werden kann, dass Unternehmen vor dem Hintergrund dieser, ihre Geschäftsmodelle durch Innehaben dynamischer Fähigkeiten zielführender und flexibler anpassen können, um einen nachhaltigen Wettbewerbsvorteil zu generieren.

Mit diesem Kenntnisstand wird nun übergegangen in die Thematik des Innovation Driven Marketing im Rahmen von Cross-Industry Innovation. Dieser Unterabschnitt verknüpft somit die Thematiken des innovativen Marketing, welches von Unternehmen zur Entgegnung von marktseitigen

---

799 Vgl. Zott & Amit (2017), S. 19–20; Rachinger, Rauter, Müller, Vorraber & Schirgi (2019), S. 1145–1146.
800 Diese stellen oftmals kleine und mittelständische Unternehmen, Start-Ups oder Unternehmen aus Nischenbereichen dar, vgl. Johnson, Christensen & Kagermann (2017), S. 1.
801 Vgl. Johnson, Christensen & Kagermann (2017), S. 1.
802 Vgl. Teece, Pisano & Shuen (1997), S. 515.
803 Vgl. Rachinger, Rauter, Müller, Vorraber & Schirgi (2019), S. 1147.

Herausforderungen benötigt wird und der Cross-Industry Innovation, welches ein Konzept zu branchenübergreifenden Kooperationen darstellt.

3.3.5 Innovation Driven Marketing im Rahmen von Cross-Industry Innovation

In einem vorangehenden Unterabschnitt dieser Arbeit[804] wurde im Rahmen der verschiedenen Allianzausprägungen bereits – innerhalb der Ausprägung „Richtung" – die diagonale Orientierung einer Strategischen Allianz beleuchtet. Da diese sich von üblichen Formen kooperativer Modi zwischen Unternehmen entlang der Wertschöpfungskette unterscheidet, nimmt diese eine besondere Rolle in der vorliegenden Arbeit ein. Dies ist besonders im Bereich der Innovation der Fall, sodass die Themen – insbesondere innerhalb des Marketingumfeldes dieser Arbeit – „Innovation Driven Marketing" und „Cross-Industry Innovation" in diesem Unterabschnitt näher erörtert werden.

So stehen die beiden Bereiche der Innovation einerseits und des Marketing andererseits schon immer in Verbindung zueinander.[805]

Dabei wird die Entwicklung innovativer Ansätze im Marketing benötigt, um spezifischen wettbewerbs- und marktseitigen Herausforderungen mit innovativen Marketinglösungen entgegnen zu können.[806] Dieser Ansatz wird von Belz, Schögel & Tomczak (2007) unter dem Begriff *Innovation Driven Marketing* zusammengefasst.[807] Das Konzept ist weitläufig; anhand von „Suchfeldern"[808] im Bereich des innovativen Marketing und spezifischen „Akzenten"[809] als Teil

---

804 Siehe die Unterabschnitte 2.3.1 und 2.3.2 dieser Arbeit.
805 Vgl. Belz, Schögel & Tomczak (2007), S. 5.
806 Vgl. Belz, Schögel & Tomczak (2007), S. 5–7.
807 Vgl. Belz, Schögel & Tomczak (2007), S. 8, 12. Haas & Ivens (2005) inkludieren im Begriff der „Marketinginnovation" jegliche innovative Ansätze, die im Bereich des Spektrums des Marketing liegen, etwa Innovationen im Bereich der Marketinginstrumente, neuen Erkenntnissen in der Erforschung des Konsumentenverhaltens oder neuartige Ansätze im Marketingmanagement, vgl. Haas & Ivens, 2005, S. 5.
808 Hier werden von Belz, Schögel & Tomczak (2007) sechs Suchfelder des innovativen Marketing genannt: „Innovative Leistung", „Internationales Marketing", „Marketingrealisierung", „Marketinginstrumente und Internet", „Marketing-Koalitionen", und „Innovative Zusammenarbeit mit Kunden". Vgl. Belz, Schögel & Tomczak (2007), S. 8–9.
809 Diese Akzente sind sowohl auf dem strategischen als auch operativen Level zu finden, lassen sich kombinieren und haben oftmals Überschneidungspunkte. Beispielhaft ist hier das Suchfeld „Marketinginstrumente und Internet" zu nennen, welches Akzente wie „E-Communication", „Mobile Marketing" oder „Transformation des

dieser Suchfelder ergeben sich eine Vielzahl an Elementen des Innovation Driven Marketing, welche beispielsweise Kooperationen mit externen Partnern, Neuerungen im Feld der Instrumente des Marketing, sowie Innovationen in der Marktbearbeitung durch neue IKT beinhaltet.[810]

Weiterhin sind Unternehmen aufgrund immer kürzer werdenden Innovationszyklen dazu angehalten, neue Innovationsstrategien zu entwickeln. Diese Notwendigkeit an Innovation wird verstärkt durch neue Kommunikations- und Informationstechnologien und neue Geschäftsmodelle. Um nicht nur die Ideen aus dem eigenen Unternehmen weiterzuführen, sondern ebenfalls Innovationen aus anderen Unternehmen / Branchen zu nutzen, müssen Unternehmen nach dem Konzept der „*Open Innovation*" operieren.[811] An dieser Stelle wird daher kurz auf die Konzepte der „*Closed Innovation*" und „*Open Innovation*" eingegangen, um auf den Begriff der Cross-Industry Innovation überleiten zu können.

Closed Innovation bedeutet, dass Denkprozesse und Ideen fundamental vom Inneren eines Unternehmens kommen.[812]

Open Innovation hingegen beschreibt das Paradigma, dass Ideen und Innovationen sowohl von inner- als auch außerhalb eines Unternehmens kommen können.[813] Somit bezieht ein Unternehmen beim Ansatz der Open Innovation das Zusammenspiel mit externen Einheiten ein.[814] Es wird als zukunftsweisend für Unternehmen angesehen, simultan sowohl in Aktivitäten des Open als auch Closed Innovation zu investieren und eine entsprechende Balance zwischen beiden Ansätzen zu halten.[815] Im Rahmen dieser Innovationsforschung wird das Konzept der *Cross-Industry Innovation*[816] betrachtet.

Cross-Industry Innovation bezeichnet die Entwicklung innovativer Produkte oder Services auf Basis der Erforschung und Adaption bereits bestehender Technologien oder Lösungen aus anderen Branchen.[817] Neben Technologien

---

Vertriebs/alternative Vertriebskanäle" beinhaltet. Vgl. Belz, Schögel & Tomczak (2007), S. 8–9.
810 Vgl. Belz, Schögel & Tomczak (2007), S. 8. Eine ganzheitliche Übersicht der Akzente und Suchfelder im Marketing lässt sich bei Belz, Schögel & Tomczak (2007), S. 9 nachvollziehen.
811 Vgl. Gassmann & Enkel (2004), S. 5; Belz, Giger, Jelden & Wippermann (2007), S. 37.
812 Vgl. Chesbrough (2003), S. 21.
813 Vgl. Chesbrough (2003), S. 43.
814 Vgl. Gassmann & Enkel (2004), S. 5.
815 Vgl. Enkel, Gassmann & Chesbrough (2009), S. 312.
816 Als zentrale Veröffentlichungen, welche sich dieser Thematik widmen, können hier Brunswicker & Hutschek (2010) und Enkel & Gassmann (2010) genannt werden.
817 Vgl. Ebersbach, Gassmann & Reinecke (2007), S. 52; Gassmann, Zeschky, Wolff & Stahl (2010), S. 640.

können ebenso spezifisches Know-how, Prozesse, Fähigkeiten, oder gar komplette Geschäftsmodelle adaptiert werden.[818]

Im Rahmen des Open Innovation Ansatzes – und hier mit Bezug auf die Cross-Industry Innovation – wurden von Gassmann & Enkel (2004) drei mögliche Herangehensweisen zur Ausführung dieses Ansatzes entwickelt und werden hier folglich vorgestellt:[819]

1. Der Outside-In Prozess
2. Der Inside-Out Prozess
3. Der Coupled Prozess

Der *Outside-In Prozess* ist geprägt durch das Vorgehen von Unternehmen, das eigene Know-how durch die Integration von externen Quellen wie etwa Kunden oder Lieferanten anzureichern, um somit die eigene Innovationskraft zu stärken.[820]

Als Beispiel in Bezug auf die Pharmabranche kann hier im Bereich der Forschung & Entwicklung das Unternehmen „DuPont"[821] genannt werden, welches im Rahmen spezieller Projekte aktiv seine Lieferanten und Kunden in die unternehmenseigenen F&E-Aktivitäten einbezieht.[822] Der Ansatz des *Inside-Out Prozesses* beschreibt das Vorgehen von Unternehmen, eigenes, geistiges Eigentum etwa in Form von Lizenzierungen zu verkaufen oder Ideen auf den Markt zu bringen, um auf diesem Wege Gewinne zu erwirtschaften.[823] Hier sind exemplarisch für die Pharmabranche Unternehmen wie Novartis oder Pfizer zu nennen, welche Inhaltsstoffe für Medikamente entwickeln, die ursprünglich zum Zwecke der Bekämpfung einer bestimmten Erkrankung entwickelt wurden, anschließend allerdings ebenfalls für andere Beschwerden erfolgreich(er) eingesetzt werden. Beispielhaft gilt hier der Wirkstoff „Erythropoitin" (EPO), der ursprünglich von der Pharmabranche als Blutverdünnungsmittel entwickelt wurde, aber ebenfalls als Mittel zur Behandlung bei der Krebstherapie

---

818 Vgl. Enkel & Gassmann (2010), S. 256.
819 Vgl. Gassmann & Enkel (2004), S. 6.
820 Vgl. Gassmann & Enkel (2004), S. 6–7.
821 Das Unternehmen „DuPont" wird hier als Teil der Pharma- bzw. Gesundheitsbranche benannt, wobei es als der Chemiebranche angehöriges Unternehmen ebenfalls innovative Lösungen für anderen Branchen, wie Bekleidung und Automobil entwickelt, vgl. DuPont (2020).
822 Vgl. Gassmann & Enkel (2004), S. 8.
823 Vgl. Gassmann & Enkel (2004), S. 6–7.

eingesetzt wird, und als Dopingmittel in der professionellen Radsportszene bekannt wurde.[824]

Der *Coupled Prozess* kombiniert die beiden vorangehend genannten Ansätze der Out-side-In und Inside-Out Prozesse.[825] Er beschreibt die Zusammenarbeit von Unternehmen auf Basis von Allianzen und beschreibt somit die Entscheidung von Unternehmen, externes Wissen zu beziehen (Outside-In), um daraus heraus neue Konzepte und Ideen zu entwickeln und schließlich auf dem Markt einzuführen (Inside-Out).[826] Exemplarisch für die Pharmabranche kann hier die Partnerschaft von Novartis und Google genannt werden, um gemeinsam mit dem Technologie-Wissen von Google und dem medizinischen Wissen von Novartis die „Smart Contact Lenses" zu entwickeln, um den Blutzuckerspiegel des Anwenders messen zu können.[827] Zusammenfassend stellen Enkel, Gassmann & Chesbrough (2009) fest, dass besonders der Einbezug von branchenfremden Unternehmen als Innovationsquelle bedeutsam ist, da die größte Innovation durch eine Neuzusammenstellung von bereits bestehendem Wissen und Technologien erfolgt.[828]

Welcher dieser Ansätze für den Hintergrund dieser Arbeit als relevant angesehen werden kann, wird im praktisch-normativen Teil eruiert.

Zusammenfassend aus diesem Abschnitt 3.2 und dessen Unterabschnitten, werden im Folgenden auf Basis der hier erlangten Erkenntnisse die neuen primären Anforderungen für Unternehmen durch die Digitalisierung festgehalten.

3.3.6 Neue, primäre Anforderungen für Unternehmen durch die Digitalisierung

Die Digitalisierung hält für die Unternehmen und Patienten als Endkunden in der Pharmabranche gleichermaßen ein hohes Potenzial an Nutzen und Vorteilen bereit. So ermöglichen digitale Innovationen den Pharmaunternehmen, ihre operativen Prozesse zu optimieren, Kooperationen zu bilden, um somit den Anforderungen neuer Marktansprüche gerecht zu werden und einen höheren Kundenfokus zu erzielen, verbesserte Innovation zu fördern oder neue Geschäftsmodelle zu entwickeln.[829]

---

824 Vgl. Gassmann & Enkel (2004), S. 10–11.
825 Vgl. Gassmann & Enkel (2004), S. 6.
826 Vgl. Gassmann & Enkel (2004), S. 6–7, 12.
827 Vgl. Glockner & Neef (2015), S. 5; Econsultancy & Adobe (2017), S. 7.
828 Vgl. Enkel, Gassmann & Chesbrough (2009), S. 314.
829 Vgl. BearingPoint (2015), S. 4.

Zusammenfassend aus den vorhergehenden Kapiteln kann somit ein Konglomerat an neuen, primären Anforderungen und relevanten Entwicklungen für Unternehmen, ausgelöst durch die Digitalisierung, abgeleitet werden (strukturiert von der Ausgangslage über exogene Entwicklungen zu geforderten Reaktionen von Unternehmen):

- Fehlende Transparenz von online-bereitgestellten Gesundheitsinformationen, wodurch der Patient mit der Quantität und Qualität solcher überfordert ist.
- Nicht mehr ausschließlich die Vermarktung von Arzneimittelmarken steht im Vordergrund der Marketing- und Vertriebsaktivitäten, sondern ebenso die Bereitstellung von digitalen, smarten Behandlungs- und Beratungslösungen, die frühzeitig eine Intervention mit dem Kunden fördern.
- Neue Wettbewerber mit neuen Geschäftsmodellen betreten den Markt.
- Partnerschaften nehmen eine zunehmend wichtige Rolle ein.
- Zu den bedeutsamsten Zielen von Pharmaunternehmen im Rahmen der Digitalisierung zählen die Entwicklung neuer Geschäftsmodelle und Strategischer Allianzen, sowie die Verbesserung des Innovationsprozesses, weshalb darauf entsprechend reagiert werden muss.
- Unternehmen müssen (flexibel) in der Lage sein, diese neuen Anforderungen strategisch zu bedienen und sich an die neuen, marktseitigen Herausforderungen der Digitalisierung anzupassen.
- Es muss ein Mehrwert auf allen relevanten (neuen) Kommunikationskanälen geboten werden.
- Bereits etablierte Unternehmen müssen sich an die Veränderungen durch die Digitalisierung anpassen, wodurch an einigen Stellen das bisher etablierte Geschäftsmodell grundlegend überdacht werden muss.
- Unternehmen benötigen das Know-how, um die Digitalisierung in den Strategien des Unternehmens zu implementieren und zielgerecht einzusetzen.

Letztlich wurde auch in diesem Abschnitt bereits aufgezeigt, dass sich die Customer Journey / das Kaufverhalten und die Informationsbeschaffung von Endkonsumenten durch die Digitalisierung transformiert und sich somit die Ansatzpunkte des Marketing an den jeweiligen Stellen ändern. Diese Entwicklung wird eigens im folgenden Abschnitt (Abschnitt 3.4) thematisiert und entsprechend anhand der traditionellen sowie einer volldigitalisierten Patient Journey des OTC-Pharmamarktes aufgezeigt.

3.4 Patient Journey als Customer Journey im OTC-Pharmamarkt

In diesem Abschnitt wird die traditionelle, branchenspezifische Patient Journey des OTC-Pharmamarktes hergeleitet und anschließend um eine volldigitalisierte Patient Journey ergänzt. Diese beiden Sichtweisen sind essenziell für den weiteren Verlauf dieser Arbeit, da ein anschließender Abgleich der traditionellen und der volldigitalisierten Patient Journey neue Potenziale für Unternehmen durch den Einsatz möglicher, digitaler Touchpoints und Technologien aufdecken soll.[830]

Um die konzeptionelle Grundlage für die branchenspezifische Patient Journey zu schaffen, werden allerdings zunächst die theoretische Konzeption und die Elemente einer klassischen Customer Journey unter Berücksichtigung der Rolle von Customer Experience aufgezeigt. Zentrale Grundlage dafür ist vor allem die Arbeit von Lemon & Verhoef (2016).

3.4.1 Konzeptionelle Grundlagen einer Customer Journey

Customer Experience ist ein entscheidender Faktor innerhalb des Marketing und wird in der Literatur bereits seit den 1960er Jahren erforscht, damals allen voran von Philip Kotler[831] und John Howard mit Jagdish Sheth[832].[833] Bestandteile im Rahmen dieser Forschung sind bis heute die bekannten Schlüsselbegriffe Kundenzufriedenheit und -loyalität, Relationship Marketing, Customer Relationship Management (CRM), und Customer Engagement.[834] Auch der Begriff der „Customer Experience" wird weitreichend in der Literatur untersucht und kann laut Lemon & Verhoef (2016) als ein eigenständiges, mehrdimensionales Konstrukt aufgefasst werden. Dieses gibt während der ganzheitlichen Betrachtung der Customer Journey Aufschluss über emotionale, sensorische und kognitive Verhaltensweisen der Kunden, welche die Produkt- oder Dienstleistungsangebote eines Unternehmens nutzen.[835]

---

830 Siehe dazu Unterabschnitt 3.4.4.
831 Vgl. Kotler, 1967.
832 Vgl. Howard & Sheth (1969).
833 Vgl. Lemon & Verhoef (2016), S. 71.
834 Vgl. Lemon & Verhoef (2016), S. 71.
835 Vgl. Lemon & Verhoef (2016), S. 74. Die Autoren zeigen darüber hinaus ebenso auf, dass zum Konstrukt der Customer Experience der Begriff des „Customer Engagement" zugehörig ist, welches allgemein untersucht, inwieweit ein Kunde Kontakt zu einem Unternehmen sucht und mit diesem aktiv interagiert, was wiederum die sogenannten „Touchpoints" betrachtet, vgl. Lemon & Verhoef (2016), S. 74.

Daraus ableitend lässt sich festhalten, dass Customer Experience konzeptionell in die Customer Journey eines Kunden während seines Einkaufes anhand vieler verschiedener (Kunden)Kontaktpunkte („Touchpoints")[836] eingeordnet werden kann.[837] Somit entwickelt sich die Customer Experience eines Kunden im Rahmen seiner Customer Journey, und durch seine Wahrnehmungen an den verschiedenen Kundenkontaktpunkten.[838]

Lemon & Verhoef (2016) legen zudem fest, dass die Customer Experience in ihrer Gesamtheit einem dynamischen Konzept unterliegt. So untergliedern sie den Customer Experience Prozess im Rahmen der Customer Journey in einen dreiteiligen Ablauf, der sowohl dynamisch als auch iterativ ist:[839]

1. Vor dem Kauf[840]
2. Kauf[841]
3. Nach dem Kauf[842]

Es ist zudem festzuhalten, dass dieser Kaufprozess eines Kunden sowohl vergangene Erfahrungen – etwa durch bereits getätigte Käufe – als auch externe Faktoren wie die wirtschaftliche Lage eines Landes berücksichtigt. Während des gesamten Kaufprozesses durchläuft der Kunde – wie bereits angedeutet – verschiedene Kontaktpunkte, welche allerdings nicht gänzlich vom Unternehmen gesteuert oder beeinflusst werden können.[843]

Dieser Prozess der Customer Journey wird im Folgenden für einen gesamtheitlichen Überblick aufgezeigt (Abbildung 14):

---

836 Die beiden Begriffe im Deutschen („Kundenkontaktpunkt") bzw. Englischen („Touchpoint") werden im Folgenden der Arbeit synonym genutzt.
837 Vgl. Lemon & Verhoef (2016), S. 74.
838 Vgl. Kuehnl, Jozic & Homburg (2019), S. 552.
839 Vgl. Lemon & Verhoef (2016), S. 74–75.
840 Im englischen Original genannt: „Prepurchase" Lemon & Verhoef (2016), S. 76.
841 Im englischen Original genannt: „Purchase" Lemon & Verhoef (2016), S. 76.
842 Im englischen Original genannt: „Postpurchase" Lemon & Verhoef (2016), S. 76.
843 Vgl. Lemon & Verhoef (2016), S. 76.

Patient Journey als Customer Journey im OTC-Pharmamarkt 181

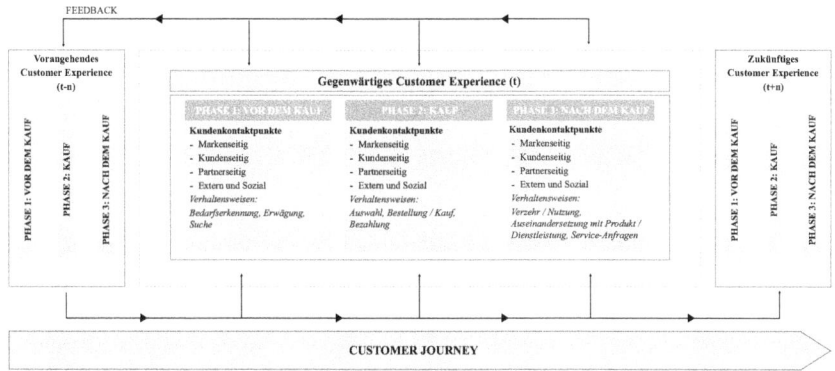

Abbildung 14: Ablauf einer Customer Journey[844]

Für ein tieferes Verständnis dieses aufgezeigten Ablaufes einer Customer Journey wird im Folgenden detaillierter auf die einzelnen Phasen und Kontaktpunkte dieses Prozesses eingegangen, um ein tieferes Verständnis dessen darzulegen und es anschließend auf den OTC-Pharmamarkt übertragen zu können.

In der ersten Phase der Customer Journey, welche *vor dem Kauf* stattfindet, haben Verhaltensweisen des Kunden eine tragende Rolle inne. Hier zu nennen sind die auslösende Bedarfserkennung, die anschließende Erwägung des Kunden, diesen Bedarf zu befriedigen, sowie die darauffolgende Informationssuche und -beschaffung über verschiedene Informationsquellen.[845] Im Anschluss daran geht der Prozess der Customer Journey in die zweite Phase über, welche den *Kauf* eines Produktes oder einer Dienstleistung beschreibt. Diese Stufe des Prozesses ist charakterisiert durch Kundenverhalten wie die Wahl eines Angebotes, sowie die anschließende Beschaffung und Bezahlung dessen.[846] In der abschließenden Phase *nach dem Kauf* werden Interaktionen des Kunden mit dem Unternehmen und seinem Umfeld nach dem initialen Kauf betrachtet. In dieser Stufe erfolgen Verhaltensweisen des Kunden wie der Verbrauch / Konsum des erworbenen Angebotes, sowie Serviceanfragen beim Unternehmen.[847]

Im Anschluss daran werden die verschiedenen Kundenkontaktpunkte betrachtet, welche innerhalb der Customer Journey Anwendung finden.

---

844 Vgl. Lemon & Verhoef (2016), S. 77.
845 Vgl. Lemon & Verhoef (2016), S. 76.
846 Vgl. Lemon & Verhoef (2016), S. 76.
847 Vgl. Lemon & Verhoef (2016), S. 76.

Diese werden von Lemon & Verhoef (2016) auf Basis von Literatur wie folgt identifiziert:[848]

1. Markenseitig[849]
2. Kundenseitig[850]
3. Partnerseitig[851]
4. Extern und Sozial[852]

Markenseitige Kundenkontaktpunkte beschreiben alle Berührungspunkte und Interaktionen des Kunden während der Customer Journey, welche sich in der Kontrolle des jeweiligen Unternehmens befinden, da sie von diesem erstellt, gesteuert und überwacht werden. Diese Touchpoints umfassen alle Elemente des Marketingmix und jegliche Aktivitäten des Unternehmens durch Instrumente wie Webseiten, Werbung oder Kundenbindungsprogramme, die durch das Unternehmen gesteuert werden.[853]

Kundenseitige Kundenkontaktpunkte inkludieren alle – im Rahmen der Customer Journey stattfindenden – Aktivitäten der Kunden, die nicht vom jeweiligen Unternehmen oder dessen Partnern kontrolliert oder beeinflusst werden. Hier kann exemplarisch die Situation genannt werden, in welcher sich ein Kunde in der ersten Phase des Prozesses mit seinen eigenen Bedürfnissen auseinandersetzt. Die kundenseitigen Kontaktpunkte sind meist in der dritten Phase (nach dem Kauf) präsent.[854]

Partnerseitige Kundenkontaktpunkte umfassen alle Interaktionen mit Kunden, welche gemeinsam von einem Unternehmen mit mindestens einem seiner Partner erstellt, gelenkt oder kontrolliert werden. Dabei kann die Definition des Begriffes „Partner" vielfältig sein; von Lemon & Verhoef (2016) werden hier exemplarisch Partner im Rahmen von Kommunikationskanälen, klassische Marketingagenturen oder Partner im Bereich des Multichannel-Vertriebes genannt.[855] Hier besonders relevant vor dem Hintergrund der Problemstellung dieser Arbeit ist die Erkenntnis von Lemon & Verhoef (2016), dass eine

---

848 Vgl. Lemon & Verhoef (2016), S. 76–78.
849 Im englischen Original genannt: „Brand-owned" Lemon & Verhoef (2016), S. 76–77.
850 Im englischen Original genannt: „Customer-owned" Lemon & Verhoef (2016), S. 78.
851 Im englischen Original genannt: „Partner-owned" Lemon & Verhoef (2016), S. 77–78.
852 Im englischen Original genannt: „Social/external" Lemon & Verhoef (2016), S. 78.
853 Vgl. Lemon & Verhoef (2016), S. 76–77.
854 Vgl. Lemon & Verhoef (2016), S. 78.
855 Vgl. Lemon & Verhoef (2016), S. 77.

Patient Journey als Customer Journey im OTC-Pharmamarkt 183

vollständige Abgrenzung zwischen partner- und markenseitigen Kundenkontaktpunkten nicht immer möglich ist, da oftmals eine enge Zusammenarbeit zwischen einem jeweiligen Unternehmen und dessen Partner(n) erfolgt bzw. ein (oder mehrere) Touchpoint(s) schlichtweg die Betreuung aller beteiligten Unternehmen benötigt. Lemon & Verhoef (2016) nennen hier exemplarisch die Betreuung einer von einem Unternehmen bereitgestellten App auf den Plattformen von Google und Apple, welche somit von diesen Anbietern betreut wird (etwa im Sinne von Funktionalitätsüberwachungen).[856]

Hier wird deutlich, dass diese nicht trennscharfe Abgrenzung vor allem heutzutage vor dem Hintergrund der Bereitstellung digitaler Anwendungen und Services durch Partnerunternehmen große Beachtung findet, da dies eine Abgrenzung zunehmend erschwert. Zudem ist anzumerken, dass das Management von Partnern und Netzwerken im Rahmen der Customer Journey als externer Einflussnehmer auch erst in den letzten Jahren von der Forschung in diese Betrachtung inkludiert wird.[857]

Als die letzte der hier genannten Touchpoint-Kategorien werden die *externen und sozialen* Kundenkontaktpunkte betrachtet. Diese umfassen im Rahmen der Customer Experience die eigene Beeinflussung durch Freunde / Familie oder durch unabhängige Informationsquellen (etwa Erfahrungswebseiten anderer Anbieter, bspw. „Yelp"), aber auch externe Einflüsse wie die wirtschaftliche Konjunktur. Auch hier kann eine gewisse Überschneidung von externen und sozialen sowie partnerseitigen Touchpoints stattfinden.[858] Exemplarisch zeigen Lemon & Verhoef (2016) hierzu auf, dass dies bei Aktivitäten in den sozialen Medien vorkommen kann, welche unabhängig von einem Unternehmen vonstatten gehen können, gleichermaßen jedoch ebenfalls gesteuert von Partnerunternehmen.[859]

Zusammenfassend empfehlen Lemon & Verhoef (2016) auf Basis der aufgezeigten Grundlagen der Customer Journey zwei grundlegende Notwendigkeiten vonseiten der Unternehmen. Zum einen machen die Autoren deutlich, dass Unternehmen die zentralen Faktoren der Customer Journey aus sowohl Kunden- als auch Unternehmenssicht beleuchten und verstehen müssen, um dabei die spezifischen, unternehmensindividuellen Elemente der Kundenkontaktpunkte identifizieren zu können. Zum anderen empfehlen sie Unternehmen,

---

856 Vgl. Lemon & Verhoef (2016), S. 77–78.
857 Vgl. Lemon & Verhoef (2016), S. 83.
858 Vgl. Lemon & Verhoef (2016), S. 78.
859 Vgl. Lemon & Verhoef (2016), S. 78.

symptomatische Ereignispunkte aufzudecken, an denen ihre Kunden in ihrer Customer Journey entweder mit dieser fortfahren oder diese einstellen.[860] Laut Lemon & Verhoef (2016) ermöglicht eine solche Aufstellung anhand der Klassifizierung verschiedener Kundenkontaktpunkte weiterhin, mögliche Hebelaspekte im Sinne der Customer Experience für Unternehmen aufzudecken.[861]

Dieser Logik folgend werden im weiteren Verlaufe dieser Arbeit diese Erkenntnisse – besonders die Einteilung der drei Kaufphasen und die Aufgliederung der Touchpoints – für die analoge Anwendung und Übertragung auf die OTC-Pharmabranche genutzt. Zusätzlich wird erneut darauf hingewiesen, dass im Folgenden dieser Arbeit die Begriffe der „Customer Journey" und der „Patient Journey" synonym genutzt werden, da der Begriff der Patient Journey in der Pharmabranche etabliert ist, wenn es sich um die Betrachtung der Customer Journey des Patienten handelt.[862] Auf Basis dieser Ausführungen werden in den nächsten beiden Unterabschnitten die traditionelle sowie die volldigitalisierte Patient Journey im OTC-Pharmamarkt behandelt.

3.4.2 Traditionelle, branchenspezifische Patient Journey

Wie bereits erwähnt soll in diesem Unterabschnitt zunächst die klassische, traditionelle Patient Journey im OTC-Pharmamarkt hergeleitet und darauf aufbauend eine volldigitalisierte, branchenspezifische Patient Journey durch die zur Verfügung stehenden Digitalisierungsmaßnahmen abgeleitet werden. Bei der Betrachtung der traditionellen Patient Journey werden bereits bestehende digitale Touchpoints, die in dieser Arbeit bisher erarbeitet wurden, ebenfalls im Rahmen dessen aufgezeigt. An dieser Stelle wird erneut daran erinnert, dass sich diese Arbeit ausschließlich auf die Untersuchung der apothekenpflichtigen, rezeptfreien OTC-Arzneimittel fokussiert. Diese erneute Verdeutlichung ist essenziell, da sich die Customer Journey im Gesundheitsmarkt stark in ihrem Ablauf und ihren Touchpoints verändert, je nachdem welcher spezifische Markt betrachtet wird. Nehmen in der Betrachtung der hier vorliegenden Arbeit die Apotheken in der klassischen Patient Journey eine entscheidende Rolle ein, übernimmt diese Schlüsselrolle im Markt der

---

860 Vgl. Lemon & Verhoef (2016), S. 76.
861 Vgl. Lemon & Verhoef (2016), S. 78.
862 Vgl. hierzu u.a. Hertle (2017), S. 10–11 oder die Veröffentlichung von Meyer M. (2019).

Patient Journey als Customer Journey im OTC-Pharmamarkt 185

verschreibungspflichtigen Arzneimittel vorwiegend der Arzt als Entscheider über ein bestimmtes Arzneimittel.[863]

Im Bereich des apothekenpflichtigen OTC-Pharmamarktes wird prinzipiell in vereinfachter Form von der folgenden schematischen Patient Journey (hier im traditionellen Sinne) ausgegangen:

Der Patient fühlt sich krank und besucht eine Apotheke, in der er nach der Beratung des Apothekers ein OTC-Arzneimittel zur Linderung der Symptome und anschließenden Heilung der Erkrankung erwirbt. Führt das Medikament zu dieser erwünschten Situation, endet die Patient Journey.[864] Sofern bestimmte Beschwerden schlimmer werden oder keinerlei Besserung auftritt, wird auch ein Patient, der vorher nur Rat in der Apotheke eingeholt hat, im Regelfall die Konsultation eines Arztes ersuchen. Sofern es dabei zu der Verordnung eines verschreibungspflichtigen Medikamentes kommt, wird der Patient sich dieses erneut bei der Apotheke beschaffen.[865] Dieser Schritt befindet sich allerdings nicht mehr in der Betrachtung dieser Arbeit, da es hier nun meist über rezeptfreie Arzneimittel hinausgeht oder es sich dann um verordnete, rezeptfreie Arzneimittel handelt, welche – wie bereits an anderer Stelle erläutert – aufgrund des Fokus auf die Selbstmedikation nicht vorrangig betrachtet werden.

Aus der Kombination dieser aufgeführten, theoretisch-fundierten Erkenntnisse des Prozesses einer Customer Journey nach Lemon & Verhoef (2016) und der branchenspezifischen Sicht des OTC-Pharmamarktes (für apothekenpflichtige, rezeptfreie Arzneimittel) sowie den Instrumenten im Pharmamarketing[866], kann hier die folgende branchenspezifische Patient Journey hergeleitet werden:[867]

---

863 Auch für andere Gebiete, auf denen die Patient Journey untersucht wird, so etwa im Rahmen bestimmter Krankheiten oder im Forschungsgebiet der Krankenhäuser, ergeben sich völlig andere Ansatzpunkte, weshalb dies hier bewusst nicht miteinbezogen wird.
864 Vgl. Wolfram (2014), S. 56–57. Jurowskaja (2017) zeigt ähnlich dazu die Customer Journey im OTC-Pharmamarkt auf mit den drei Stufen „Impuls", „Information" und „Kauf", vgl. Jurowskaja (2017), S. 32–33.
865 Vgl. Wolfram (2014), S. 56–57.
866 Siehe Unterabschnitt 3.1.2.
867 Wird hier spezifisch die Patient Journey im OTC-Pharmamarkt (unter Ausschluss von Konsumgütern und Gesundheitsmitteln) hergeleitet, zeigt Nold (2020) einen Sales Funnel im allgemeinen Apothekenmarkt mit den Elementen „Bekanntheit", „Interesse", „Entscheidung" und „Aktion" auf. Der Autor gibt anhand dieses Funnels Empfehlungen für Apotheker, wie diese entlang dieser einzelnen Elemente (traditionelle und digitale) Marketingmaßnahmen einsetzen und besser nutzen können. Vgl. Nold (2020), S. 126–129.

186 Pharmamarketing und die digitalisierte Patient Journey

1. SYMPTOM (Vor dem Kauf)			
Markenseitig	Kundenseitig	Partnerseitig	Extern & Sozial
• Print	• Austausch mit Familie / Bekannten	• (Werbebanner auf den Webseiten der Online-Apotheken)	• Word of Mouth
• TV	• (Online-Recherche)		• (Online-Suchmaschinen und Empfehlungsportale)
• Radio			
• (Webseite des OTC-Pharmaherstellers)			
• (Online-Foren zum Informationsaustausch)			
• (Vereinzelte Apps zu leichten Erkrankungen)			

2. DIAGNOSE (Kauf)			
Markenseitig	Kundenseitig	Partnerseitig	Extern & Sozial
• Werbebroschüren am PoS		• Beratung und ggf. Markenempfehlung durch Apotheker	
		• (Werbebanner auf den Webseiten der Online-Apotheken)	

3. BEHANDLUNG (Nach dem Kauf)			
Markenseitig	Kundenseitig	Partnerseitig	Extern & Sozial
	• Erfahrung mit dem OTC-Arzneimittel	• (Werbebanner auf den Webseiten der Online-Apotheken)	
	• Meinungsbildung zur Marke		
	• (Verfassen von Rezensionen)		

Abbildung 15: Traditionelle, branchenspezifische Patient Journey

Die eingeklammerten Touchpoints in der aufgezeigten Grafik (Abbildung 15) sind diejenigen Touchpoints, welche bereits durch die Digitalisierung von OTC-Pharmaherstellern eingesetzt und in der vorliegenden Arbeit in den Unterabschnitten 3.1.2, 3.3.1 und 3.3.2 erarbeitet wurden.

Diese werden hier nicht in den Fokus gesetzt, da an dieser Stelle eindeutig die traditionelle Patient Journey und deren klassischen Touchpoints aufgezeigt werden sollen. Hier wird allerdings auch bereits erkennbar, dass Touchpoints teilweise nicht eindeutig in die einzelnen Kategorien „markenseitig", „kundenseitig", „partnerseitig" und „sozial und extern" eingeteilt werden können. Dies ist exemplarisch der Fall bei den Werbeangeboten von Online-Apotheken, da hier nicht eindeutig eingeschätzt werden kann, ob dies auf Grundlage einer realen Partnerschaft geschieht oder eine solche Maßnahme ausschließlich einer geschäftlichen Absprache zugrunde liegt.

Werden die darüberhinausgehende Digitalisierung, und die daraus entstehenden, neuen Technologien auf die in diesem Unterabschnitt dargestellte Patient Journey des OTC-Pharmamarktes angewandt, ergeben sich zusätzliche Kundenkontaktpunkte. Da diese Entwicklung eine zentrale Rolle in dieser Arbeit einnimmt, wird dies im Folgenden behandelt.

3.4.3 Volldigitalisierte, branchenspezifische Patient Journey

Das sich durch die Digitalisierung verändernde Kundenverhalten transformiert ebenfalls die Customer Journey. War sie im traditionellen Sinne eher trichterartig, linear aufgebaut, stellt sie sich heutzutage branchenübergreifend durch die Nutzung digitaler Kanäle eher wie ein dynamischer Prozess mit einer zunehmenden Zahl an Kundenkontaktpunkten dar, an welchen Unternehmen zur Kommunikation und Interaktion mit den Kunden aktiv ansetzen können.[868] Daran anknüpfend geht die im Unterabschnitt der traditionellen Patient Journey lineare Darstellung sowohl aus der vereinfachten Darstellung als auch der deutlich geringeren Interaktionsmöglichkeiten von Kunde zu Unternehmen und vice versa im traditionellen Sinne der Patient Journey hervor.

Wie bereits zu Beginn des Unterabschnittes 3.4.1 durch die Forschung von Lemon & Verhoef (2016) dargestellt, ist der Prozess der Customer Journey jedoch dynamisch und iterativ.[869]

Auch wenn die Autoren Lemon & Verhoef (2016) dies zwar anerkennen, ist ihre Darstellung klassischerweise auf linearer Basis, die mit Abschluss der

---

868 Vgl. López Lubían & Esteves (2017), S. 9.
869 Vgl. Lemon & Verhoef (2016), S. 76.

Nutzung eines Produktes endet und mit dem erneuten Aufkommen eines Bedarfes des Kunden von vorne beginnt.[870] Auf Basis des Customer Lifecycles[871] kann von einer schleifenförmigen Journey (siehe Abbildung 16) ausgegangen werden, was bedeutet, dass der Prozess der Customer Journey sich repetitiv verhält und erlebte Erfahrungen am Ende des Prozesses zur Prägung einer zukünftigen Customer Journey bei einer erneuten Erkrankung beitragen.[872]

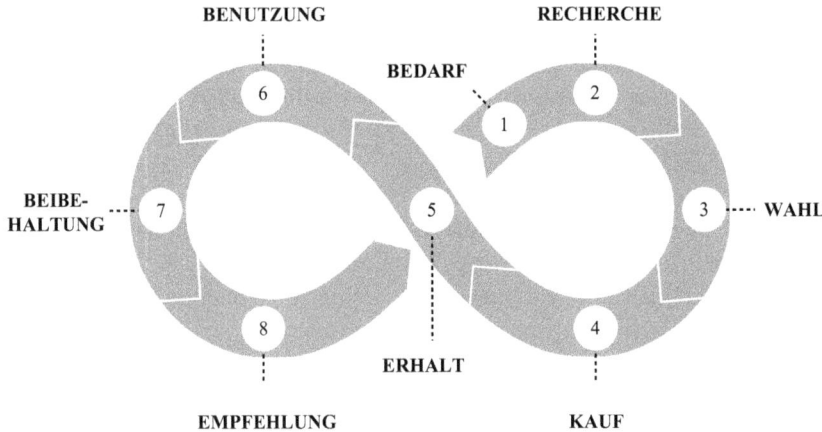

Abbildung 16: Customer Lifecycle[873]

Diese Darstellung erscheint ebenfalls vor dem Hintergrund der Digitalisierung als nutzbringender und realistischer als eine lineare Darstellung, da ein Kunde heutzutage jederzeit und von überall aus durch digitale Instrumente in eine

---

870 Die Autoren Lemon & Verhoef (2016) zeigen in ihrer Darstellung der Customer Journey zwar auf, dass vorangehende Erfahrungen durch die Nutzung eines Produktes einen Einfluss auf eine erneute Kaufentscheidung haben, trotzdem wurde die grafische Darstellung der Autoren auf linearer Basis umgesetzt.
871 Vgl. Moore (2017), S. 10.
872 Vgl. Grewal & Roggeveen (2020), S. 4. Die hier namentlich genannten Autoren Grewal & Roggeveen erkennen dies, wie dargestellt, ebenfalls an und stellen ihr Customer Journey-Modell in ihrer Veröffentlichung auf Basis der drei Stufen der Customer Journey nach Lemon & Verhoef (2016) zirkular dar, vgl. Grewal & Roggeveen (2020), S. 6.
873 Vgl. Moore (2017), S. 10.

entsprechende Customer Journey ein- und aussteigen kann.[874] Dies bestätigen Mattmüller & Segiet (2019), die in ihrer Publikation die zunehmende Zahl an Verkaufs- und Kommunikationskanälen vor dem Hintergrund der Digitalisierung betrachten. Dabei stellen sie fest, dass die Digitalisierung dazu führt, dass Unternehmen zunehmend eine individualisierte Customer Journey für (potenzielle) Kunden anstreben.[875]

Ebenfalls beschreiben die Autoren, dass der Kunde im digitalen Verständnis der Customer Journey über eine Vielzahl von Touchpoints mit dem Unternehmen in Kontakt kommt und sich dabei über die Journey hinweg jederzeit zwischen verschiedensten Kommunikations- sowie Distributionskanälen bewegen kann.[876] Bei dieser Betrachtung fällt ebenso das Schlagwort „Omnichannel-Management". Dieses soll laut Mattmüller & Segiet (2019) dazu genutzt werden, um mögliche Hürden für den Kunden auf seinem Weg durch die digitalisierte Customer Journey ohne den Verlust von Informationen ermöglichen zu können.[877] Um identifizieren zu können, welche Möglichkeiten sich durch die Digitalisierung in der Patient Journey des OTC-Pharmamarktes ergeben, muss vom OTC-Pharmaunternehmen verstanden werden, welche Bedürfnisse und Ansprüche ein Patient verfolgt. Zu diesem Zwecke bedarf es einer grundsätzlichen Überprüfung der Patient Journey und wie diese sich durch den Einfluss der Digitalisierung verändert.[878] Durch die daraus erlangten, neuen Kenntnisse lassen sich explizit Rückschlüsse auf die vorhandenen Potenziale bzw. Lücken[879] zwischen der traditionellen und durch die Digitalisierung transformierten Patient Journey schließen und aufdecken. Werden diese neuen Erkenntnisse aktiv in der strategischen Marketingplanung berücksichtigt und durch operative Maßnahmen schließlich umgesetzt, kann dies für den OTC-Pharmahersteller ein Wettbewerbsvorteil in der Branche bedeuten.[880]

---

874 Diese Auffassung teilt ebenso Hertle (2017), welcher spezifisch im Gesundheitsmarkt auf diese Veränderung der Patient Journey eingeht, vgl. Hertle (2017), S. 10–11.
875 Vgl. Mattmüller & Segiet (2019), S. 56.
876 Vgl. Mattmüller & Segiet (2019), S. 56.
877 Vgl. Mattmüller & Segiet (2019), S. 56.
878 Vgl. Sevenval (2018), S. 7.
879 Das Aufzeigen bestehender Lücken zwischen traditioneller und digitaler Patient Journey im OTC-Pharmamarkt wird in Unterabschnitt 3.4.4 mittels eines Abgleiches beider Patient Journeys durchgeführt.
880 Vgl. Sevenval (2018), S. 7.

Dabei sind im Markt der Selbstmedikation (OTC) mit Blick auf die Patient Journey die folgenden Elemente von Bedeutung:[881]

1. Der auslösende Impuls entweder zur aktiven Prävention möglich auftretender Erkrankungen oder zur direkten, initialen Diagnose aufgrund des Auftretens von Symptomen.
2. Beschaffung relevanter Informationen.
3. Simplifizierung des Konsultations- und Kaufvorganges.
4. Abschließende Nachbereitungen.

Für die Hersteller der OTC-Arzneimittel ist es dabei durch die Digitalisierung möglich, Patientendaten sowie -ströme gezielt zu sammeln, und mithilfe dieser neuartigen Informationen ihren Marketingmix entsprechend anzupassen.[882] Weiterhin kann somit aktiv in den Entscheidungsprozess und abschließenden Kauf der Patienten unterstützend eingegriffen werden.[883] Dabei ist eine Vielzahl an Pharmaunternehmen der Meinung, dass Customer Experience der neue „Battleground"[884] für die Pharmabranche ist,[885] und nicht mehr ausschließlich die Vermarktung von Arzneimittelmarken im Vordergrund der Marketingaktivitäten steht.[886] Es wird daher als sinnvoller erachtet, Apps und digitale Lösungen und / oder Geräte auf den Markt zu bringen, um mit diesen die Patienten vor, während und nach deren medizinischen Behandlungen unterstützen zu können.[887]

Weiterhin werden die Endkunden von pharmazeutischen Unternehmen zunehmend resistent gegenüber traditionellem „Push"- Marketing, und bevorzugen stattdessen eine allumfassende Customer Experience, welche durch „Pull"-Interaktionen mit dem Unternehmen durch einen aktiven Fokus auf die Bedürfnisse der Patienten bereitgestellt wird.[888] Ebenso konsultieren im OTC-Pharmamarkt eine zunehmende Zahl an Kunden als erste Anlaufstelle nicht mehr ihren klassischen gesundheitlichen Berater wie den Arzt oder Apotheker, sondern befragen das Internet nach Informationen zu ihrem Krankheitsbild, oder tauschen sich mit Familie oder Freunden aus.[889]

---

881 Vgl. Sevenval (2018), S. 7.
882 Vgl. Sevenval (2018), S. 7.
883 Vgl. Sevenval (2018), S. 13.
884 Kumli, Felber & Gittermann (2016), S. 31.
885 Vgl. Kumli, Felber & Gittermann (2016), S. 31.
886 Vgl. Davies (2018), S. 19.
887 Vgl. Davies (2018), S. 19.
888 Vgl. Kumli, Felber & Gittermann (2016), S. 31.
889 Vgl. POSkompakt (2016), S. 10; Nold (2020), S. 122.

Zusammenfassend wird bei der Betrachtung des OTC-Pharmamarktes deutlich, dass es für OTC-Pharmahersteller auf der einen Seite von hoher Bedeutung ist, durch die richtigen Kundenkontaktpunkte den Patienten im Kaufprozess zu unterstützen und auf die unternehmenseigenen Medikamente zu lenken, auf der anderen Seite aber auch nach dem Kauf weiterhin unterstützend mit entsprechenden Kundenkontaktpunkten dem Patienten zur Seite zu stehen, um letztlich bei einer erneuten Erkrankung sicherzustellen, dass er auf das entsprechende Arzneimittel bzw. die Marke wiederholt zurückgreift.

Aus der Ableitung dieser Punkte, und mit Rückblick auf die traditionelle, klassische Patient Journey im OTC-Pharmamarkt aus Unterabschnitt 3.4.2, soll diese durch die Einflüsse der Digitalisierung dargestellt werden.

Zu einer besseren Übersicht für die erzielte Darstellung, nämlich dem anschließenden Aufzeigen möglicher Lücken zwischen der traditionellen und einer volldigitalisierten Patient Journey, werden im Folgenden die drei in dieser Arbeit aufgezeigten Phasen (vor dem Kauf, Kauf, nach dem Kauf) einzeln abgearbeitet. Dabei ist zu beachten, dass es aufgrund der Vielzahl bereits vorhandener, digitaler Instrumente nicht möglich ist, einen jeden möglichen, digitalen Touchpoint oder Kommunikations- / Absatzkanal in dieser Betrachtung miteinzubeziehen.[890] Für die Herleitung der volldigitalisierten Patient Journey werden die Veröffentlichungen von Xu (2014), welcher in seiner Publikation verschiedene digitale Kundenkontaktpunkte aufzeigt sowie Leeflang, Verhoef, Dahlström & Freundt (2014), Straker, Wrigley & Rosemann (2015), Cocomore (2019), Nam & Kannan (2020), Li, Abbasi, Cheema & Abraham (2020) sowie Walsh, Deseniss & Kilian (2020) herangezogen, und ergänzt durch die Ergebnisse von Forrester (2012), Forrester (2019), Gartner (2015), Gartner (2019a), Gartner (2019b), Gartner (2019c), sowie Gartner (2020).

Zu Beginn dieser Herleitung wird zunächst ein oberflächlicher Branchenvergleich aufgezeigt, um zu erkennen, welche Branchen im Bereich der Digitalisierung als fortschrittlich anzusehen sind. Dazu wird erneut der Digitalisierungsindex herangezogen. Dieser zeigt auf, wie gut die Unternehmen aus Pharma, Chemie und Gesundheitswesen im Bereich der Digitalisierung, im Vergleich zu anderen deutschen Branchen in der gewerblichen Wirtschaft, aufgestellt sind. Die Basis hierzu sind die Erkenntnisse aus dem Jahre 2018.[891]

---

890 In diesem Zusammenhang stellen auch Mattmüller & Segiet (2019) fest, dass die Anzahl möglicher Technologien im Rahmen der Customer Journey „überwältigend" ist, vgl. Mattmüller & Segiet (2019), S. 57.
891 Vgl. Bundesministerium für Wirtschaft und Energie (2018).

Dabei befindet sich die Pharma- und Chemiebranche mit 50 von insgesamt 100 erreichbaren Indexpunkten im Mittelfeld des Branchenvergleiches. Das Gesundheitswesen bildet das Schlusslicht des Index mit 37 Punkten.[892] Da beide Branchen (Pharma / Chemie sowie Gesundheitswesen) in die Betrachtung hier mit einfließen, die Chemiebranche als solche hier keine Anwendung findet, innerhalb des Digitalisierungsindex jedoch mit der Pharmabranche zusammengefasst wird, lässt sich zu einer repräsentativeren Bewertung des Forschungsgegenstandes ein arithmetisches Mittel der Branchen von 43,5 Indexpunkten bilden.[893] Wird von diesem Wert ausgegangen, befinden sich die betrachteten Branchen auf Platz sieben von zehn anderen, im Digitalisierungsindex betrachteten Branchen.[894] Vorrangig befinden sich die folgenden Branchen (absteigend von „sehr digitalisiert" zu „weniger digitalisiert"):[895]

1. IKT
2. Wissensintensive Dienstleister (wie die Medienindustrie oder Unternehmensberatungen)
3. Finanz- und Versicherungsdienstleistungen
4. Handel
5. Maschinenbau
6. Energie- und Wasserversorgung

Zusätzlich dazu legte bereits im Jahr 2012 eine Publikation von Forrester (2012) offen, dass das Thema „Gesundheit" eines der meistrecherchierten Themen online ist.[896] Darüber hinaus wird bereits 2012 von den Autoren darauf hingewiesen, dass digitale Kanäle eine deutlich höhere Reichweite haben als traditionelle Kanäle wie Print oder TV.[897] So wird aufgezeigt, dass diejenigen Kunden, die auch über Gesundheitsthemen online recherchieren, vor allem aktiv sind bei Online-Displays, Online-Suchen, YouTube und Facebook. Erst

---

892 Vgl. Bundesministerium für Wirtschaft und Energie (2018), S. 13.
893 Weiterhin wird aufgrund des Forschungsfokus dieser Arbeit der Bereich der „Chemie" – welcher wie aufgezeigt im Rahmen des Digitalisierungsindex mit der Pharmabranche zusammen betrachtet wird – nicht mehr explizit genannt, sondern einzig die Pharma- und Gesundheitsbranche.
894 Nachrangig ordnen sich Verkehr und Logistik, sonstiges verarbeitendes Gewerbe und Fahrzeugbau ein. Die Übersicht der einzelnen Branchen mit ihren Indexpunkten kann in Anhang 3 nachvollzogen werden.
895 Vgl. Bundesministerium für Wirtschaft und Energie (2018), S. 13.
896 Vgl. Forrester (2012), S. 2. Referenzmarkt ist hier der US-amerikanische Markt, vgl. Forrester (2012), S. 2.
897 Vgl. Forrester (2012), S. 2.

nach diesen Kanälen wird laut der Umfrage das Medium „TV" als Informationsquelle zu Gesundheitsthemen genannt.[898]

Darüber hinaus zeigt eine Gartner-Studie aus dem Jahre 2020 auf, dass die vollständig digitalisierte Customer Journey zukünftig aus mehr als einzelnen, aufeinander folgenden Touchpoints entsteht.[899] So erforschen die Autoren in dieser Studie die führenden zehn strategischen Technologie-Trends. Als hauptsächlichen Bestandteil, analog zur hier bereits aufgezeigten Relevanz von Omnichannel-Management, nennen Gartner (2020) „Multiexperience"[900], welches in den nächsten Jahren deutlich an Relevanz zunehmen wird. Besondere Schlagworte, die hier genutzt werden, sind ebenso Augmented Reality (AR), Virtual Reality (VR) und eine Mischform dieser beiden Begriffe, Mixed Reality (MR). Die Autoren geben an, dass diese digitalen Technologien die Interaktion von Menschen und digitalen Instrumenten grundlegend verändern werden, und dies zu einer Multitouchpoint-Experience führen wird.[901]

Für ein allgemeines Verständnis möglicher, digitaler Touchpoints und Kommunikationskanäle, welche Unternehmen einsetzen bzw. auf welche Unternehmen zurückgreifen können, soll eine branchenübergreifende Analyse dieser erfolgen. Zu diesem Zwecke werden diese in tabellarischer Form in einzelnen Schritten mithilfe von Literatur und Studien hergeleitet. Dabei nehmen (neue) digitale Technologien eine hohe Relevanz ein, da solche erst die digitalen Touchpoints und Kommunikationskanäle ermöglichen. Dieser Schritt ist unabdingbar, da es aus Sicht der Autorin unmöglich ist, zum heutigen Zeitpunkt zukünftige Touchpoints vollumfänglich und zuverlässig vorhersagen zu können.

Dafür wird zunächst auf drei für diese Arbeit passende Hype Cycle-Analysen[902] der Gartner, Inc. zurückgegriffen.

---

898 Vgl. Forrester (2012), S. 4. Referenzmarkt ist hier der europäische Markt, vgl. Forrester (2012), S. 4.
899 Vgl. Gartner (2020).
900 Gartner (2020) beschreibt, dass die sog. „Multiexperience Development Platform" (MXDP) zunehmend von Unternehmen entwickelt wird, um diese schließlich für ihre Kunden bereitzustellen. Diese verbindet die Bereiche Augmented Reality, Mobil und Web. Vgl. Gartner (2020), S. 2.
901 Vgl. Gartner (2020), S. 2–3.
902 Die Hype Cycles von Gartner, Inc. erforschen aktuelle und zukünftige Innovationen und ordnen sie in unterschiedliche, zeitliche Relevanz-Bereiche ein. So zeigen sie auf, wann bestimmte Innovationen besonders relevant werden und geben Ratschläge an Unternehmen, ob und wann sie diese implementieren sollten, und welche allgemeinen Reaktionsmöglichkeiten zur Verfügung stehen. Vgl. Gartner (2019c), S. 1–2.

Diese wurden nach den folgenden Kriterien konsolidiert:
Unter der Prämisse, dass in dieser Arbeit die Sichtweise des Kunden betrachtet werden soll, entstehen einige Kriterien, anhand welcher die Touchpoints / Kanäle und Technologien selektiert werden. Diese werden von der Autorin festgelegt und sind

- innerhalb der Customer Journey für den Kunden erlebbar und entsprechend der vier Touchpoint-Kategorien vom Unternehmen oder Partnerunternehmen steuerbar / beeinflussbar oder Bestandteil der externen / sozialen Umgebung.
- auf den OTC-Pharmamarkt anwendbar. (Dabei muss vor allem auf die Prämisse geachtet werden, dass aufgrund des apothekenpflichtigen OTC-Arzneimittel-Fokus in dieser Arbeit beachtet wird, dass ein Vertrieb über die Unternehmens-Webseite des OTC-Arzneimittel-Herstellers rechtswidrig ist.)
- aktuell oder zukünftig relevant.

Dementsprechend wurden Technologien und / oder Touchpoints und Kanäle, die heutzutage bereits großflächig von jeglichen Branchen adaptiert sind, wie FAQs oder Newsletter, von der Betrachtung hier ausgeschlossen (siehe Tabelle 7).

Tabelle 7: Bereits relevante und zukünftige, digitale Technologien[903]

Nutzen	Bereits relevant	In *naher* Zukunft relevant	In *ferner* Zukunft relevant	In *sehr ferner* Zukunft relevant
Transformativ	• Daten Management Plattform (Werbung)[a] • Digital Commerce Marketing[a]	• Data Driven Marketing[a] • Web Real-Time Communications[b]	• Real-Time Marketing[a] • Conversational Commerce[b] • Natural Language Processing (NLP)[c]	

Kommentar: Die Zeithorizonte der Darstellung sind von der Autorin analog zu den Originalquellen der Hype Cycles genutzt worden und wurden lediglich begrifflich definiert. So entstehen die folgenden zeitlichen Kategorien: „Bereits relevant" (weniger als zwei Jahre), „In naher Zukunft relevant" (zwei bis fünf Jahre), „In ferner Zukunft relevant" (fünf bis zehn Jahre) und „In sehr ferner Zukunft relevant" (mehr als zehn Jahre).

903 Vgl. a): Gartner (2015), S. 4–5; b): Gartner (2019a), S. 6–8; c): Gartner (2019b), S. 5–6.
Kommentar: Aufgrund der zwischen der Studie von Gartner (2015) und dem Verfassen dieser Arbeit liegenden Zeitdifferenz, wurden die Zeithorizonte für die aufgeführten Themenfelder des Hype Cycles entsprechend durch eine Linksverschiebung in den nächsten Zeitcluster vorgenommen.

Patient Journey als Customer Journey im OTC-Pharmamarkt 195

Tabelle 7: Fortsetzung

Nutzen	Bereits relevant	In *naher* Zukunft relevant	In *ferner* Zukunft relevant	In *sehr ferner* Zukunft relevant
Hoch		• Advocacy/Loyalty Marketing [a] • Content Marketing [a] • Cross-Device Identifizierung [a] • Event-Triggered Marketing [a] • Gamification [a] • Mobile Advertising [a] • Mobile Commerce [a] • Multichannel Marketing [a] • Personifizierung [a] • Social Marketing [a] • Videotelefonie für Kundenservice [b] • Virtuelle Kunden-Assistenten [b]	• Augmented Reality [a] • Programmatic TV Advertising [a] • Voice of the Customer [a,b] • Wearables [a] • Healthcare Consumer Engagement Hub [c]	• Neurobusiness [a]
Mittelmäßig		• iBeacons und Bluetooth Beacons [a] • In-App Advertising [a] • Personalisierung [a] • Privacy Management Tools [a]	• Social TV [a] • Consumer Healthcare Wearables [c] • Direct-to-Patient Digital Marketing [c] • Immersive AR/VR/MR Experiences in Life Science [c] • Life Science Multichannel Campaign Management [c]	• 3D Printed Drugs [c]

Wie in Tabelle 7 zu erkennen ist, wurde die Übersicht, analog zur originalen Darstellung von Gartner (2015), Gartner (2019a) und Gartner (2019b), in verschiedene Zeitfenster und Nutzengruppen eingeteilt.

Analog zu dieser Herleitung, wird im nächsten Schritt der selbige Kriterienkatalog angewandt, um anhand von Literatur weitere Technologien und Touchpoints / Kanäle für eine volldigitalisierte Patient Journey darzustellen.

Daraus ergibt sich die Übersicht weiterer Technologien und digitaler Touchpoints / Kanäle, welche in Anhang 4 nachvollzogen werden kann.[904] Dabei ist eine hohe Bandbreite an Digitalisierungsanspruch zu erkennen. Aufgrund verschiedener Komplexität der hier dargestellten Touchpoints und Technologien stellt die Adaption dieser, unterschiedliche Schwierigkeitsstufen für eine Implementierung im Unternehmen dar. Diese Erkenntnis ist zudem wichtig für die Zielsetzung dieser Arbeit, da davon ausgegangen werden kann, dass die fortschrittlicheren, zukunfts-orientierteren Technologien und daraus resultierenden Touchpoints ein höheres, digitales Know-how benötigen, als die bereits verbreiteten und in vielen Unternehmen eingesetzten Technologien und Touchpoints. Auch wird deutlich, dass allgemeinere Formen an Touchpoints wie soziale Netzwerke einerseits und spezifische Kanäle wie Facebook andererseits genannt werden.[905] Um, wie bereits aufgezeigt, in der Logik von Lemon & Verhoef (2016) zu bleiben, werden für die hier herzuleitende volldigitalisierte Patient Journey, in einem letzten Schritt die Touchpoints / Kanäle und Technologien in die entsprechende(n) Phase(n) des Kaufprozesses eingeordnet, und in die jeweiligen Touchpoint-Kategorien (unternehmensseitig, kundenseitig, partnerseitig, extern / sozial) kategorisiert. Wenngleich zu Beginn dieses Unterabschnittes auf die schleifenförmige Gestaltung der Customer Journey durch den Einfluss digitaler Technologien eingegangen wurde, wird hier zum Zwecke einer übersichtlicheren Darstellung erneut die lineare Darstellungsform der Journey gewählt, analog zu der traditionellen Patient Journey (Abbildung 17):

---

904 Die Literaturnachweise dazu sind: Xu (2014), S. 145–146; Leeflang, Verhoef, Dahlström & Freundt (2014), S. 3; Straker, Wrigley & Rosemann (2015), S. 115; Cocomore (2019), S. 8; Forrester (2019), S. 9; Nam & Kannan (2020), S. 32; Li, Abbasi, Cheema & Abraham (2020), S. 133; Gartner (2020), S. 3–4, 6–8 und Walsh, Deseniss & Kilian (2020), S. 24–26.

905 Hier ist anzumerken, dass es bereits einige Publikationen zu den genannten Technologien gibt. Exemplarisch werden hier Demmers, Weltevreden & van Dolen (2020) genannt, welche speziell die Rolle von Social Media entlang der Customer Journey untersuchen oder Daly (2015), welche sich der Relevanz von Social Media im Gesundheitsmarkt annimmt. Auch zu Themen wie Virtual Reality (VR) und Augmented Reality (AR) gibt es bereits wissenschaftliche Publikationen, wie die von Hilken, et al. (2018). Weiterhin wird die Thematik der Artificial Intelligence (AI) in der Literatur behandelt, exemplarisch bei Gentsch (2019), welcher sich mit den Elementen von AI und Big Data befasst oder Fink (2020), welche sich mit KI-Projekten im Speziellen auseinandersetzt. Diese aktuellen Veröffentlichungen zu diesen Themen unterstreichen die Relevanz, die diese neuartigen Technologien und daraus resultierenden Touchpoints und Kommunikationskanäle mit sich bringen.

Patient Journey als Customer Journey im OTC-Pharmamarkt 197

1. SYMPTOM (Vor dem Kauf)			
Markenseitig	Kundenseitig	Partnerseitig	Extern & Sozial
• Onlineshop - Händler	• Unabhängige Testberichte	• Online-Werbevideos	• Unabhängige Testberichte
• Online-Werbevideos	• Online-Bewertung	• Produkttest Marke	• Online-Werbevideos
• Produkttest Marke	• Soziale Netzwerke	• Online Werbebanner Webseite	• Produkttest Marke
• Online Werbebanner Webseite	• Suchmaschinen	• Online-Bewertung	• Online-Bewertung
• Online-Bewertung	• Blogs und Mikro-Blogs	• Soziale Netzwerke	• Soziale Netzwerke
• Soziale Netzwerke	• Diskussionsforen / Virtuelle Communities	• Online-Kundenservice	• Suchmaschinen
• Online-Kundenservice	• Podcasts	• E-Mails	• Blogs und Mikro-Blogs
• E-Mails	• Tutorials	• E-Newsletter	• Diskussionsforen / Virtuelle Communities
• E-Newsletter	• Virtual Assistant	• Diskussionsforen / Virtuelle Communities	• Digitale Plattformen
• Diskussionsforen / Virtuelle Communities		• Webseite	• Webseite
• Live-Chats / Chatbots		• Podcasts	• Podcasts
• Clock-to-Call		• Tutorials	• Tutorials
• Digitale Plattformen		• Live-Chats / Chatbots	• Applikationen
• Digital Advertisement / Kampagnen		• Information intermediaries	• Web Enquiry
• Wettbewerbe		• Digitale Plattformen	• Digital Media Releases
• Digitale Memberships		• Digital Advertisement / Kampagnen	• Deals
• Digitale Loyalitäts-Programme		• Wettbewerbe	• Mobile App
• Webseite		• E-Commerce Retailers	• Virtual Assistant
• Podcasts		• Digitale Memberships	
• Tutorials		• Digitale Loyalitäts-Programme	
• Applikationen		• Webseite	
• Online Store		• Podcasts	
• Web Enquiry		• Tutorials	
• Digital Media Releases		• Applikationen	
• Deals		• Online Store	
• Kontaktcenter / Agent Desktop		• Web Enquiry	
• Mobile App		• Digital Media Releases	
• SMS / MMS		• Deals	
• Virtual Assistant		• Kontaktcenter / Agent Desktop	
• Influencer-Marketing		• Mobile App	
		• SMS/MMS	
		• Virtual Assistant	
		• Influencer-Marketing	

Abbildung 17: Volldigitalisierte, branchenspezifische Patient Journey[906]

906 Synthese aus Abbildung 15, Tabelle 7 und Anhang 4 und deren Inhalten und entsprechenden Literaturnachweisen.

2. DIAGNOSE (Kauf)			
Markenseitig	Kundenseitig	Partnerseitig	Extern & Sozial

• Onlineshop - Händler
• Online-Kundenservice
• E-Mails
  E-Newsletter
• Live-Chats / Chatbots
• Click-to-Call
• Digitale Plattformen
  Online bezahlen, vor Ort abholen (Click & Collect)
• Digitale Memberships
  Digitale Loyalitäts-Programme
• Online Store
  Web Enquiry
• Deals
• Kontaktcenter / Agent Desktop
  Mobile App
• Virtual Assistant
	• Suchmaschinen
	• Virtual Assistant
		• Online-Kundenservice
		• E-Mails
		• E-Newsletter
		• Live-Chats / Chatbots
		• Information intermediaries
		• Digitale Plattformen
		• Online-Kauf bei 3-Party-Anbietern
		• Online bezahlen, vor Ort abholen (Click & Collect)
		• E-Commerce Retailers
		• Digitale Memberships
		• Digitale Loyalitäts-Programme
		• Online Store
		• Web Enquiry
		• Deals
		• Kontaktcenter / Agent Desktop
		• Mobile App
		• Virtual Assistant
			• Suchmaschinen
			• Digitale Plattformen
			• Web Enquiry
			• Deals
			• Mobile App
			• Virtual Assistant

Abbildung 17: Fortsetzung

Patient Journey als Customer Journey im OTC-Pharmamarkt 199

3. BEHANDLUNG (Nach dem Kauf)			
Markenseitig	Kundenseitig	Partnerseitig	Extern & Sozial
• Onlineshop - Händler • Online-Werbevideos • Produkttest Marke • Online Werbebanner Webseite • Online-Bewertung • Soziale Netzwerke • Online-Kundenservice • E-Mails • E-Newsletter • Diskussionsforen / Virtuelle Communities • Live-Chats / Chatbots • Click-to-Call • Digitale Plattformen • Digital Advertisement / Kampagnen • Wettbewerbe • Digitale Memberships • Digitale Loyalitäts-Programme • Webseite • Podcasts • Tutorials • Applikationen • Online Store • Web Enquiry • Digital Media Releases • Deals • Kontaktcenter / Agent Desktop • Mobile App • SMS/MMS • Virtual Assistant • Influencer-Marketing	• Unabhängige Testberichte • Online-Bewertung • Soziale Netzwerke • Suchmaschinen • Blogs und Mikro-Blogs • Diskussionsforen / Virtuelle Communities • Podcasts • Tutorials • Virtual Assistant	• Online-Werbevideos • Produkttest Marke • Online Werbebanner Webseite • Online-Bewertung • Soziale Netzwerke • Online-Kundenservice • E-Mails • E-Newsletter • Diskussionsforen / Virtuelle Communities • Live-Chats / Chatbots • Information intermediaries • Digitale Plattformen • Digital Advertisement / Kampagnen • Wettbewerbe • E-Commerce Retailers • Digitale Memberships • Digitale Loyalitäts-Programme • Webseite • Podcasts • Tutorials • Applikationen • Online Store • Web Enquiry • Digital Media Releases • Deals • Kontaktcenter / Agent Desktop • Mobile App • SMS/MMS • Virtual Assistant • Influencer-Marketing	• Unabhängige Testberichte • Online-Werbevideos • Produkttest Marke • Online-Bewertung • Soziale Netzwerke • Suchmaschinen • Blogs und Mikro-Blogs • Diskussionsforen / Virtuelle Communities • Digitale Plattformen • Webseite • Podcasts • Tutorials • Applikationen • Web Enquiry • Digital Media Releases • Deals • Mobile App • Virtual Assistant

Abbildung 17: Fortsetzung

Mit Blick auf diese in Abbildung 17 aufgezeigte Vielzahl an Kundenkontaktpunkten durch die Digitalisierung bleibt festzuhalten, dass die Relevanz eines jeden Kontaktpunktes ausschlaggebend ist, nicht unbedingt die Anzahl.[907]

---

907 Vgl. Esch, Stahl, Adler & Schneider (2016), S. 20.

200   Pharmamarketing und die digitalisierte Patient Journey

Zusammenfassend kann hier schließlich festgehalten werden, dass pharmazeutische Unternehmen die Notwendigkeit verstanden haben, den Weg, wie sie mit Endkunden interagieren, vor dem Hintergrund der Digitalisierung transformieren zu müssen,[908] weshalb die Pharma- und Gesundheitsbranche bereits aktiv an einigen Stellen der Patient Journey ansetzt.[909]

Im nächsten Unterabschnitt wird schließlich eine Potenzialidentifikation zwischen der traditionellen und volldigitalisierten Patient Journey des OTC-Pharmamarktes durchgeführt. Dies dient dem Zwecke des Aufzeigens defizitärer Elemente und Potenziale in der Patient Journey des OTC-Pharmamarktes.

3.4.4   Potenzialidentifikation der branchenspezifischen Patient Journey

Die Betrachtung der Customer Journey und der damit einhergehenden Veränderung des Kaufverhaltens der Kunden durch die Digitalisierung ist essenziell für die Forschungsfrage dieser Arbeit.[910] Dabei ermöglichen Entwicklungen in Plattform-Technologien, der Einsatz von Artificial Intelligence im Marketing, und die Nutzung mobiler Endgeräte, neuen Anbietern mit innovativen Geschäftsmodellen auf die entsprechenden veränderten Verhaltensweisen der Kunden einzugehen. Bekannte Beispiele hierfür sind Netflix, Uber oder Airbnb, welche bestehende Branchen disruptiv verändert bzw. erneuert haben.[911] So gewinnt die Interaktion mit Kunden durch digitales Marketing

---

908   Vgl. Kumli, Felber & Gittermann (2016), S. 31.
909   Dies stellen auch Econsultancy & Adobe (2017) fest, vgl. Econsultancy & Adobe (2017), S. 6.
910   Brandenberg, Herrmann, Roos & Rösger (2007) zeigen bereits 2007 allgemeine Faktoren auf, welche das sich verändernde Kundenverhalten begründen. Genannt werden hier u.a. der „mobile Lifestyle", der Gesundheitsmarkt als „Boommarkt der Zukunft", das zunehmende Verlangen nach Individualisierung und die „Macht der Konsumenten", ausgelöst durch Social Media, Blogs, Communities und weitere digitale Kommunikationsgebiete. Vgl. Brandenberg, Herrmann, Roos & Rösger (2007), S. 61. Eine aktuellere Forschung zu Kundenverhalten entlang der Customer Journey aus dem Jahre 2019 zeigt eine Gegenüberstellung von Elementen auf, die traditionelles Einkaufen von online-Einkaufen differenziert. Hier wird exemplarisch genannt, dass traditionelles Einkaufen gegenüber online-Einkaufen eine begrenztere Auswahl mit sich bringt, zeitaufwendiger ist und eine limitierte Menge an Informationen zu einem bestimmten Produkt verfügbar ist. Vgl. Dasgupta & Grover (2019), S. 4.
911   Vgl. Zhang & Chang (2021), S. 167.

und den allgemein fortschreitenden Technologieentwicklungen an Bedeutung.[912] Aufgrund dieser Entwicklungen ist das Marketing dazu angehalten, dessen Prozesse und Instrumente neu auszurichten, um die Möglichkeiten der neuen, digitalen Kundenansprache zu nutzen.[913]

Zudem sollten die Forschung und Entwicklung eines Unternehmens im Umfeld der strategischen (Neu-)Ausrichtung seines Marketing eingebunden werden. Dies ist dadurch bedingt, dass innovative Funktionen digitaler Lösungen zwar im Bereich der Forschung & Entwicklung eines Unternehmens angesiedelt sein können, letztlich aber vorrangig als Marketinginstrument eingesetzt werden.

Dementsprechend findet die Veröffentlichung von Gassmann, Schuhmacher, von Zedtwitz & Reepmeyer (2018) Anwendung in dieser Arbeit, obschon diese in ihrem Kern auf die Unternehmensfunktion der F&E ausgerichtet ist, allerdings im Rahmen dessen die digitalen Veränderungen in Bezug auf sich veränderndes Kundenverhalten und den Eintritt neuer Wettbewerber mit digitalen Geschäftsmodellen betrachtet. Die Autoren bestätigen ebenfalls die hier getätigte Aussage, da sie deutlich machen, dass Mitarbeiter des Marketing so früh wie möglich in die Prozesse der F&E integriert werden sollten.[914]

Auf Basis der vorangehenden Ausführungen und Darstellungen der traditionellen und volldigitalisierten Patient Journey für den OTC-Pharmamarkt, wird in diesem Unterabschnitt ein Abgleich dieser beiden Patient Journeys durchgeführt. Ein solcher Abgleich erlaubt aufzuzeigen, in welchen spezifischen Bereichen Potenziale und damit gleichzeitig Herausforderungen innerhalb der Digitalisierung der Patient Journey für OTC-Pharmahersteller liegen.

Innerhalb der Betrachtung der Digitalisierung der Customer Journey zeigen Dasgupta & Grover (2019) auf, dass der Kaufprozess heutzutage so gestaltet ist, dass sich die Kunden flexibel zwischen den einzelnen Stufen dessen bewegen und durchweg von sowohl online- als auch weiterhin traditionellen Elementen beeinflusst werden.[915]

Dies gilt auch hier für den vorliegenden Falle der Patient Journey im OTC-Pharmamarkt. Allerdings wird die Übersicht über beide Patient Journeys für einen möglichst einfachen Abgleich linear und tabellarisch dargestellt (siehe folgende Tabelle 8):

---

912 Vgl. Altounian, Wiley, Woo & Roberts (2016), S. 611.
913 Vgl. Boureanu (2017), S. 152.
914 Vgl. Gassmann, Schuhmacher, von Zedtwitz & Reepmeyer (2018), S. 162.
915 Vgl. Dasgupta & Grover (2019), S. 3.

Pharmamarketing und die digitalisierte Patient Journey

Tabelle 8: Traditionelle und volldigitalisierte Patient Journey im Vergleich[916]

Patient Journey Traditionell	1. SYMPTOM (Vor dem Kauf)			
	Markenseitig	Kundenseitig	Partnerseitig	Extern und Sozial
Print	•			
TV	•			
Radio	•			
(Webseite des OTC-Pharmaherstellers)	•			
(Online-Foren zum Informationsaustausch)	•			
(Vereinzelte Apps zu leichten Erkrankungen)	•			
(Soziale Netzwerke)	•			
(Online-Werbebanner)	•			
Austausch mit Familie / Bekannten		•		
(Online-Recherche)		•		
Word of Mouth				•
(Online-Suchmaschinen und Empfehlungsportale)				•
Werbebroschüren am PoS				
Beratung und ggf. Markenempfehlung durch Apotheker				
(Werbebanner auf den Webseiten der Online-Apotheken)			•	
Erfahrung mit dem Arzneimittel				
Meinungsbildung zur Marke				
(Verfassen von Rezensionen)				

---

916 Synthese aus den Inhalten und Literaturnachweisen der Abbildungen 15 und 17 sowie der Tabelle 7 und dem Anhang 4.

Tabelle 8: Fortsetzung

Patient Journey	1. SYMPTOM (Vor dem Kauf)			
Digitalisiert	Markenseitig	Kundenseitig	Partnerseitig	Extern und Sozial
Onlineshop – Händler	•			
Unabhängige Testberichte		•		•
Online-Werbevideos	•		•	•
Produkttest Marke	•		•	•
Online Werbebanner Webseite	•		•	
Online-Bewertung	•	•	•	•
Soziale Netzwerke	•	•	•	•
Online-Kundenservice	•		•	
E-Mails	•		•	
E-Newsletter	•		•	
Suchmaschinen		•		•
Blogs und Mikro-Blogs		•		•
Diskussionsforen / Virtuelle Communities	•	•	•	•
Live-Chats / Chatbots	•		•	
Click-to-Call	•			
Information intermediaries			•	
Digitale Plattformen	•		•	•
Online-Kauf bei Drittpartei-Anbietern				
Online bezahlen, vor Ort abholen (Click & Collect)				
Digital Advertisement / Kampagnen	•		•	
Wettbewerbe	•		•	
E-Commerce Retailers	•		•	
Digitale Memberships	•		•	
Digitale Loyalitäts-Programme	•		•	
Webseite	•		•	•
Podcasts	•	•	•	•
Tutorials	•	•	•	•

(wird auf nächster Seite fortgesetzt)

Tabelle 8: Fortsetzung

Patient Journey	1. SYMPTOM (Vor dem Kauf)			
Digitalisiert	Markenseitig	Kundenseitig	Partnerseitig	Extern und Sozial
Applikationen	•		•	•
Online Store	•		•	
Web Enquiry	•		•	•
Digital Media Releases	•		•	•
Deals	•		•	•
Kontaktcenter / Agent Desktop	•		•	
Mobile App	•		•	•
SMS / MMS	•		•	
Virtual Assistant	•	•	•	•
Influencer-Marketing	•		•	

Tabelle 8: Fortsetzung

Patient Journey	2. DIAGNOSE (Kauf)			
Traditionell	Markenseitig	Kundenseitig	Partnerseitig	Extern und Sozial
Print				
TV				
Radio				
(Webseite des OTC-Pharmaherstellers)				
(Online-Foren zum Informationsaustausch)				
(Vereinzelte Apps zu leichten Erkrankungen)				
(Soziale Netzwerke)				
(Online-Werbebanner)				
Austausch mit Familie / Bekannten				
(Online-Recherche)				
Word of Mouth				
(Online-Suchmaschinen und Empfehlungsportale)				
Werbebroschüren am PoS	•			
Beratung und ggf. Markenempfehlung durch Apotheker			•	
(Werbebanner auf den Webseiten der Online-Apotheken)			•	
Erfahrung mit dem Arzneimittel				
Meinungsbildung zur Marke				
(Verfassen von Rezensionen)				

(wird auf nächster Seite fortgesetzt)

Tabelle 8: Fortsetzung

Patient Journey	2. DIAGNOSE (Kauf)			
Digitalisiert	Markenseitig	Kundenseitig	Partnerseitig	Extern und Sozial
Onlineshop – Händler	•			
Unabhängige Testberichte				
Online-Werbevideos				
Produkttest Marke				
Online Werbebanner				
Webseite				
Online-Bewertung				
Soziale Netzwerke				
Online-Kundenservice	•		•	
E-Mails	•		•	
E-Newsletter	•		•	
Suchmaschinen		•		•
Blogs und Mikro-Blogs				
Diskussionsforen / Virtuelle Communities				
Live-Chats / Chatbots	•		•	
Click-to-Call	•			
Information intermediaries			•	
Digitale Plattformen	•		•	•
Online-Kauf bei Drittpartei-Anbietern			•	
Online bezahlen, vor Ort abholen (Click & Collect)	•		•	
Digital Advertisement / Kampagnen				
Wettbewerbe				
E-Commerce Retailers			•	
Digitale Memberships	•		•	
Digitale Loyalitäts-Programme	•		•	
Webseite				
Podcasts				
Tutorials				
Applikationen				
Online Store	•		•	
Web Enquiry	•		•	•

Tabelle 8: Fortsetzung

Patient Journey	2. DIAGNOSE (Kauf)			
Digitalisiert	Markenseitig	Kundenseitig	Partnerseitig	Extern und Sozial
Digital Media Releases				
Deals	•		•	•
Kontaktcenter / Agent Desktop	•		•	
Mobile App	•		•	•
SMS / MMS				
Virtual Assistant	•	•	•	•
Influencer-Marketing				

(wird auf nächster Seite fortgesetzt)

Tabelle 8: Fortsetzung

Patient Journey	3. BEHANDLUNG (Nach dem Kauf)			
Traditionell	Markenseitig	Kundenseitig	Partnerseitig	Extern und Sozial
Print				
TV				
Radio				
(Webseite des OTC-Pharmaherstellers)				
(Online-Foren zum Informationsaustausch)				
(Vereinzelte Apps zu leichten Erkrankungen)				
(Soziale Netzwerke)				
(Online-Werbebanner)				
Austausch mit Familie / Bekannten				
(Online-Recherche)				
Word of Mouth				
(Online-Suchmaschinen und Empfehlungsportale)				
Werbebroschüren am PoS				
Beratung und ggf. Markenempfehlung durch Apotheker				
(Werbebanner auf den Webseiten der Online-Apotheken)			•	
Erfahrung mit dem Arzneimittel		•		
Meinungsbildung zur Marke		•		
(Verfassen von Rezensionen)		•		

Tabelle 8: Fortsetzung

Patient Journey Digitalisiert	3. BEHANDLUNG (Nach dem Kauf)			
	Markenseitig	Kundenseitig	Partnerseitig	Extern und Sozial
Onlineshop – Händler	•			
Unabhängige Testberichte		•		•
Online-Werbevideos	•		•	•
Produkttest Marke	•		•	•
Online Werbebanner Webseite	•		•	
Online-Bewertung	•	•	•	•
Soziale Netzwerke	•	•	•	•
Online-Kundenservice	•		•	
E-Mails	•		•	
E-Newsletter	•		•	
Suchmaschinen		•		•
Blogs und Mikro-Blogs		•		•
Diskussionsforen / Virtuelle Communities	•	•	•	•
Live-Chats / Chatbots	•		•	
Click-to-Call	•			
Information intermediaries			•	
Digitale Plattformen	•		•	•
Online-Kauf bei Drittpartei-Anbietern				
Online bezahlen, vor Ort abholen (Click & Collect)				
Digital Advertisement / Kampagnen	•		•	
Wettbewerbe	•		•	
E-Commerce Retailers				
Digitale Memberships	•		•	
Digitale Loyalitäts-Programme	•		•	
Webseite	•		•	•
Podcasts	•	•	•	•

(wird auf nächster Seite fortgesetzt)

Tabelle 8: Fortsetzung

Patient Journey Digitalisiert	3. BEHANDLUNG (Nach dem Kauf)			
	Markenseitig	Kundenseitig	Partnerseitig	Extern und Sozial
Tutorials		•	•	•
Applikationen			•	•
Online Store	•		•	
Web Enquiry	•		•	•
Digital Media Releases	•		•	•
Deals			•	•
Kontaktcenter / Agent Desktop	•		•	
Mobile App			•	•
SMS / MMS			•	
Virtual Assistant	•	•	•	•
Influencer-Marketing	•		•	

Der Abgleich der traditionellen Patient Journey mit der volldigitalisierten Patient Journey zeigt deutlich, dass eine gezielte und stetige Optimierung eben dieser eine grundlegende Basis für digitales Marketing im OTC-Pharmamarkt legt.[917] Obschon die Pharmabranche mit Blick auf die Digitalisierung anderen Branchen hinterherhängt, wird erkannt, dass die Branche reagieren muss, wodurch zunehmend in die Digitalisierung investiert wird.[918] Dies zeigt sich ebenfalls durch die in Abbildung 15 bereits aufgezeigten digitalen Touchpoints in der traditionellen Patient Journey des OTC-Pharmamarktes.

Es ist ebenfalls erkennbar, dass sich die direkte Kommunikation vom Unternehmen zum Patienten, besonders vor dem Hintergrund der Digitalisierung, als unabdingbar darstellt. So treten OTC-Pharmaunternehmen heute mithilfe ihrer Webseiten, wie erkennbar, in Kontakt mit den Patienten und versorgen sie auf diesem Wege mit relevanten Informationen zu ihren angebotenen Arzneimitteln. Dabei werden im Hintergrund, wie heutzutage üblich, relevante Kunden- und Nutzungsdaten analysiert und ausgewertet, um das Angebot zu optimieren.[919] Es wird jedoch festgestellt, dass im Pharmamarkt weiterhin die Präsenz am PoS wichtig ist, im vorliegenden Falle bei der stationären Apotheke. Pharmahersteller haben dort weiterhin die Möglichkeit mithilfe des gezielten Einsatzes von Werbemitteln die Patienten bei ihrem Kauf zu beeinflussen. Allerdings ist hierbei anzumerken, dass sich der Markt der Online-Apotheken ebenfalls weiterentwickeln wird, weshalb Pharmahersteller auch an dieser Stelle anknüpfen müssen.[920]

Obschon auch die anderen aufgezeigten, traditionellen Touchpoints wie Word of Mouth weiterhin Bestand haben, sind auch hier die Einflüsse der Digitalisierung zu sehen.

So belegt eine Studie, dass sich Patienten im Gesundheitsmarkt heutzutage zwei Mal mehr auf Online-Informationen als auf Word of Mouth verlassen[921]

---

917 Vgl. Sevenval (2018), S. 13.
918 Vgl. Econsultancy & Adobe (2017), S. 9.
919 Vgl. Sevenval (2018), S. 13. Diese internen, digitalen Analyse- und Auswertungstools sind Grundlage des heutigen Geschehens zum Verständnis des Kundenverhaltens, werden im Rahmen dieser Arbeit allerdings nicht näher betrachtet, da sie nicht direkt vom Kunden erlebbar sind. Sie sind somit, wie bereits in der Eingrenzung der Touchpoints und digitalen Technologien erläutert, nicht Fokus dieser Arbeit.
920 Vgl. Sevenval (2018), S. 13. Auch genannt werden hier Konzepte zur digitalen Vorbestellung von Medikamenten und anschließenden Abholung bei stationären Apotheken, vgl. Sevenval (2018), S. 13.
921 Vgl. Doctor.com (2020), S. 5.

und, dass mobiles Recherchieren[922] sowie das Vertrauen in Online-Reviews[923] im Gesundheitsmarkt an Bedeutung zunehmen.[924]

Der Vergleich der beiden Patient Journeys in Tabelle 8 zeigt zusammenfassend deutlich die möglichen Potenziale im OTC-Pharmamarkt auf, die sich durch neue, bereits relevante sowie zukünftig relevante Technologien in Form neuartiger Touchpoints entlang aller Stufen des Patient Journey Prozesses widerspiegeln. Die Potenziale und zugleich Anforderungen an OTC-Pharmahersteller sind durch den Abgleich somit eindeutig erkennbar, was die Bedeutung der Betrachtung der Patient Journey vor dem Hintergrund der Fragestellung dieser Arbeit erneut bestärkt.

Auf diesen Erkenntnissen aufbauend werden im nächsten Kapitel (Kapitel 4) die für diese Arbeit gültigen Herausforderungen definiert, welchen OTC-Pharmaherstellern mit Blick auf die Patient Journey durch die Digitalisierung gegenüberstehen.

3.5 Zwischenfazit

Kapitel 3 widmete sich zunächst dem Pharmamarketing. Dabei wurde zu Beginn aufgezeigt, wie das Marketing spezifisch im OTC-Pharmamarkt gestaltet ist. Im Zuge dessen wurden die traditionellen Marketingmaßnahmen Print, TV, Radio und PoS-Materialien in der Apotheke als vorwiegende Instrumente für die Kommunikation von OTC-Pharmahersteller an Patienten identifiziert. Außerdem wurde auf die aktuellen, digitalen Entwicklungen im allgemeinen Gesundheitsmarkt eingegangen. Exemplarisch wurde hier das Wachstum des Marktes der Versandapotheken und die steigende Relevanz der Online-Informationsbeschaffung vonseiten der Patienten genannt.

Darüber hinaus wurde die Selbstmedikation an sich betrachtet und die hohe Relevanz dieser in Deutschland aufgezeigt. So ist die Selbstmedikation (auch zukünftig) immens wichtig für die deutsche Gesellschaft, um die

---

922 Vgl. Doctor.com (2020), S. 10.
923 Vgl. Doctor.com (2020), S. 12.
924 Vgl. Doctor.com (2020), S. 5, 10, 12.
Kommentar: Die Studie von Doctor.com (2020) wurde im US-amerikanischen Markt durchgeführt und zielt primär auf den Gesundheitsmarkt ab, allerdings mit Fokus auf die Suche eines Patienten nach einem für ihn passenden Arzt. Die für diese Arbeit relevanten Ergebnisse der Studie wurden dennoch aufgenommen, da sie das generell durch die Digitalisierung veränderte Patientenverhalten im Gesundheitsmarkt belegen.

Ressourcen des Gesundheitssystems effizient nutzen zu können. Durch die sich verändernde Rolle des Patienten, indem sich dieser online und vorab zu einem Besuch in der Apotheke selbständig und von überall aus digital über Krankheitsbilder informieren kann, gewinnt die Selbstmedikation an Relevanz. Es wurde somit weiterhin erkennbar, dass die Selbstmedikation eine von der Gesellschaft gewünschte Maßnahme ist, was auch bei der Betrachtung der Vor- und Nachteile der Selbstmedikation deutlich wurde. Es wurde ebenfalls mithilfe der Beispiele der Selbstmedikation anhand von Schmerzmitteln und der gegenwärtigen (2020 / 2021) Covid-19-Pandemie erkennbar, wie eng die Grenzen zwischen politischen Restriktionen zum Schutze der Patienten und der zeitgemäßen Freiheit in der Selbstmedikation durch den mündigen Patienten gesetzt sind. Daran anknüpfend wurden Gesetzesgrundlagen und gesundheitspolitische Initiativen der Vergangenheit, Gegenwart und Zukunft strukturiert zusammengetragen und dargestellt, welche sowohl in die Betrachtung der Selbstmedikation fallen als auch (in den meisten Fällen) in Verbindung zur Digitalisierung stehen. Auf Basis dessen wurde schließlich diskutiert, ob die gesetzlichen Grundlagen vor dem Hintergrund einer Förderung der Selbstmedikation in Deutschland zu weit oder zu kurz greifen. Zu diesem Zwecke wurden für die Patienten und Apotheken insgesamt fünf Ziele konsolidiert, welche im Rahmen der Selbstmedikation erreicht werden sollen, und anschließend in Verbindung mit der gesetzlichen Grundlage oder gesundheitspolitischen Initiative (falls vorhanden) diskutiert. Zusammenfassend konnte hier festgestellt werden, dass die deutsche Bundesregierung bei ihrer Gesetzgebung vorrangig zum Schutze des Patienten handelt, jedoch trotz bisheriger und bereits zukünftig geplanter Initiativen Handlungsbedarf besteht, etwa in der bundesweiten Zulassung von Apotheken für die Verabreichung von Impfstoffen oder einem einheitlichen Medikationsplan für alle Bundesbürger.

Im Anschluss daran wurde in Abschnitt 3.3 auf die Thematiken der Digitalisierung und Cross-Industry Innovation eingegangen. Dabei wurden verschiedene Begrifflichkeiten, welche durch den steigenden Einfluss der Digitalisierung im Gesundheitsmarkt in den Sprachgebrauch aufgenommen wurden, aufgezeigt und definitorisch für das Verständnis dieser Arbeit abgegrenzt.

Dabei wurde im Kontext dieser Arbeit besonders der Begriff E-Health (mit Health 2.0, Digital Health, mHealth und Telemedizin diesem synonym untergeordnet) vorgestellt. Daneben wurde ebenfalls anhand des deutschen Digitalisierungsindex festgestellt, dass sich die Pharma- und Gesundheitsbranche im hinteren Feld dessen einordnet, was erneut die Relevanz dieser Arbeit unterstreicht und Handlungsbedarf aufweist. Darüber hinaus wurde erneut die Verbindung zu Strategischen Allianzen gelegt und aufgezeigt, welche Rolle diese im OTC-Pharmamarkt vor dem Hintergrund der Digitalisierung einnehmen. Dabei wurde deutlich, dass Strategische Allianzen im Pharmamarkt bisher besonders im Bereich der Forschung & Entwicklung vorzufinden sind. In Bezug auf die interbetriebliche Zusammenarbeit im Bereich der Bereitstellung digitaler Lösungen an Endkunden konnten bisher allerdings nur einige Veröffentlichungen genannt werden, welche aufzeigen, dass Kooperationen in diesem Bereich vor allem durch die Entwicklungen und Veränderungen im Zuge der Digitalisierung eine elementare Chance für Unternehmen darstellen.

Im Rahmen dessen wurden in diesem Kapitel einige Strategische Allianzen aufgezeigt, welche in diesem Bereich bereits geschlossen wurden. Da die Digitalisierung einen disruptiven Charakter aufweist, kann durch das Eingehen solcher Kooperationen mitunter das bestehende Geschäftsmodell von Unternehmen grundlegend transformiert werden. Daher wurde in einem nächsten Schritt die Thematik der Business Model Innovation durch die Digitalisierung aufgezeigt. Anschließend wurde auf die Konzepte des Innovation Driven Marketing im Rahmen von Cross-Industry Innovation eingegangen. Das Konzept des Innovation Driven Marketing beinhaltet mitunter die Kooperation mit externen Partnern und die Innovationen in der Marktbearbeitung durch neue IKT. Sofern Kooperationen nicht im klassischen Sinne horizontal oder vertikal eingegangen werden, sondern diagonal, kommt das Konzept der Cross-Industry Innovation zum Tragen. Dieses Konzept umschreibt neuartige Ideen und Maßnahmen, welche in Zusammenarbeit branchenübergreifend entstehen. Dabei profitieren die beteiligten Unternehmen vom jeweiligen branchenspezifischen Wissen des anderen und können so bestehende Konzepte gemeinsam in neuen Ansätzen verbinden.

Anschließend wurde die Patient Journey als Customer Journey im OTC-Pharmamarkt behandelt. Diese Betrachtung war von hoher Bedeutung, da sie als zentrale Grundlage für die Bearbeitung der vorliegenden Dissertation gilt.

Im Rahmen dessen wurde zunächst die theoretische Grundlage des Customer Journey Prozesses nach Lemon & Verhoef (2016) vorgestellt, welche den Prozess in drei Phasen aufteilt („vor dem Kauf", „Kauf", „nach dem Kauf"). Innerhalb dieser Phasen unterteilen die beiden Autoren ebenfalls die verschiedenen Touchpoints in vier Kategorien (markenseitig, kundenseitig, partnerseitig, extern und sozial). Nachdem auf Basis dieser theoretischen Grundlage die traditionelle, branchenspezifische Patient Journey im OTC-Pharmamarkt gebildet und dargestellt wurde, wurde eine volldigitalisierte Patient Journey für selbigen Markt entwickelt. Zu diesem Zwecke wurden zukünftige, digitale Kundenkontaktpunkte und Technologien aufgezeigt und in die Patient Journey des OTC-Pharmamarktes eingegliedert. Der anschließende Abgleich beider Patient Journeys machte die Notwendigkeit neuer, digitaler Touchpoints und Kanäle aus Sicht der OTC-Pharmahersteller deutlich, wenngleich weiterhin traditionelle Touchpoints und Kanäle wie die Präsenz am PoS der Apotheken wichtig sind.

Kapitel 2 und 3 haben somit das deskriptive Erkenntnisziel dieser Arbeit erreicht und einen Status Quo der Digitalisierung im Bereich des Marketing und der gesetzlichen Grundlagen im Selbstmedikationsmarkt gegeben sowie die hauptsächlichen Elemente Strategischer Allianzen behandelt. Nachdem somit der konzeptionelle Rahmen in der Tiefe geschaffen wurde, wird nun zum deduktiven Teil dieser Arbeit übergegangen, beginnend mit der Eruierung der elementarsten Herausforderungen, welchen OTC-Pharmahersteller durch die Digitalisierung gegenüberstehen.

4 Herausforderungen durch die Digitalisierung im OTC-Pharmamarkt

Dieses Kapitel hat zum Ziel, die größten Herausforderungen, welche für OTC-Pharmaunternehmen durch die Digitalisierung entstehen, genauestens zu erörtern, um anschließend anhand eines eigens hergeleiteten, dreidimensionalen Kategorisierungsmodells bestimmen zu können, wie diesen Herausforderungen durch verschiedene Ausprägungen Strategischer Allianzen entgegnet werden kann. Bei dieser deduktiven Herleitung und damit einhergehenden Identifizierung der Herausforderungen zum Zwecke der Beantwortung der Forschungsfrage dieser Arbeit sind folgende Faktoren zu beachten:

Erstens werden die Herausforderungen durch die Digitalisierung zunächst branchenweit anhand von Literatur aufgezeigt. Dies dient dem Zwecke einer allgemeinen Betrachtung branchenübergreifender Herausforderungen, welchen Unternehmen durch die Digitalisierung gegenüberstehen.
Zweitens wird bei der Auswahl der Herausforderungen darauf geachtet, dass sie den fachspezifischen Fokus stets beibehalten. Dies ist wichtig, um den marketingspezifischen Fokus dieser Arbeit stets zu beachten. Dementsprechend werden Herausforderungen, die andere Themenfelder betreffen oder zu tiefgründig die IT-Sicht thematisieren, nach kurzem Aufzeigen direkt aus der weiteren Betrachtung eliminiert.
Drittens liegt vor dem Hintergrund der spezifischen Forschungsfrage der Fokus dieser Arbeit auf einer festgelegten Branche, der OTC-Pharmabranche. Dementsprechend ist es in einem nächsten Schritt essenziell, die Herausforderungen entsprechend der verschiedenen, in vorherigen Kapiteln aufgezeigten, Marktanforderungen einzugrenzen. Dies ist ein elementarer Schritt, da besonders der Gesundheitsmarkt (wie bereits an vielen Stellen aufgezeigt) spezifische Eigenschaften besitzt. Auch Anderson, Rayburn & Sierra (2019) stellen in diesem Hinblick fest, dass Unternehmen in der Gesundheitsbranche einzigartigen Herausforderungen, besonders vor dem Hintergrund der Digitalisierung, gegenüberstehen,[925] weshalb diese Maßnahme bedeutsam ist.

---

925 Vgl. Anderson, Rayburn & Sierra (2019), S. 1522.

Viertens wird schließlich erneut daran erinnert, dass die Thematik der Patient Journey eine Schlüsselrolle in dieser Arbeit einnimmt, weshalb die Eruierung der Herausforderungen einen Patient Journey-Fokus einnehmen. Dementsprechend ist es bei der Auswahl der elementarsten Herausforderungen für die Branche durch die Digitalisierung ebenfalls essenziell, sich die Frage zu stellen, welche der Herausforderungen einen direkten Einfluss auf die Patient Journey haben. Bei der Bearbeitung dieses Kapitels werden vor dem Hintergrund der praktischen Relevanz dieser Arbeit ebenso Studien herangezogen, da sie aufgrund ihrer Marktnähe als besonders notwendig erachtet werden.

Diesem Auswahlverfahren und den festgelegten Kriterien folgend, wird nun im folgenden Abschnitt zunächst auf die Übersicht branchenweiter Herausforderungen, welchen Unternehmen durch die Digitalisierung entgegenstehen, eingegangen.

4.1 Übersicht und Eingrenzung der größten Herausforderungen

Analog zur vorangehenden Beschreibung des Vorgehens in Kapitel 4, wird an dieser Stelle die Publikation von Stief, Eidhoff & Voeth (2016) mit dem Titel „Transform to Succeed: An Empirical Analysis of Digital Transformation in Firms"[926] gegenständlich. Diese zeichnet sich durch eine Datengrundlage aus dem deutschen Markt sowie deren umfassenden Darstellung und Verbindung der theoretischen Grundlagen aus akademischer Literatur im Bereich der digitalen Transformation mit praxisbezogenem Wissen betreffender Unternehmen aus. Hierdurch hat diese Publikation die größte Relevanz (im Rahmen der Literaturrecherche) für dieses Kapitel inne und wird aus diesem Grund als struktur- und richtungsweisend verwendet. Weiterhin sind Bleilevens & Schenk (2020) zu erwähnen, die bei ihrer (eher knappen) Betrachtung der Herausforderungen der Digitalisierung in der Pharmabranche – für das patientenzentrierte Pharmaunternehmen –, den primären Fokus auf die Patientenzentrierung und einem damit einhergehenden Kulturwandel legen.[927] Die Digitalisierung wird dabei vielmehr als ein immanenter Aspekt und Utensil für eine Patientenzentrierung herangezogen. Dieser Fokus hat zum Ergebnis, dass in der näheren

---

926 Vgl. Stief, Eidhoff & Voeth (2016).
927 Vgl. Bleilevens & Schenk (2020), S. 11–13.

Betrachtung der Herausforderungen, diese lediglich einen Teil der von Stief, Eidhoff & Voeth (2016) beschriebenen Herausforderungen darstellen.

Die für die Untersuchung notwendigen Marktbezüge (z.b. eine Betrachtung von (neuen) Wettbewerbern, welche in der Planung von möglichen Strategischen Allianzen notwendig sind) fallen somit bei Bleilevens & Schenk (2020) aus, weshalb diese nur in Teilen Anwendung finden und die Klassifizierungen nach Stief, Eidhoff & Voeth (2016) als zentrale Grundlage für den Fortgang dieser Arbeit angewandt werden.

So beschreiben Stief, Eidhoff & Voeth (2016), dass die digitale Transformation in der akademischen Literatur bisher einen geringen Stellenwert einnimmt.[928] Daher ist das Ziel ihrer Untersuchung, den Nutzen sowie gleichermaßen die Herausforderungen, welche für Unternehmen durch die Digitalisierung entstehen, spezifisch mit einem holistischen Ansatz darzulegen, weshalb die Autoren Feldinterviews mit 32 Experten unterschiedlicher Branchen aus Deutschland durchgeführt haben.[929] Im Rahmen dieser Untersuchung konnten die Autoren eine Vielzahl an Herausforderungen (und Möglichkeiten) identifizieren,[930] welchen Unternehmen durch die Digitalisierung gegenüberstehen. Dabei haben sie die identifizierten Herausforderungen in die folgenden Bereiche klassifiziert:[931]

1. Kunden
2. Wettbewerber
3. Marktposition
4. Menschen
5. Organisation
6. IT-bezogen

An dieser Stelle werden bereits, nach Durchsicht der genauen Inhalte dieser Überpunkte, als zweiter Schritt der Herleitung der elementarsten Herausforderungen, diejenigen Themenfelder ausgegrenzt, welche keinen marketingspezifischen Fokus haben. Dementsprechend werden hier die Themenfelder „Menschen", „Organisation" und „IT-bezogen" aus der weiteren Betrachtung eliminiert. Stattdessen werden weiterhin die Elemente „Kunden", „Wettbewerber" und „Marktposition" betrachtet. Dabei wird das Themenfeld der „Marktposition" aufgeteilt und als viertes Feld das „Know-how" benannt.

---

928 Vgl. Stief, Eidhoff & Voeth (2016), S. 1834.
929 Vgl. Stief, Eidhoff & Voeth (2016), S. 1833.
930 Die Gesamtheit der von Stief, Eidhoff & Voeth (2016) identifizierten Chancen und Herausforderungen kann in Anhang 5 detailliert nachvollzogen werden.
931 Vgl. Stief, Eidhoff & Voeth (2016), S. 1839.

Dies hat zum Grund, dass das technologische Know-how im Rahmen des Marketing – welches von Stief, Eidhoff & Voeth (2016) in das Feld der „Marktposition" eingeordnet wird – einen großen Stellenwert vor dem Hintergrund der digitalen Transformation von Unternehmen einnimmt, da fachspezifisches Wissen mit dem Umgang digitaler Instrumente, Anwendungen und Lösungen gefragt ist.[932]

Die in der „Marktposition" verbleibenden Herausforderungen – wie z.b. „benefit of new technologies is not predictable" – stellen die digitale Transformation grundsätzlich in Frage oder – z.B. „high investment costs" – sind grundlegende Beweggründe für eine Strategische Allianz zur Reduktion von Kosten, Risiken oder Komplexität, weshalb diese im Fortgang dieser Arbeit nicht weiter betrachtet werden. Diese Entscheidung liegt in der Prämisse dieser Arbeit, welche das Eingehen einer Strategischen Allianz nicht zur Debatte stellt, sondern ausschließlich deren möglichen Ausprägungen thematisiert. Hierdurch entfällt somit die um das Know-how reduzierte „Marktposition" in der weiteren Betrachtung.

Als dritten Schritt der Herleitung der elementarsten Herausforderungen durch die Digitalisierung erfolgt die OTC-spezifische Eingrenzung. Diese wird auf Basis der vorangehenden Kapitel durchgeführt, welche deutlich die Anforderungen an OTC-Arzneimittelhersteller vor dem Hintergrund der Digitalisierung herausarbeiten. Die Eingrenzung dieser Komponente findet im Einklang mit der vierten Komponente des Eingrenzungsprozesses statt, nämlich der Customer Journey-spezifischen Betrachtung.[933] Daraus folgend werden für die Anwendung in dieser Arbeit und unter Ausschluss der in dieser Arbeit nichtrelevanten Felder weiterhin die folgenden Kategorien an Herausforderungen mit den teilweise eigens, an den Betrachtungsmarkt angepassten, gewählten Begriffen verwendet (siehe Tabelle 9).

---

932 An dieser Stelle ist anzumerken, dass durchaus beachtet wurde, dass Stief, Eidhoff & Voeth (2016) die Herausforderungs-Kategorie „Menschen" aufzeigen. Allerdings handelt es sich bei deren Betrachtung weniger um das spezifische Know-how dieser Menschen, sondern vielmehr um die Veränderung der Unternehmenskultur oder den Widerstand der Mitarbeiter gegenüber Veränderungen im Rahmen der Digitalisierung. Daher ist es folgerichtig essenziell, das spezifische Know-how von Mitarbeitern getrennt von dieser Vorstellung des Begriffes „Menschen" zu betrachten.

933 Eine detaillierte Anwendung einer jeden jeweiligen Herausforderung auf den OTC-Pharmamarkt wird im Folgenden in den Unterabschnitten der jeweiligen Herausforderungen ausgearbeitet.

Tabelle 9: Angepasste Herausforderungs-Kategorien und Herausforderungen[934]

Herausforderungs-Kategorien	Herausforderungen
1. Patient / Patient Journey	• Umgang mit neuen Kommunikationskanälen • Anpassung an neue Kundenbedürfnisse
2. Wettbewerber	• (Neue) Wettbewerber (mit neuen Geschäftsmodellen)
3. Know-how	• Fehlende technologische Fähigkeiten und Talent Gap

Gestützt und näher thematisiert wird die Auswahl dieser drei Kategorien an Herausforderungen durch weitere, branchenspezifische Feststellungen:

Bezüglich der Herausforderungs-Kategorien „Patient / Patient Journey" und „Know-how" lässt sich folgende Aussage betrachten: Die Erkenntnisse von Arthur D. Little (2016) zeigen auf, dass bei erfolgreicher Umsetzung von Digital Health-Strategien eine Transformation in zwei für diese Arbeit besonders relevanten Kernbereichen geschieht. Erstens in einer sich verschiebenden Rolle der Patienten, da durch Digital Health der Endkonsument in den Fokus rückt[935] (siehe Herausforderungs-Kategorie 1), und zweitens, die Notwendigkeit von Unternehmen, neue Kompetenzen (vor allem technologisches Know-how und die Entwicklung von digitalen, kundenspezifischen Lösungen) innerhalb des Unternehmens zu besitzen (siehe Herausforderungs-Kategorie 3) und Partnerschaften mit neuen, verschiedenen Partnern zu ergreifen.[936] Zu der Herausforderungs-Kategorie 2 („Wettbewerber") lässt sich feststellen, dass der Eintritt neuer Wettbewerber mit neuen, zumeist digitalen Geschäftsmodellen besonders im Gesundheitsmarkt eine hohe Relevanz einnimmt.[937]

Diese drei Bereiche sind Kernelemente für die Fragestellung dieser Arbeit, vor der Prämisse, dass der Vertrieb der apothekenpflichtigen Arzneimittel für OTC-Pharmahersteller (rechtlich) ausschließlich über Apotheken als Intermediäre erlaubt ist. Diese aufgezeigten, einzelnen Merkmale der eingegrenzten Kategorien an Herausforderungen und deren Relevanz für die Patient Journey und somit spezifisch angewandt auf die OTC-Pharmabranche, werden in den

---

934 Vgl. Stief, Eidhoff & Voeth (2016), S. 1839.
935 Dies ist auch bei Sevenval (2018), S. 16 und Gassmann, Schuhmacher, von Zedtwitz & Reepmeyer (2018), S. 155 zu erkennen.
936 Vgl. Arthur D. Little (2016), S. 8.
937 Vgl. BearingPoint (2015), S. 13; Sevenval (2018), S. 16.

folgenden Abschnitten sowie Unterabschnitten aufgezeigt und entsprechend bestätigt.

4.2 Herausforderung 1: Im OTC-Pharmamarkt entstehen durch die Digitalisierung neue Kundenbedürfnisse entlang der Patient Journey

Wie bereits an anderer Stelle aufgezeigt, lässt sich die erste Herausforderung in die Herausforderungs-Kategorie des Patienten[938] bzw. der Patient Journey einordnen.

Gemäß Stief, Eidhoff & Voeth (2016) lassen sich dabei die beiden Punkte des Umganges mit neuen Kommunikationskanälen als auch die Anpassung an neue Kundenbedürfnisse einordnen.[939]

Nachdem die Feststellung dieser beiden Faktoren als grundlegende Herausforderungen für Unternehmen durch die Digitalisierung vollzogen wurde, soll zunächst ein Überblick über diese Aussagen im Rahmen einer branchenweiten Betrachtung geschaffen werden. In einem nächsten Schritt wird anschließend spezifisch die Relevanz dieser Herausforderungs-Elemente innerhalb der OTC-Pharmabranche überprüft und anhand der Verbindung all dieser Faktoren die für diese Arbeit gültige Definition der Herausforderung 1 (C_1) gebildet. Um inhaltliche Dopplungen zu vermeiden, werden hier ausschließlich die wichtigsten Punkte, welche bereits innerhalb dieser Dissertation genannt wurden, zusammenfassend aufgezeigt oder entsprechend durch neue Merkmale ergänzt.

4.2.1 Übersicht

Im Folgenden wird der Umgang von Unternehmen mit neuen Kommunikationskanälen und sich verändernden Kundenbedürfnissen, welche durch die Digitalisierung entstehen, betrachtet, und aufgezeigt, warum diese Auswirkungen auf Unternehmen haben bzw. dadurch Herausforderungen für das Marketing von Unternehmen entstehen.

Um die hohe Relevanz neuer Kommunikationskanäle aufzuzeigen, benennen Leeflang, Verhoef, Dahlström & Freundt (2014) die digitalen Kommunikationskanäle, die Unternehmen bereits heute zur Kommunikation mit ihren Kunden nutzen. Dabei stellen sie in ihrer Untersuchung fest, dass Unternehmen

---

938 In der Originalquelle „Kunde" genannt, hier jedoch, wie bereits beschrieben, an die Termini dieser Arbeit angepasst.
939 Vgl. Stief, Eidhoff & Voeth (2016), S. 1839.

besonders vor der Herausforderung stehen, die Fähigkeit zu besitzen, mit Kunden interaktiv über diese neuen Kommunikationskanäle zu agieren.[940] Die vorherrschende Vielzahl an Kundenkontaktpunkten, welche durch die Digitalisierung entstanden ist, zeigt auf, dass die zeitgemäße Bearbeitung der Customer Journey und die Bildung von digitaler Customer Experience in den Vordergrund rückt, was die Relevanz dieser Herausforderungs-Kategorie bestätigt.

Quinton & Simkin (2017) und Aunkofer (2018) unterstreichen zudem die Handlungs-Notwendigkeit von Unternehmen bezüglich dieser Herausforderungs-Kategorie. So stellen sie fest, dass es dringend notwendig von Unternehmen ist, dass sie sich in allen relevanten, digitalen Kommunikationskanälen platzieren, um die Interaktion mit ihren Kunden zu forcieren und diese personalisierter gestalten zu können.[941] Dabei verdeutlichen Quinton & Simkin (2017) erneut, dass es elementar für Unternehmen ist, diese Veränderungen zu realisieren und entsprechend auf das sich stets verändernde Verhalten der Kunden zu reagieren.[942] Zudem appellieren Bolton, et al. (2018) an Unternehmen, dass sie die herausragende Rolle, die digitale Technologien einnehmen – sowohl bei der Gestaltung von Customer Experience, als auch bei der Bereitstellung dieser – aktiv mitgestalten müssen.[943]

Diese aufgezeigten Merkmale zur Unterstützung der Herausforderungen des Umganges mit neuen Kommunikationskanälen und der Anpassung an sich verändernde Kundenbedürfnisse sollen nun spezifisch auf die OTC-Pharmabranche im Rahmen der Patient Journey angewandt werden. Dabei, und im weiteren Verlaufe des Kapitels 4, wird wie auch in vorangehenden Kapiteln dieser Arbeit ebenfalls Literatur herangezogen, die auf die Pharma- sowie Gesundheitsbranche bezogen ist. Dies ist zum einen damit zu begründen, dass die Recherchen im Zuge dieser Arbeit keine spezifische Literatur von digitalen Herausforderungen den OTC-Pharmamarkt betreffend ergeben haben. Zum anderen ist diese Herangehensweise sinnvoll, da wie bereits angemerkt, das Wettbewerbsumfeld in der Betrachtung der vorliegenden Arbeit den Gesundheitsmarkt aufgrund seiner digitalen Relevanz miteinbezieht.

---

940 Vgl. Leeflang, Verhoef, Dahlström & Freundt (2014), S. 3.
941 Vgl. Quinton & Simkin (2017), S. 455; Aunkofer (2018), S. 59.
942 Vgl. Quinton & Simkin (2017), S. 467.
943 Vgl. Bolton, et al. (2018), S. 785–786.

4.2.2 Anwendung auf die Patient Journey des OTC-Pharmamarktes

Die spezifische Patient Journey der Patienten im OTC-Pharmamarkt wurde bereits ausführlich in ihrer traditionellen (Unterabschnitt 3.4.2) und volldigitalisierten Form (Unterabschnitt 3.4.3) behandelt. Wie bereits eingangs des Abschnittes 4.2 erwähnt, wird daher zur Vermeidung von Dopplungen davon abgesehen, hier erneut detailliert auf die sich durch die Digitalisierung verändernden (digitalen) Touchpoints und Kundenbedürfnisse in der OTC-Pharmabranche einzugehen. So werden in diesem Unterabschnitt lediglich weitere, vertiefende Informationen für die spezifische Anwendung der Herausforderung 1 auf die Patient Journey des OTC-Pharmamarktes gegeben und auf entsprechende Inhalte dieser Arbeit verwiesen.

In diesem Zusammenhang wird zunächst deutlich, dass die Anpassung großer Pharma-Konzerne an das durch die Digitalisierung veränderte Patientenverhalten als besonders herausfordernd angesehen wird, da es agile Strukturen und Arbeitsmethoden im Unternehmen benötigt, um sich flexibel an diese herausfordernden Veränderungen anpassen zu können.[944] Dies ist ebenso erforderlich, um Mitarbeiter mit digitalem Know-how anzusprechen und bestenfalls eine hohe Fluktuation dieser im Unternehmen zu vermeiden.[945]

Einfluss auf die notwendige Agilität nimmt auch die Wertschöpfungskette im Pharmamarkt, welche durch die Digitalisierung beeinflusst wird.[946] Daraus ergibt sich die erste Anforderung im Rahmen von C_1, welche als agile Arbeits- und Wertschöpfungsmethoden benannt wird (C_1–A_1).

Weiterhin wird in der Literatur deutlich herausgestellt, dass sich das traditionelle Geschäftsmodell pharmazeutischer Unternehmen verändern muss, da sich die Anforderungen und Bedürfnisse von Kunden durch die Nutzung digitaler Technologien grundlegend verändert haben.[947] Hieraus ergibt sich die

---

944 Vgl. Econsultancy & Adobe (2017), S. 10; Dillmann & Kahl (2017), S. 9; Bleilevens & Schenk (2020), S. 13.
945 Vgl. Bleilevens & Schenk (2020), S. 13.
946 Siehe hierzu ebenfalls Unterabschnitt 3.3.2 dieser Arbeit.
947 Vgl. BearingPoint (2015), S. 4; Bleilevens & Schenk (2020), S. 13; Schweizer & Hüning (2020), S. 34. Die Veränderung der traditionellen Geschäftsmodelle im Markt vor dem Hintergrund des Eintrittes neuer Wettbewerber mit neuen, digitalen Geschäftsmodellen wird im folgenden Abschnitt 4.3 im Rahmen der Herleitung von C_2 thematisiert. Trotzdem wird hier bereits deutlich, wie vernetzt sich die in dieser Arbeit betrachteten Herausforderungen darstellen und somit wie relevant diese für die sich verändernde Patient Journey sind.

zweite Anforderung im Zuge von C_1, indem neue, digitale Geschäftsmodelle und Services von OTC-Pharmaherstellern zu schaffen sind (C_1–A_2).[948]

Darüber hinaus zeigen Champagne, Hung & Leclerc (2015) die zunehmende Rolle des Patienten im Pharmamarkt auf, da sie sich zunehmend eigenständig über ihre Gesundheit informieren und diese kontrollieren wollen. Sei es über die Informationssuche online, die Nutzung von Apps oder das Tragen von Fitnessuhren.[949] In diesem Zusammenhang zeigen Herlant & Bauwens (2017) auf, dass neue kommerzielle Modelle in den Vordergrund digitaler Bemühungen in der Pharmabranche rücken. Dabei nennen sie besonders Apps und digitale Instrumente, die zu einer Multichannel-Bedienung des Marktes verhelfen.[950] Patienten nehmen somit keine passive Rolle im Markt mehr ein, sondern müssen aktiv in den Fokus der Unternehmensaktivitäten gerückt werden.[951] Aus diesen Gründen ist eine weitere Anforderung im Rahmen von C_1 das Erstellen von Angeboten und Inhalten innerhalb des Umfeldes von Apps und Fitnesstrackern (C_1–A_3).[952]

Wird diese Herausforderungs-Kategorie noch näher betrachtet, zeigt die Studie von Econsultancy & Adobe (2017) ebenfalls auf, dass besonders „Content Marketing" in den Fokus digitaler Bemühungen der Pharmabranche rückt.[953] Dies kann nach Meinung der Autorin besonders dadurch begründet sein, dass –wie bereits im Gange dieser Arbeit aufgezeigt – bisherige Gesundheits-Informationen (von Nicht-Gesundheitsunternehmen) online oftmals falsch dargestellt sind und eine extrem hohe Quantität nicht zuverlässiger Gesundheitsinformationen online verbreitet ist. Dabei bedeutet die verstärkte Umsetzung von Content-Marketing in der Patient Journey des hier betrachteten apothekenpflichtigen OTC-Pharmamarktes einerseits die Einbindung von relevanten Inhalten zu Gesundheitsinformationen in die neuartigen, digitalen Touchpoints bei der Vor-Ort-Apotheke als auch andererseits in die Informationsfindung der Patienten online.

---

948 Weiterhin wurde bereits in Abschnitt 3.3 und dessen Unterabschnitten auf die Notwendigkeit digitaler Geschäftsmodelle in der OTC-Pharmabranche ausführlich eingegangen.
949 Vgl. Champagne, Hung & Leclerc (2015), S. 1.
950 Vgl. Herlant & Bauwens (2017), S. 3.
951 Vgl. Laurenza, Quintano, Schiavone & Vrontis (2018), S. 1139.
952 Siehe hierzu die Unterabschnitte 3.3.2 und 3.3.3 sowie die Unterabschnitte zur Patient Journey im OTC-Pharmamarkt (v.a. die Unterabschnitte 3.4.3 und 3.4.4) dieser Arbeit.
953 Vgl. Econsultancy & Adobe (2017), S. 10.

So stehen digitale Instrumente für die Umsetzung von Content-Marketing am PoS (der Apotheke) zur Verfügung, etwa in der Bereitstellung von „Bewegtbild-Content"[954] auf digitalen Bildschirmen.[955] Neuartige, digitale Möglichkeiten am PoS wie diese – welche bereits von Pharmaunternehmen wie Ratiopharm und Stada genutzt werden – haben zum Ziel, Patienten mit Informationen zu einer bestimmten Erkrankung zu erreichen und gleichzeitig das passende, unternehmenseigene OTC-Arzneimittelangebot spezifisch zu bewerben.[956] Zusätzlich zu diesen digitalen Instrumenten am PoS ist die Markenplatzierung (etwa von Gesundheitsinformationen) über alle relevanten Kanäle hinweg essenziell, um als Hersteller von OTC-Arzneimitteln die Patienten – oftmals auch emotional – zu erreichen und auf die Arzneimittel des Unternehmens aufmerksam zu machen.[957] Zusätzlich dazu ist Content Marketing im Bereich der sozialen Medien von hoher Bedeutung. Eine Studie von Ogilvy Health (2020) hat hier bereits Schwachstellen der Pharmahersteller aufgezeigt, wie etwa den Mangel in der Festlegung eindeutiger Ziele in der Kommunikation über soziale Medien.[958]

Gleichzeitig zeigt die Studie auf, welche Umsetzungen besonders relevant für die Kommunikation von Gesundheitsinformationen sind; hier werden vor allem „Co-Creation" und das Teilen von Inhalten anderer Benutzer genannt. Dabei wird herausgestellt, dass die Zusammenarbeit zwischen Mitarbeitern der Pharmahersteller und Patienten und / oder Experten im Gesundheitswesen und die gemeinsame Erstellung und Kommunikation von Inhalten (bspw. in Form von Livestreaming) intensiver in Anspruch genommen werden sollte, um die Aufmerksamkeit der Endkunden auf das Unternehmen zu lenken. Hierbei werden die beiden Pharmahersteller „Pfizer" und „Novartis" genannt, welche sich in diesem Bereich bereits fortschrittlich etabliert haben.[959] Mit Blick

---

954 Przegendza (2020), S. 20.
955 Vgl. Przegendza (2020), S. 20. Nold (2020) würdigt in diesem Zusammenhang explizit den Apotheken Fachkreis, welcher vom Pharmaunternehmen „ALIUD PHARMA" – einem Tochterunternehmen von „Stada" – gebildet wurde. Durch diesen Fachkreis sind inzwischen mehr als 500 Apotheken deutschlandweit mit solch digitalen Bildschirmen zur Informationsgewinnung für Patienten ausgestattet. Vgl. Nold (2020), S. 124.
956 Vgl. Przegendza (2020), S. 30.
957 Vgl. Steffan (2019), S. 28.
958 Vgl. Ogilvy Health (2020), S. 8.
959 Vgl. Ogilvy Health (2020), S. 10. In diesem Zusammenhang zeigen Haßing & Müther (2020) auf, dass sich Content Marketing über soziale Medien zwischen verschiedenen Institutionen und Gruppen durchaus positiv auf das Vertrauen von Patienten in die jeweiligen Akteure auswirken kann, vgl. Haßing & Müther (2020), S. 101.

auf die Nutzung und das Teilen von Inhalten anderer Benutzer, etwa um auf bestimmte Erkrankungen aufmerksam zu machen, stellt Ogilvy Health (2020) dar, dass dies bisher etwa 75 % der untersuchten Pharmahersteller noch nicht in ihre online-Aktivitäten implementiert haben,[960] was unterstreicht, weshalb der Bereich „Content" in der Studie von Ogilvy Health (2020) die Kategorie war, welche in der Untersuchung am schwächsten abgeschnitten hat.[961] Daraus ergeben sich die eng miteinander verbundenen und dennoch voneinander getrennt zu betrachtenden Anforderungen im Umfeld von C_1, welche benannt werden als das Bereitstellen individualisierter Dienstleistungen und Informationen für Endkunden (C_1-A_4) und das Anpassen der Marketingaktivitäten an sich selbstständig, über neue Kanäle informierende Endkunden (C_1-A_5).[962]

Die abschließende, besondere Schwierigkeit für das Angehen der hier betrachteten Herausforderungs-Kategorie in sich besteht in den rechtlichen Regulierungen der Branche, welche es erschweren, personalisierte Inhalte für die finale Zielgruppe der Patienten online bereitstellen zu können.[963]

Diese Besonderheit der Branche unterstreichen auch Herlant & Bauwens (2017), wobei sie im gleichen Zuge feststellen, dass durch das veränderte Kundenverhalten immer mehr Patienten von sich aus bereit sind, ihre Gesundheitsdaten und -informationen freizugeben, um wiederum verbesserte Informationen zu Gesundheitsständen, Erkrankungen oder personalisierter Medizin zu erhalten.[964] Diese Regulierungen sind es, die letztendlich die finale Anforderung innerhalb von C_1 darstellen, indem OTC-Pharmahersteller die Berücksichtigung von rechtlichen Einschränkungen im Umgang mit Daten und Informationen für, sowie über Endkunden beachten müssen (C_1-A_6).[965]

Die hier getätigte Anwendung auf die Patient Journey des OTC-Pharmamarktes zeigt nicht nur auf, dass die Herausforderung eines sich verändernden Kundenverhaltens und daraus resultierenden veränderten Kundenanforderungen besteht, sondern ebenfalls, dass Pharmaunternehmen diese Anforderungen der Patienten durch Bereitstellen digitaler Lösungen erfüllen müssen. Dementsprechend muss die Vielzahl an heutigen, digitalen Kommunikationskanälen zum Kunden durch das Unternehmen abgedeckt sein.

---

960 Vgl. Ogilvy Health (2020), S. 10.
961 Vgl. Ogilvy Health (2020), S. 24. Siehe ebenso Unterabschnitt 3.3.2.
962 Siehe zu beiden Anforderungen ebenso die Unterabschnitte 3.4.3 und 3.4.4.
963 Vgl. Econsultancy & Adobe (2017), S. 11; Bleilevens & Schenk (2020), S. 12.
964 Vgl. Herlant & Bauwens (2017), S. 4.
965 Siehe zu den rechtlichen Einschränkungen in der OTC-Pharmabranche ebenfalls den Unterabschnitt 3.2.3.

4.2.3 Zusammenfassung der Anforderungen

Aus den aufgezeigten Erkenntnissen in Verbindung zum OTC-Pharmamarkt, wird C_1 zusammenfassend somit folgendermaßen definiert: „*Im OTC-Pharmamarkt entstehen durch die Digitalisierung neue Kundenbedürfnisse entlang der Patient Journey.*"

Dabei ist festzuhalten, dass es nicht von der Hand zu weisen ist, dass C_1 eine elementare Herausforderung durch die Digitalisierung für Unternehmen der OTC-Pharmabranche darstellt.

Die Kundenerwartungen verändern sich durch deren Nutzung digitaler Technologien stark. So manifestiert sich zunehmend der Habitus von Kunden sich eigenständig über ihre Gesundheut zu informieren und diese zu überwachen, worauf sie auf die digitalen Angebote innerhalb als auch außerhalb der Branche zurückgreifen.

Nebst der Nutzung von auf diese Ansprüche zugeschnittenen Apps und Fitnesstrackern rückt damit auch die Relevanz von Content-Marketing in den Vordergrund, um die Kunden bei ihrer selbständigen Informationsgewinnung zu unterstützen. Hierbei rücken, wie aufgezeigt, die Nutzung digitaler Instrumente am PoS in den Vordergrund sowie die aktive Bildung nützlicher Inhalte für Kunden durch die Zusammenarbeit von Mitarbeitern der OTC-Pharmahersteller mit Patienten und / oder Experten des Gesundheitswesens.

Entsprechend dieser neuen Entwicklung wird in diesem Zusammenhang auch von einer Revolution der Pharmabrache gesprochen, getrieben von neuen Geschäftsmodellen und Marktteilnehmern.[966] Um in diesem Umfeld innerhalb der Customer Journey schrittzuhalten, müssen sich Unternehmen zudem auch intern durch neue digital-optimierte Geschäftsmodelle als auch durch darin begründete agile Arbeitsmethoden und Wertschöpfungen umstrukturieren. Dennoch ist das Marktumfeld durch eine rechtliche Regulierung,[967] insbesondere für das Erstellen individualisierter Inhalte, eingeschränkt, wodurch nicht nur eine digitale Ausrichtung des Unternehmens erforderlich ist, sondern auch rechtskonforme Aktivitäten (wie sie deutlich besser durch brancheninterne Unternehmen geleistet werden können) unabdingbar sind. Somit entsteht eine bilaterale Herausforderung für digitale Unternehmen als auch Pharmakonzerne gleichermaßen. Hierin wird deutlich, dass innerhalb des Pharmamarktes mehr als nur digitales Know-how benötigt wird, um den Ansprüchen

---

966 Siehe hierzu Abschnitt 4.3 zu C_2.
967 Siehe Unterabschnitt 3.2.3.

sämtlicher Stakeholder der Branche zu genügen, sondern auch tiefgreifendes Branchenwissen für den Erfolg unabdingbar ist.

Innerhalb dieser Herausforderung C_1 können auf Basis dieser vorangehenden Ausführungen und den entsprechend verwiesenen Inhalten dieser Arbeit die folgenden spezifischen Anforderungen für den OTC-Pharmamarkt zusammengefasst werden:

- C_1-A_1: Agile Arbeits- und Wertschöpfungsmethoden
- C_1-A_2: Neue, digitale Geschäftsmodelle und Services
- C_1-A_3: Erstellung von Angeboten und Inhalten innerhalb des Umfeldes von Apps und Fitnesstrackern
- C_1-A_4: Bereitstellung individualisierter Dienstleistungen und Informationen für Endkunden
- C_1-A_5: Anpassung der Marketingaktivitäten an sich selbstständig, über neue Kanäle informierende Endkunden
- C_1-A_6: Berücksichtigung von rechtlichen Einschränkungen im Umgang mit Daten und Informationen für sowie über Endkunden

4.3 Herausforderung 2: Auf den Gesundheitsmarkt treten neue Wettbewerber mit neuen, digitalen Geschäftsmodellen ein, welche die Patient Journey von OTC-Pharmaherstellern beeinflussen

Wie in Abschnitt 4.1 aufgezeigt, ist die zweite Herausforderungs-Kategorie als „Wettbewerber" zu benennen. Laut Stief, Eidhoff & Voeth (2016) lässt sich dabei die Herausforderung neuer Wettbewerber mit neuen Geschäftsmodellen feststellen.[968]

Nachdem dieses Element als grundlegende Herausforderung für Unternehmen durch die Digitalisierung aufgezeigt wurde, soll diese Aussage nun ebenfalls im Rahmen einer allgemeingültigen, branchenweiten Betrachtung durch Heranziehen weiterer Literatur überprüft und bestätigt werden. Dies fällt im Rahmen dieser Herausforderung allerdings nur kurz aus, da die relevanten Elemente diese Herausforderung betreffend bereits in Unterabschnitt 3.3.4 („Business Model Innovation durch Digitalisierung") aufgezeigt wurden und eine Dopplung der Inhalte nicht zielführend ist.

---

968 Vgl. Stief, Eidhoff & Voeth (2016), S. 1839.

Daher wird innerhalb der Betrachtung dieser Herausforderung besonders – ebenso wie im vorherigen Abschnitt – Herausforderungs-spezifisch die Relevanz dieses Herausforderungs-Elementes in der OTC-Pharmabranche überprüft und anhand der Verbindung all dieser Faktoren die für diese Arbeit gültige Definition der Herausforderung 2 (C_2) gebildet.

4.3.1 Übersicht

Leeflang, Verhoef, Dahlström & Freundt (2014) stellen im Rahmen der von ihnen definierten, digitalen Spannungen im Bereich des Marketing fest, dass der zunehmende Einsatz von Technologien und digitalen Instrumenten bestehende Geschäftsmodelle gefährdet.[969] Dies gilt vor allem im Hinblick auf Technologie- / Start-Up Unternehmen, welche durch deren digitale Fortschrittlichkeit, mit vergleichsweise wenig Einsatz, existierende Unternehmen einer Branche gefährden können.[970]

Im Folgenden wird aufgezeigt, warum die Herausforderung des Eintritts neuer Wettbewerber mit neuen Geschäftsmodellen speziell für die OTC-Pharmabranche gilt.

4.3.2 Anwendung auf die Patient Journey des OTC-Pharmamarktes

Mit Bezug auf C_2 wird festgestellt, dass pharmazeutische Unternehmen mit traditionellen Geschäftsmodellen gefährdet sind. Neben den sich verändernden Kundenbedürfnissen und -anforderungen, nehmen hier der Eintritt neuer Wettbewerber in den Pharmamarkt, und damit sinkende Markteintrittsbarrieren, eine hohe Relevanz ein.[971] Daraus lässt sich die erste Anforderung für C_2 als den Umgang mit geringer werdenden Markteintrittsbarrieren (C_2–A_1) festlegen.[972]

In diesem Zusammenhang wird hervorgehoben, dass neue Wettbewerber vorrangig aus dem Technologiesektor stammen und somit der Eintritt neuer „nicht-traditioneller" Unternehmen in den Gesundheitsmarkt stattfindet, was etablierte Pharmaunternehmen vor eine Herausforderung stellt.[973] Ebenso wird

---

969 Vgl. Leeflang, Verhoef, Dahlström & Freundt (2014), S. 4.
970 Vgl. Johnson, Christensen & Kagermann (2017), S. 1.
971 Vgl. BearingPoint (2015), S. 4.
972 Siehe hierzu ebenso Unterabschnitt 3.3.1, in welchem spezifisch auf die durch die Digitalisierung sinkenden Markteintrittsbarrieren eingegangen wird.
973 Vgl. Schachinger (2013), S. 796; BearingPoint (2015), S. 13; Suwelack (2017), S. 171; Sevenval (2018), S. 16; Gassmann, Schuhmacher, von Zedtwitz & Reepmeyer (2018), S. 155; Russo Spena & Cristina (2020), S. 390.

aufgezeigt, dass der Eintritt neuer Wettbewerber mit digitalen Geschäftsmodellen und damit einhergehenden digitalen Innovationen wie der Anwendung von Apps in Verbindung mit Wearables, Pharmaunternehmen vor Herausforderungen stellt, da diese nun auf direktem Wege mit den Patienten als Endkunden kommunizieren und somit aktiv als „Gesundheitspartner" agieren müssen.[974] In diesem speziellen, exemplarischen Bezug auf die zunehmende Rolle von Wearables wird festgestellt, dass Pharmaunternehmen mit Entwicklungen branchenfremder Unternehmen wie Google oder Apple konfrontiert werden, da auch Pharmaunternehmen diese Innovationslogik adaptieren müssen, um wachsenden Ansprüchen der Kunden gerecht werden zu können,[975] was deutlich den Bezug zu C_1 aufzeigt. Aus diesem Grund gelten als weitere Anforderungen innerhalb C_2 die Notwendigkeit des Herstellens eines direkten, aktiven Kundenkontaktes / -dialoges (C_2–A_2) als auch die Wahrnehmung von Technologie- / Start-Up Unternehmen als Konkurrenz (C_2–A_3).[976]

Weiterhin wird in dieser Betrachtung der Begriff des „Quantified Self"[977] kurz erläutert, da er stark mit dem Trend zu Wearables und Apps zusammenhängt und somit zentral für die Betrachtung dieser Herausforderung ist. Der Begriff des „Quantified Self" wird laut Maturo, Mori & Moretti (2016) heutzutage als ein Massenphänomen angesehen.[978] Dabei wird der Begriff genutzt, um all das zu umschreiben, was im Kontext zu „Self-Tracking" steht.[979]

Dementsprechend beschreibt „Quantified Self" das Phänomen, dass sich eine zunehmende Zahl an Menschen mithilfe digitaler Technologien wie Smartphones oder Wearables selbst überwacht, dabei Werte des eigenen Körpers misst und diese Daten anhand von Statistiken auswertet.[980] So messen und zeichnen Menschen mithilfe digitaler Anwendungen Daten über ihre

---

974 Vgl. Dillmann & Kahl (2017), S. 9.
975 Vgl. Maskaly (2017), S. 17; Gassmann, Schuhmacher, von Zedtwitz & Reepmeyer (2018), S. 160–161.
976 Siehe zu diesen beiden Anforderungen ebenfalls die Unterabschnitte 3.3.3 sowie 3.4.3 dieser Arbeit.
977 Dieser Begriff wurde im Jahre 2007 durch Gary Wolf und Kevin Kelly geprägt, als sie in einem Artikel der Zeitschrift „Wired" auf das Verhalten von Menschen aufmerksam machten, welche mithilfe digitaler Anwendungen Daten über ihre Gesundheit und ihren Alltag aufzeichneten, vgl. Lupton (2017), S. 1.
978 Vgl. Maturo, Mori & Moretti (2016), S. 249.
979 Vgl. Neff & Nafus (2016), S. 31.
980 Vgl. Swan (2012), S. 220; Maturo, Mori & Moretti (2016), S. 249; Lupton (2017), S. 1; Heyen (2020), S. 124.

Gesundheit, wie etwa ihr Gewicht, ihren Puls, ihre Sportaktivität oder ihre Nahrungsaufnahme auf, um anschließend Informationen und Statistiken über ihren Gesundheitszustand auswerten und jederzeit abrufen zu können.[981] Dementsprechend hat dieser Begriff eine hohe Relevanz im Gesundheitsmarkt.[982] Auch hier ist anzumerken, dass digitale Großkonzerne wie Amazon, Google oder Apple zunehmend digitale Lösungen für den Gesundheitsmarkt entwickeln, sei es in Form von Apps oder Wearables wie der Apple Watch.[983] Hieraus geht eine weitere Anforderung für C_2 hervor, die den Eintritt in den Bereich des Quantified Self / Apps / Wearables notwendig macht (C_2–A_4).[984]

Um in diesem neuen Umfeld zu bestehen, wird in der Literatur die Entwicklung eigener, neuer Geschäftsmodelle als Kernziel für existierende pharmazeutische Unternehmen genannt.[985]

Dabei sind die zentralen Aufgaben das Sammeln von Daten der Patienten und das Auswerten dieser Informationen, um Kundeneinblicke zu erhalten und künftig besser zugeschnittene, personalisierte Ansätze verfolgen zu können. Dabei wird betont, dass Direct-to-Patient Modelle[986] Anwendung finden müssen, um die Daten der Patienten auf freiwilliger Basis erhalten zu können (und um somit rechtlichen Regulationen zu genügen).[987] Hieraus entsteht eine

---

981 Vgl. Lupton (2017), S. 1; Suwelack (2017), S. 170. In diesem Zusammenhang thematisieren Schweizer & Hüning (2020) ebenfalls das Konzept der „Gamification", also digitale Anwendungen, welche einen spielerischen Charakter aufweisen. Die Autoren nennen hier als Beispiel die App „MySugr", mit welcher dieses Prinzip als eines der Ersten auf dem Gesundheitsmarkt umgesetzt wurde. Vgl. Schweizer & Hüning (2020), S. 47.
982 Laut Lupton (2017) bezieht sich der Begriff „Self-Tracking" zwar nicht ausschließlich auf die Gesundheit von Menschen, diese ist allerdings meist der Mittelpunkt von Self-Tracking, vgl. Lupton (2017), S. 1.
983 Vgl. Lupton (2016), S. 19. Lupton zeigt in diesem Zusammenhang ebenfalls auf, dass auch in anderen Branchen die Entwicklung von Self-Tracking-Technologien forciert wird, um mit diesen Entwicklungen der Technologie-Unternehmen mitzuhalten. Als Beispiel nennt sie hier die Partnerschaft von Swarovski und Misfit, welche gemeinsam Fitness-Tracker mit Diamanten besetzt entwickelt haben. Vgl. Lupton (2016), S. 20.
984 Siehe hierzu ebenfalls die Unterabschnitte 3.3.2 und 3.3.3 sowie die Unterabschnitte zur Patient Journey im OTC-Pharmamarkt (v.a. Unterabschnitt 3.4.3) dieser Arbeit.
985 Vgl. BearingPoint (2015), S. 7.
986 Vgl. Abschnitt 3.1 „Pharmamarketing".
987 Vgl. Roland Berger (2016), S. 7.

weitere Anforderung im Rahmen von C_2, dass Direct-to-Patient Modelle nur durch digitale Kommunikationsmodelle möglich sind (C_2–A_5).[988]

Somit kann zusammenfassend die Aussage getroffen werden, dass Business Model Innovation forciert werden muss, um den neuen Geschäftsmodellen neuer Wettbewerber entgegnen zu können. Ebenso ist die Verbindung zu C_1 aufzuzeigen, da sich durch die neuen Geschäftsmodelle und das Angebot digitaler Gesundheitslösungen das Patientenverhalten maßgeblich verändert und das Auseinandersetzen mit der eigenen Gesundheit aufseiten der Patienten gefördert wird.

4.3.3 Zusammenfassung der Anforderungen

C_2 wird zusammenfassend somit folgendermaßen definiert: *„Auf den Gesundheitsmarkt treten Wettbewerber mit neuen, digitalen Geschäftsmodellen ein, welche die Patient Journey von OTC-Pharmaherstellern beeinflussen."*

Auch hier wird deutlich ersichtlich, dass C_2 eine elementare Herausforderung durch die Digitalisierung für Unternehmen der OTC-Pharmabranche darstellt.

Die Digitalisierung und der damit einhergehende Zuwachs digitaler Instrumente im Bereich des Marketing mindern zunehmend branchenübergreifend die Markteintrittsbarrieren für neue und kleinere Marktteilnehmer, die mittels neuer, digitaler Geschäftsmodelle bestehende Geschäftsmodelle schrittweise obsolet machen.[989]

Dies gilt insbesondere für pharmazeutische Unternehmen mit traditionellen Geschäftsmodellen, die sich, wie bereits beschrieben, mit den neuen Kundenbedürfnissen konfrontiert sehen und im Bereich des OTC einen zwar eingeschränkten, jedoch nicht unmöglichen direkten Kontakt zum Kunden wiederfinden.

Der Handlungsbedarf für neue Geschäftsmodelle entsteht insbesondere hierdurch, dass Kunden nach wie vor eine freie Marken- und Produktwahl an – in diesem Falle apothekenpflichtigen – Arzneimitteln haben, jedoch bei dem Bezug des Produktes auf einen Intermediär bzw. eine Apotheke angewiesen sind. Bei diesem Prozess entstehen für Pharmaunternehmen jedoch entlang der Kaufentscheidung durch die Digitalisierung neue Potenziale, wie sie Einfluss auf diese Entscheidung des Patienten nehmen können. In diesem Umfeld der digitalisierten und zunehmend aktiven Interaktion mit dem Kunden finden

---

988 Siehe hierzu weiterhin Abschnitt 3.1 sowie die Unterabschnitte 3.4.3 und 3.4.4.
989 Siehe Unterabschnitt 3.3.1 „Begriff der Digitalisierung".

sich jüngere Unternehmen und Start-Ups, allem voran digital Natives und Unternehmen aus dem Technologiesektor, deutlich besser zurecht und wieder. Durch den Einsatz von Wearables und Apps im Rahmen der gesellschaftlichen Bewegung zum „Quantified Self" können neue Kaufanreize und Markenwahrnehmungen geschaffen werden, die traditionelle Kommunikationskanäle nicht leisten können.

Insbesondere die bilaterale Kommunikationsmöglichkeit durch einen aktiven Dialog mit dem Kunden sind Gegenstand neuer Geschäftsmodelle. Diese neuen Formen der Kommunikation ermöglichen zudem „Direct-to-Patient Modelle", welche das rechtskonforme, freiwillige Erfassen von Daten der Patienten erlauben und somit neue Dimensionen der Personalisierung und Einblicke in Kundenverhalten sowie -bedürfnisse eröffnen. Der Wissensvorsprung – in diesen neuartigen Aktivitäten – neuer Marktteilnehmer, gemeinsam mit den sich mindernden Markteintrittsbarrieren, sorgen damit für einen starken Zuwachs disruptiver Geschäftsmodelle, denen etablierte Pharmaunternehmen – bestenfalls durch eigene neue Geschäftsmodelle – entgegnen müssen. Dies kann die Grundlage eines Komparativen Konkurrenzvorteiles im Sinne dieser Arbeit bilden.

Zusammenfassend nach durchgeführter Herleitung und Darstellung bestehen zum Entgegnen von C_2 daher die folgenden Anforderungen an OTC-Pharmahersteller:

- C_2-A_1: Umgang mit geringer werdenden Markteintrittsbarrieren
- C_2-A_2: Herstellen eines direkten, aktiven Kundenkontaktes / -dialoges
- C_2-A_3: Wahrnehmung von Technologie- / Start-Up Unternehmen als Konkurrenz
- C_2-A_4: Eintritt in den Bereich des Quantified Self / Apps / Wearables
- C_2-A_5: Direct-to-Patient Modelle nur durch digitale Kommunikationsmodelle möglich

4.4 Herausforderung 3: Die Digitalisierung erfordert von OTC-Pharmaherstellern spezifische Fachkenntnisse zur Planung, Erstellung und Implementierung von digitalen Lösungen und Anwendungen für den Patienten im Rahmen der Patient Journey

Auch die in diesem Abschnitt behandelte Herausforderungs-Kategorie „Know-how" wurde bereits in Abschnitt 4.1 im Rahmen des ganzheitlichen Herausforderungs-Kataloges gemäß Stief, Eidhoff & Voeth (2016) aufgezeigt.

Dabei wird laut der Primärquelle besonders das Merkmal der fehlenden technologischen Fähigkeiten und des Talent Gap betrachtet.[990]
Für die weitere Untersuchung dieser Herausforderungs-Kategorie wird analog zu den Ausführungen in Abschnitt 4.2 – der Betrachtung von C_1 – vorgegangen.

4.4.1 Übersicht

Zunächst soll im Rahmen der Betrachtung dieser Herausforderung definiert werden, was unter den angesprochenen digitalen, spezifischen Fähigkeiten zu verstehen ist. Dabei werden „digital capabilities" als Begriff zur Erreichung von digitaler Transformation verstanden.[991]

In diesem Sinne wird die Definition von López Lubián & Esteves (2017) herangezogen: „[...] digital capabilities is understood as an umbrella term that defines the set of capabilities required in order to compete in the digital world, including digital leadership, technology skills [...], digital governance, innovation, collaboration, change management and some technological capabilities, such as unified technology platform, data analytics, and business and IT integration."[992]

Wird dies in Bezug auf das Marketing betrachtet, befindet sich das Talent Gap[993] deutlich im Spannungsfeld dessen vor dem Hintergrund der Digitalisierung. Dabei wird die Schließung des Talent Gap als eine zentrale Herausforderung von Unternehmen im digitalen Zeitalter identifiziert, um im Marketing auf digital und analytisch geschulte Menschen zurückgreifen und somit die digitale Transformation umsetzen zu können.[994] Die bisherige, oftmals zurückhaltende Integration von digitalem Potenzial im Marketing von Unternehmen ist somit – zumindest teilweise – mit der in der Literatur anerkannten[995] Fähigkeitslücke von digitalem Know-how im Bereich des Marketing zu erklären.[996]

---

990 Vgl. Stief, Eidhoff & Voeth (2016), S. 1839.
991 Vgl. López Lubián & Esteves (2017), S. 15.
992 López Lubián & Esteves (2017), S. 15.
993 Leeflang, Verhoef, Dahlström & Freundt (2014) definieren diesen Begriff als die Diskrepanz zwischen Angebot und Nachfrage an Menschen mit digital-analytischen Fähigkeiten, vgl. Leeflang, Verhoef, Dahlström & Freundt (2014), S. 2.
994 Vgl. Leeflang, Verhoef, Dahlström & Freundt (2014), S. 2–4, Nair (2019), S. 16.
995 Dazu verweisen Quinton & Simkin (2017) u.a. auf Royle & Laing (2014), welche in ihrer Veröffentlichung die Fähigkeitslücken von digitalem Know-how im Bereich des Marketing anhand der Kommunikationsbranche untersuchen.
996 Vgl. Quinton & Simkin (2017), S. 461.

Dabei kann die digitale Talent Gap für Unternehmen so weitreichend sein, dass digitale Initiativen aufgeschoben und Stellen nicht besetzt werden können sowie allgemein das Wachstum von Unternehmen durch fehlende Innovation gehindert wird.[997]

Obwohl somit ein dringender Bedarf an der Schließung der digitalen Knowhow-Lücke besteht, schaffen es eine Vielzahl an Unternehmen nicht, ihr vorhandenes Personal mit den umfassend benötigten, digitalen Fähigkeiten zu schulen oder bereits geschulte Mitarbeiter zu akquirieren.[998] So sind nur wenige Unternehmen aktuell in der Lage dazu, mit dieser Herausforderung effektiv umzugehen. Ein zentraler Grund dafür ist die Tatsache, dass die Personalabteilungen der Unternehmen (noch) nicht darauf ausgerichtet sind, diese Herausforderung strategisch anzugehen.[999]

An diese Punkte anknüpfend teilen Vernuccio & Ceccotti (2015) in ihrer Publikation zu den organisatorischen und strategischen Herausforderungen durch die Digitalisierung diese neuartig benötigten, digitalen Fähigkeiten auf in: Networking, sozial, technologisch und Marketinganalyse. Dabei werden die digitalen Fähigkeiten als Überbegriff verwendet.[1000] Werden zunächst die Networking Fähigkeiten betrachtet, sind diese unabdingbar, da sie sicherstellen, dass alle beteiligten Akteure im Marketing (etwa bei der Umsetzung von Marketing-Kampagnen) wirksam koordiniert werden können. Weiterhin werden soziale Fähigkeiten vermehrt durch die Digitalisierung benötigt, da sich die Ansprache der Kunden durch neuartige Paradigmen in der Kommunikation verändert.[1001] Hierzu zählen laut den Autoren die Co-Creation[1002] und die generell zunehmende und transparentere Interaktion zwischen Unternehmen und Kunden.[1003] Auf den Pharmamarkt angewandt kann hier exemplarisch eine Diskussion des Pharmaherstellers Pfizer, einer Brustkrebs-Patientin und einem Arzt genannt werden, welche live über das Business-Netzwerk LinkedIn übertragen wurde.[1004] Zusätzlich dazu werden technologische Fähigkeiten

---

997 Vgl. Kolding, et al. (2018), S. 171.
998 Vgl. Hoe (2020), S. 56.
999 Vgl. McKinsey (2018), S. 8.
1000 Vgl. Vernuccio & Ceccotti (2015), S. 441–442.
1001 Vgl. Vernuccio & Ceccotti (2015), S. 445.
1002 Co-Creation wird in diesem Zusammenhang entweder als aktive oder passive Teilnahme durch Konsumenten am Entstehungsprozess von Werbebotschaften eines Unternehmens verstanden, vgl. Vernuccio & Ceccotti (2015), S. 442–443.
1003 Vgl. Vernuccio & Ceccotti (2015), S. 443.
1004 Vgl. Ogilvy Health (2020), S. 10.

benötigt. Diese sind vor dem Hintergrund der Digitalisierung elementar, da sie für das grundlegende und fortgeschrittene Wissen über sämtliche digitale Anwendungen eingesetzt werden müssen. Letztlich benötigt es Fähigkeiten der Marketinganalyse, welche notwendig für die Auswertung der gesammelten Daten sind, um diese in Informationen und Erkenntnisse für eine zielführende Umsetzung von Marketingstrategien und -maßnahmen umzuwandeln.[1005]

Durch diese Ausführungen wird deutlich, dass die hier betrachtete Herausforderungs-Kategorie des fehlenden, digitalen Know-hows in Verbindung mit dem Eingehen von Kooperationen eine wichtige Rolle einnimmt, da es Unternehmen oftmals nicht möglich ist, auf digitales Know-how im eigenen Unternehmen oder auf dem Arbeitsmarkt zuzugreifen.

Es wird somit zusammenfassend festgehalten, dass ein digitales Skill Gap im Markt vorherrscht und weiterhin andauern wird,[1006] was die Relevanz dieser Herausforderungs-Kategorie unterstreicht. Somit soll weiterhin im nächsten Unterabschnitt erörtert werden, inwieweit der Mangel an technologischem Know-how bzw. digitalen Fähigkeiten und das daraus resultierende Talent Gap zutreffend für die OTC-Pharmabranche ist.

4.4.2 Anwendung auf die Patient Journey des OTC-Pharmamarktes

Für die inhaltliche Vertiefung von C_3 in Bezug auf die Patient Journey des OTC-Pharmamarktes wird beginnend festgestellt, dass Pharmaunternehmen aufgrund ihrer hohen Konkurrenzdichte die stetige Entstehung von neuem Wissen benötigen.[1007] So hängt die Pharmabranche stark von internem Wissen und gleichermaßen externem Austausch von Wissen ab.[1008] Dies zeigt zunächst den hohen Stellenwert des Faktors Know-how in der Pharmabranche auf. Nachfolgend soll jedoch speziell die vermeintliche Lücke des benötigten, *digitalen* Know-hows in der Pharmabranche überprüft werden.

1005 Vgl. Vernuccio & Ceccotti (2015), S. 445.
1006 Vgl. u.a. Quinn, Dibb, Simkin, Canhoto & Analogbei (2016), S. 2126; Kolding, et al. (2018), S. 171; McKinsey (2018), S. 8; Nair (2019), S. 16 oder Bejaković & Mrnjavaz (2020), S. 930.
1007 Vgl. Gottinger & Umali (2008), S. 10. Diese Aussage lässt sich nach Meinung der Verfasserin dieser Arbeit sowohl auf den forschungsintensiven Charakter von pharmazeutischen Unternehmen zurückführen und kann somit auf den Bereich F&E angewandt werden, findet aber auch besonders im Bereich des Marketing heutzutage intensiv Anwendung (siehe Unterabschnitt 3.3.5 „Innovation Driven Marketing im Rahmen von Cross-Industry Innovation").
1008 Vgl. Lin & Darling (1999), S. 121.

In der Pharmabranche herrscht ein Mangel an digitalem Know-how, weshalb die Lücken in diesem Bereich geschlossen werden müssen, um als OTC-Pharmahersteller in der Lage sein zu können, durch die Entwicklung digitaler Lösungen zur Prävention von Erkrankungen, den sich veränderten Anforderungen der Patienten nachzukommen.[1009] Dieser Aussage nach kann aufgrund der sich verändernden Anforderungen der Patienten hier ein Bezug zu Herausforderung C_1 hergestellt werden.

Dabei wird weiterhin festgestellt, dass sich die Lücke von relevantem, digitalen Know-how auch in der Pharmabranche nur sehr langsam schließt.[1010]

Somit wird hier der Mangel an intern benötigtem Know-how für die Umsetzung von Online-Marketing in der Pharmabranche verdeutlicht.[1011] Daraus ergeht aus C_3 die Anforderung der Entwicklung eigener, digitaler Lösungen durch bestmöglich internes Know-how (C_3–A_1).[1012]

Weiterhin wird in der Forschung bezüglich der Pharmabranche die Knappheit von Mitarbeitern, die eine hohe Affinität zu Themen rund um IT aufweisen, genannt.[1013] Daher wird in der Literatur das Fehlen von digitalen Talenten über alle Funktionsbereiche eines Unternehmens in der Pharmabranche hinweg als eine der größten Hürden durch die Digitalisierung angesehen.[1014] Hieraus

---

1009 Vgl. BearingPoint (2015), S. 8; Econsultancy & Adobe (2017), S. 8.
1010 Vgl. Econsultancy & Adobe (2017), S. 11. In den Jahren 2015 bis 2017 hat sich diese Lücke laut der Umfrage dieser Studie zur Fragestellung, ob die Befragten das notwendige Know-how in ihrem Unternehmen haben, um gute Customer Experience zu erreichen, um gerade einmal vier Prozentpunkte geschlossen (von 57 % auf 61 %). Dabei ist auffällig, dass Econsultancy & Adobe dies im Zusammenhang mit dem Training eigener Mitarbeiter erwähnen, was darauf schließen lässt, dass diese Lücke nicht (ausschließlich) mit eigenen Mitarbeitern geschlossen werden kann. Vgl. Econsultancy & Adobe (2017), S. 11.
1011 Vgl. Stegmayer & Bliestle (2015), S. 313; Bleilevens & Schenk (2020), S. 13.
1012 Siehe hierzu sowohl Unterabschnitt 3.3.2, welcher den Digitalisierungsindex thematisiert als auch die in Unterabschnitt 3.4.4 durchgeführte Potenzialidentifikation zwischen der traditionellen und volldigitalisierten Patient Journey im OTC-Pharmamarkt.
1013 Vgl. Dillmann & Kahl (2017), S. 9. Als die zweite, größte Herausforderung durch die Digitalisierung für Pharmaunternehmen benennen sie die interne Ablehnung von Veränderung durch die Mitarbeiter, vgl. Dillmann & Kahl (2017), S. 9. Diese wird hier jedoch nicht weiter thematisiert, da sie aufgrund ihres internen Personal- & Organisationscharakters nicht in die Problemstellung dieser Arbeit fällt.
1014 Vgl. BearingPoint (2015), S. 8. In der Studie geben 76 % der Befragten diese Hürde als die Größte der Branche an, vgl. BearingPoint (2015), S. 8.

entsteht eine weitere Anforderung im Rahmen von C_3, welche die Steigerung der allgemeinen IT-Affinität aller Mitarbeiter unterschiedlicher Funktionsbereiche des Unternehmens erfordert (C_3–A_2).

Zudem wird der Faktor des mangelnden digitalen Know-hows und somit stagnierender Innovation in der Pharmabranche als Grund genannt, weshalb Strategische Allianzen in dieser Branche gegründet werden.[1015] Dabei lässt sich weiterhin feststellen, dass bereits jetzt einige Pharmaunternehmen mit anderen Unternehmen, die dieses Know-how in starkem Maße besitzen, zusammenarbeiten, um darauf zugreifen zu können (um den Patienten und somit ihren Endkunden entsprechend neuartige, digitale Lösungen bereitstellen zu können).[1016]

Anhand dieser Ausführungen lässt sich die Anforderung des Auflösens des Innovationsstaus durch Eingehen von strategischen Kooperationsmodi wie Allianzen ableiten (C_3–A_3).[1017]

Darüber hinaus ist anzumerken, dass die Pharmabranche dafür bekannt ist, dass es – im Gegensatz zu gleichartigen Unternehmen in anderen Branchen – weniger wahrscheinlich für Pharmaunternehmen ist, dass sie das spezifische digitale Know-how besitzen, welches sie benötigen.[1018] Diese aufgeführten Aussagen aus der Literatur bestätigen deutlich, dass die Herausforderungs-Kategorie des notwendigen Know-hows im Bereich der Pharmabranche generell und somit hier angewandt auf die OTC-Pharmabranche besteht.

4.4.3 Zusammenfassung der Anforderungen

C_3 wird zusammenfassend somit folgendermaßen definiert: *„Die Digitalisierung erfordert von OTC-Pharmaherstellern spezifische Fachkenntnisse zur Planung, Erstellung und Implementierung von digitalen Lösungen und Anwendungen für den Patienten im Rahmen der Patient Journey."*

Wie in den bereits getätigten Ausführungen aufgezeigt, besteht eine hohe Relevanz dieser Herausforderung nicht nur im allgemeinen, branchenweiten

---

1015 Vgl. Gassmann, Schuhmacher, von Zedtwitz & Reepmeyer (2018), S. 156.
1016 Vgl. Herlant & Bauwens (2017), S. 4. Auch Econsultancy & Adobe (2017) stellen in ihrer gemeinsamen Studie fest, dass bereits jetzt einige Unternehmen aus dem Gesundheits- und Pharmasektor mit Technologie-Unternehmen zusammenarbeiten, um digitale Lösungen für den Patienten als Endkunden zu entwickeln, vgl. Econsultancy & Adobe (2017), S. 8.
1017 Siehe hierzu ebenfalls Unterabschnitt 3.3.3, welcher die Rolle Strategischer Allianzen im OTC-Pharmamarkt vor dem Hintergrund der Digitalisierung aufzeigt.
1018 Vgl. Econsultancy & Adobe (2017), S. 11.

Unternehmenskontext, sondern im Speziellen auch für den Pharma- und Gesundheitsmarkt und somit für den hier betrachteten OTC-Pharmamarkt. Abschließend lässt sich die Herausforderung für Pharmaunternehmen, mit der Digitalisierung schrittzuhalten, an dem Umstand festmachen, dass sich innerhalb der Unternehmen ein „Talent Gap" herausbildet. Hierdurch entsteht eine aktive Zurückhaltung der Integration von digitalem Potenzial innerhalb des Marketing, obschon diese jedoch gerade in dieser wettbewerbsstarken Branche notwendig wäre. Dieses Talent Gap schließt nicht nur Experten und Nischenwissen, sondern vielmehr auch das Fehlen von IT-affinen Mitarbeitern in allen Funktionsbereichen der Unternehmen mit ein.

Um diesem zu entgegnen beginnen Pharmaunternehmen bereits seit einigen Jahren durch unterschiedliche Kooperationsmodi wie Strategischen Allianzen auf fehlendes Know-how zuzugreifen bzw. dieses mit Partnerunternehmen austauschen zu können. Der Umstand, dass auf Kooperationsmodi zurückgegriffen wird, obwohl gerade zur Entwicklung eigener Lösungen internes Knowhow notwendig wäre, ist symptomatisch für den Mangel erfahrener Fachkräfte auf dem Arbeitsmarkt. Trotz des wachsenden Druckes, eine digitale Customer Experience anzubieten und digitale Lösungen entwickeln zu müssen, schließen sich die Wissenslücken nur träge, wodurch sich ein Innovationsstau bildet, welcher die Pharmaunternehmen zunehmend vor das Problem stellt, sich aktiv dieser Herausforderung durch strategische Entscheidungen anzunehmen.

Aus diesen Erkenntnissen ableitend werden folglich die aufgezeigten Anforderungen durch C_3 an die OTC-Pharmahersteller zusammengefasst:

- C_3-A_1: Entwicklung eigener, digitaler Lösungen durch bestmöglich internes Know-how
- C_3-A_2: Steigerung der allgemeinen IT-Affinität aller Mitarbeiter unterschiedlicher Funktionsbereiche des Unternehmens
- C_3-A_3: Auflösen des Innovationsstaus durch Eingehen von strategischen Kooperationsmodi wie Allianzen

4.5 Zwischenfazit anhand der Zusammenfassung der primären Anforderungen an die OTC-Arzneimittelhersteller durch die größten Herausforderungen C_1-C_3 durch die Digitalisierung

Kapitel 4 bildet den ersten deduktiven Teil dieser Arbeit, indem dort die in dieser Arbeit behandelten, größten Herausforderungen (C_1-C_3), welchen OTC-Pharmahersteller durch die Digitalisierung gegenüberstehen, identifiziert wurden. Fokus dieser Herausforderungen war stets der Bezug auf die Patient Journey im OTC-Pharmamarkt. Daraus ableitend, können diese Herausforderungen zusammenfassend für diese Arbeit wie folgt benannt werden:

C_1: *„Im OTC-Pharmamarkt entstehen durch die Digitalisierung neue Kundenbedürfnisse entlang der Patient Journey."*

C_2: *„Auf den Gesundheitsmarkt treten neue Wettbewerber mit neuen, digitalen Geschäftsmodellen ein, welche die Patient Journey von OTC-Pharmaherstellern beeinflussen."*

C_3: *„Die Digitalisierung erfordert von OTC-Pharmaherstellern spezifische Fachkenntnisse zur Planung, Erstellung und Implementierung von digitalen Lösungen und Anwendungen für den Patienten im Rahmen der Patient Journey."*

Bei der Herleitung dieser wird deutlich, dass sie sich gegenseitig beeinflussen und, dass die Entscheidungen zur Entgegnung einer jeweiligen Herausforderung unmittelbaren Einfluss auf die anderen dargestellten Herausforderungen haben (siehe Abbildung 18).

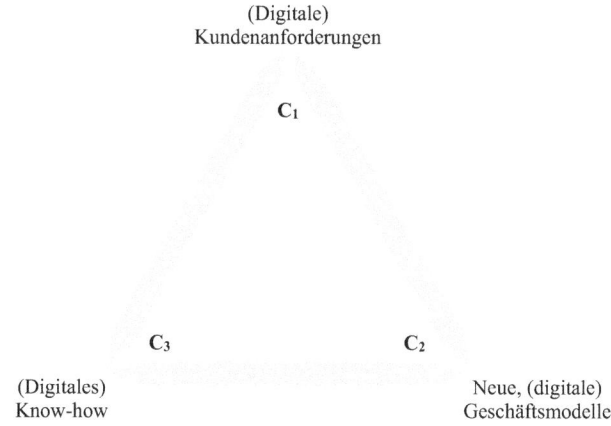

Abbildung 18: Interdependenzen der Herausforderungen C_1–C_3

Die Tatsache, dass die hier identifizierten Herausforderungen C_1–C_3 miteinander vernetzt sind, wird an mehreren Stellen der Ausarbeitung des hier betrachteten Kapitels deutlich, und ist mit der Ausrichtung dieser Arbeit auf die spezifischen Herausforderungen entlang der Patient Journey zu begründen. Diese Logik wird besonders deutlich bei der Betrachtung des Kettengefüges der hier identifizierten Herausforderungen; so verändern sich die Kundenbedürfnisse im Rahmen der Patient Journey durch die Digitalisierung (C_1), was erst zu dem Eintritt neuer Wettbewerber mit neuen, digitalen Geschäftsmodellen in den Gesundheitsmarkt führt (C_2), und wodurch als Folge dessen digitales Knowhow in der Gesundheitsbranche höchst notwendig ist (C_3).

Bei der näheren Betrachtung der einzelnen Herausforderungen können ebenfalls eine Reihe an Anforderungen herausgearbeitet werden, welchen OTC-Pharmahersteller entgegnen müssen. Diese wurden bereits in den Zusammenfassungen der einzelnen Herausforderungen dargestellt, sollen hier jedoch erneut für eine abschließende Konklusion dieses Kapitels aufgezeigt werden (siehe Tabelle 10):

Zwischenfazit anhand der Zusammenfassung der primären Anforderungen

Tabelle 10: Übersicht der einzelnen Anforderungen von C_1–C_3

	C_1	C_2	C_3
A_1	Agile Arbeits- und Wertschöpfungsmethoden	Umgang mit geringer werdenden Markteintrittsbarrieren	Entwicklung eigener, digitaler Lösungen durch bestmöglich internes Know-how
A_2	Neue, digitale Geschäftsmodelle und Services	Herstellen eines direkten, aktiven Kundenkontaktes / -dialoges	Steigerung der allgemeinen IT-Affinität aller Mitarbeiter unterschiedlicher Funktionsbereiche des Unternehmens
A_3	Erstellung von Angeboten und Inhalten innerhalb des Umfeldes von Apps und Fitnesstrackern	Wahrnehmung von Technologie- / Start-Up Unternehmen als Konkurrenz	Auflösen des Innovationsstaus durch Eingehen von strategischen Kooperationsmodi wie Allianzen
A_4	Bereitstellung individualisierter Dienstleistungen und Informationen für Endkunden	Eintritt in den Bereich des Quantified Self / Apps / Wearables	
A_5	Anpassung der Marketingaktivitäten an sich selbständig, über neue Kanäle informierende Endkunden	Direct-to-Patient Modelle nur durch digitale Kommunikationsmodelle möglich	
A_6	Berücksichtigung von rechtlichen Einschränkungen im Umgang mit Daten und Informationen für sowie über Endkunden		

In der gesamtheitlichen Übersicht (Tabelle 10) wird der Zusammenhang der Herausforderungen – wie bereits in Abbildung 18 dargestellt – deutlich. So sind in der Betrachtung der Anforderungen sinnhafte Überschneidungen ersichtlich, welche lediglich im Rahmen der unterschiedlichen Herausforderungen in einen differenzierten Kontext gebracht werden. Nichtsdestotrotz ist eine klare

Abgrenzung der jeweiligen Anforderungen nicht vollständig möglich, was dazu führt, dass die Herausforderungen sowie Anforderungen nicht immer disjunkt sind.

Nachdem C_1–C_3 für die Bearbeitung der dieser Arbeit zugrundeliegenden Forschungsfrage identifiziert wurden, wird im Anschluss an dieses Kapitel in den zweiten deduktiven Teil dieser Arbeit übergegangen: Die Herleitung eines mehrdimensionalen Anwendungsmodells auf Basis verschiedener Dimensionen und Ausprägungen Strategischer Allianzen.

5 Ausprägungen Strategischer Allianzen

In diesem Kapitel wird ein mehrdimensionales Kategorisierungsmodell auf Basis der Ausprägungen Strategischer Allianzen[1019] hergeleitet. Dieses bildet die Grundlage für die Anwendung auf die zu beantwortende Forschungsfrage dieser Arbeit. Zu diesem Zwecke werden zunächst andere, in der Literatur vorhandene, mehrdimensionale Kategorisierungsmodelle mit ihren verschiedenen Ausprägungen Strategischer Allianzen aufgezeigt. Dabei kann festgestellt werden, dass verschiedene Dimensionen mehrere Ausprägungen beinhalten,[1020] was ebenfalls für das hier hergeleitete Kategorisierungsmodell von Bedeutung ist. Nachdem dieses in Abschnitt 5.2 sowohl inhaltlich als auch visuell dargestellt wird, wird weiterhin auf die einzelnen Dimensionen und ihre Ausprägungen spezifisch eingegangen, auch vor dem Hintergrund des OTC-Pharmamarktes. Resultierend daraus ergeben sich sodann verschiedene Ausprägungskombinationen, welche für die weitere Bearbeitung herangezogen werden.

Abschließend wird prägnant auf die möglichen Risiken und Grenzen für Unternehmen innerhalb des Kategorisierungsmodells eingegangen sowie branchenspezifische Anforderungen an dieses aufgezeigt. Das Kapitel schließt mit einem Zwischenfazit.

5.1 Ausprägungsbasierte Modelle Strategischer Allianzen

Bereits in Unterabschnitt 2.3.2 dieser Arbeit wurden verschiedene Ausprägungen Strategischer Allianzen aufgezeigt. Dabei wurden die Ausprägungen ausschließlich eindimensional und unabhängig voneinander betrachtet. Diese Dimensionen werden jedoch mithilfe eines mehrdimensionalen Modells in einen Kontext zueinander gebracht.

Dies hat den Grund, dass die Betrachtung eindimensionaler Kriterien keine umfassende Auskunft über das Zusammenspiel und die gleichzeitige Betrachtung der Vielzahl an Eigenschaften Strategischer Allianzen bietet.[1021]

1019 Für die konzeptionellen Grundlagen Strategischer Allianzen siehe Abschnitt 2.3 und die dazugehörigen Unterabschnitte.
1020 Hier kann exemplarisch genannt werden: Dimension = „Tempus", darin enthaltene Ausprägungen = „Kurzfristig" und „Langfristig".
1021 Vgl. Keller (2004), S. 22. Wenngleich auch der in dieser Arbeit vorgestellte dreidimensionale Ansatz keine allumfassende Abbildung aller Zusammenhänge des komplexen Konstruktes Strategischer Allianzen gibt, können spezifische Fragestellungen mit diesem deutlich umfassenderen Gerüst effektiver angegangen

Zur Entwicklung eines mehrdimensionalen Kategorisierungsmodells werden, wie bereits angeschnitten, verschiedene Ausprägungen in einzelnen Dimensionen in Verbindung zueinander gebracht. Dieses Vorgehen findet bereits Anwendung in der Wissenschaft. Hier sind im Zuge der Recherchen einige Autoren mit ihren verschiedenen Kategorisierungsmodellen besonders zu nennen:

So etwa Lutz (1993), welche den Versuch eines Typisierungsansatzes Strategischer Allianzen (siehe Abbildung 19) durch die simultane Betrachtung der Dimensionen „Zeithorizont" und „Art der Verknüpfung der Wertaktivitäten" begeht, wodurch mittels der Kombination dieser beiden Dimensionen in Summe drei generelle Strategien entstehen, die sie nennt: „Transfer-Allianzen", „Pool-Allianzen" und „General-Allianzen".[1022]

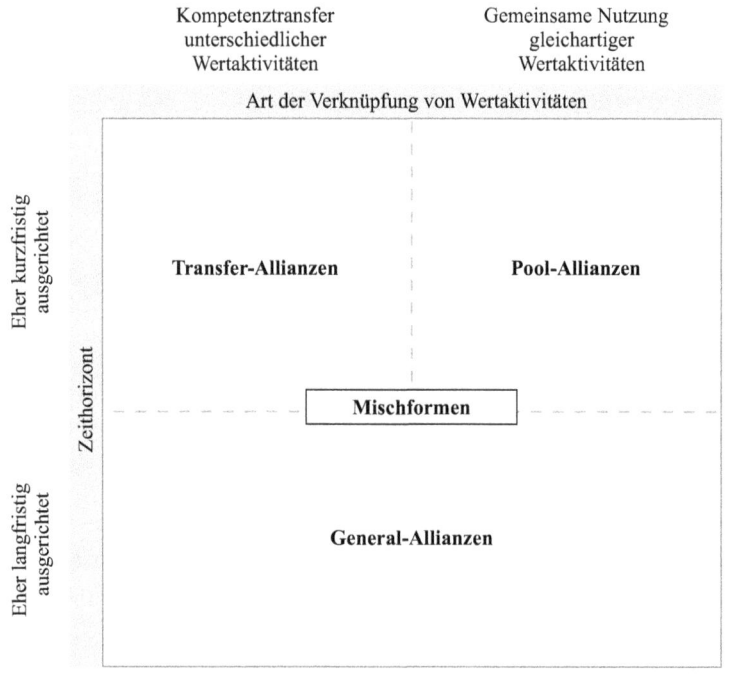

Abbildung 19: Typisierungsansatz Strategischer Allianzen nach Lutz (1993)[1023]

---

werden als mit der ausschließlich eindimensionalen Betrachtung, vgl. Keller (2004), S. 22.
1022 Vgl. Lutz (1993), S. 61.
1023 Vgl. Lutz (1993), S. 61.

Weiterhin definiert Rotering (1993) ein weiteres mehrdimensionales Kategorisierungsmodell durch die Kombination redistributiver[1024] und reziproker[1025] Kooperationen mit X^{1026}- und Y^{1027}-Kooperationen.[1028] Aus der Kombination dieser verschiedenen Dimensionen ergeben sich in seinem Modell vier Kooperationstypen.[1029]

Bronder & Pritzl (1992) zeigen einen etwas anderen Ansatz auf, im Sinne einer ausschließlichen Betrachtung des Einflusses der Ausprägungen der drei

---

1024 Dies beschreibt in diesem Zusammenhang die Kombination von Ressourcen im Rahmen einer Kooperation, um am Ende der Partnerschaft die Erträge zwischen den Partnerunternehmen entsprechend zu verteilen, vgl. Rotering (1993), S. 53.
1025 Reziproke Kooperation bedeutet in diesem Zusammenhang den Austausch von Ressourcen. Anders als bei der redistributiven Kooperation können die Partnerunternehmen bei der reziproken Kooperation verschiedene Ziele verfolgen. Vgl. Rotering (1993), S. 54.
1026 Der Ansatz von X- und Y-Kooperationen kann in seinem Ursprung bei Porter & Fuller (1989) gefunden werden. X-Kooperationen beschreiben in diesem Verständnis Kooperationen, bei denen die Partnerunternehmen in unterschiedlichen Aktivitätsbereichen kollaborieren, vgl. Rotering (1993), S. 57.
1027 Y-Kooperationen sind dadurch gekennzeichnet, dass die Partnerunternehmen im identischen Aktivitätsbereich (oder mehreren identischen Aktivitätsbereichen) zusammenarbeiten und sich dabei hinsichtlich ihrer Stärken und Schwächen weitgehend ähneln, vgl. Rotering (1993), S. 58.
Kommentar: Zu beachten ist, dass im Ansatz von Rotering (1993) nicht nur die Ressourcen, sondern auch deren Zielausrichtung ausschlaggebend für die Einordnung in die zwei Ausprägungsformen der redistributiven bzw. reziproken Kooperation ist. Aus diesem Grund ist der Untersuchungsansatz nach Porter & Fuller (1989) der Intention dieser Arbeit – einer Betrachtung der Inputfaktoren – dienlicher. Nach Auffassung der Verfasserin dieser Arbeit, ist diese Betrachtung nach Porter & Fuller (1989) mit der Klassifizierung in Pool- und Transferallianzen kongruent, da auch diese Einteilung eine ausschließliche Betrachtung der Ressourcen bzw. Inputfaktoren der beteiligten Unternehmen vornimmt. Diese Auffassung steht im Einklang mit der Aussage von Lutz (1993), die ebenfalls eine Parallele zur X- / Y-Kooperation nach Porter & Fuller (1989) beschreibt (Pool = Y-Kooperation, Transfer = X-Kooperation), vgl. Lutz (1993), S. 59. Erweitert werden kann diese Begründung um den Umstand des Einflusses einer Zielkongruenz für die Klassifizierung, wie sie nach Rotering (1993) als notwendig beschrieben und vorgesehen ist, in den Modellen von Porter & Fuller (1989) sowie Lutz (1993) aber außer Acht gelassen wird.
1028 Vgl. Rotering (1993), S. 53–65.
1029 Vgl. Rotering (1993), S. 63. Die Kooperationstypen lauten dabei wie folgt: Kooperationstyp I = „Redistributive Y-Kooperation", Kooperationstyp II = „Redistributive X-Kooperation", Kooperationstyp III = „Reziproke Y-Kooperation", Kooperationstyp VI = „Reziproke X-Kooperation". Vgl. Rotering (1993), S. 63. Die genauere Beschreibung der einzelnen Strategien kann bei Rotering (1993),

zugrundeliegenden Dimensionen auf die Intensität einer Strategischen Allianz. Dabei werden die Dimensionen Ressourcenverteilung, Zeithorizont und Formalisierungsgrad als individuelle Einflussgrößen herangezogen, deren Summe als Ergebnis als ein einziger ordinaler Wert (nämlich die Intensität der Kooperation) ausgedrückt wird. Dies gilt zum Aufzeigen der Intensitäts-Unterschiede von Allianzen, je nachdem ob der Allianz ein eher kurzzeitiges oder langfristiges Ziel zugrunde liegt.[1030]

Ein weiteres Modell, welches jedoch weniger die Ausprägungen Strategischer Allianzen betrachtet, sondern spezifisch den „Fit" einer Kooperation zwischen einem Pharmaunternehmen und einem Unternehmen mit einer digitalen Anwendung im Gesundheitsbereich, kann bei Helmer, Bender, Bierbaum & Wambach (2020) nachvollzogen werden. Ziel deren Modells ist es, analysieren zu können, inwieweit ein bestimmtes Pharmaunternehmen und die jeweilige digitale Gesundheitsanwendung eines anderen Unternehmens zueinanderpassen.[1031] Damit trägt dieses Modell bei der Entscheidungsfindung über einen geeigneten Allianzpartner bei, welche der Fragestellung der vorliegenden Arbeit nachgelagert ist, weshalb dieses Modell an dieser Stelle ausschließlich erwähnt und grob umrissen wird.[1032] Die Autoren wenden ihr Bewertungsmodell speziell auf ein in Deutschland tätiges Pharmaunternehmen und dessen unternehmensspezifischen Charakteristika an.[1033] Grundlage dieses Modells sind eine Sammlung von Ausschlusskriterien für die jeweilige digitale Anwendung sowie anschließende Expertenbefragungen, welche es den Autoren erlauben, eine Bewertung über die Tauglichkeit des möglichen Kooperationspartners zu erfassen.[1034] Ausschlusskriterien sind dabei etwa die Überprüfung der grundlegenden Einordnung der digitalen Gesundheitsanwendung in die Digitalstrategie des Pharmaunternehmens oder auch die Fragestellung,

---

S. 63–64 nachvollzogen werden. Eine weitere Typisierung ergründen Backhaus & Piltz (1990), welche „Markterschließungs-Allianzen", „Volumen-Allianzen", „burden sharing-Allianzen" und „Kompetenz-Allianzen" definieren. Diese werden hier nicht weiter thematisiert, da sie keinem modellbasierten Grundsatz folgen, können jedoch bei Backhaus & Piltz (1990), S. 32 nachvollzogen werden.

1030 Vgl. Bronder & Pritzl (1992), S. 417.
1031 Vgl. Helmer, Bender, Bierbaum & Wambach (2020), S. 305.
1032 Zudem reiht sich dieses Modell im in dieser Arbeit aufgezeigten Entstehungs- und Entwicklungsprozess einer Strategischen Allianz (vgl. Abbildung 8 in Unterabschnitt 2.3.1) auf Stufe drei „Partnerwahl" ein, und ist somit *nachgelagert* zu dem Fokus der vorliegenden Arbeit, welcher auf den Stufen eins und zwei liegt.
1033 Vgl. Helmer, Bender, Bierbaum & Wambach (2020), S. 305.
1034 Vgl. Helmer, Bender, Bierbaum & Wambach (2020), S. 307.

inwieweit die Reputation des möglichen Kooperationspartners (welcher die digitale Gesundheitslösung innehat) annehmbar ist.[1035] Die Bewertungsfaktoren innerhalb dessen definieren die Autoren dabei als „ja – nein, gut – schlecht, genügend – ungenügend".[1036] Auf Basis dessen gewichten Helmer, Bender, Bierbaum & Wambach (2020) in ihrem Modell anschließend diese Ausschlusskriterien in Zusammenhang mit weiteren Bewertungskategorien („Strategic Fit", „Produkt/Team", „Finanzen").[1037] Diese aufgezeigten Kriterien werden anschließend von Experten erneut bewertet (sowohl quantitativ als auch qualitativ mit Freitextfeldern für Kommentare) und abschließend in Zusammenhang zueinander gebracht.[1038]

Weitere mehrdimensionale Rahmenwerke zu Strategischen Allianzen finden sich hierneben u.a. bei Yoshino & Rangan (1995), welche die Dimensionen „Konfliktpotenzial" und „Ausmaß der Interaktion zwischen Organisationen"[1039] in Verbindung zueinander setzen[1040] oder bei Dowling & Lechner (1998), welche die Dimensionen „Richtung der Beziehung" und „Art der Beziehung" kombiniert betrachten[1041]. Dabei wird in beiden dieser Forschungen die gleichzeitige Betrachtung von Konkurrenz und Kooperation eingenommen[1042], weshalb Dowling & Lechner (1998) das Phänomen, welches ihrer Arbeit zugrunde liegt als „kooperative Wettbewerbsbeziehungen"[1043] bezeichnen.[1044]

1035 Vgl. Helmer, Bender, Bierbaum & Wambach (2020), S. 307–308.
1036 Vgl. Helmer, Bender, Bierbaum & Wambach (2020), S. 308.
1037 Vgl. Helmer, Bender, Bierbaum & Wambach (2020), S. 308–309.
1038 Vgl. Helmer, Bender, Bierbaum & Wambach (2020), S. 310–311.
1039 Im englischen Original genannt: „Extent of Organizational Interaction" Yoshino & Rangan (1995), S. 19.
1040 Aus dieser Kombination entstehen die folgenden vier Typologisierungen: (1) „Precompetitive Alliances", (2) „Procompetitive Alliances", (3) „Competitive Alliances" und (4) „Noncompetitive Alliances". Vgl. Yoshino & Rangan (1995), S. 17–21.
1041 Hier entstehen sechs mögliche Beziehungsarten zwischen Partnerunternehmen: (1) „Marktaustausch", (2) „Traditionell konkurrierende Märkte", (3) „Vertikale KW-Beziehungen", (4) „Horizontale KW-Beziehungen", (5) „Allianzen zwischen Käufern und Lieferanten" und (6) „Allianzen zwischen Nichtwettbewerbern". Vgl. Dowling & Lechner (1998), S. 87.
1042 Die Autoren Yoshino & Rangan (1995) beschreiben in diesem Zusammenhang, dass sie durch die simultane Betrachtung der Konkurrenz- und Kooperationskomponenten die Grundlage des Spannungsfeldes im Management Strategischer Allianzen betrachten, vgl. Yoshino & Rangan (1995), S. 19.
1043 Vgl. Dowling & Lechner (1998), S. 86.
1044 Vgl. Dowling & Lechner (1998), S. 86. Hier sei ebenfalls erneut anzumerken, dass diese Betrachtung den Begriff der „Coopetition" einbezieht, welcher allerdings

Nachdem somit bereits bestehende ausprägungsbasierte Modelle Strategischer Allianzen, sowie ein weiteres Modell zum „Fit" der Partnerwahl zweier Unternehmen zur Kooperation im Pharmamarkt aufgezeigt wurden, wird nun im folgenden Abschnitt das in dieser Arbeit mehrdimensionale Kategorisierungsmodell hergeleitet. Grundlage dessen sind die bisher geschaffenen Grundlagen, welche in den folgenden Abschnitten herangezogen werden.

5.2 Hergeleitetes, dreidimensionales Kategorisierungsmodell mit Ausprägungen Strategischer Allianzen

Wie im vorherigen Abschnitt aufgezeigt, besitzt die mehrdimensionale Modellierung auf Basis verschiedener Dimensionen und Ausprägungen Strategischer Allianzen bereits langjährige Relevanz in der Wissenschaft.

Wie bereits aufgezeigt, lässt sich eine immense Vielzahl verschiedener Ausprägungen im Rahmen von Dimensionen Strategischer Allianzen finden. Zum Zwecke einer Eingrenzung der zu betrachtenden Dimensionen bzw. Ausprägungen für das hier herzuleitende Kategorisierungsmodell wird an dieser Stelle erneut das konzeptionelle Rahmenwerk von Bronder & Pritzl (1992) herangezogen. In der Darstellung dessen[1045] wurde bereits festgestellt, dass sich die vorliegende Forschung im Entstehungs- und Entwicklungsprozess Strategischer Allianzen auf den ersten beiden Stufen „*Strategische Entscheidung*" und „*Konfiguration der Strategischen Allianz*" befindet. Anhand dieses Fokus werden die Dimensionen und entsprechenden Ausprägungen für das hier herzuleitende Kategorisierungsmodell definiert.

Dabei umfasst die Stufe „Strategische Entscheidung" die zu beantwortende Fragestellung dieser Arbeit, weshalb das Eingehen Strategischer Allianzen prinzipiell als sinnvoll für die hier dargelegte Problemstellung angesehen werden kann. Diese Stufe der Allianzbildung ist durch vorangehende Kapitel, besonders durch das Aufzeigen der elementarsten Herausforderungen der OTC-Pharmabranche durch die Digitalisierung, bereits hinreichend erörtert worden. Dementsprechend ist die zweite Prozessstufe „Konfiguration der

---

hier aufgrund seiner hohen Forschungsfülle den Betrachtungsrahmen übersteigen würde und somit nicht weiter thematisiert wird. Neben den hier prägnant aufgezeigten Modellen können weitere Ansätze u.a. bei Xie & Johnston (2004), S. 215 und Zinn & Parasuraman (1997), S. 141–142 gefunden werden.
1045 Siehe dazu Unterabschnitt 2.3.1.

Strategischen Allianz" für die hier durchzuführende Kategorisierungsmodell-Herleitung im Fokus. Auf Basis dessen werden die folgenden *drei Dimensionen* für das Kategorisierungsmodell herangezogen:

- Richtung
- Tempus
- Wertsteigernder Faktor

Die Herleitung dieser Dimensionen entspringt zudem aus der näheren Betrachtung der zweiten Stufe des Allianzprozesses. Dabei gilt als erster zentraler Bestandteil dieser Stufe das Abstecken des „Kooperationsfeldes", welches die Dimension der *Richtung* (Ausprägungen: *Horizontal / Vertikal / Diagonal*) umfasst. Ebenfalls Element dieses Stufen-Bestandteiles ist die Fokussierung der Allianz auf einen bestimmten Unternehmensbereich wie F&E, Produktion oder Marketing.

In der vorliegenden Arbeit wird allerdings nicht in Allianzen in diesen einzelnen Felder unterteilt, da sich hier bereits ausschließlich auf den Bereich des Marketing fokussiert wird. Als zweiter elementarer Teil der betrachteten Allianzstufe gilt die „Intensität der Kooperation", im Rahmen welcher die Dimension des *Tempus* (Ausprägungen: *Kurzfristig / Langfristig*) und die Dimension *Wertsteigernder Faktor* (Ausprägungen: *Pool / Transfer*) festgelegt werden. Ebenfalls Teil dieser Stufe ist der Formalisierungsgrad, welcher allerdings aufgrund seiner Mikrosicht in der vorliegenden Arbeit ausgeschlossen wird. Der dritte Teil der betrachteten Stufe der Konfiguration der Strategischen Allianz (SA) ist die „Analyse von Möglichkeiten zur Multiplikation". Diese umfasst Elemente wie Systeme, Prozesse, Kompetenzen und Produkte und Services. Dieses Feld wird hier allerdings nicht näher in die Betrachtung eingeschlossen, da es hier um die mögliche Multiplikation einzelner Faktoren durch das Eingehen mehrerer Allianzen geht, dies nicht den Betrachtungsfokus dieser Arbeit darstellt und einer eigenen Untersuchung bedarf.

Zusammenfassend werden hier somit die folgenden Dimensionen mit ihren jeweiligen Ausprägungen betrachtet und für das eigens hergeleitete Kategorisierungsmodell definiert:

Tabelle 11: Dimensionen und zugehörige Ausprägungen des mehrdimensionalen Kategorisierungsmodells

Dimension	Ausprägungen
Wertsteigernder Faktor	Pool / Transfer
Tempus	Kurzfristig / Langfristig
Richtung	Horizontal / Vertikal / Diagonal

Dabei gilt es festzustellen, dass alle Dimensionen nominal skaliert sind. Lediglich die Dimension des Tempus ist aufgrund dessen Transitivität ordinal skaliert. Diese Einordnung macht Sinn, da ein solches Vorgehen, wie aufgezeigt, Relevanz in der Wissenschaft zum Thema Strategischer Allianzen hat und laut Balling (1997) bei den meisten Ausprägungen ausschließlich eine qualitative, ordinale Einordnung möglich ist.[1046]

Es ist ebenso festzustellen, dass – konträr zu den in Abschnitt 5.1 aufgezeigten Ansätzen – in der vorliegenden Arbeit davon abgesehen wird, Typologisierungs-Bezeichnungen pro Kombinationsfeld zu benennen; vielmehr werden Akronyme der verschiedenen Ausprägungskombinationen verwendet, welche sich aus den Anfangsbuchstaben der jeweiligen Ausprägungen zusammensetzen.[1047] Dies ist ebenso der Fall, da im vorliegenden Kategorisierungsmodell nicht nur zwei Dimensionen Anwendung finden (so wie mehrheitlich in den vorab aufgezeigten Modellen), sondern drei Dimensionen mit jeweils zwei bis drei Ausprägungen herangezogen (siehe Tabelle 11) und in Verbindung zueinander gesetzt werden. Dementsprechend soll hier vielmehr durch die daraus resultierenden Ausprägungskombinationen[1048] eine direkte Verbindung zum Betrachtungsmarkt und der dieser Arbeit zugrundeliegenden Fragestellung hergestellt werden, und anhand der einzelnen Ausprägungskombinationen erörtert werden, inwieweit diese hilfreich für die Lösung der Herausforderungen durch die Digitalisierung sind.

Für die Einordnung der aufgezeigten Dimensionen mit ihren Ausprägungen in Kombination zueinander, wird das folgende, mehrdimensionale Kategorisierungsmodell erstellt:

1046 Vgl. Balling (1997), S. 161.
1047 So kann beispielsweise eine Ausprägungskombination bestehen aus: „Transfer" (T) – „Kurzfristig" (K) – „Horizontal" (H), wodurch sich abgekürzt die Ausprägungskombination „TK-H" ergibt.
1048 Siehe hierzu Unterabschnitt 5.2.4 der vorliegenden Arbeit.

Hergeleitetes, dreidimensionales Kategorisierungsmodell 253

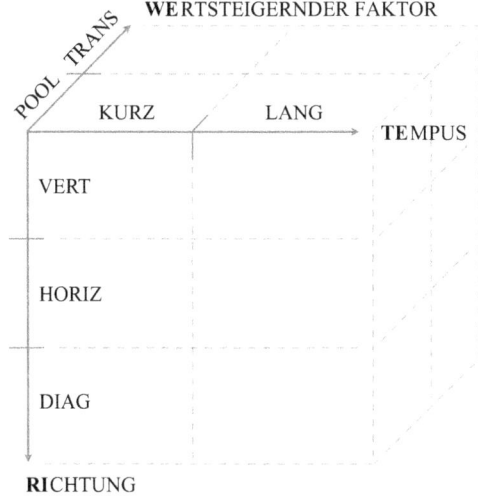

Abbildung 20: Mehrdimensionales Kategorisierungsmodell mit Ausprägungen Strategischer Allianzen

Aus diesem Kategorisierungsmodell ableitend ergeben sich zwölf verschiedene Ausprägungskombinationen[1049], was folgendermaßen ausgedrückt werden kann:

$$AU = WE \times TE \times RI = \{au_1 - au_{12}\}$$

Dabei ist AU die Menge des dreifach kartesischen Produktes aus der Menge aller Allianzausprägungen kategorisiert durch die Dimensionen „Wertsteigernder Faktor" (WE), „Tempus" (TE) und „Richtung" (RI).[1050]

Für ein detailliertes Verständnis der einzelnen, hier verwendeten Dimensionen und entsprechend dazugehörigen Ausprägungen, wird in den folgenden

---

1049 Hier werden zunächst alle zwölf möglichen Ausprägungskombinationen in die Betrachtung mit einbezogen. Der Ausschluss von einigen dieser Ausprägungskombinationen erfolgt in Unterabschnitt 5.2.4.

1050 Zwecks eindeutiger Identifikation der hier referenzierten Mengen werden die ersten beiden Buchstaben der einzelnen Dimensionen zur Bezeichnung verwendet. Dies hat den Ursprung in den Namen der jeweiligen Ausprägungen, die hierbei eine Mehrfachverwendung des gleichen Bezeichners herbeiführen würden.

Unterabschnitten dieses Kapitels separat auf diese eingegangen.[1051] Anschließend werden die daraus resultierenden Kombinationsmöglichkeiten, die sich aus der Verbindung der hier aufgezeigten Dimensionen und Ausprägungen im Rahmen des mehrdimensionalen Kategorisierungsmodells ergeben, aufgezeigt.

5.2.1 Dimension 1: Wertsteigernder Faktor

Die Betrachtung der Dimension „Wertsteigernder Faktor" ist nahe angelegt an dem hergeleiteten Kategorisierungsmodell von Lutz (1993).[1052]

Wie bereits in Abschnitt 5.1 aufgezeigt, unterteilt Lutz (1993) die Komponente des Wertsteigernden Faktors mit der Fragestellung, inwieweit die Wertaktivitäten der Partnerunternehmen verbunden werden. Daraus entsteht ihrer Darstellung nach eine Unterscheidung zwischen der „*Pooling*"[1053] *von Ressourcen*, wodurch der wertsteigernde Faktor mittels quantitativer Erhöhung im Sinne der gegenseitigen Bereitstellung des bestehenden Ressourcenpools erzielt wird, und dem „*Transfer*" *von Know-how*, um eine Wertsteigerung mithilfe einer Qualitätssteigerung (also einer Vergrößerung der Wissensbasis) zu erreichen.[1054]

Dabei stellt Lutz (1993) heraus, dass Unternehmen zum Zwecke eines Transfers von Know-how eine Strategische Allianz eingehen sollten, sofern die aus der Allianz resultierenden Partnerunternehmen verschiedene Schwächen und Stärken innehaben.[1055] Lutz (1993) betrachtet die kooperierenden Unternehmen in diesem Zusammenhang als komplementär. Dementsprechend liegt durch den angestrebten Transfer eine gegenseitige Ergänzung durch verschiedenartige Wertaktivitäten zugrunde. Durch den supplementären, gegenseitigen Know-how-Transfer, und somit dem Austausch der jeweiligen Stärken des anderen Unternehmens, sollen die entsprechenden Schwächen der einzelnen

---

1051 Wenngleich bereits im Unterabschnitt der Ausprägungen Strategischer Allianzen (siehe Unterabschnitt 2.3.2) Inhalte einzelner Dimensionen bzw. Ausprägungen beleuchtet wurden, so soll hier in den folgenden Unterabschnitten in detaillierter Form auf die für das hergeleitete Kategorisierungsmodell dieser Arbeit geltenden Dimensionen und Ausprägungen eingegangen werden.
1052 In der Literatur finden sich darüber hinaus ebenfalls andere Ansätze zur Einteilung von Ressourcen und / oder Know-how im Rahmen Strategischer Allianzen, vgl. dazu u.a. Bronder & Pritzl (1992), S. 416; Varadarajan & Cunningham (1995), S. 292–293 oder die ganzheitliche Publikation von Inkpen (1996).
1053 Lutz (1993), S. 59.
1054 Vgl. Lutz (1993), S. 59.
1055 Vgl. Lutz (1993), S. 59–60.

Partnerunternehmen vermindert werden.[1056] Beim Pooling von Ressourcen der Partnerunternehmen liegt der Fokus auf der gemeinsamen Nutzung oder der Zusammenlegung von „[…] eine[r] oder mehrere[r] gleichartige[r] Wertaktivitäten […]."[1057] Dieses Zusammenlegen der gleichartigen Wertaktivitäten soll Stärken bündeln, um die Wettbewerbsfähigkeit eines Unternehmens zu steigern oder um einen Vorteil im Wettbewerbsumfeld zu erreichen. Zu diesem Zwecke sollen Partnerunternehmen im Rahmen des Ressourcen-Poolings mindestens eine gleichartige Wertaktivität kombinieren oder vereinigt nutzen. Hier sind exemplarisch die gemeinschaftliche Produktion oder der beidseitige Vertrieb anzuführen.[1058]

Obschon Lutz (1993) in ihrem Kategorisierungsmodell sowohl die Transfer- als auch Pool-Allianzen in einen kurzfristigen Zeitrahmen einer Strategischen Allianz einordnet und die langfristige Ausrichtung beider Ressourcenausrichtungen unter dem Begriff der „General-Allianzen"[1059] zusammenfasst, wird diese enge Eingrenzung hier nicht vorgenommen. Es wird davon ausgegangen, dass sowohl der Kompetenztransfer als auch die Zusammenlegung von Ressourcen kurz- sowie auch langfristig ausgerichtet sein können. Die Begründung dazu liegt in der hier gültigen Definition der in diesem Kategorisierungsmodell vorliegenden zweiten Komponente des „Tempus" (siehe nachfolgender Unterabschnitt 5.2.2). Dementsprechend wird im hier hergeleiteten Kategorisierungsmodell die erste Dimension „Wertsteigernder Faktor", mit den beiden Ausprägungen des Poolings von Ressourcen bzw. des Transfers von Know-how festgelegt.

Nach der Festlegung dieser beiden Komponenten des Poolings von Ressourcen und des Transfers von Know-how im Rahmen der Dimension des Wertsteigernden Faktors im vorliegenden Kategorisierungsmodell, wird nun im Einzelnen auf diese beiden Komponenten der Ressource und des Know-hows eingegangen. Dies dient zum Zwecke der Festlegung, was genau unter diesen beiden Begriffen für das vorliegende Kategorisierungsmodell verstanden wird. Darüber hinaus wird begründet, weshalb diese Komponenten wichtige Bestandteile Strategischer Allianzen im OTC-Pharmamarkt vor dem Hintergrund der elementarsten Herausforderungen der Digitalisierung sind. Hier ist erneut anzumerken, dass – wie in Unterabschnitt 2.3.2 anhand der Einteilung

---

1056 Vgl. Lutz (1993), S. 59–60.
1057 Lutz (1993), S. 59.
1058 Vgl. Lutz (1993), S. 59.
1059 Vgl. Lutz (1993), S. 61.

des Ressourcen-Begriffes durch Barney (1991) festgelegt – im vorliegenden Kategorisierungsmodell der Begriff der „Ressource" die „physischen Ressourcen"[1060] umfasst. Der Begriff des „Know-hows" umfasst das im gleichen Unterabschnitt dargestellte „Humankapital"[1061] im Sinne der Ressourceneinteilung. Die „organisatorischen Ressourcen" – also die informellen und formellen Planungs-, Steuerungs- und Überwachungssysteme eines Unternehmens als auch die weiteren definitionsgemäßen Bestandteile – als dritter Teil der Ressourceneinteilung werden im Fortgang dahingehend aufgelöst, als dass diese ihrem Naturell entsprechend jeweils entweder dem „Humankapital" oder den „physischen Ressourcen" eines Unternehmens zugeordnet werden können.

Dabei wird zusätzlich festgestellt, dass vor dem Hintergrund der Digitalisierung die Komponenten der physischen Ressourcen und des Humankapitals ein essenzielles Überschneidungsmerkmal aufweisen: Software. Obschon per genannter Definition physische Technologien zur Sparte der physischen Ressourcen gehören, ist diese nicht in jedem Fall strikt von dem Know-how von Mitarbeitern, welche diese Software bedienen und ganzheitlich implementieren können, scharf abtrennbar.

Weiterhin besitzt die Betrachtung der Ausprägung des Wertsteigernden Faktors hohe Relevanz, da Varadarajan & Cunningham (1995) durch Verweis auf mehrere Autoren aufzeigen, dass Strategische Allianzen grundlegend eingeteilt werden in diese, die

1. ähnliche Ressourcen oder Know-how poolen, um Kosten zu reduzieren oder diese, die
2. unterschiedliche Ressourcen oder Know-how poolen, um gemeinsam einen Vorteil zu erarbeiten.[1062]

Für die Anwendung dieser Arbeit wird jedoch wie vorab beschrieben in Ressourcen-Pooling und Know-how-Transfer unterschieden und dementsprechend hier angewandt. Demnach lassen sich im Rahmen dieser Arbeit die folgenden Sachverhalte in Anlehnung an die Darstellung von Varadarajan & Cunningham (1995) festlegen:

1060 Diese wurden eingeordnet in: Anlagen und Ausstattung, physische Technologien sowie (der Zugang zu) Rohmaterialien (siehe Unterabschnitt 2.3.2).
1061 Dieses wurde eingeordnet in: Fähigkeiten, Beziehungen, Erfahrungen und Trainings von Mitarbeitern eines Unternehmens (siehe Unterabschnitt 2.3.2).
1062 Vgl. Varadarajan & Cunningham (1995), S. 292.

1. Im Rahmen Strategischer Allianzen werden zwischen den Partnerunternehmen *ähnliche* Ressourcen gepoolt oder *ähnliches* Know-how transferiert, um Kosten zu reduzieren oder
2. Im Rahmen Strategischer Allianzen werden zwischen den Partnerunternehmen *unterschiedliche* Ressourcen gepoolt oder *unterschiedliches* Knowhow transferiert, um gemeinem einen Vorteil zu erarbeiten.

Dies zeigt, wie elementar es für Partnerunternehmen einer Strategischen Allianz ist, gemeinsam genauestens festzulegen, welche(s) Ziel(e) mit der Partnerschaft erreicht werden soll(en) und somit, inwiefern es nutzbringender erscheint, ähnliche / unterschiedliche Ressourcen zu poolen oder ähnliches / unterschiedliches Know-how zu transferieren. Diese Überlegungen werden auf der Grundlage getroffen, ob, je nach Wertschöpfungsketten- und / oder Marktzugehörigkeit (horizontal, vertikal, diagonal) der Partnerunternehmen, überhaupt ähnliche Ressourcen oder Know-how bestehen oder ob durch eine Partnerschaft gerade das unterschiedliche Know-how zum Erfolg führt.

Dabei kann die Komponente des *Transfers von Know-how* als elementarer Beweggrund für das Eingehen Strategischer Allianzen genannt werden.[1063] Diese Feststellung verstärkt die Wichtigkeit, diese Ausprägung in der vorliegenden Arbeit miteinzubeziehen. So spricht Drewniak (2016) dem Eingehen Strategischer Allianzen zum Zwecke des Zuganges zu elementaren Kompetenzen und kritischem Wissen ebenfalls zu, dass dies als Treiber von Wettbewerbsvorteilen gesehen werden kann.[1064]

Besonders relevant ist die Komponente des Know-hows auch vor dem Hintergrund der Fragestellung dieser Arbeit. Dabei wird unterstrichen, dass der Faktor des Wissens als Schlüsselfaktor für (digitale) Innovation angesehen wird.[1065] Dieser Zusammenhang zwischen Know-how und Innovation wird dabei auch im Kontext des Eingehens Strategischer Allianzen und dem Transfer von Know-how genannt.[1066] Dabei zeigt Souto (2015) auf, dass Wissen sowohl

---

1063 Vgl. Varadarajan & Cunningham (1995), S. 285–286; Inkpen (1996), S. 123–124; Drewniak (2016), S. 116–117. So stellen Ferreira, Storopoli & Serra (2014) in ihrer Literature Review ebenfalls fest, dass die Komponente des Kompetenztransfers im letzten Jahrzehnt stark an Relevanz in der Forschung gewonnen hat, vgl. Ferreira, Storopoli & Serra (2014), S. 122.
1064 Vgl. Drewniak (2016), S. 116–117.
1065 Vgl. Sivakumar, Roy, Zhu & Hanvanich (2011), S. 772. Zur Thematik der Innovation durch digitales Wissen, siehe ebenso die Unterabschnitte 3.3.4 und 3.3.5 dieser Arbeit.
1066 Vgl. Cohen & Levinthal (1990), S. 128.

technologisches als auch wissenschaftliches sowie branchenspezifisches Wissen umfassen kann.[1067] So besteht Innovation nicht nur aus der Weiterentwicklung von neuartigem Wissen, sondern fordert auch die Anwendung dessen auf die Kundenbedürfnisse.[1068] Im Zusammenhang mit dieser Arbeit betrifft dies somit ebenfalls die Customer Journey.

Besonders mit Blick auf den OTC-Arzneimittelmarkt stellt sich die Betrachtung dieser Ausprägung des Know-how Transfers im Rahmen Strategischer Allianzen als essenziell dar. Dies ist mit den Darstellungen von Arthur D. Little (2016) zu begründen; so zeigt Arthur D. Little (2016) im Rahmen einer Studie auf, dass im Bereich Digital Health besonders neue Kompetenzen und Partnerschaften an Bedeutung gewinnen. Dabei wird angeführt, dass die (erfolgreiche) Implementierung von Digital Health Strategien und Maßnahmen in Unternehmen eine Reihe an neuen, digitalen Skills[1069] benötigt, und dabei das Einbeziehen von Partnern eine hohe Relevanz einnimmt.[1070] Zudem beschreiben die Autoren Gassmann, Schuhmacher, von Zedtwitz & Reepmeyer (2018), warum sich die Anzahl an Partnerschaften in Pharmaunternehmen in den nächsten Jahren deutlich vermehren wird. So zeigen sie auf, dass Partnerschaften in dem Markt u.a. durch Ressourcenknappheit, zunehmenden Wettbewerb und Mangel an Know-how deutlich an Relevanz gewinnen werden.[1071] Die Autoren beschreiben diese Ausführungen zwar mit dem Fokus auf den Bereich Forschung & Entwicklung, doch trotzdem stellen sich diese aufgezeigten Entwicklungen im Pharmamarkt ebenfalls vor dem Hintergrund der sich ändernden Customer Journey als Herausforderung für den Markt und somit als relevant für die Betrachtung in dieser Arbeit dar.

Wird hingegen die Ausprägung des *Poolings von Ressourcen* betrachtet, kann diese ebenfalls von zentraler Bedeutung für Unternehmen sein, da das Nichtvorhandensein spezieller Ressourcen in einem dynamischen Umfeld es Unternehmen erschwert, wettbewerbsfähig zu bleiben.[1072] Dagegen sollen Strategische Allianzen unterstützend wirken, da sie als das zweckmäßige Mittel

---

1067 Vgl. Souto (2015), S. 142–143.
1068 Vgl. Souto (2015), S. 143.
1069 Arthur D. Little (2016) zeigt auf, dass besonders die Entwicklung kundenspezifischer Anwendungen und technologisches Wissen verlangt werden. Gleichzeitig wird festgestellt, dass kunden- und marktspezifisches Know-how eine tragende Rolle einnehmen. Vgl. Arthur D. Little (2016), S. 9.
1070 Vgl. Arthur D. Little (2016), S. 8
1071 Vgl. Gassmann, Schuhmacher, von Zedtwitz & Reepmeyer (2018), S. 156.
1072 Vgl. Hsu & Tang (2010), S. 151.

angesehen werden, um Zugriff auf bisher nicht verfügbare Ressourcen zu erhalten.[1073] Wie bereits im Unterabschnitt 2.3.4 im Rahmen der Resource-Based Theory aufgezeigt, werden Strategische Allianzen mit Blick auf die Komponenten der Ressourcen darüber hinaus geschlossen, um sogenannte „idiosyncratic", also partnerschafts-eigenständige Ressourcen, gemeinsam zu entwickeln und herzustellen.

Die Ausprägung „Ressourcen-Pooling" im Rahmen des hier betrachteten Kategorisierungsmodells zielt jedoch ausschließlich darauf ab, für die Konfiguration einer Strategischen Allianz festzulegen, ob es sinnvoll ist, bereits bestehende Ressourcen der Allianzpartner zu poolen oder nicht. Partnerschafts-eigenständige Ressourcen, welche während oder zum Ende der Partnerschaft entstanden sein können, werden somit nicht in das Verständnis der Ausprägung des Poolings von Ressourcen aufgenommen.

In diesem Zusammenhang, und in Anknüpfung an die bereits aufgezeigte Unterscheidung von Varadarajan & Cunningham (1995), zeigen Ireland, Hitt & Vaidyanath (2002) durch Heranziehen verschiedener Untersuchungen auf, welche unterschiedlichen Effekte für Partnerunternehmen entstehen, sofern sie entweder

1. sehr ähnliche oder
2. unterschiedliche, aber komplementäre Ressourcen

poolen.[1074] So stellt das Pooling sehr ähnlicher Ressourcen zwischen Partnerunternehmen die Möglichkeit des Erzielens von Economies of Scale dar. Gleichzeitig ist es den Unternehmen dadurch aber nur möglich, bereits bestehende Wettbewerbsvorteile noch weiter auszuschöpfen. Anders dagegen stellt sich das Pooling von unterschiedlichen, aber komplementären Ressourcen dar. Diese ermöglichen es den Partnerunternehmen, Economies of Scope und Synergien zu erreichen und darüber hinaus gemeinsam neuartige Ressourcen zu entwickeln.[1075]

An dieser Stelle wird deutlich, dass sich der Übergang zwischen einem Pooling-Ansatz zweier Unternehmen mit komplementären Ressourcen und einem Transfer fließend darstellt, insbesondere da Ireland, Hitt & Vaidyanath (2002) im Zuge des Poolings ebenfalls von Know-how sprechen.[1076] Um dennoch

---

1073 Vgl. Russo & Cesarani (2017), S. 3.
1074 Vgl. Ireland, Hitt & Vaidyanath (2002), S. 430.
1075 Vgl. Ireland, Hitt & Vaidyanath (2002), S. 430.
1076 Vgl. Ireland, Hitt & Vaidyanath (2002), S. 428–430.

eine Trennung aufzeigen zu können, wird dies erst durch ein Hinzuziehen weiterer Dimensionen in der Betrachtung Strategischer Allianzen deutlich. Daher wird dies im Rahmen der verschiedenen Kombinationsmöglichkeiten von Ausprägungen im Sinne des hier vorliegenden Kategorisierungsmodells näher in Unterabschnitt 5.2.4 thematisiert.

Im Anschluss an die hier aufgezeigten Ausprägungen innerhalb der Dimension „Wertsteigernder Faktor", wird schließlich auf die Elemente der Dimension „Tempus" eingegangen.

5.2.2 Dimension 2: Tempus

Als zweite Dimension des in dieser Arbeit hergeleiteten Kategorisierungsmodells wird das „Tempus" mit seinen Ausprägungen „Kurzfristig" und „Langfristig" betrachtet.

In diesem Zusammenhang zeigt Balling (1997) auf, dass die Dauer einer Kooperation als zentraler Erfolgsmaßstab von Kooperationen angesehen wird.[1077] Wenngleich ein vorzeitiger Austritt einzelner Unternehmen aus einer Strategischen Allianz denkbar ist, da sie keinen Mehrwert mehr für diese Unternehmen darstellt,[1078] ist es in der vorliegenden Arbeit wichtig, abzustecken, ob OTC-Pharmaunternehmen eher kurzfristige oder langfristige Allianzen eingehen sollten.

In diesem Zusammenhang sprechen die Autoren Lutz (1993), Bronder & Pritzl (1992) und Balling (1997) Strategischen Allianzen – wenn auch in latent divergierender Form – eine Unterscheidung zwischen kurz- und langfristiger Ausrichtung zu.[1079] Dabei folgen sie ebenfalls der Auffassung von Das & Teng (2000a). Diese beziehen sich auf Beamish (1987), welcher die Relevanz einer getrennten Betrachtung von Kurz- und Langfristigkeit im Rahmen Strategischer Allianzen unterstreicht.[1080] Das & Teng (2000a) schreiben in Anlehnung dazu: „The short-term orientation views strategic alliances as transitional in

---

1077 Vgl. Balling (1997), S. 170.
1078 Vgl. Balling (1997), S. 170.
1079 Die Ausführungen zu den Verständnissen der zeitlichen Komponente dieser Autoren, wurden bereits in Unterabschnitt 2.3.2 dargelegt, weshalb diese hier zur Vermeidung von Dopplungen nicht erneut aufgezeigt werden.
1080 Vgl. Beamish (1987), zitiert nach Das & Teng (2000a), S. 87–88.
Kommentar: Wenngleich Beamish (1987) in seiner Publikation speziell Joint Ventures als Form Strategischer Allianzen betrachtet, kann die sinngemäße Aussage aufgrund des gleichen Charakters des (mehr oder weniger intensiven) Zusammenschlusses von Unternehmen ebenfalls auf die vorliegende Arbeit angewandt werden.

nature, with a demand for quick and tangible results. In contrast, the long-term orientation regards strategic alliances as at least semipermanent entities, so that more patience and commitment are exercised."[1081]

Damit zeigen Das & Teng (2000a) auf, dass mit einer Strategischen Allianz, je nachdem ob sie kurz- oder langfristig ausgerichtet ist bzw. sein soll, verschiedene Ziele verfolgt werden können.[1082] Dies stellt eine wichtige Erkenntnis für die Begründung der Dimension des Tempus im Rahmen des hier hergeleiteten, dreidimensionalen Kategorisierungsmodells dar, um möglichst genau entscheiden zu können, ob eine eher kurz- oder langfristige Ausrichtung einer Strategischen Allianz zur Entgegnung einer entsprechenden Herausforderung durch die Digitalisierung gewählt werden sollte.

Weiterhin stellen Meyer & Mattmüller (1993) fest, dass dem allgemeinen Begriff der Strategie häufig eine langfristige Bedeutung zugesprochen wird.[1083] Gleichzeitig zeigen sie jedoch Kritik an diesem strengen Zusammenhang auf und konstatieren, dass Entscheidungen mit einem strategischen Charakter zwar meist langfristig ausgerichtet sind, sich dies aber nicht in einer genauen Anzahl an Jahren wiederspiegeln lässt. Auch legen sie dar, dass strategischen Entscheidungen durch sich ändernde Umweltfaktoren oftmals kurzfristige Anpassungen benötigen und somit nicht ausschließlich vollends langfristigen Charakter haben.[1084] Dieses Verständnis wird in dieser Arbeit analog zu Strategischen Allianzen angewandt, da dies nach eigener Auffassung besonders mit Blick auf den erstrebenswerten Wettbewerbsvorteil Anwendung findet: Durch die herrschende Schnelllebigkeit im Markt, wie sie heutzutage stattfindet, welche geprägt ist von digital-getriebenen Veränderungen, wird es für Unternehmen immer schwieriger „strategisch" langfristige Entscheidungen zu treffen, da sich der Markt dynamisch in kurzer Zeit weiterentwickelt. Dementsprechend muss mit Blick auf Strategische Allianzen abgesteckt werden, inwieweit fallspezifisch eine Strategische Allianz eher kurz- oder langfristig ausgerichtet sein sollte.

Unterstützt wird diese Sichtweise durch Morschett (2003), welcher aufzeigt, dass die Literatur meist einen Zusammenhang zwischen einer mittel- bis langfristigen Orientierung und dem Begriff der Strategischen Allianz herstellt.[1085]

1081 Das & Teng (2000a), S. 88.
1082 Vgl. Das & Teng (2000a), S. 88.
1083 Vgl. Meyer & Mattmüller (1993), S. 18.
1084 Vgl. Meyer & Mattmüller (1993), S. 18–19.
1085 Vgl. Morschett (2003), S. 405.

Gleichzeitig stellt er aber auch heraus, dass die Kurzfristigkeit im Rahmen Strategischer Allianzen wichtig ist, da die langfristige Komponente entgegen der notwendigen Flexibilität von Unternehmen steht.[1086]

Folglich wird die kurzfristige Ausprägung im Rahmen einer Strategischen Allianz als eine valide Option innerhalb des mehrdimensionalen Kategorisierungsmodells dieser Arbeit aufgenommen.

Dabei wird zunächst die *kurzfristige* Ausprägung thematisiert. Wie Das & Teng (2000a) aufgezeigt haben, wird eine Allianz bei einer kurzfristigen Ausrichtung eher als Übergangslösung angesehen, um schnelle Ergebnisse zu erhalten.[1087] Dies gleicht, wie auch durch Bronder & Pritzl (1992) aufgezeigt, einer Projektsicht, bei welcher ein gewisser Zeitraum für ein Projekt vorab festgelegt wird, um nach Beendigung dessen greifbare Ergebnisse aufweisen zu können. In diesem Sinne zeichnet sich ein Projekt zusammenfassend laut Meyer & Reher (2016) durch Heranziehen mehrerer Definitionen aus der Literatur durch vier Eigenschaften aus:[1088]

1. Einmaligkeit
2. Zeitliche Begrenzung
3. Neuartigkeit
4. Arbeitsteilige Prozesse & Interdisziplinäre Zusammenarbeit

So ist eine Strategische Allianz mit kurzfristiger Ausrichtung im Rahmen eines Projektes einmalig (und im weiteren Sinne einzigartig) und kann deutlich von anderen, routinierten Aufgaben abgegrenzt werden. Weiterhin ist eine SA mit kurzfristiger Ausrichtung auf die zeitliche Dauer des Projektes begrenzt, bis das zu erreichende Ziel eines speziellen Projektes erlangt ist.[1089]

1086 Vgl. Morschett (2003), S. 405–406.
1087 Vgl. Das & Teng (2000a), S. 88.
1088 Vgl. Meyer & Reher (2016), S. 2. Eine ausführlichere Merkmalliste, entstanden durch eine detaillierte Literaturanalyse, wird von Madauss (2017) herausgearbeitet. Der Autor leitet dabei die folgenden Charaktereigenschaften (hier ohne die vom Autor inkludierte Metrik aufgeführt) von Projekten her: „Einmaliger (azyklischer) Ablauf / Einmaligkeit", „Zeitliche Befristung / klarer Anfangs- und Endzeitpunkt", „Eindeutige Aufgabenstellung, Verantwortung und Zielsetzung", „Komplexität", „Beteiligung vieler Menschen, Arbeitsgruppen, Firmen usw.", „Interdisziplinärer Charakter der Aufgabenstellung", „Relative Neuartigkeit", „Finanzieller Rahmen und begrenzte Ressourcen", „Größe", „Unsicherheit und Risiko", „Dynamik", „Abgrenzung gegenüber anderen Vorhaben" und „Projektspezifische Organisation". Vgl. Madauss (2017), S. 52.
1089 Vgl. Meyer & Reher (2016), S. 2.

Darüber hinaus bedeutet die kurzfristige Ausprägung im Rahmen eines Projektes, dass durch die Neuartigkeit von diesem eine stetige Zielüberprüfung stattfindet, um das übergreifende, zu erreichende Ziel, mit jedem erreichten Teilziel bzw. jedem neu gesammelten Wissen im Rahmen des Projektes, weiter spezifizieren zu können. Letztlich zeichnet sich die Ausrichtung im Rahmen eines Projektes dadurch aus, dass Projekte gemeinsam von einer Vielzahl verschiedener Unternehmen, Abteilungen oder Personen bearbeitet werden können, wodurch deutlich wird, dass fachliches Know-how aus unterschiedlichen Blickpunkten zur Erreichung eines Projektes erforderlich ist. Darüber hinaus erfordert es in der Organisation genaueste Koordination und arbeitsteilige Prozesse.[1090]

Dementsprechend greift die Ausprägung „kurzfristig" im Rahmen des hier vorliegenden Kategorisierungsmodells, sofern die Strategische Allianz im Rahmen eines bestimmten Projektes zur Erreichung vorab definierter Ziele innerhalb des Projektes geschlossen wird. Dies deckt sich zudem mit dem Forschungsergebnis von He, Meadows, Angwin, Gomes & Child (2020), welche aufzeigen, dass Allianzen durch die sich verkürzenden (Produkt-) Lebenszyklen und die digitale Transformation innerhalb eines immer dynamischer werdenden Umfeldes stattfinden, und sich somit diese Dynamik auch in der Ziel- und Fristsetzung der Strategischen Allianz selbst wiederfinden muss.[1091] Dies bedeutet zwar nicht das Aus für langfristige Partnerschaften, rückt aber kurzfristige Allianzen in ein neues Licht.

So liefern Allianzen mit einer kurzfristigen Ausprägung laut Das & Teng (2000a) sicherlich schnellere Ergebnisse, wodurch die Partnerschaft gekräftigt wird und Mitarbeiter motiviert werden. Darüber hinaus stellt das kürzere Bündnis sicher, dass die Allianz (im Falle eines Misserfolges) nicht zur Bürde der Partnerunternehmen wird, da sie sowieso kurzfristig wieder endet.[1092]

Nachdem somit das für die weitere Anwendung in dieser Arbeit gültige Verständnis der Ausprägung „Kurzfristig" dargelegt wurde, wird selbiges folglich für die Ausprägung „Langfristig" durchgeführt.

So bedeutet die Ausprägung „*Langfristig*" innerhalb des hier vorliegenden Kategorisierungsmodells, dass sich potenzielle Partnerunternehmen vorab darauf einigen, dass sie die Strategische Allianz für einen unbestimmten Zeitraum bestehen lassen wollen.

1090 Vgl. Meyer & Reher (2016), S. 2.
1091 Vgl. He, Meadows, Angwin, Gomes & Child (2020), S. 612.
1092 Vgl. Das & Teng (2000a), S. 88.

Beispielhaft für diese Ausprägung kann die „Star Alliance" genannt werden, bei welcher sich eine Vielzahl an Luftfahrtgesellschaften für einen unbefristeten Zeithorizont zusammengeschlossen haben.[1093] Diesen Ansatz können Unternehmen aus verschiedenen Gründen wählen. Dazu zeigen Das & Teng (2000a) auf, dass der Anreiz und die Hingabe zur Partnerschaft auf beiden Seiten der Kooperation im Rahmen längerfristiger Allianzen größer sind, da den Allianzpartnern vorab bekannt ist, dass sie über einen langen Zeitraum hinweg zusammenarbeiten werden. Ebenfalls kann so opportunistisches Verhalten eingedämmt werden, da sich über die Jahre ein gewisser Grad an Vertrauen aufbaut.[1094]

Werden beide Ausprägungen abschließend mit einzelnen Vor- und Nachteilen betrachtet, ist es laut Das & Teng (2000a) essenziell, das Gleichgewicht zwischen lang- bzw. kurzfristigen Zielen innerhalb einer Strategischen Allianz aufrecht zu erhalten. Dies begründen die Autoren damit, dass bei einer Strategischen Allianz, die mit langfristig zu erreichenden Zielen belegt ist, die kurzfristig erreichten Zielgrößen nicht ausreichend gewürdigt werden. Weiterhin stellen sie fest, dass es schwierig für Partnerunternehmen ist, sich durch die langfristige Ausrichtung an mögliche, kurzfristige Änderungen durch das dynamische Marktumfeld flexibel anpassen zu können. Gegensätzlich dazu kann eine zu starke gedankliche, kurzfristige Ausrichtung der Partnerunternehmen dazu führen, dass ausschließlich durch Aufbrauchen der vorhandenen Ressourcen auf das schnell zu erreichende Ziel hingearbeitet wird und somit ebenfalls die Nachhaltigkeit der Allianz außer Acht gelassen wird.[1095]

In Hinsicht auf die sich durch die Digitalisierung verändernde Patient Journey nimmt die zeitliche Komponente ebenfalls eine wichtige Rolle ein. So wurde bereits vielfach in dieser Arbeit aufgezeigt, dass sich der OTC-Pharmamarkt in einem schnelllebigen, dynamischen Umfeld befindet, in welchem sich die Kundenbedürfnisse gegenüber Technologien und dem Anspruch an Digital Health verändern.

Durch diese Schnelllebigkeit muss daher im Anwendungskapitel 6, spezifisch für eine jede Herausforderung erörtert werden, inwieweit sich langfristige Allianzen vor dem Hintergrund dieser Faktoren als sinnvoll herausstellen, da sich die digitale Welt täglich verändert.

1093 Vgl. Zentes, Swoboda & Morschett (2003), S. 877.
1094 Vgl. Das & Teng (2000a), S. 88.
1095 Vgl. Das & Teng (2000a), S. 88.

5.2.3 Dimension 3: Richtung

Als dritte Dimension des Kategorisierungsmodells wird die „*Richtung*" einer Strategischen Allianz mit ihren Ausprägungen „*Horizontal*", „*Vertikal*" und „*Diagonal*" bestimmt.

Diese Unterscheidung an Ausprägungen hat wie bereits aufgezeigt eine zentrale Bedeutung in der Konfiguration Strategischer Allianzen, und wird konstant in jeglicher Forschung zur Thematik der Kooperationen aufgegriffen. Dementsprechend ist es für diese Arbeit ebenfalls unabdingbar, diese Dimension im hier hergeleiteten Kategorisierungsmodell einzubeziehen. Dies wird ebenfalls mit der Tatsache begründet, dass es bei der Bildung von Kooperationen stets eine Fragestellung ist, aus welchem Unternehmensumfeld ein möglicher Kooperationspartner stammt. Genauso wichtig ist es bei der umgekehrten Herangehensweise, um zu eruieren, zur Lösung welcher Problemstellung es Sinn macht, mit einem oder mehreren Partner(n) aus einem gewissen Unternehmensumfeld zu kooperieren (also mit einem direkten Wettbewerber auf horizontaler Basis, einem Zulieferer auf vertikaler Ebene oder einem Unternehmen einer anderen Branche).

Da bereits in Unterabschnitt 2.3.1 auf die verschiedenen Richtungen Strategischer Allianzen eingegangen wurde, wird hier vorrangig eine Anwendung dieser auf die OTC-Pharmabranche vorgenommen.

Wie beschrieben, stellt die *horizontale* Ausrichtung der Kooperation eine Art von Allianz dar, welche mit Wettbewerbern der gleichen Wertschöpfungsstufe innerhalb der gleichen Branche geschlossen wird.[1096] In Anwendung auf den in dieser Arbeit betrachteten OTC-Pharmamarkt würde dies also eine Partnerschaft zweier oder mehrerer OTC-Arzneimittelhersteller bedeuten.

Im Rahmen dieser Betrachtung prägen Hamel, Doz & Prahalad (1989) diese Ausprägung in ihrer Veröffentlichung mit dem Titel „Collaborate with your Competitors-and Win" mit dem Begriff „competitive collaboration"[1097]. Dabei zeigen sie auf, dass die Zusammenarbeit mit direkten Wettbewerbern durchaus Vorteile mit sich bringen kann, da dies die einmalige Möglichkeit bietet, auf Fähigkeiten oder Technologien des Wettbewerbers zugreifen zu können.[1098]

1096 Vgl. Bronder & Pritzl (1992), S. 416; Gerybadze (2005), S. 158.
1097 Auch hier kommt erneut das Konzept der „Coopetition" zum Tragen. Dieses wurde bereits in Abschnitt 5.2 aus der Betrachtung dieser Arbeit aufgrund seiner eigenen Forschungsfülle ausgeschlossen.
1098 Vgl. Hamel, Doz & Prahalad (1989), S. 134. Die Veröffentlichung betrachtet über den hier definierten Begriff der Strategischen Allianz hinaus weitere Formen der zwischenbetrieblichen Zusammenarbeit, wie Joint Ventures, welche nicht in die

Auch mit Blick auf die in dieser Arbeit thematisierte Patient Journey ist die horizontale Ausprägung von Bedeutung; so stellen Siebert & Veitmann (2006) fest, dass besonders horizontale Kooperationen eine häufig verwendete Ausprägung von Partnerschaften in Deutschland sind, und sie ebenfalls gerade vor dem Hintergrund der sich verändernden Kundenbedürfnisse stetig an Relevanz gewinnen.[1099]

Weiterhin beschreibt eine *vertikal* ausgerichtete Strategische Allianz eine Partnerschaft, welche mit Zulieferern oder Abnehmern in vorgelagerten oder nachgelagerten Stufen entlang der Wertschöpfungskette gebildet wird.[1100] Mit Bezug auf die in dieser Arbeit betrachtete OTC-Pharmabranche können Partner auf der vertikalen Stufe entweder Zulieferer oder Apotheken darstellen. Hier gilt jedoch die Fragestellung zu beachten, ob in Deutschland aus rechtlicher Sicht überhaupt Partnerschaften mit Apotheken eingegangen werden dürfen.

Dabei ist festzustellen, dass Kooperationen zwischen Pharmaherstellern und Apotheken grundsätzlich rechtlich erlaubt und in der Unternehmenspraxis vorhanden sind, oftmals jedoch vorgelagert zwischen Pharmahersteller und dem Apothekengroßhandel stattfinden. Dies ist der Fall, da der Pharmagroßhandel häufig das Bindeglied zwischen Pharmaherstellern und Apotheken ist und somit als Mittler zwischen diesen beiden Einheiten agiert, um die Arzneimittel der Hersteller an die Apotheken zu verkaufen. Handelt es sich jedoch um langfristige Kooperationen, wird auch direkt zwischen den Herstellern und den Apotheken verhandelt.[1101]

Werden Partnerschaften mit Apotheken eingegangen, gibt es jedoch rechtliche Bedingungen zu beachten.

So etwa, dass die Apotheken zu jedem Zeitpunkt ihre Unabhängigkeit beibehalten müssen,[1102] und das Verbot von Vereinbarungen, welche an Umsatz und Gewinn von Apotheken ausgerichtet sind[1103]. Eine weisende Gesetzesgrundlage ist hier somit insbesondere das in Unterabschnitt 3.2.3 dargestellte Apothekengesetz (ApoG). So schränkt auch § 10 ApoG eine Kooperation zwischen

---

Betrachtung dieser Arbeit aufgenommen werden. Trotzdem findet die Veröffentlichung hier Relevanz, da sie auch den Kooperationsbegriff, welcher dieser Arbeit zugrunde liegt, einschließt.
1099 Vgl. Siebert & Veitmann (2006), S. 261.
1100 Vgl. Bronder & Pritzl (1992), S. 416; Gerybadze (2005), S. 158.
1101 Vgl. Steuerberater für Apotheken (2020).
1102 Vgl. § 7 ApoG.
1103 Vgl. § 8 ApoG.

Pharmahersteller und Apotheker (im folgenden Zitat „Erlaubnisinhaber" genannt) ein: „Der Erlaubnisinhaber darf sich nicht verpflichten, bestimmte Arzneimittel ausschließlich oder bevorzugt anzubieten oder abzugeben oder anderweitig die Auswahl der von ihm abzugebenden Arzneimittel auf das Angebot bestimmter Hersteller oder Händler oder von Gruppen von solchen zu beschränken."[1104]

Darüber hinaus sind stets auch die Berufsordnungen der Landesapothekerkammern in Deutschland (diese werden jeweils auf Bundeslands-Ebene festgelegt) zu beachten, welche eng mit dem Apothekengesetz verzahnt sind. So etwa § 1 Abs. 3 der Berufsordnung der Landesapothekerkammer Hessen, welcher den Apotheker dazu verpflichtet, die Patienten (und Ärzte) unabhängig zu Arzneimitteln beraten zu müssen.[1105] In selbiger Berufsordnung wird es Apothekern ebenso untersagt, Vereinbarungen zu schließen, welche die bevorzugte Lieferung jeweiliger Arzneimittel umfasst.[1106]

Weiterhin wurde für die Zusammenarbeit mit den Gruppen, die Heilberufe ausüben (welcher Berufsgruppe neben bspw. Ärzten auch Apotheker angehören)[1107] im Jahre 2016 das „Gesetz zur Bekämpfung von Korruption im Gesundheitswesen" oder kurz: „Anti-Korruptionsgesetz" in Deutschland eingeführt.[1108] Die Gesetzesgrundlage lässt sich vorrangig wiederfinden im Strafgesetzbuch (StGB) bei § 299a StGB „Bestechlichkeit im Gesundheitswesen", § 299b StGB „Bestechung im Gesundheitswesen" und § 300 StGB „Besonders schwere Fälle der Bestechlichkeit und Bestechung im geschäftlichen Verkehr und im Gesundheitswesen".[1109]

Die Einführung dieses Gesetzes weist darauf hin, dass im Gesundheitswesen besonders bei Kooperationen mit Berufsgruppen, welche Heilberufe ausüben, auf die Inhalte und die Ausführung der Kooperationsverträge geachtet werden muss.[1110] Das Gesetz steht seit seiner Einführung in der Kritik, da die Linie zwischen regulärer Zusammenarbeit im Gesundheitswesen und einem nach dem Anti-Korruptionsgesetz gültigen Straftatbestand nicht scharf

---

1104 § 10 ApoG.
1105 Vgl. § 1 Abs. 3 Berufsordnung der Landesapothekerkammer Hessen.
1106 Vgl. § 3 Abs. 1 Berufsordnung der Landesapothekerkammer Hessen.
1107 Vgl. hierzu die Heilberufsgesetze der einzelnen Bundesländer oder Bundesgesundheitsministerium (2021c).
1108 Vgl. Lilie & Reuter (2016), S. 1790.
1109 Vgl. Lilie & Reuter (2016), S. 1790; Kassenärztliche Bundesvereinigung (2016), S. 1.
1110 Vgl. Halbe (2020), S. 513.

abzutrennen ist.[1111] Nichtsdestotrotz wurden im Jahre 2019 zwar jeweils bis zu 70 Ermittlungsverfahren durch den etwaigen Verstoß gegen § 299a StGB und § 299b StGB eingeleitet, bis zum Stand 2020 jedoch (noch) keine Anklage auf Basis des Anti-Korruptionsgesetzes erhoben.[1112] Weiterhin greifen im Rahmen der vertikalen Kooperationen, wie bei Partnerschaften in anderen Branchen und Allianzrichtungen auch, ebenso die deutschen Gesetzesgrundlagen für Kooperationen wie etwa das Gesetz gegen den unlauteren Wettbewerb (UWG) und das Gesetz gegen Wettbewerbsbeschränkungen (GWB).

Die zentralen rechtlichen Grundlagen zum Eingehen vertikaler Kooperationen zwischen OTC-Pharmaherstellern und Apotheken werden zusammenfassend in folgender Grafik dargestellt:

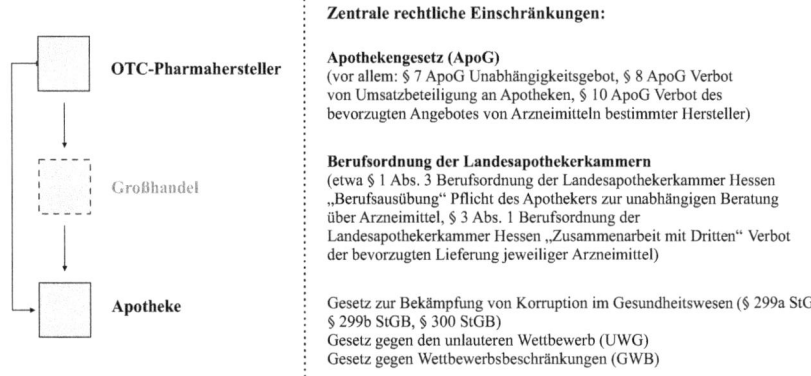

Abbildung 21: Rechtliche Einschränkungen für vertikale Kooperationen zwischen OTC-Pharmaherstellern und Apotheken

Letztlich beschreibt die *diagonale* Ausprägung die Art von Kooperation, die zwischen branchenfremden Unternehmen eingegangen werden und somit unterschiedliche Wertschöpfungsketten verknüpfen.[1113] Im Hinblick auf den in dieser Arbeit betrachteten OTC-Pharmamarkt können diagonale Partnerunternehmen von OTC-Pharmaherstellern somit alle Unternehmen aus branchenfremden Märkten darstellen. Zwecks Entgegnung der Herausforderungen durch die Digitalisierung bieten sich hier jedoch nahezu ausschließlich

---

1111 Vgl. Lilie & Reuter (2016), S. 1796.
1112 Vgl. Halbe (2020), S. 513.
1113 Vgl. Bronder & Pritzl (1992), S. 416; Ebner Stolz (2015), S. 7.

technologieorientierte Unternehmen (inklusive Start-Ups) als wertstiftende diagonale Kooperationspartner an.

Nachdem alle Ausprägungen des in dieser Arbeit hergeleiteten Anwendungsmodells einzeln aufgegriffen und betrachtet wurden, werden im Anschluss alle Ausprägungskombinationen dargestellt, welche entstehen, wenn die einzelnen Ausprägungen in Zusammenhang zueinander gesetzt werden.

5.2.4 Resultierende Ausprägungskombinationen

Aus dem hier aufgezeigten, hergeleiteten Kategorisierungsmodell mit seinen drei Dimensionen und jeweiligen zwei bzw. drei Ausprägungen, lassen sich in der Gesamtheit zwölf differenzierte Kombinationsmöglichkeiten an Ausprägungen ableiten. Dies soll im Folgenden im Rahmen von Clustern aufgezeigt werden, da anhand dieser abgeleitet wird, welche Ausprägungskombinationen am Passendsten zur Entgegnung der in Kapitel 4 hergeleiteten, größten Herausforderungen C_1-C_3 der OTC-Pharmabranche durch die Digitalisierung eingesetzt werden können.

Dementsprechend können die folgenden Ausprägungskombinationen abgeleitet werden:

PK-X

POOL	KURZ	VERT
		HORIZ
		DIAG

PL-X

POOL	LANG	VERT
		HORIZ
		DIAG

TK-X

TRANS	KURZ	VERT
		HORIZ
		DIAG

TL-X

TRANS	KURZ	VERT
		HORIZ
		DIAG

Abbildung 22: Ausprägungskombinationen Strategischer Allianzen innerhalb des dreidimensionalen Kategorisierungsmodells

Wie hier zu erkennen ist, entstehen aus dem Clustering aller betrachteten Ausprägungen zwölf Ausprägungskombinationen Strategischer Allianzen. Diese theoretisch korrekte Ableitung der zwölf, prinzipiell möglichen, Ausprägungskombination kann sicherlich als denkbare Kombinationsmöglichkeiten aufgefasst werden. Gleichzeitig stellen sich unter praktischen Gesichtspunkten allerdings nicht alle als relevant dar. Dies gilt besonders dann, wenn die

270 Ausprägungen Strategischer Allianzen

Kombinationen in Relation zueinander betrachtet werden, sodass deutlich wird, dass einige der Kombinationsmöglichkeiten aus Logik-Gesichtspunkten weitaus mehr Sinn zur praktikablen Umsetzung ergeben als andere.
Aus diesem Grund werden die Kombinationen:

- POOL | KURZ | DIAG   (PK-D)
- POOL | LANG | DIAG   (PL-D)
- TRANS | KURZ | HORIZ (TK-H)
- TRANS | LANG | HORIZ (TL-H)

in der weiteren Bearbeitung dieser Arbeit nicht weiter berücksichtigt.

Im Bereich der ersten beiden aufgezeigten Kombinationen (PK-D und PL-D) wäre ein diagonales Pooling zwar denkbar, käme in den meisten Fällen aber einem Know-how Transfer näher, weshalb diese Kombination a priori ausgeschlossen wird.

Es wird darüber hinaus nicht davon ausgegangen, dass den OTC-Pharmamarkt betreffend, zueinander branchenfremde Unternehmen Ressourcen besitzen, die es sich für die jeweiligen Parteien zu poolen lohnen würde, bzw. würde hier kein Mehrwert für die Unternehmen entstehen, da ebenfalls keine Economies of Scale ausgeschöpft werden könnten. Im gleichen Zuge gilt es hier erneut aufzuzeigen, dass nicht betrachtet wird, welche eigenständigen Ressourcen durch das Pooling von Ressourcen innerhalb diagonaler Partnerschaften entstehen könnten, sondern welche bereits vorhandenen Ressourcen gepoolt werden könnten, um einen Mehrwert durch die Strategische Allianz zu erlangen.

Die obigen Ausprägungskombinationen im zweiten Bereich (TK-H und TL-H) werden ebenso a priori ausgeschlossen, da aufgrund der getätigten Ausführungen dieser Arbeit nicht davon ausgegangen wird, dass OTC-Pharmaunternehmen ausreichendes Know-how im Bereich der Digitalisierung im Marketing besitzen, welche eine horizontale Allianz rechtfertigen würden. Dies wurde bereits im Zuge des Kapitels 3 hinreichend dargestellt, insbesondere durch Hinzunahme des Digitalisierungsindex und der bisher (noch) nicht ausgeschöpften Potenziale digitaler Touchpoints in der Patient Journey des OTC-Pharmamarktes.[1114] Obschon Ausnahmen hierfür nicht ausgeschlossen werden

---

1114 Für die Ausführungen zum Digitalisierungsindex siehe Unterabschnitt 3.3.2 „Status Quo der Digitalisierung des OTC-Pharmamarktes", für die Potenziale der digitalen Patient Journey im OTC-Pharmamarkt siehe Unterabschnitt 3.4.4 „Potenzialidentifikation der branchenspezifischen Patient Journey".

können, ist dies in der gesamtheitlichen Betrachtung der OTC-Pharmabranche elementar. Dieser Ausschluss ist zudem nicht nur durch die Ausführungen in Kapitel 3 begründet, sondern zudem auch eine Prämisse dieser Arbeit. Entsprechend werden die vorab genannten Kombinationen bei der Ableitung der Handlungsempfehlungen (oder weiteren Handlungsoptionen) in Kapitel 7 – falls sie als solche abgeleitet werden sollten – verworfen. Demnach wird von insgesamt acht, logisch möglichen, Kombinationsmöglichkeiten in diesem Kategorisierungsmodell ausgegangen.

Im folgenden Unterabschnitt wird schließlich prägnant auf mögliche Risiken und Grenzen für Unternehmen innerhalb des Kategorisierungsmodells eingegangen.

5.2.5 Mögliche Risiken und Grenzen für Unternehmen innerhalb des Kategorisierungsmodells

Es ist anzumerken, dass das hier hergeleitete Kategorisierungsmodell ebenfalls mögliche Risiken für Unternehmen aufzeigt. Hier sind zunächst die allgemeinen Risiken zu nennen, denen Unternehmen beim Eingehen jeglicher Kooperationen begegnen können. Diese können zu einer Vielzahl bereits in Unterabschnitt 2.3.3 nachvollzogen werden, in welchem die Grenzen Strategischer Allianzen aufgezeigt wurden.

Weiterhin soll an dieser Stelle jedoch exemplarisch genannt werden, dass bei einem Transfer von Know-how innerhalb Strategischer Allianzen ein Wissensverlust von einem Partnerunternehmen zum anderen entstehen kann.[1115] Dies kann durchaus ein Risiko, besonders in Bereichen, in denen speziell das Wissen als Wettbewerbsvorteil eingesetzt wird, darstellen. Außerdem ist es durchaus möglich, dass einzelne der hier definierten Herausforderungen über die isolierte Betrachtung des Marketing hinausgehen. So kann etwa der positive Effekt des Transfers von Wissen innerhalb einer Partnerschaft seine Grenzen haben, wenn sich etwa das Personal ablehnend gegenüber Veränderungen generell oder neuen Veränderungen durch die Digitalisierung verhält.

1115 Dieser Aspekt wird u.a. von Russo & Cesarani (2017), in Anlehnung an Jiang, Bao, Xie & Gao (2016) aufgezeigt, vgl. Russo & Cesarani (2017), S. 2.

5.2.6 Branchenspezifische Anforderungen an das Kategorisierungsmodell

An dieser Stelle soll erneut kurz auf branchenspezifische Anforderungen an das hier hergeleitete Kategorisierungsmodell eingegangen werden. In diesem Sinne wird hier nochmals betont, dass in dieser Arbeit und im folgenden Kapitel *nicht* untersucht wird, inwieweit Strategische Allianzen zum Zwecke der Innovation der OTC-Arzneimittel genutzt werden können bzw. wie Allianzen im Bereich der Arzneimittelproduktion Anwendung finden. Vielmehr wird hier deutlich das Ziel von value-added Services für den Patienten betrachtet, und wie OTC-Pharmaunternehmen zu diesem Zwecke Strategische Allianzen nutzen können.

Weiterhin wird hier erneut deutlich angemerkt, dass besonders innerhalb der Anwendung des Kategorisierungsmodells das Wettbewerbsfenster über den ausschließlichen Pharmamarkt hinaus auf den kompletten Gesundheitsmarkt ausgeweitet wird. Sowohl eine Zusammenarbeit dieser beiden Märkte,[1116] als auch eine zunehmende Spannung durch neue Geschäftsmodelle können als Entwicklung festgestellt werden und sind somit relevant für diese Arbeit. Diese Argumentation unterstreicht ebenfalls die Tatsache, dass – wie bereits in dieser Arbeit aufgezeigt – digitale Plattformen und Apps vor allem im gesamten Gesundheitsmarkt angesiedelt sind, und nicht speziell im OTC-Pharmamarkt. Weiterhin wird hier erneut aufgezeigt, dass bei der Anwendung des Kategorisierungsmodells stets rechtliche Restriktionen, die der spezifische OTC-Pharmamarkt mit sich bringt, beachtet werden müssen. Rechtliche Einschränkungen und gesundheitspolitische Initiativen im Gesundheitsmarkt wurden zwar in Unterabschnitt 3.2.3 aufgezeigt, bieten allerdings aufgrund des betriebswirtschaftlichen Fokus im Bereich des Marketing dieser Arbeit keine vollumfassende Darstellung.

5.3 Zwischenfazit

Zusammenfassend thematisierte Kapitel 5 die Herleitung eines mehrdimensionalen Kategorisierungsmodells auf Basis von Ausprägungen Strategischer Allianzen. Zu diesem Zwecke wurden zunächst andere, in der Literatur bestehende

---

1116 Siehe dazu auch die Veröffentlichung von Fraser, Mounib & Payne (2007), in welcher sich die Autoren – allerdings nicht vor dem Hintergrund der Digitalisierung – mit der Notwendigkeit von Kooperationen zwischen Unternehmen aus dem Gesundheitsmarkt und Unternehmen aus dem Pharmamarkt befassen.

Kategorisierungsmodelle aufgezeigt, welche Ausprägungen und ihre übergeordneten Dimensionen in Verbindung zueinander setzen.

Anschließend wurden für das hergeleitete Kategorisierungsmodell drei Dimensionen mit jeweils zwei bis drei Ausprägungen Strategischer Allianzen festgelegt: Wertsteigernder Faktor (Pool / Transfer), Tempus (Kurzfristig / Langfristig) und Richtung (Horizontal / Vertikal / Diagonal). Nachdem das dreidimensionale Kategorisierungsmodell visuell zusammengefasst worden war, wurde anschließend auf jede der Dimensionen mit ihren jeweiligen Ausprägungen einzeln in Bezug auf den OTC-Pharmamarkt eingegangen.

Anschließend wurden diese Dimensionen und ihre Ausprägungen in Verbindung zueinander gesetzt, wodurch sich zunächst zwölf verschiedene Ausprägungskombination ergeben, welche von OTC-Pharmaherstellern für die Entgegnung von C_1-C_3 gewählt werden können. Nach begründetem Ausschluss von vier Ausprägungskombination, da diese keine realistische Praktikabilität aufweisen, konnten allerdings in Summe ausschließlich acht resultierende Kombinationsmöglichkeiten von Ausprägungen Strategischer Allianzen für die weitere Bearbeitung festgestellt werden (siehe nachfolgende Abbildung 23).

PK-X

POOL	KURZ	VERT
		HORIZ

PL-X

POOL	LANG	VERT
		HORIZ

TK-X

TRANS	KURZ	VERT
		DIAG

TL-X

TRANS	KURZ	VERT
		DIAG

Abbildung 23: Zusammenfassende Übersicht der acht Ausprägungskombinationen Strategischer Allianzen innerhalb des dreidimensionalen Kategorisierungsmodells

Nachdem das Anwendungsmodell, welches dieser Arbeit zugrunde liegt, somit final hergeleitet wurde, wurden ebenfalls mögliche Risiken und Grenzen für Unternehmen innerhalb des Kategorisierungsmodells thematisiert sowie abschließend branchenspezifische Anforderungen an das Kategorisierungsmodell aufgezeigt. Diese beinhalten etwa die Beachtung gesetzlicher Einschränkungen im OTC-Pharmamarkt.

Kapitel 4 und 5 erfüllen somit das deduktive Erkenntnisziel dieser Arbeit. So wurden in Kapitel 4 die elementarsten Herausforderungen C_1–C_3, welchen OTC-Pharmahersteller durch die Digitalisierung gegenüberstehen, eruiert. Kapitel 5 komplementiert das Erkenntnisziel durch die literaturbasierte Entwicklung eines mehrdimensionalen Kategorisierungsmodells auf Basis von Ausprägungen Strategischer Allianzen. Dieses Modell kann fortan für die Analyse eingesetzt und angewandt werden, um zu erforschen, welche Ausprägungen – und weiterhin Ausprägungskombinationen – Strategischer Allianzen gewählt werden sollten, um den aus Kapitel 4 identifizierten Herausforderungen entgegnen zu können.

Die gewonnenen Erkenntnisse aus, sowohl dem deskriptiven als auch deduktiven Teil, bilden somit das Fundament für den *praktisch-normativen* Teil dieser Arbeit im nachfolgenden Anwendungskapitel.

6 Eignungsbewertung der Ausprägungen Strategischer Allianzen zur Entgegnung der Herausforderungen durch die Digitalisierung im OTC-Pharmamarkt

Im folgenden Kapitel werden die herausgearbeiteten Ausprägungen Strategischer Allianzen mit ihren Kombinationsmöglichkeiten auf die in dieser Arbeit definierten Herausforderungen (C_1–C_3) und deren spezifischen Anforderungen angewandt.

Zu diesem Zweck wird zunächst das methodische Vorgehen dieser Eignungsbewertung erläutert, um daraus folgend Handlungsempfehlungen ableiten zu können, um die Forschungsfrage: „*Welche Ausprägungen Strategischer Allianzen können als Instrument des Marketing dazu genutzt werden, um den größten Herausforderungen entlang der Patient Journey, welchen OTC-Pharmahersteller durch die Digitalisierung gegenüberstehen, zu entgegnen?*" beantworten zu können. Im Anschluss daran werden die Ergebnisse dieses Forschungsvorgehens mithilfe einer Ergebnismatrix zusammenfassend aufgezeigt.

6.1 Methodisches Vorgehen

In den folgenden Unterabschnitten dieses Kapitels werden die *Anforderungen (A)* der jeweiligen *Herausforderungen C_1–C_3* herangezogen, um hierdurch Rückschluss auf die Eignung einer oder mehrerer Allianzausprägungen zu eruieren.

Diese Anforderungen müssen gesamtheitlich angegangen werden, sodass die Ausprägungen der drei *Dimensionen* zunächst bezüglich deren Eignung zur Erfüllung der Anforderungen (A_1–A_n aus C_1–C_3) als effektiv oder als weniger effektiv bewertet werden, um damit anschließend einen Rückschluss auf die Eignung dieser Ausprägung für die abschließende Betrachtung der Herausforderung im Ganzen zuzulassen. Um im Rahmen der Diskussion ein Urteil über deren Einfluss auf die Wahl einer Dimensionsausprägung treffen zu können, werden diese Anforderungen zunächst isoliert und anschließend gesamtheitlich – also in Wechselwirkung im Rahmen von Ausprägungskombinationen – betrachtet.

Um eine möglichst eindeutige Aussage über die Eignung treffen zu können, werden die Ausprägungen mit

- +1 bei „Eignung"
- 0 bei „Egalität"
- -1 bei „Weniger-Eignung"

bewertet. Im Falle eines definitiven Ausschlusses wird dies mit einem „/" markiert, wodurch die betreffende Ausprägung für die gesamte Herausforderung obsolet wird. Die Bewertungen „+1" bzw. „-1" sollen eine eindeutige Aussage über eine Eignung bzw. Weniger-Eignung bezwecken, weshalb diese innerhalb einer Anforderung in der Betrachtung einer Dimension jeweils ausschließlich einmalig vergeben werden dürfen. Infolgedessen sind die mit einer „0" bewerteten Anforderungen in ihrer Eignung gleichwertig, jedoch nicht besonders vor- oder nachteilig für die jeweils betrachtete Anforderung. Hierdurch soll eine subjektiv geprägte Scheingenauigkeit vermieden werden.

Alle drei Dimensionen mit ihren jeweiligen Ausprägungen (siehe mögliche Ausprägungskombinationen in Unterabschnitt 5.2.4) werden analog der nachfolgenden Tabelle (Tabelle 12) identisch behandelt.

Tabelle 12: Tabellarische Vorlage zur Eignungsbewertung im Kategorisierungsmodell

Herausforderung $(C)_m$	Dimension 1	Dimension 2	Dimension 3
Anforderung $(A)_1$			
A_2			
A_3			
A_4			
A_n			
Σ			

Dementsprechend wird im Anschluss, aufgeteilt in die verschiedenen Herausforderungen, jede Dimension mit ihren jeweiligen Ausprägungen in Verbindung zu den verschiedenen Anforderungen einer jeweiligen Herausforderung gesetzt, um ausgiebig zu prüfen, welche Ausprägung Strategischer Allianzen am sinnvollsten zur Entgegnung einer jeweiligen Herausforderung in Form einer Handlungsempfehlung formuliert werden kann.

Bei diesem Vorgehen wird für jede Dimension ein zusammenfassendes Ergebnis über die Eignung der Ausprägungen Strategischer Allianzen für die Anforderungen festgehalten. Diese individuelle Abhandlung einer jeden Anforderung der jeweiligen Herausforderungen gewährleistet eine zunächst vergleichbare Betrachtung der Anforderungen über die drei Dimensionen hinweg.

Methodisches Vorgehen 277

Im Anschluss wird in den jeweiligen Unterabschnitten „Zusammenfassendes Ergebnis nach Dimension" für jede der drei Dimensionen eine Summe der individuellen Bewertungen aus der Betrachtung der Anforderungen für ihre Ausprägungen gebildet. Darauf aufbauend lässt sich der Rückschluss über die Eignung einer Ausprägung einer Dimension zur Entgegnung der jeweiligen Herausforderung bilden und sich mit den weiteren Ausprägungen vergleichen, indem jene Ausprägung mit der höheren Summe der Bewertungen vorzuziehen ist.

An diese Überprüfung einer jeden Dimension im Rahmen einer jeweiligen Herausforderung anknüpfend, werden im jeweiligen darauffolgenden Abschnitt „Synthese" die Ergebnisse aus den jeweiligen Überprüfungen zusammengetragen, um dort bereits einen zusammenfassenden Lösungsraum für die einzelnen Herausforderungen aufzuzeigen.

Exemplarisch für Herausforderung 1 wird dieses Vorgehen in der nachfolgenden Abbildung (Abbildung 24) illustriert und demonstriert die Wahl als Handlungsempfehlung im Falle von C_1 für Transfer (T) gegenüber Pool (P) bei Dimension 1 für das exemplarische Szenario, dass T eine höhere Bewertungssumme innehat als P.

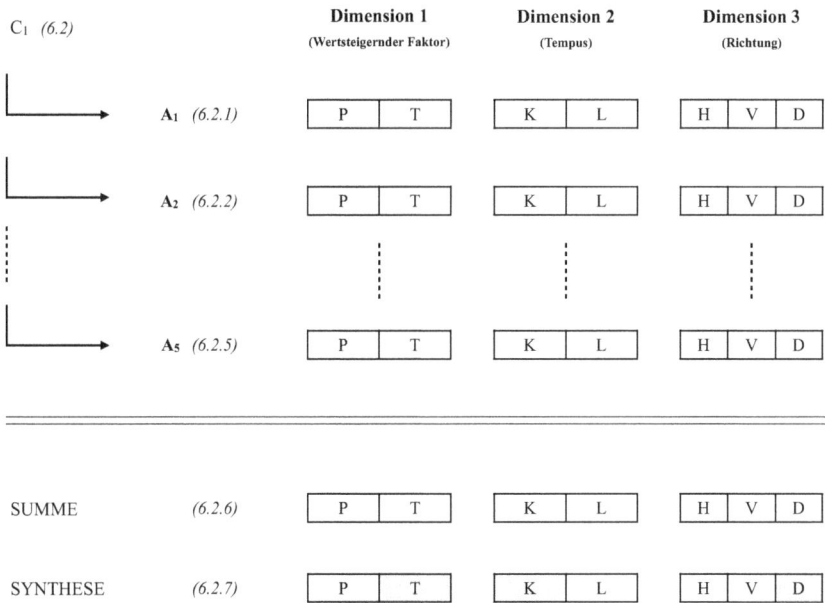

Abbildung 24: Methodisches Vorgehen am Beispiel von Herausforderung 1

278 Eignungsbewertung der Ausprägungen Strategischer Allianzen

Nachdem diese Schritte pro Herausforderung abgeschlossen sind, schließt sich daran die Darstellung einer Ergebnismatrix an (Abschnitt 6.5), welche eine Zusammenfassung der Eignungsbewertung aufzeigt.

Im darauffolgenden Kapitel (Kapitel 7) werden anschließend anhand der höchsten numerischen Bewertungen pro Dimension pro Herausforderung die Handlungsempfehlungen abgeleitet. Allerdings ist hier anzumerken, dass Dimensionsbereiche, die eine Summe von 0 aufweisen (oder diese größer 0 ist, jedoch einer weiteren Summe innerhalb dieser Dimension unterliegt), nicht ausgeschlossen, sondern ebenfalls in die Betrachtung der Forschungsergebnisse aufgenommen werden. Diese sind dann gegebenenfalls nicht die Handlungsempfehlungen, dennoch sind keine Argumente gegen eine solche Ausprägung vorhanden, weshalb es durchaus Konstellationen und Gründe, außerhalb des Rahmens dieser Arbeit, für ein Unternehmen geben kann, sich hierfür zu entscheiden. Diese werden als „weitere Handlungsoptionen" deklariert. Auf die Auswertung der Bewertungssummen und die Methode zur Formulierung der Handlungsempfehlungen sowie weiteren Handlungsoptionen wird spezifisch in Abschnitt 7.1 näher eingegangen.

6.2 Anwendung Herausforderung 1

Die in Unterabschnitt 4.2.3 beschriebenen Anforderungen an ein Unternehmen der OTC-Pharmabranche der Herausforderung 1 *„Im OTC-Pharmamarkt entstehen durch die Digitalisierung neue Kundenbedürfnisse entlang der Patient Journey."* stellen sich wie folgt dar:

- C_1–A_1: Agile Arbeits- und Wertschöpfungsmethoden
- C_1–A_2: Neue, digitale Geschäftsmodelle und Services
- C_1–A_3: Erstellung von Angeboten und Inhalten innerhalb des Umfeldes von Apps und Fitnesstrackern
- C_1–A_4: Bereitstellung individualisierter Dienstleistungen und Informationen für Endkunden
- C_1–A_5: Anpassung der Marketingaktivitäten an sich selbstständig, über neue Kanäle informierende Endkunden
- C_1–A_6: Berücksichtigung von rechtlichen Einschränkungen im Umgang mit Daten und Informationen für sowie über Endkunden

Hier ist anzumerken, dass die Anforderung der Berücksichtigung von rechtlichen Einschränkungen im Umgang mit Daten und Informationen für sowie über Endkunden (A_6) zwar einen zentralen Teil der Herausforderung 1 für die OTC-Pharmabranche darstellt, aber nicht in Form von Strategischen Allianzen im Bereich des Marketing gelöst werden kann. Dementsprechend wird von einer Bearbeitung dieser Anforderung im Rahmen dieses Kapitels abgesehen und eindeutig als eine Einschränkung des hier vorliegenden Kategorisierungsmodells identifiziert.

Den bereits aufgezeigten Anforderungen folgend wird nun für eine jede der drei Dimensionen überprüft, inwieweit deren Ausprägungen zur Entgegnung der hier betrachteten Herausforderung 1 eingesetzt werden können.

6.2.1 Anforderung 1: „Agile Arbeits- und Wertschöpfungsmethoden"

Dimension 1: Wertsteigernder Faktor

Tabelle 13: Eignungsbewertung C_1–A_1 – Wertsteigernder Faktor

C_1	POOL	TRANSFER
A_1	0	0

Intern implementierte agile Arbeits- und Wertschöpfungsmethoden sind eine zentrale Anforderung an OTC-Pharmahersteller, um den Entwicklungen und daraus resultierenden Herausforderungen durch die Digitalisierung entsprechend entgegnen zu können. Agile Methoden erlauben es, schnell auf sich ändernde Anforderungen oder Prioritäten zu reagieren und den gewünschten Output anzupassen. Insbesondere im Wirkungsfeld der Digitalisierung ist dies unvermeidbar. Mit Blick auf die hier betrachtete Herausforderung hat dies einen besonders hohen Stellenwert, da die sich verändernden Kundenbedürfnisse und -ansprüche ein flexibles und rapides Handeln von Unternehmen erfordern.

Als besonders herausfordernd stellt sich diese Anforderung für große OTC-Pharmahersteller dar, da diese aufgrund ihrer Größe naturbedingt besonders schwerfällige Strukturen auf- und ausbauen. Betrachtet man hier die Optionen der Allianzausprägungen, wird festgestellt, dass sowohl das Pooling von Ressourcen als auch der Austausch von Wissen in diesem Bereich sinnstiftend sind. Hintergrund ist, dass die Anwendung von agilen Methoden weniger einem Wissen, sondern vielmehr einer Arbeitsweise und -kultur entspringt, welche sich durch ein Pooling als auch einen Transfer erreichen lässt. Somit werden beide Ausprägungen mit 0 bewertet.

Dimension 2: Tempus

Tabelle 14: Eignungsbewertung C_1–A_1 – Tempus

C_1	KURZFRISTIG	LANGFRISTIG
A_1	+1	0

Ein Anpassen an sich ändernde Kundenwünsche oder -anforderungen bedeutet, dass ein Unternehmen in der Lage sein muss, seine Arbeitsmethoden und Wertschöpfungsprozesse flexibel anpassen zu können.

Daher ist eine kurzfristige Allianz aufgrund ihrer Kurzartigkeit mit einem Allianzpartner zu befürworten, da dies ein flexibleres Handeln innerhalb der Allianz und den Arbeitsprozessen ermöglicht als bei einer langfristigen Verpflichtung. Agile Methoden haben das Konzept inne, durch kleine und iterative Fortschritte einen Mehrwert für ein übergeordnetes Ziel zu schaffen. Dabei dient jede Iteration dem Schaffen eines substanziellen Mehrwertes. In der Betrachtung des Tempus für eine Allianz ist daher eine kurzfristige Ausrichtung deutlich stärker im Einklang mit den Prinzipien agilen Handelns, da hierin die Abhängigkeit von dem jeweiligen Allianzpartner vermindert bleibt und somit die Anpassung an die sich auch in Zukunft ändernden Kundenwünsche vereinfacht. Gleichwohl sind agile Methoden auch mit einem langfristigen Allianzpartner möglich, weshalb sich auch eben diese hierfür eignen. Zudem steht, im Zusammenhang mit den weiteren Anforderungen, insbesondere durch das ständige Entwickeln neuer Geschäftsmodelle, eine kurzfristige Allianz im Vordergrund und wird somit befürwortend (+1) bewertet, wohingegen eine langfristige Ausrichtung einer Allianz in sich keinen negativen Effekt hätte, und entsprechend mit einer Egalität (0) versehen wird.

Dimension 3: Richtung

Tabelle 15: Eignungsbewertung C_1–A_1 – Richtung

C_1	HORIZONTAL	VERTIKAL	DIAGONAL
A_1	0	0	0

Wie bereits eingehend zur Bewertung dieser Anforderung C_1–A_1 erwähnt, handelt es sich bei agilen Methoden vielmehr um eine Arbeitsphilosophie und eine

Anwendung Herausforderung 1   281

Kultur sowie (Multi-)Projektmanagement-Methode, die gerne mit Softwareentwicklung in Verbindung gebracht wird, ihren Ursprung jedoch viel früher in „Lean", „Kontinuierlicher Verbesserungsprozess" (KVP) bzw. „Kaizen" hat. Dabei ist es wichtig herauszustellen, dass weder Branche, Zusammenarbeitsmodell oder partnerschaftliche Dependenz die Eignung agilen Arbeitens beeinflusst. Diese Eignung ist vielmehr auf Projektebene zu beurteilen. Auf der Abstraktionsebene Strategischer Allianzen ist eine derartige Granularität nicht Gegenstand der Betrachtung.

Unternehmen unterschiedlichster Branchen leben die Kultur agiler Methoden mit Erfolg, weshalb eine Allianzrichtung keinen Einfluss auf deren Eignung für die hier betrachtete Anforderung hat, sondern vielmehr das Unternehmen bzw. der Allianzpartner. Aus diesem Grund werden die hier betrachteten Ausprägungen gleichermaßen mit 0 bewertet.

6.2.2 Anforderung 2: „Neue, digitale Geschäftsmodelle und Services"

Dimension 1: Wertsteigernder Faktor

Tabelle 16: Eignungsbewertung C_1–A_2 – Wertsteigernder Faktor

C_1	POOL	TRANSFER
A_2	-1	+1

An dieser Stelle wird die Anforderung an OTC-Pharmaunternehmen betrachtet, ihren Endkunden neue, digitale Geschäftsmodelle und Services anzubieten. Bei dieser Anforderung handelt es sich aufgrund des Fokus dieser Arbeit eindeutig um die Tatsache, dass digitale, value-added Services für den Patienten verfügbar gemacht werden sollen, um so den sich verändernden Kundenbedürfnissen Rechnung zu tragen. Die Fragestellung bezieht sich nicht darauf, inwieweit neue Geschäftsmodelle entwickelt werden können, um innovative, neue Produkte im Sinne von OTC-Arzneimitteln herzustellen oder Skaleneffekte zu nutzen, um zukünftig günstiger in höheren Mengen produzieren zu können. Ein Zusammenschluss von Ressourcen würde demnach in diesem Falle keinen Sinn machen, da hierdurch keine Steigerung der Innovationskraft (für digitale Lösungen für den Patienten) innerhalb des Unternehmens geschaffen wird. Es ist gegenteilig denkbar, dass durch das Erhöhen der bestehenden, nicht innovativen Ressourcen, die Innovationskraft hierdurch weiter verringert werden würde. Daher wird die Ausprägung des Poolings mit -1 bewertet. Konträr dazu findet die Allianz-Ausprägung des Transfers deutlich vorteilhaftere Anwendung. Dies ist damit begründet, dass bei der Entwicklung neuer, digitaler Geschäftsmodelle und Services im Rahmen dieser Arbeit eruiert werden muss, inwieweit Wissen zwischen Partnerunternehmen transferiert werden kann, um neue Geschäftsmodelle und Services zur digitalen Kundenansprache entwickeln und nutzen zu können.

Die Transfer-Ausprägung macht somit in diesem Falle eindeutig Sinn und wird dementsprechend mit dem Faktor +1 bewertet.

Dimension 2: Tempus

Tabelle 17: Eignungsbewertung C_1–A_2 – Tempus

C_1	KURZFRISTIG	LANGFRISTIG
A_2	+1	0

Die hier betrachtete Anforderung legt nahe, dass Unternehmen zeitnah reagieren müssen. Eine volldigitalisierte Ausrichtung aller Marketingaktivitäten bzw. die Bedienung aller in Unterabschnitt 3.4.3 aufgezeigten, möglichen Touchpoints der Patient Journey ist sicherlich nicht bei einer kurzfristigen ausgerichteten Kooperation möglich. Ist dies das ultimative Ziel eines OTC-Pharmaherstellers, könnten langfristige Allianzen vorteilhafter sein. Allerdings ist hier ein entscheidender Punkt zu beachten, der diese Argumentation stark einschränkt. Da die Digitalisierung eine stetig schnelle und dynamische Entwicklung der Märkte fordert, ist es entscheidend für Unternehmen, zeitkritisch darauf zu reagieren und sich ebenfalls den digitalen Anforderungen anzunehmen. Wie aufgezeigt, verändern sich die Ansprüche der Kunden extrem, und es gilt, als Unternehmen diesen Ansprüchen gerecht zu werden, um zufriedene Kunden zu erreichen. Hinzu kommt die Tatsache, dass im Gesundheitsmarkt eine Vielzahl neuer Wettbewerber eintritt, die den Markt mit neuen, digitalen Geschäftsmodellen revolutionieren und ebenfalls vor eine zentrale Herausforderung stellen (siehe dazu Herausforderung 2). Dementsprechend stellt sich unter dieser Prämisse eine kurzfristig orientierte Kooperation als sinnvoller dar, wenngleich nicht alle in Unterabschnitt 3.4.3 aufgezeigten, digitalisierten Touchpoints und Technologien sofort umsetzbar sind. Es wird trotzdem davon ausgegangen, dass es zum jetzigen Zeitpunkt, an welchem sich OTC-Pharmahersteller noch im hinteren Feld der Digitalisierung befinden, noch sinnvoller ist, im Rahmen projektbasierter Kooperationen, elementar zielführende Elemente wie eine App-Entwicklung zur Bereitstellung individueller value-added Services für die Patienten zu forcieren.

Dieser Ausführung entsprechend wird diese Anforderung mit +1 für eine kurzfristige Ausrichtung, und mit 0 für eine langfristige Ausrichtung bewertet.

Dimension 3: Richtung

Tabelle 18: Eignungsbewertung C_1–A_2 – Richtung

C_1	HORIZONTAL	VERTIKAL	DIAGONAL
A_2	-1	0	+1

Wie bereits herausgestellt, ist es elementar für OTC-Pharmahersteller, den sich verändernden Patientenbedürfnissen und der steigenden Anzahl digitaler Touchpoints nachzukommen. An dieser Stelle wird deutlich, dass eine horizontale Allianz nur in jenen Fällen Sinn macht, in welchen andere OTC-Pharmahersteller bereits einen echten Fortschritt im Bereich der digitalen Kundenansprache hätten und diesen Vorteil mit einem konkurrierenden Unternehmen im Gegenzug zu einem anderen Vorteil teilen würden. Da, wie in den Ausführungen dieser Arbeit aufgezeigt, der OTC-Pharmamarkt in diesem Bereich noch nicht fortschrittlich aufgestellt ist, muss davon ausgegangen werden, dass bisher kein OTC-Pharmahersteller einen entscheidenden Fortschritt in diesem Bereich nachzuweisen hat. Dementsprechend macht eine horizontale Kooperation zur Entgegnung dieser Anforderung wenig Sinn und wird entsprechend mit dem Faktor -1 bewertet.

Betrachtet man diese Anforderung weiterhin im Licht einer vertikalen Kooperation, kann festgestellt werden, dass eine solche durchaus denkbar wäre, da es möglich ist, dass Gruppen auf der vertikalen Wertschöpfungsstufe digital fortschrittlicher entwickelt sind. Allerdings ist hier die Frage, inwieweit diese das Wissen und die Kapazitäten für eine solche Kooperation hätten. Ebenfalls kommt hier hinzu, dass ein in der Wertschöpfungskette vorgelagerter Partner in den meisten Fällen aufgrund seiner Ausrichtung auf B2B eventuell kein Wissen im Bereich der digitalen Ansprache im B2C-Sektor hätte, um den es sich allerdings in der Problemstellung handelt. Da eine vertikale Allianz zur Entgegnung der hier diskutierten Anforderung zwar prinzipiell möglich wäre, sofern der entlang der Wertschöpfungskette vertikale Partner fortschrittlicher im Bereich der Digitalisierung wäre und bestenfalls Wissen im B2C-Sektor mitbringt, sich aber als möglicherweise vorteilhaft für beide Seiten darstellen könnte, wird diese Ausprägung im Rahmen der betrachteten Anforderung mit 0 bewertet. Hintergrund sind die im Unterabschnitt 5.2.3 dargestellten rechtlichen Rahmenbedingungen, deren Einschränkungen ein mehrwertstiftendes Zusammenarbeiten entlang der Wertschöpfungskette derzeit und noch viel mehr zukünftig (aufgrund der sich derzeit durch die Digitalisierung zunehmend wandelnden Rechtslage) in Frage stellen.

Eine diagonale Kooperation würde bei der Betrachtung dieser Anforderung deutlich mehr Sinn ergeben. Dies ist damit begründet, dass branchenfremde Unternehmen, technologieorientierte Unternehmen oder Start-Ups darstellen können. Diese können sich innerhalb des Bereiches des Gesundheitsmarktes oder auch außerhalb befinden. Für die Entwicklung neuer, digitaler Geschäftsmodelle und / oder digitaler Services zur digitalen Ansprache der Patienten und Bedienung digitaler Touchpoints können branchenfremde Unternehmen, die sich bereits jetzt fortschrittlicher im Bereich der Digitalisierung positioniert haben, sehr viel Sinn machen. Dementsprechend wird diese Ausprägung mit dem Faktor +1 bewertet.

6.2.3 Anforderung 3: „Erstellung von Angeboten und Inhalten innerhalb des Umfeldes von Apps und Fitnesstrackern"

Dimension 1: Wertsteigernder Faktor

Tabelle 19: Eignungsbewertung C_1–A_3 – Wertsteigernder Faktor

C_1	POOL	TRANSFER
A_3	0	+1

Wird die Anforderung der Erstellung von Angeboten und Inhalten innerhalb des Umfeldes von Apps und Fitnesstrackern betrachtet, um den Kundenbedürfnissen der Patienten nachzukommen und die in dieser Arbeit identifizierten digitalen Touchpoints zu bedienen, bieten sich entsprechend der beiden hier betrachteten Ausprägungen zwei Optionen.

Ein Pooling ergibt in einer ersten Überlegung in diesem Falle wenig Sinn, da das Pooling der Hauptressource von OTC-Pharmaherstellern, den OTC-Arzneimitteln bzw. die Produktion dieser, zur Entgegnung dieser Anforderung keine Sinnhaftigkeit mit sich bringt. Allerdings soll im Rahmen einer Kooperation das OTC-Arzneimittel im Vordergrund der Bemühungen stehen (aus Sicht des OTC-Pharmaherstellers), weshalb die aktive Einbindung dieser Ressource in Apps oder Fitnesstrackern der Partnerunternehmen durchaus eine Möglichkeit ist. Ergänzend zu diesem Ansatz kann allerdings ebenfalls in Betracht gezogen werden, mithilfe einer Strategischen Allianz in ein neues Strategisches Geschäftsfeld einzutreten (die Herstellung bzw. das Angebot von Wearables). In diesem Falle würde sich ein Pooling der Ressourcen im Rahmen der Produktion der Fitnesstracker als deutlich sinnvoller darstellen.

Da sich diese Ausprägung wie aufgezeigt als diskutabel darstellt und je nach individueller Aufstellung und Mittelverfügung des jeweiligen OTC-Pharmaunternehmens verschieden behandelt werden kann, wird diese Ausprägung mit 0 bewertet, da sich ein Pooling für die Entgegnung dieser Anforderung nicht negativ auswirken würde.

Wird konträr dazu die Ausprägung des Transfers von Wissen betrachtet, stellt sich diese jedoch als vorteilhafter heraus, besonders bei Kooperationen mit Anbietern und Entwicklern von Apps und Fitnesstrackern. Der vorherrschende und sich ausbauende Habitus von Kunden, sich stets eigenständig über ihre Gesundheit zu informieren und der Einfluss des Quantified Self, den eigenen Körper und die eigene Gesundheit mithilfe digitaler Tools wie Fitnesstrackern zu überwachen und zu analysieren, bekräftigen diese Thesen und zeigen das zukünftige Potenzial dieser Ausrichtung auf.[1117] Die Ausprägung des Transfers von Know-how wird hier somit mit +1 bewertet.

Dimension 2: Tempus

Tabelle 20: Eignungsbewertung C_1–A_3 – Tempus

C_1	KURZFRISTIG	LANGFRISTIG
A_3	0	0

Die hier zu bewertende Anforderung verhält sich ähnlich zu vorangehender Anforderung (A_2) – auch hier greift erneut das Argument des dynamischen Marktumfeldes, in dem sich der Gesundheitsmarkt durch die Digitalisierung

---

1117 Auch Suwelack (2017) sieht dies ähnlich und benennt in diesem Kontext die – in dieser Arbeit bereits dargestellten – Ansätze von Open Innvoation und Co-Creation (siehe in dieser Arbeit Unterabschnitt 3.3.5 für Open Innovation und die Unterabschnitte 4.2.2 sowie 4.4.1 für Co-Creation). Dabei nennt der Autor zur Erstellung von digitalen Anwendungen für Patienten eindeutig den Transfer von Know-how zwischen kooperierenden Akteuren. Vgl. Suwelack (2017), S. 171.

befindet. Wenngleich eine langfristige Kooperation zur Erzielung dieser Anforderung keineswegs falsch oder sinnlos wäre, stellt sich hier eine kurzfristige Kooperation zunächst als tendenziell sinnvoller dar.

Allerdings wird hier begründend die Einschätzung vergeben, dass die Erstellung von Angeboten und Inhalten innerhalb des Umfeldes von Apps und Fitnesstrackern zugleich im Rahmen einer kurzfristig als auch einer langfristig ausgerichteten Kooperation sinnvoll ist.

Während sich der OTC-Pharmamarkt durch die dynamische Eigenschaft der Digitalisierung in einem Spannungsfeld befindet, welches eine zeitkritische Reaktion der OTC-Pharmahersteller erfordert, um den Kundenbedürfnissen der Patienten gerecht zu werden und sie entsprechend an den Touchpoints ihrer digitalen Journey zu erreichen, muss hier zusätzlich die zeitliche Komponente der Relevanz von Fitnesstrackern also Wearables berücksichtigt werden.

Wie aufgezeigt werden Wearables laut Gartner (2015) erst in ferner Zukunft besonders relevant, was die Wahl für das Eingehen einer langfristigen Allianz bekräftigen würde. Somit kann ein OTC-Pharmahersteller entscheidend früh vor seinen direkten Wettbewerbern in diesen Markt einsteigen und digitale Lösungen und Apps im Rahmen von Wearables entwickeln, um zum Zeitpunkt der größten Relevanz dessen einen Wettbewerbsvorteil vorweisen zu können. Dafür ergibt besonders eine langfristige Kooperation Sinn. Ist das Ziel eines OTC-Pharmaherstellers allerdings, keinen nachhaltigen Wettbewerbsvorteil aus der Anforderung zu ziehen, sondern lediglich präsent in diesem Bereich zu sein, ergibt bei einer solchen ausschließlichen Entwicklung von Angeboten und Inhalten innerhalb des Umfeldes von Apps gleichermaßen eine kurzfristige Kooperation Sinn.

Zusammenfassend stellen sich demnach Apps und Fitnesstracker zum aktuellen Zeitpunkt als auch in der Zukunft als außerordentlich wichtig dar, um Kunden zu erreichen, weshalb die Dimension des Tempus für diese Anforderung jeweils gleichermaßen bewertet wird; beide Ausprägungen, eine kurzfristige, als auch langfristige Kooperation machen hier Sinn, weshalb beide Ausprägungen jeweils mit dem Faktor 0 bewertet werden.

Dimension 3: Richtung

Tabelle 21: Eignungsbewertung C_1–A_3 – Richtung

C_1	HORIZONTAL	VERTIKAL	DIAGONAL
A_3	0	-1	+1

Die Erstellung von Angeboten und Inhalten innerhalb des Umfeldes von Apps und Fitnesstrackern ist für verschiedene Richtungs-Ausprägungen denkbar.

Eine horizontale Allianz zur Entgegnung der hier betrachteten Anforderung würde ausschließlich Sinn machen, sofern direkte Wettbewerber der gleichen Stufe von OTC-Pharmaherstellern bereits erfolgreich in der Erstellung von Angeboten und Inhalten innerhalb des Umfeldes von Apps und Wearables sind. Zum aktuellen Zeitpunkt sind einige OTC-Pharmaunternehmen durchaus bereits mit eigenen Apps an den Markt gegangen, weshalb dieses Know-how bereits an einzelnen Stellen vorhanden ist. Eine horizontale Allianz zur Entgegnung von C_1–A_3 kann somit durchaus sinnvoll, aller Voraussicht nach aber auch nicht der beste Weg sein, da kein umfassendes, digitales Wissen zur Ansprache der Patienten vorhanden ist. Diese Ausprägung erhält somit die Bewertung 0.

Da sich der Allianzpartner innerhalb einer vertikalen Kooperation entlang der Wertschöpfungskette befindet, kann nicht davon ausgegangen werden, dass dieser relevante Ressourcen oder relevantes Know-how zur Bearbeitung der hier betrachteten Anforderung besitzt. Die vertikale Ausprägung wird aus diesem Grund hier mit dem Faktor -1 bewertet. Eine diagonale Allianz würde vor dem Hintergrund der hier betrachteten Anforderung deutlich mehr Sinn ergeben. Da branchenfremde Unternehmen fortschrittlicher in der Bereitstellung von Angeboten und Inhalten innerhalb des Umfeldes von Apps sind, sind diagonale Allianzen deutlich zu bevorzugen. Besonders im Bereich von Wearables bzw. Fitnesstrackern ist eine diagonale Kooperation mit den Herstellern dieser denkbar.[1118]

Aufgrund dessen erhält die Ausprägung der diagonalen Kooperation somit eine Bewertung von +1.

1118 Dies erkennt auch Illert (2017) an, welcher vor dem Hintergrund der Digitalisierung im Gesundheitsmarkt der Meinung ist, dass digitale Lösungen wie Apps mit Blick auf den Patienten in der heutigen Welt nur mit Kooperationen zwischen Pharma- und technologieorientierten Unternehmen umgesetzt werden können. Vgl. Illert (2017), S. 282–283.

288 Eignungsbewertung der Ausprägungen Strategischer Allianzen

6.2.4 Anforderung 4: „Bereitstellung individualisierter Dienstleistungen und Informationen für Endkunden"

Dimension 1: Wertsteigernder Faktor

Tabelle 22: Eignungsbewertung C_1–A_4 – Wertsteigernder Faktor

C_1	POOL	TRANSFER
A_4	-1	+1

Der Anforderung der Bereitstellung individualisierter Dienstleistungen und Informationen für Endkunden ist essenziell zu begegnen, da sich die Patienten von OTC-Pharmaherstellern laut den Ausführungen zu Herausforderung 1 zunehmend persönlich zugeschnittene Dienstleistungen zur eigenen Gesundheitsvorsorge wünschen. Sie erfordern dabei unterstützende, digitale Services, welche ihnen die Informationssuche zu ihren leichten Erkrankungen, aber auch zur Prävention eben dieser, erleichtern und gleichzeitig eine hohe Qualität aufweisen. Dies setzt voraus, dass der OTC-Pharmahersteller relevante, personalisierte und qualitativ hochwertige Informationen in Form digitaler Services bereitstellen kann. Dies erfordert somit eindeutig das relevante Wissen in diesem Bereich, um diese Anforderungen zielgerichtet umsetzen zu können. Daraus folgend macht ein Pooling von Ressourcen nur wenig Sinn. Die hier betrachtete Anforderung wird demnach für Pool mit -1 und für Transfer mit +1 bewertet.

Dimension 2: Tempus

Tabelle 23: Eignungsbewertung C_1–A_4 – Tempus

C_1	KURZFRISTIG	LANGFRISTIG
A_4	0	0

Die hier betrachtete Anforderung ist gleichermaßen in einer kurzfristigen als auch langfristigen Allianzgestaltung umsetzbar. Die Bereitstellung individualisierter Dienstleistungen und Informationen für Endkunden ist eine immerwährende, kontinuierliche Anforderung, welcher kurz- als auch langfristig genügt werden muss. Aus diesem Grund könnte sich eine langfristige Zusammenarbeit mit einem Allianzpartner als vorteilhaft darstellen. Dementgegen kann eine kurzfristige Zusammenarbeit vorteilhaft für die Bereitstellung individualisierter Dienstleistungen sein, sollten sich diese Dienstleistungen ähnlich wie die Kundenwünsche zukünftig ändern. In diesem Falle wäre eine langfristige Bindung an einen Allianzpartner weniger geeignet. Zusammenfassend werden somit beide Ausprägungen mit 0 bewertet, da diese sich im direkten Vergleich jeweils nicht als geeigneter oder nachteiliger erweisen.

Dimension 3: Richtung

Tabelle 24: Eignungsbewertung C_1–A_4 – Richtung

C_1	HORIZONTAL	VERTIKAL	DIAGONAL
A_4	0	-1	+1

Die Auswahl der Richtung einer Allianz zur Entgegnung von A_4 bildet eine diskutable Grundlage. Dies ist damit zu begründen, dass besonders diese Anforderung Wissen über den OTC-Pharmamarkt an sich, seine Endkunden, und die OTC-Arzneimittel erfordert. Dementsprechend ist eine vertikale Allianz hier weniger zuträglich und wird mit -1 bewertet. Eine horizontale Allianz könnte hier Sinn machen, da Unternehmen auf horizontaler Ebene das erforderliche Know-how im Markt haben, welches relevant für die individuelle Ansprache von Patienten ist, und auch, welche Informationen über die entsprechenden OTC-Arzneimittel kommuniziert werden sollten. Allerdings ist hier je nach Entwicklungsstand im Sinne der Digitalisierung davon auszugehen, dass OTC-Pharmaunternehmen wahrscheinlich nicht das notwendige Know-how besitzen, dieses Vorhaben technisch umzusetzen. Trotzdem ist diese Option sicherlich ausführbar und wird demnach mit dem Faktor 0 bewertet.

Das größte Potenzial hingegen hat eine diagonale Kooperation, da hier das Know-how des OTC-Pharmaunternehmens auf der einen Seite und das Know-how des diagonalen Partnerunternehmens auf der anderen Seite kombiniert werden kann. Das Partnerunternehmen hat im besten Fall, bei passender Auswahl, das Know-how der technischen Umsetzung, weshalb diese Ausprägung mit dem Wert +1 bewertet wird.

6.2.5 Anforderung 5: „Anpassung der Marketingaktivitäten an sich selbstständig, über neue Kanäle informierende Endkunden"

Dimension 1: Wertsteigernder Faktor

Tabelle 25: Eignungsbewertung C_1–A_5 – Wertsteigernder Faktor

C_1	POOL	TRANSFER
A_5	-1	+1

Die Anforderung der Anpassung der Marketingaktivitäten an sich selbstständig, über neue Kanäle informierende Endkunden stellt sich ähnlich zu C_1–A_4 („Bereitstellung individualisierter Dienstleistungen und Informationen für Endkunden") dar. Auch hier steht im Vordergrund der Bemühungen, die Patienten auf den momentan als auch zukünftig relevanten, digitalen Touchpoints zu erreichen und entlang der gesamten Patient Journey in den entsprechenden, hier identifizierten Kommunikationskanälen verfügbar zu sein. Daher ist es hier essenziell, das dafür benötigte Know-how zu haben, um schließlich die digitalen Marketingaktivitäten umsetzen zu können. Ultimatives Ziel davon ist eindeutig, relevante Informationen an die Endkunden bereitzustellen, und somit dem sich ändernden Kundenverhalten der sich heutzutage und zukünftig zunehmend selbständig informierenden Endkunden, nachzukommen und diese an den relevanten Stellen entlang der Patient Journey zu erreichen. Diesen Ausführungen folgend wird das Pooling von Ressourcen hier mit -1 bewertet, der Transfer von Know-how mit +1, da er als eindeutig vorteilhafter für die Entgegnung dieser Anforderung eingeschätzt wird.

Dimension 2: Tempus

Tabelle 26: Eignungsbewertung C_1–A_5 – Tempus

C_1	KURZFRISTIG	LANGFRISTIG
A_5	+1	-1

A_5 setzt ein flexibles, zeitgemäßes Handeln von OTC-Pharmaherstellern im Sinne von zeitlich relevanten Marketingaktivitäten voraus. Wie bereits in Unterabschnitt 3.4.3 aufgezeigt, sind laut Gartner (2015) Aktivitäten in den

Bereichen Multichannel-Marketing, Social Marketing und Content Marketing in naher Zukunft relevant. Es muss daher das Bedürfnis der Patienten, sich selbständig über Gesundheitsthemen digital informieren zu können, befriedigt und entsprechend darauf eingegangen werden. Dabei spricht für eine kurzfristige Allianz-Ausrichtung daher die Tatsache, dass die mit einem Partnerunternehmen gemeinsame Entwicklung auf kurzfristiger Ebene einen flexiblen, zeitgemäßen Einsatz digitaler Anwendungen sicherstellt. Durch die kurzfristige Ausrichtung kann, je nach relevanten Kanälen und Anforderungen der Kunden, zu bestimmten Zeiträumen, flexibler auf diese reagiert werden als mit einer langfristig ausgerichteten Allianz.

Geht man eine solche für die Entgegnung dieser Anforderung ein, besteht das Risiko, dass das Leistungsangebot des Partnerunternehmens in einem längerfristigen Zeitraum potenziell nicht mehr beim Endkunden relevant ist. Daher wird hier eine deutliche Empfehlung für das Eingehen einer kurzfristigen Allianz, gegenüber einer langfristigen Kooperation ausgesprochen. Dementsprechend erhält die kurzfristige Ausprägung einen Wert von +1, die langfristige Ausprägung den Wert -1.

Dimension 3: Richtung

Tabelle 27: Eignungsbewertung C_1-A_5 – Richtung

C_1	HORIZONTAL	VERTIKAL	DIAGONAL
A_5	0	-1	+1

Die Bewertung von C_1-A_5 im Rahmen der Dimension der Richtung stellt sich ähnlich zu der Begründung und den Ausführungen zu C_1-A_4 dar. Auch hier machen vertikale Allianzen eher weniger Sinn, weshalb diese Ausprägung mit -1 bewertet wird. Da die Voraussetzung des Markt-Know-hows gegeben ist, macht eine horizontale Allianz nur dann Sinn, sofern horizontale Partnerunternehmen bereits Know-how im hier relevanten Bereich der Kommunikation über neue, digitale Kanäle haben. Dies kann auf der Grundlage dieser Arbeit allerdings nicht bewertet werden, weshalb diese Ausprägung mit dem Faktor 0 bewertet wird, da es durchaus möglich ist, dass eine Allianz auf horizontaler Ebene Sinn machen kann. Allerdings wird auch hier davon ausgegangen, dass eine diagonale Allianz zur Entgegnung der hier betrachteten Anforderung den höchsten Mehrwert für ein OTC-Pharmaunternehmen darstellt, aufgrund des im besten Fall vorhandenen technologischen Know-hows eines diagonal basierten Partnerunternehmens. Diese Ausprägung wird daher mit +1 bewertet.

6.2.6 Zusammenfassendes Ergebnis nach Dimensionen

Als Zwischenfazit, welches für die Anwendung von Herausforderung 1 gezogen werden kann, werden im Folgenden die Ergebnisse der vorangehenden Bewertungen, aufgeteilt in die einzelnen Dimensionen, zusammengetragen.

Dimension 1: Wertsteigernder Faktor

Tabelle 28: Zusammenfassende Eignungsbewertung für C_1 – Wertsteigernder Faktor

C_1	POOL	TRANSFER
A_1	0	0
A_2	-1	+1
A_3	0	+1
A_4	-1	+1
A_5	-1	+1
A_6	(Ausgeschlossen)	(Ausgeschlossen)
Σ	-3	+4

Aufgrund des zusammenfassenden Ergebnisses wird im Rahmen der Analyse der Anforderungen der hier betrachteten Herausforderung 1 deutlich die Ausprägung des Transfers von Know-how empfohlen. Die Ausprägung des Poolings von Ressourcen wird aufgrund ihrer Bewertung von -3 im Rahmen dieser Herausforderung somit als unpassend zur Entgegnung dieser bewertet und somit verworfen.

Dimension 2: Tempus

Tabelle 29: Zusammenfassende Eignungsbewertung für C_1 – Tempus

C_1	KURZFRISTIG	LANGFRISTIG
A_1	+1	0
A_2	+1	0
A_3	0	0
A_4	0	0
A_5	+1	-1
A_6	(Ausgeschlossen)	(Ausgeschlossen)
Σ	+3	-1

Die Bewertungen der Dimension Tempus zeichnen eine Präferenz für eine kurzfristige Allianz für die Betrachtung von C_1 ab. Die langfristige Ausprägung wird aufgrund ihrer negativen Bewertung im Rahmen dieser Herausforderung somit verworfen und nicht weiter betrachtet.

Dimension 3: Richtung

Tabelle 30: Zusammenfassende Eignungsbewertung für C_1 – Richtung

C_1	HORIZONTAL	VERTIKAL	DIAGONAL
A_1	0	0	0
A_2	-1	0	+1
A_3	0	-1	+1
A_4	0	-1	+1
A_5	0	-1	+1
A_6	(Ausgeschlossen)	(Ausgeschlossen)	(Ausgeschlossen)
Σ	-1	-3	+4

Das zusammenfassende Ergebnis innerhalb der Betrachtung der Dimension „Richtung" der Kooperation deutet eindeutig auf eine Empfehlung für eine diagonale Allianz zur Entgegnung von C_1 hin. Die Ausprägungen der horizontalen und vertikalen Kooperation werden aufgrund ihrer negativen Bewertung (-1 und -3) hier verworfen.

6.2.7 Synthese

In der durchgeführten Betrachtung wird deutlich, dass sich innerhalb der Untersuchung für C_1 (*„Im OTC-Pharmamarkt entstehen durch die Digitalisierung neue Kundenbedürfnisse entlang der Patient Journey."*) eine Präferenz für eine *kurzfristige* Allianz, unter Ausschluss einer langfristigen Kooperation ergibt. Hinsichtlich des wertsteigernden Faktors wird deutlich, dass C_1 ausschließlich durch eine *Transfer*-Allianz entgegnet werden kann. Zudem ist hierbei eine eindeutige Präferenz für eine *diagonale* Allianz gegeben, weshalb sich im Rahmen dieser Arbeit eindeutig für diese Ausprägung ausgesprochen wird.

Entsprechend wird hier eindeutig eine TK-D Kombination als Handlungsempfehlung ausgesprochen.

6.3 Anwendung Herausforderung 2

Die in Unterabschnitt 4.3.3 beschriebenen Anforderungen an ein Unternehmen der OTC-Pharmabranche der Herausforderung 2: „*Auf den Gesundheitsmarkt treten neue Wettbewerber mit neuen, digitalen Geschäftsmodellen ein, welche die Patient Journey von OTC-Pharmaherstellern beeinflussen.*" erfordern:

- C_2-A_1: Umgang mit geringer werdenden Markteintrittsbarrieren
- C_2-A_2: Herstellen eines direkten, aktiven Kundenkontaktes / -dialoges
- C_2-A_3: Wahrnehmung von Technologie- / Start-Up Unternehmen als Konkurrenz
- C_2-A_4: Eintritt in den Bereich des Quantified Self / Apps / Wearables
- C_2-A_5: Direct-to-Patient Modelle nur durch digitale Kommunikationsmodelle möglich

6.3.1 Anforderung 1: „Umgang mit geringer werdenden Markteintrittsbarrieren"

Dimension 1: Wertsteigernder Faktor

Tabelle 31: Eignungsbewertung C_2-A_1 – Wertsteigernder Faktor

C_2	POOL	TRANSFER
A_1	0	0

Der Anforderung des Umganges mit geringer werdenden Markeintrittsbarrieren[1119] kann mit verschiedenen Strategien entgegnet werden. Hier werden die Pool- und Transferausprägung jeweils mit dem gleichen Faktor (0) bewertet, da sie eine ähnliche Eignung aufweisen, je nach Ziel des jeweiligen OTC-Pharmaherstellers. Für ein Pooling von Ressourcen im Rahmen der Allianz spricht die Strategie des Cost Leaderships[1120]. Hier kann versucht werden, mithilfe einer Bündelung von Ressourcen der Partnerunternehmen gegen neue Wettbewerber vorzugehen, um diesen den Eintritt durch erhöhte

---

1119 Siehe die Thematik der sinkenden Markteintrittsbarrieren durch die Digitalisierung, welche in Unterabschnitt 3.3.1 der vorliegenden Arbeit thematisiert werden.
1120 Siehe Unterabschnitt 2.1.5 mit den Strategieansätzen nach Porter M. E. (1998).

Markteintrittsbarrieren zu erschweren oder einen solchen Eintritt gar als unrentabel zu gestalten. Zudem können hiermit auch kurzfristig Innovationen unterbunden oder zumindest ausgebremst werden, sofern Kunden nicht bereit sind, für diese Innovationen einen entsprechenden Mehrpreis zu zahlen. Gleichermaßen ist ein Transfer von Know-how zwischen Partnerunternehmen denkbar, um dieser Anforderung zu entgegnen. Die Wahl dieser Ausprägung macht besonders Sinn, sofern durch die Entwicklung neuer Lösungen im Umfeld der Digitalisierung versucht werden soll, der neuen potenziellen Konkurrenz durch eigene, fortschrittliche, digitale Lösungen zu begegnen.

Dimension 2: Tempus

Tabelle 32: Eignungsbewertung C_2–A_1 - Tempus

C_2	KURZFRISTIG	LANGFRISTIG
A_1	+1	0

Für C_2–A_1 wird eine kurzfristige Kooperation als zu präferierende Wahl festgelegt (+1).

Dies ist damit begründet, dass sich die Begebenheit geringer werdender Markteintrittsbarrieren schnell ändern kann, weshalb sich eine langfristige Partnerschaft als nicht zielführend darstellt. Dies gilt besonders dann, sollten die Kundenanforderungen eine Technologie erfordern, die sich nur schwer durch neue Wettbewerber darstellen lässt. Selbst im Umkehrschluss, sollte eine solche, einzigartige Technologie nicht Gegenstand sein, ist ein hohes Maß an Flexibilität gefordert, wie es nur eine kurzfristige Bindung zulässt, um weitere, neue oder alternative Allianzpartner zu finden.

Gleichzeitig kann argumentiert werden, dass der gesamte Bereich der Digitalisierung sehr zukunftsorientiert ist, weshalb im Rahmen einer langfristigen Allianz gegen geringer werdende Markteintrittsbarrieren reagiert werden kann. Trotzdem überwiegen hier die Vorteile einer kurzfristigen Ausrichtung, weshalb die langfristige Ausprägung nicht als gleichermaßen präferierte Ausprägung bewertet wird, allerdings mit dem Faktor 0, da die Eignung einer langfristigen Allianz nicht ausgeschlossen wird.

Dimension 3: Richtung

Tabelle 33: Eignungsbewertung C_2–A_1 – Richtung

C_2 / A_1	HORIZONTAL	VERTIKAL	DIAGONAL
	0	0	0

Für die Dimension der Richtung wird im Rahmen von C_2–A_1 festgestellt, dass horizontale Allianzen durchaus sinnvoll sein können, um der hier untersuchten Anforderung zu entgegnen. Dies ist damit zu begründen, als dass die Zusammenarbeit zweier oder mehrerer (je nach rechtlicher Freigabe) OTC-Pharmahersteller naturgemäß eine größere Marktmacht ausstrahlt und auf diesem Wege auf geringer werdende Markteintrittsbarrieren reagiert werden kann. Auch eine vertikale Allianz wäre nicht nachteilig, da ebenfalls bei der Zusammenarbeit mit Apotheken die Stellung eines OTC-Pharmaherstellers im Markt gestärkt werden kann. Gleichzeitig würden hier auch diagonale Allianzen mit einem branchenfremden Unternehmen Sinn machen, um das eigene Unternehmen im Markt stark aufzustellen und im besten Falle einen Wettbewerbsvorteil durch die diagonale Kooperation aufzubauen. Demnach werden die Ausprägungen „Horizontal", „Diagonal" und „Vertikal" jeweils mit 0 bewertet, da sie gleichermaßen nützlich und anwendbar zur Entgegnung der hier untersuchten Anforderung sein können.

6.3.2 Anforderung 2: „Herstellen eines direkten, aktiven Kundenkontaktes / -dialoges"

Dimension 1: Wertsteigernder Faktor

Tabelle 34: Eignungsbewertung C_2–A_2 – Wertsteigernder Faktor

C_2 / A_2	POOL	TRANSFER
	-1	+1

Die Anforderung des Herstellens eines direkten, aktiven Kundenkontaktes / -dialoges erfordert das Vorhandensein entsprechender digitaler Anwendungen und Instrumente, um eben dies zu erreichen. Aufgrund der fehlenden Kompetenz hierfür aufseiten der OTC-Arzneimittelhersteller, ist hier besonders der Austausch von dazu benötigtem Know-how zielführend und wird entsprechend mit +1 bewertet.

Ein Pooling von Ressourcen für die Entgegnung dieser Anforderung ist im Gegensatz hierzu ungeeignet. Das Herstellen eines direkten Kundenkontaktes benötigt digitale Lösungen und somit das entsprechende Know-how zu diesen, und kann nicht mit dem Bereitstellen weiterer Ressourcen bewerkstelligt werden. Die Ausprägung des Poolings wird somit mit -1 bewertet.

Dimension 2: Tempus

Tabelle 35: Eignungsbewertung C_2–A_2 – Tempus

C_2	KURZFRISTIG	LANGFRISTIG
A_2	0	0

Die Anforderung des Herstellens eines direkten, aktiven Kundenkontaktes / -dialoges ist sowohl innerhalb einer kurzfristigen als auch langfristigen Allianz umsetzbar. Wie in bereits anderen Betrachtungen stehen sich in dieser Dimension die Flexibilität der Kurzfristigkeit und die Konstanz sowie erhöhte Zuverlässigkeit der Langfristigkeit gegenüber. Diese Entscheidung ist im Rahmen dieser Betrachtung nicht pauschal zu beantworten und sollte auf Unternehmensebene getroffen werden. Die beiden Ausprägungen werden somit als gleichermaßen geeignet für die Bearbeitung dieser Anforderung mit 0 bewertet.

Dimension 3: Richtung

Tabelle 36: Eignungsbewertung C_2–A_2 – Richtung

C_2	HORIZONTAL	VERTIKAL	DIAGONAL
A_2	0	0	0

Wird die Dimension der Richtung betrachtet, ist C_2–A_2 auf vielerlei Wegen zu entgegnen. Je nach spezifischem Wissen oder gewissen Ressourcen auf diesem Gebiet können Partnerunternehmen aus einer jeden Kooperationsrichtung als sinnvoll erachtet werden. Im Zuge der Recherchen stellte sich nichts Gegenteiliges zu der Annahme heraus, dass Unternehmen (aus der Sicht eines OTC-Pharmaherstellers) in horizontalen, vertikalen oder diagonalen Positionen eine besonders vor- oder nachteilige Befähigung der Herstellung eines aktiven und direkten Kundenkontaktes innehaben. Daher erhalten alle drei der hier betrachteten Ausprägungen einen Wert von 0.

6.3.3 Anforderung 3: „Wahrnehmung von Technologie- / Start-Up Unternehmen als Konkurrenz"

Dimension 1: Wertsteigernder Faktor

Tabelle 37: Eignungsbewertung C_2–A_3 – Wertsteigernder Faktor

C_2	POOL	TRANSFER
A_3	0	0

Die Anforderung der Wahrnehmung von Technologie- / Start-Up Unternehmen als Konkurrenz ist wie C_2–A_1 für beide Ausprägungen mit 0 zu bewerten und wird ähnlich argumentiert. Hier wird keine präferierende Ausprägung genannt. Vielmehr können beide Ausprägungen des Poolings oder Transfers als sinnvoll erachtet werden.

So kann das Pooling von Ressourcen auf der einen Seite auch hier Sinn machen, sofern OTC-Pharmaunternehmen exemplarisch die Strategie des Cost Leaderships[1121] verfolgen wollen, um dieser Anforderung und den potenziellen Wettbewerbern zu entgegnen. Dies kann besonders dann Anwendung finden, wenn ein neues Unternehmen im Bereich der OTC-Arzneimittelherstellung mit starker digitaler Aufstellung den Markt betritt. Auf der anderen Seite kann argumentiert werden, dass der Transfer von Know-how eine Option zur Entgegnung der hier untersuchten Anforderung ist, da somit digitale Lösungen entwickelt werden können, um Technologie-Unternehmen, die in den Markt eintreten, auf Augenhöhe begegnen zu können.

Dimension 2: Tempus

Tabelle 38: Eignungsbewertung C_2–A_3 – Tempus

C_2	KURZFRISTIG	LANGFRISTIG
A_3	0	0

1121 Siehe Unterabschnitt 2.1.5 mit den Strategieansätzen nach Porter M. E. (1998).

Auch bei der Dimension des Tempus innerhalb von C_2–A_3 wird die Wichtigkeit beider Ausprägungen gleichgestellt und entsprechend werden beide Ausprägungen mit jeweils 0 bewertet. Es ist nicht eindeutig festzulegen, ob sich eine der beiden Tempora vorteilhafter gegenüber der anderen erweisen kann.

So hat eine kurzfristige Allianz zwar den Vorteil einer höheren Flexibilität und Anpassbarkeit an mögliche technologische Neuerungen, zeigt sich jedoch nachteilig hinsichtlich einer stabilen und gegebenenfalls effizienteren langfristigen Allianz. Aus diesem Grund ist die Entscheidung in dieser Dimension vielmehr auf strategische Fragestellungen ausgelagert, die außerhalb des Fokus dieser Arbeit liegen.

Dimension 3: Richtung

Tabelle 39: Eignungsbewertung C_2–A_3 – Richtung

C_2	HORIZONTAL	VERTIKAL	DIAGONAL
A_3	0	0	0

Die Anforderung C_2–A_3 steht in engem Zusammenhang mit C_2–A_1, weshalb die inhaltliche Ausführung und abschließende Bewertung dieser für der hier betrachtete Anforderung übernommen werden. Dabei wird festgestellt, dass eine horizontale Allianz, gleichermaßen wie eine vertikale oder diagonale Allianz zielführend sein kann, weswegen alle drei Ausprägungen jeweils die Bewertung 0 erhalten.

6.3.4 Anforderung 4: „Eintritt in den Bereich des Quantified Self / Apps / Wearables"

Dimension 1: Wertsteigernder Faktor

Tabelle 40: Eignungsbewertung C_2–A_4 – Wertsteigernder Faktor

C_2	POOL	TRANSFER
A_4	0	+1

Die hier untersuchte Anforderung des Eintrittes in den Bereich des Quantified Self / Apps / Wearables stellt sich gleichermaßen zu C_1–A_3 dar („Erstellung von Angeboten und Inhalten innerhalb des Umfeldes von Apps und Fitnesstrackern") und wird somit mit selbiger Begründung analog bewertet.

Dimension 2: Tempus

Tabelle 41: Eignungsbewertung C_2–A_4 – Tempus

C_2	KURZFRISTIG	LANGFRISTIG
A_4	0	0

Die hier untersuchte Anforderung des Eintritts in den Bereich des Quantified Self / Apps / Wearables ist ebenfalls analog zu C_1–A_3 zu behandeln, da die beiden Anforderungen in ihrem Kern den gleichen Charakteristika entsprechen. Die inhaltlichen Ausführungen von C_1–A_3 im Rahmen der Dimension des Tempus werden ebenfalls bei der hier untersuchten Anforderung innerhalb C_2 übernommen. Dementsprechend erhalten beide Ausprägungen jeweils eine Bewertung mit dem Faktor 0, da sie sich als gleichermaßen empfehlenswert für die Entgegnung der hier betrachteten Untersuchung darstellen.

Dimension 3: Richtung

Tabelle 42: Eignungsbewertung C_2–A_4 – Richtung

C_2	HORIZONTAL	VERTIKAL	DIAGONAL
A_4	0	-1	+1

Die Anforderung des Eintritts in den Bereich des Quantified Self / Apps / Wearables wird auch wie in den bereits dargestellten Dimensionen analog zu den inhaltlichen Ausführungen und der numerischen Bewertung von C_1–A_3 betrachtet. Somit ergibt sich für „Horizontal" ein Wert von 0, für „Vertikal" ein Wert von -1 und für „Diagonal" der Faktor +1.

6.3.5 Anforderung 5: „Direct-to-Patient Modelle nur durch digitale Kommunikationsmodelle möglich"

Dimension 1: Wertsteigernder Faktor

Tabelle 43: Eignungsbewertung C_2–A_5 – Wertsteigernder Faktor

C_2	POOL	TRANSFER
A_5	-1	+1

Bezüglich der Anforderung „Direct-to-Patient Modelle[1122] nur durch digitale Kommunikationsmodelle möglich", ist zunächst erneut aufzuzeigen, dass sich die Kommunikation der OTC-Pharmahersteller an die Patienten als Endkunden vor dem Hintergrund des sich ändernden Käuferverhaltens innerhalb der Selbstmedikation als essenzieller Baustein darstellt. Um dies zu verwirklichen, ist ein Pooling von Ressourcen nicht denkbar, da der Zusammenschluss von Ressourcen keinen Mehrwert für die direkte, digitale Ansprache von Kunden bietet und nicht zur Entgegnung der hier thematisierten Anforderung beiträgt. Die Direct-to-Patient Modelle erfordern eine digitale Innovationskraft, wie sie auch von C_1–A_2 zur Schaffung digitaler Services benötigt wird. Aus diesem Grund könnte ein Pooling von Ressourcen diese sogar hemmen. Wie in Abschnitt 3.1 aufgezeigt, ist aus Sicht der OTC-Pharmahersteller das ultimative Ziel des Direct-to-Patient Marketing, die Bedürfnisse der Patienten zu erkennen und entsprechend darauf zu reagieren. Dabei wurde in Unterabschnitt 3.2.1 der Wunsch der Patienten nach zunehmender Selbstbestimmung bei der eigenen Prävention vor Krankheiten und deren selbständigen Behandlung von leichten Erkrankungen (Selbstmedikation) hervorgehoben. Diesem Wunsch kann jedoch nicht durch ein Pooling von Ressourcen aufseiten der OTC-Pharmahersteller nachgekommen werden, sondern ausschließlich durch die Weiterentwicklung digitaler Kommunikationsmöglichkeiten wie etwa durch Online-Plattformen zur unterstützenden Informationsgewinnung von Patienten.

Ein Beispiel für eine Strategische Allianz, welche diesen Ansatz durch einen Transfer von Know-how umsetzt, ist jene zwischen dem „Alphabet"-Tochterunternehmen „Verily" und mehreren Pharmakonzernen wie etwa „Pfizer" und

---

1122 Direct-to-Patient Modelle beziehen sich auf das in Abschnitt 3.1 thematisierte Direct-to-Patient Marketing.

„Novartis" zur gemeinsamen Entwicklung von digitalen, patientenfokussierten Forschungsprogrammen.[1123] Die Ausprägung des Poolings wird hier daher mit -1 bewertet. Entsprechend dieser Ausführungen und analog zu C_1-A_4 und C_1-A_5 („Bereitstellung individualisierter Dienstleistungen und Informationen für Endkunden" und „Anpassung der Marketingaktivitäten an sich selbständig, über neue Kanäle informierende Endkunden") stellt der Transfer von Know-how die empfohlene Allianzausprägung zur Entgegnung der hier behandelten Anforderung dar. Dadurch kann auf relevantes Know-how im Bereich der Entwicklung von digitalen Kommunikationsmodellen zugegriffen werden. Die Ausprägung des Transfers wird folglich mit +1 bewertet.

Dimension 2: Tempus

Tabelle 44: Eignungsbewertung C_2-A_5 – Tempus

C_2	KURZFRISTIG	LANGFRISTIG
A_5	0	+1

C_2-A_5 wird innerhalb der Untersuchung des Tempus bevorzugt mit dem Eingehen einer langfristigen Allianz gelöst. Dies ist damit begründet, dass laut Gartner (2019a) „Direct-to-Patient Digital Marketing" im Bereich der Life Sciences in ferner Zukunft relevant ist und somit seinen bedeutsamen Höhepunkt erst in ferner Zukunft erreicht. Daher sollte hier vorzugsweise eine langfristig ausgerichtete Allianz gewählt werden. Diese Ausprägung erhält somit den Wert +1. Da eine kurzfristige Ausrichtung allerdings ebenso gewählt werden kann, um sich bereits jetzt in Form von kürzeren Kooperationen darauf vorzubereiten, ist dies keinesfalls nachteilig und wird somit mit dem Faktor 0 bewertet.

Dimension 3: Richtung

Tabelle 45: Eignungsbewertung C_2-A_5 – Richtung

C_2	HORIZONTAL	VERTIKAL	DIAGONAL
A_5	0	0	+1

Entgegen der Argumentation aus C_1-A_2 („Neue, digitale Geschäftsmodelle und Services"), ist hier die Anforderung an digitales Wissen bedeutend geringer,

---

1123 Vgl. Businesswire (2019).

weshalb diese auf horizontaler Ebene durchaus in anderen, auf gleiche Stufe gestellten Unternehmen vorzufinden sein könnte. Dies ist auch der Fall, da andere OTC-Pharmahersteller durchaus bereits Direct-to-Patient Modelle entwickelt haben und somit das grundlegende Wissen über die inhaltliche Konzeption dessen haben, allerdings nicht auf digitaler Basis. Daher ist hier eine Bewertung der horizontalen Ausprägung mit dem Wert 0 sinnvoll. Dennoch ist ein in dieser Anforderung immanenter Faktor, dass innerhalb der OTC-Pharmabranche dies auf digitaler Basis bisher nur bedingt erfolgt ist, weshalb brancheninterne Allianzen zwar als nicht nachteilig, jedoch nachranging zu einer branchenfremden, diagonalen Allianz anzusehen sind.

Diese Begründung gilt analog zu vertikalen Allianzen, da hier nicht unbedingt davon ausgegangen werden kann, dass diese auf Patienten zugeschnittene digitale Kommunikationsmodelle besitzen. Es kann allerdings der Fall sein, dass Akteure auf vertikaler Ebene zu OTC-Pharmaherstellern erste oder sogar fortschrittliche digitale Lösungen zur Kundenansprache besitzen, welche für die OTC-Pharmahersteller Anwendung finden können. Dementsprechend wird die vertikale Ausprägung ebenfalls mit 0 bewertet. Die diagonale Allianz hat in Hinsicht auf die hier untersuchte Anforderung das größte Potenzial, da es sehr wahrscheinlich ist, dass branchenfremde Unternehmen aus fortschrittlicheren Industrien explizit zur Lösung dieser Anforderung beitragen können. Diesen Ausführungen folgend erhalten die horizontale und vertikale Ausprägung jeweils die Bewertung 0, die Diagonale den Faktor +1.

6.3.6 Zusammenfassendes Ergebnis nach Dimensionen

Nachdem auf jede einzelne Anforderung einzeln mit Blick auf die drei Dimensionen eingegangen und diese schließlich mit einem Faktor bewertet wurden, wird im Anschluss ein Zwischenfazit in Form eines zusammenfassenden Ergebnisses, separiert in die einzelnen Dimensionen, aufgezeigt.

Dimension 1: Wertsteigernder Faktor

Tabelle 46: Zusammenfassende Eignungsbewertung für C_2 – Wertsteigernder Faktor

C_2	POOL	TRANSFER
A_1	0	0
A_2	-1	+1
A_3	0	0
A_4	0	+1
A_5	-1	+1
Σ	-2	+3

304　Eignungsbewertung der Ausprägungen Strategischer Allianzen

Beginnend mit dem zusammenfassenden Ergebnis der Bewertungen der Dimension des Wertsteigernden Faktors zeichnet sich innerhalb dieser Herausforderung (C_2) eine klare Dominanz der Ausprägung des Transfers ab.

Dimension 2: Tempus

Tabelle 47: Zusammenfassende Eignungsbewertung für C_2 – Tempus

C_2	KURZFRISTIG	LANGFRISTIG
A_1	+1	0
A_2	0	0
A_3	0	0
A_4	0	0
A_5	0	+1
Σ	+1	+1

Innerhalb der Dimension des Tempus stellt sich keine eindeutige Präferenz für die eine oder die andere Ausprägung dar. Vielmehr wird aufgrund der Bewertungen innerhalb dieser Herausforderung sowohl die kurzfristige als auch langfristige Ausprägung als präferierte Handlungsempfehlung abgeleitet.

Dimension 3: Richtung

Tabelle 48: Zusammenfassende Eignungsbewertung für C_2 – Richtung

C_2	HORIZONTAL	VERTIKAL	DIAGONAL
A_1	0	0	0
A_2	0	0	0
A_3	0	0	0
A_4	0	-1	+1
A_5	0	0	+1
Σ	0	-1	+2

Wird die Dimension der Richtung zusammenfassend betrachtet wird deutlich, dass die diagonale Ausprägung aufgrund ihres Ergebnisses (+2) eindeutig zu bevorzugen ist und somit als präferierende Handlungsoption in die weitere, finale Ergebnisfindung mitaufgenommen wird. Nichtsdestotrotz wird auch die horizontale Ausprägung weiterhin betrachtet, da diese einen Wert von 0 aufweist und somit zwar eine geringere Eignung, nicht aber ein Ausschluss dieser Ausprägung vorliegt. Die vertikale Ausprägung hingegen wird aufgrund ihres negativen Wertes in ihrer Bewertung (-1) entsprechend verworfen.

6.3.7 Synthese

In der getätigten Betrachtung wird deutlich, dass sich innerhalb der Untersuchung für C_2 („*Auf den Gesundheitsmarkt treten neue Wettbewerber mit neuen, digitalen Geschäftsmodellen ein, welche die Patient Journey von OTC-Pharmaherstellern beeinflussen.*") eine Präferenz für einen *Transfer* von Know-how herausstellt. Zudem ist hier eine gleichermaßen abgegebene Bewertung der Dimension des Tempus aufzuweisen. Demnach werden sowohl die *kurzfristige* als auch die *langfristige* Ausrichtung von Allianzen hier weiterhin als empfohlene Handlungsoptionen betrachtet. Hinsichtlich der Richtung der Kooperation stellt sich eine *diagonale* Ausprägung als präferierte Ausprägung dar; eine horizontale Ausrichtung wird allerdings aufgrund ihrer Bewertung ebenfalls weiterhin als sinnvolle Option betrachtet.

Entsprechend sind zunächst alle Tx-H und Tx-D Kombinationen möglich. Allerdings wird eine Präferenz für TK-D und TL-D ausgesprochen.

6.4 Anwendung Herausforderung 3

Die in Unterabschnitt 4.4.3 beschriebenen Anforderungen an ein Unternehmen der OTC-Pharmabranche der Herausforderung 3: „*Die Digitalisierung erfordert von OTC-Pharmaherstellern spezifische Fachkenntnisse zur Planung, Erstellung und Implementierung von digitalen Lösungen und Anwendungen für den Patienten im Rahmen der Patient Journey.*" erfordern:

- C_3-A_1: Entwicklung eigener, digitaler Lösungen durch bestmöglich internes Know-how
- C_3-A_2: Steigerung der allgemeinen IT-Affinität aller Mitarbeiter unterschiedlicher Funktionsbereiche des Unternehmens
- C_3-A_3: Auflösen des Innovationsstaus durch Eingehen von strategischen Kooperationsmodi wie Allianzen

6.4.1 Anforderung 1: „Entwicklung eigener, digitaler Lösungen durch bestmöglich internes Know-how"

Dimension 1: Wertsteigernder Faktor

Tabelle 49: Eignungsbewertung C_3–A_1 – Wertsteigernder Faktor

C_3	POOL	TRANSFER
A_1	/	+1

Die hier betrachtete Anforderung zur Entwicklung eigener digitaler Lösungen durch bestmöglich internes Know-how schließt bereits das Pooling von Ressourcen aus. Wenngleich die Anforderung mit dem Zusatz „bestmöglich internes" darauf zielt, dass im besten Falle internes Know-how zur Entwicklung eigener digitaler Lösungen erfolgen soll, wird hier das Eingehen Strategischer Allianzen und somit das Zurückgreifen auf externes Know-how betrachtet. So lässt sich das Erlangen von internem Know-how in diesem Zusammenhang lediglich durch eine Internalisierung externen Know-hows bewerkstelligen. Auf Basis dessen kann ein Pooling von Ressourcen hier grundlegend als obsolet betrachtet werden und ein Transfer von Know-how ist eindeutig zu befürworten. Infolgedessen wird die Ausprägung des Transfers mit dem Faktor +1 bewertet und die Ausprägung des Pools exkludiert.

Dimension 2: Tempus

Tabelle 50: Eignungsbewertung C_3–A_1 – Tempus

C_3	KURZFRISTIG	LANGFRISTIG
A_1	0	0

Wie auch bei der Diskussion der hier thematisierten Anforderung im Rahmen der Dimension des Wertsteigernden Faktors, wird der Aspekt des „bestmöglich internen" Know-hows zunächst außer Acht gelassen, da es bei dem Eingehen Strategischer Allianzen grundlegend um das Beziehen von externem Know-how geht. Dementsprechend machen beim Bezug von externem Know-how zur Entwicklung eigener digitaler Lösungen sowohl kurzfristige Allianzen im Rahmen vorab zeitlich festgelegter Projekte Sinn als auch langfristig ausgerichtete Kooperationen, welche über einen längeren Zeitraum ausgerichtet sind.

Dabei können bei einer kurzfristigen Ausrichtung ebenfalls einzelne digitale Lösungen im Rahmen von Projektdauern entwickelt werden. Im besten Falle ist es dem OTC-Pharmahersteller dabei möglich, durch die Erfahrungen aus eben diesen kurzfristigen Allianzen das gewonnene Know-how zu internalisieren und im Anschluss eigens zur Entwicklung weiterer digitaler Lösungen einzusetzen. Gleichzeitig können aber auch langfristige Kooperationen eingesetzt werden, um langfristig auf digitales Know-how von externen Partnern zurückgreifen zu können. Dies würde vorrangig bei den OTC-Pharmaherstellern Sinn machen, welche im Bereich digitaler Lösungen für die Endkunden bisher noch weit am Anfang stehen und somit über einen längeren Zeitraum auf externes, digitales Know-how eines Partnerunternehmens angewiesen sind.

Diesen Ausführungen folgend wird die vorliegende Anforderung im Rahmen der beiden Ausprägungen der Kurz- und Langfristigkeit jeweils mit einem Faktor von 0 bewertet.

Dimension 3: Richtung

Tabelle 51: Eignungsbewertung C_3–A_1 – Richtung

C_3	HORIZONTAL	VERTIKAL	DIAGONAL
A_1	-1	0	+1

Auch hier wird C_3–A_1 unter der Prämisse betrachtet, dass im ersten Schritt nicht davon ausgegangen werden kann, dass digitale Lösungen durch internes Know-how entstehen, da es sich hier um die Betrachtung zum Eingehen Strategischer Allianzen zur Entgegnung dieser Anforderung handelt.

Dementsprechend wird nun betrachtet, inwieweit horizontale, vertikale oder diagonale Allianzen zur Entgegnung des hier genannten Teiles der Herausforderung 3 eingegangen werden sollten. Dabei ist festzustellen, dass zunächst alle drei Ausprägungen zu einem gewissen Ausmaß Sinn ergeben können. Sofern andere OTC-Pharmaunternehmen bereits ausgeprägtes Know-how zur Entwicklung digitaler Lösungen haben, kann eine horizontale Allianz in der hier zugrundeliegenden Betrachtung Sinn machen. Allerdings kann nicht davon ausgegangen werden, da ausführlich erörtert wurde, dass es genau dieses ist, an welchem es den OTC-Pharmaherstellern mangelt. Dementsprechend wird eine horizontale Kooperation hier mit einer -1 bewertet. Auf vertikaler Ebene entlang der Wertschöpfungskette kann entsprechendes Wissen bei Unternehmen dieser Ebene liegen.

Dies ist damit begründet, dass sie bereits digitale Lösungen für ihr B2B Marketing und ihren Vertrieb entwickelt haben. Da dies allerdings höchster Voraussicht nach aufgrund ihrer Marktausrichtung auf B2B Kunden gepolt ist (bei auf der Wertschöpfungskette vorgelagerten Unternehmen), kann nicht abgeschätzt werden, inwieweit sie auch Wissen im B2C Segment aufweisen können. Dies schränkt die Nützlichkeit dieser Ausprägung ein, was zu einer Bewertung mit dem Faktor 0 führt. Da bei einer diagonalen Allianz gezielt mit branchenfremden Unternehmen aus dem Technologiesektor, welche ausgeprägtes Wissen im Bereich digitaler Lösungen aufweisen können, geschlossen werden können, macht das Eingehen einer diagonalen Kooperation mit Blick auf die hier untersuchte Anforderung am meisten Sinn. Diese Ausprägung erhält folglich die Bewertung +1.

6.4.2 Anforderung 2: „Steigerung der allgemeinen IT-Affinität aller Mitarbeiter unterschiedlicher Funktionsbereiche des Unternehmens"

Dimension 1: Wertsteigernder Faktor

Tabelle 52: Eignungsbewertung C_3–A_2 – Wertsteigernder Faktor

C_3	POOL	TRANSFER
A_2	-1	+1

Bei der Untersuchung von C_3–A_2 wird die Anforderung der Steigerung der allgemeinen IT-Affinität aller Mitarbeiter unterschiedlicher Funktionsbereiche des Unternehmens betrachtet. Zur Steigerung der IT-Affinität von Mitarbeitern können grundsätzlich verschiedene Wege eingeschlagen werden.

Allerdings handelt es sich sowohl bei der Formulierung der hier untersuchten Anforderung als auch bei der übergreifenden Herausforderung um die Notwendigkeit, das IT-Wissen von Mitarbeitern zu stärken bzw. überhaupt anzustoßen und zu erlangen. Dementsprechend ist ein Transfer von Know-how zur Entgegnung dieser Anforderung deutlich nützlicher als ein Pooling von Ressourcen. Die Anforderung wird entsprechend mit +1 für „Transfer" und mit -1 für „Pool" bewertet.

Dimension 2: Tempus

Tabelle 53: Eignungsbewertung C_3–A_2 – Tempus

C_3	KURZFRISTIG	LANGFRISTIG
A_2	0	+1

Im Rahmen der Dimension des Tempus bezüglich C_3–A_2 machen grundsätzlich kurzfristige als auch langfristige Allianzen Sinn. Für das Eingehen kurzfristiger Allianzen zur Entgegnung dieser Anforderung zählt definitiv, dass in einem begrenzten Zeitraum bereits essenzielle Impulse für einen solchen Trend innerhalb eines Unternehmens gesetzt werden können. Der negative Effekt dabei ist, dass sicherlich nicht die Gesamtheit aller Mitarbeiter Teil dieser kurzfristigen Allianz wären. Da die Anforderung aber auf die IT-Affinität *aller* Mitarbeiter abzielt, ist eine langfristige Allianz-Ausrichtung vorteilhafter. Hier wäre von vornherein noch keine definites Projektende der Allianz festgelegt und könnte flexibler über einen zunächst infiniten Zeitraum gestaltet werden.

Das Ziel, die Gesamtheit der Mitarbeiter digital affiner zu schulen, wäre somit mit einer langfristigen Ausprägung der Allianz und damit als anhaltenden, kontinuierlichen Prozess zu bevorzugen und erhält somit den Faktor +1 als Bewertung. Da eine kurzfristige Ausrichtung der Allianz nicht nachteilig wäre und im Rahmen mehrerer kurzfristiger Allianzen ebenfalls zum Erfolg führen kann, wird diese Ausprägung mit dem Faktor 0 bewertet.

Dimension 3: Richtung

Tabelle 54: Eignungsbewertung C_3–A_2 – Richtung

C_3	HORIZONTAL	VERTIKAL	DIAGONAL
A_2	0	0	+1

Wie auch bei anderen Anforderungen ist hier bei C_3–A_2 innerhalb der Dimension der Richtung die Fortschrittlichkeit der Digitalisierung einzelner Unternehmen von der Betrachtung dieser Arbeit aus nicht bewertbar, da es sich hier um eine rein modellbasierte, theoretische Ableitung möglicher Handlungsoptionen handelt, und nicht um die Analyse eines „Fits" zwischen spezifisch, namentlich festgelegten Unternehmen.

Dementsprechend kann nicht erkannt werden, ob potenzielle Partnerunternehmen auf der vertikalen oder horizontalen Stufe zu einem OTC-Pharmahersteller nützlich wären, um bei der Steigerung der allgemeinen IT-Affinität der Mitarbeiter zu unterstützen. Nichtsdestotrotz wäre die Option der horizontalen oder vertikalen Kooperation durchaus sinnvoll, sofern das jeweilige Partnerunternehmen auf dieser Stufe bereits einen gewissen hohen Digitalisierungsgrad aufweist. Demnach hätte ein Eingehen einer Allianz auf horizontaler oder vertikaler Stufe zwar keinen direkten Nachteil, ein Vorteil ist in einer ersten Bewertung allerdings auch nicht offensichtlich. Dementsprechend erhalten die horizontale und vertikale Ausprägung jeweils eine Bewertung mit dem Faktor 0.

Wird hingegen in Betracht gezogen, eine Strategische Allianz mit einem branchenfremden Unternehmen im Rahmen einer diagonalen Partnerschaft einzugehen, bestehen diese Zweifel nicht.

Da wie aufgezeigt andere Branchen, und naturbedingt Unternehmen im IT- / digitalen Sektor, einen höheren Fortschritt in IT-Gebieten vorweisen können, macht das Eingehen einer solchen Allianz auf jeden Fall Sinn und wird demnach an dieser Stelle deutlich vor den anderen beiden Ausprägungen präferiert und entsprechend mit +1 bewertet.[1124]

6.4.3 Anforderung 3: „Auflösen des Innovationsstaus durch Eingehen von strategischen Kooperationsmodi wie Allianzen"

Dimension 1: Wertsteigernder Faktor

Tabelle 55: Eignungsbewertung C_3–A_3 – Wertsteigernder Faktor

C_3	POOL	TRANSFER
A_3	-1	+1

1124 Auch spielen besonders bei dieser Anforderung noch eine Vielzahl an anderen Faktoren eine Rolle, die hier nicht im Fokus der Betrachtung liegen. So handelt es sich bei dem Ziel der Steigerung der allgemeinen IT-Affinität aller Mitarbeiter unterschiedlicher Funktionsbereiche um eine grundlegende Aufgabe des gesamten Unternehmens, nicht ausschließlich des Marketing. Des Weiteren umfasst diese Aufgabenstellung weitere kritische und zentrale Bereiche wie das Change-Management und generell die Trainingsabteilungen eines jeden Unternehmens. Das Eingehen einer diagonalen Allianz legt allerdings einen essenziellen Grundstein, um die IT-Affinität in einem OTC-Pharmaunternehmen zu stärken.

Bei der hier betrachteten Anforderung des Auflösens des Innovationsstaus durch Eingehen von strategischen Kooperationsmodi wie Allianzen, befindet sich bereits das Eingehen Strategischer Allianzen in der Lösungsbetrachtung. Dementsprechend wird hier der erste Teil der Anforderung betrachtet, nämlich mit welcher Ausprägung Strategischer Allianzen ein Innovationsstau am besten aufgelöst werden kann. Dabei ist zunächst wichtig anzumerken, dass es sich hier nicht um Innovationsstau bei der Aufnahme neuer, innovativer OTC-Arzneimittel handelt.[1125] Vielmehr geht es hierbei um das Auflösen von Innovationsstau im Bereich der digitalen Ansprache des Patienten als Endkunde. Dementsprechend ergibt hier auch Pooling von Ressourcen innerhalb einer Partnerschaft keinen Sinn. Eine Partnerschaft zur Lösung dieser Anforderung muss eindeutig durch den Transfer von digitalem Wissen, also Knowhow, stattfinden, um so die bereits bestehenden Innovationen in das jeweilige OTC-Pharmaunternehmen zu integrieren, als auch langfristig eigene digitale Innovationen zur Kundenansprache zu entwickeln.

Demnach wird die Ausprägung des Poolings von Ressourcen mit -1 bewertet, der Transfer von Know-how mit +1.

Dimension 2: Tempus

Tabelle 56: Eignungsbewertung C_3–A_3 – Tempus

C_3	KURZFRISTIG	LANGFRISTIG
A_3	0	0

Die hier behandelte Dimension des Tempus wird analog zu vorangehender Beschreibung der Dimension des Wertsteigernden Faktors angegangen (C_3–A_3 – Wertsteigernder Faktor). Dabei ist hier festzustellen, dass sich OTC-Pharmahersteller auf verschiedenen Ebenen des vorhandenen Innovationsstaus in Bezug auf Innovationen der digitalen Kundenansprache befinden können. Demnach sind eindeutig sowohl kurzfristig ausgerichtete Allianzen, aber auch langfristig gestaltete Kooperationen sinnvoll. Auch hier stehen sich die Mehrwerte einer kurzfristigen Allianz wie Flexibilität und Unabhängigkeit, der Stabilität und möglicherweise höheren Effizienz einer langfristigen Allianz

---

1125 Vor allem geht es nicht um die Entwicklung innovativer Medikamente, da es sich bei OTC-Pharmaherstellern (in der Regel) nicht um forschende Unternehmen handelt.

gegenüber. Dementsprechend erhalten beide der hier betrachteten Ausprägungen einen Wert von 0.

Dimension 3: Richtung

Tabelle 57: Eignungsbewertung C_3–A_3 - Richtung

C_3	HORIZONTAL	VERTIKAL	DIAGONAL
A_3	-1	0	+1

Analog zur Beschreibung der Dimension des Wertsteigernden Faktors bei der Betrachtung der Anforderung des Auflösens von Innovationsstau durch Eingehen von strategischen Kooperationsmodi wie Allianzen, wird die hier behandelte Dimension der Kooperationsrichtung angegangen. Dabei ist auch hier – wie bei der Betrachtung des Tempus – festzustellen, dass sich potenzielle Partnerunternehmen auf verschiedenen Ebenen eines vorhandenen Innovationsstaus zur Entwicklung und dem Angebot digitaler Lösungen befinden können. Eine horizontale Allianz, als auch eine Vertikale würden unter der Voraussetzung Sinn machen, dass die Unternehmen auf dieser jeweiligen Stufe bereits Innovationen im Bereich der Bereitstellung digitaler Lösungen für den Patienten als Endkunden aufweisen können. Ob dies tatsächlich der Fall ist, kann im Rahmen dieser Arbeit nicht vollständig eingeschätzt werden, da es sich hier – wie bereits beschrieben – nicht um die Betrachtung spezifischer Unternehmen handelt.

Anhand der detaillierten Analyse innerhalb der gesamten vorliegenden Arbeit muss allerdings generell davon ausgegangen werden, dass direkte Wettbewerber von OTC-Pharmaherstellern (horizontal) bislang keine überaus innovativen, digitalen Endlösungen für ihre Patienten anbieten. Daher erhält die Ausprägung „horizontal" eine Bewertung von -1. Bei möglichen Partnern auf der vertikalen Stufe entlang der Wertschöpfungskette ist eine Eignung zwar fraglich, da sie höchstwahrscheinlich nicht die Kompetenzen für das Auflösen eines Innovationsstaus bei OTC-Pharmaherstellern mit sich bringen; allerdings sind diese aufgrund ihrer starken Branchennähe mit großer Wahrscheinlichkeit ähnlich von einem Innovationsstau betroffen, sodass eine vertikale Kooperation zwar unterstützend wirken kann, im Vergleich zu einer diagonalen Allianz jedoch keinen eklatanten Fortschritt herbeiführt. Die vertikale Ausprägung wird entsprechend mit 0 bewertet.

Bezieht man das Eingehen einer diagonalen Kooperation in die Diskussion mit ein, kann festgestellt werden, dass branchenfremde Unternehmen, zu denen auch bereits digital weiter fortgeschrittene Unternehmen zählen, bei der hier betrachteten Anforderung deutlich sinnvoller erscheinen. OTC-Pharmahersteller können hier deutlich einen Vorteil aus dem Wissen digital fortschrittlicherer Unternehmen, oder sogar von Unternehmen, deren Kerngeschäft die IT ist, ziehen und bestenfalls Synergien nutzen. Dementsprechend wird zur Entgegnung der hier betrachteten Anforderung eindeutig die diagonale Kooperationsrichtung empfohlen und somit mit einem Faktor von +1 bewertet.

6.4.4 Zusammenfassendes Ergebnis nach Dimensionen

Analog zum Vorgehen bei C_1 und C_2 wird auch innerhalb von C_3 in diesem Unterabschnitt ein Zwischenfazit zu den Bewertungen und folglich den Ergebnissen der Bewertungen der jeweiligen Anforderungen, aufgeteilt in die einzelnen Dimensionen, dargelegt.

Dimension 1: Wertsteigernder Faktor

Tabelle 58: Zusammenfassende Eignungsbewertung für C_3 – Wertsteigernder Faktor

C_3	POOL	TRANSFER
A_1	/	+1
A_2	-1	+1
A_3	-1	+1
Σ	/	+3

Dem zusammenfassenden Ergebnis der Dimension 1 bei der Betrachtung von C_3 ist zu entnehmen, dass eine Transfer-Allianz bevorzugt werden sollte und sich sogar als einziger Bestandteil des Lösungsraums dieser Dimension darstellt, da eine Pooling-Allianz dem hier zugrundeliegenden methodischen Vorgehen nach aufgrund der obsoleten Bewertung bei A_1 ausgeschlossen wird.

Dimension 2: Tempus

Tabelle 59: Zusammenfassende Eignungsbewertung für C_3 – Tempus

C_3	KURZFRISTIG	LANGFRISTIG
A_1	0	0
A_2	0	+1
A_3	0	0
Σ	0	+1

314 Eignungsbewertung der Ausprägungen Strategischer Allianzen

Innerhalb der Dimension des Tempus zeichnet sich eine Präferenz für eine langfristige Allianz im Falle von C_3 ab, weshalb diese als präferierte Handlungsoption in die weitere Bearbeitung aufgenommen wird. Gleichwohl ist zu erwähnen, dass für die andere Ausprägung der Kurzfristigkeit eine Bewertung der Egalität vorliegt, weshalb sich nach methodischem Vorgehen innerhalb dieser Dimension eine Tendenz, aber kein definitives Muss für eine langfristige Bindung an einen Allianzpartner abzeichnet, eine kurzfristige Ausprägung allerdings ebenfalls in Betracht gezogen werden kann.

Dimension 3: Richtung

Tabelle 60: Zusammenfassende Eignungsbewertung für C_3 – Richtung

C_3	HORIZONTAL	VERTIKAL	DIAGONAL
A_1	-1	0	+1
A_2	0	0	+1
A_3	-1	0	+1
Σ	-2	0	+3

Aus der Bewertung der Richtung innerhalb von C_3 geht eine Tendenz zur diagonalen Ausprägung hervor. Nichtsdestotrotz wird eine vertikale Allianz ebenfalls weiterhin in die Betrachtung aufgenommen – wenn auch nicht als präferierte Option. Die horizontale Richtung wird innerhalb der Herausforderung 3 aufgrund ihrer negativen Bewertung in der weiteren Betrachtung verworfen und ausgeschlossen.

6.4.5 Synthese

In der vorangehenden Betrachtung wird deutlich, dass sich innerhalb der Untersuchung für C_3 („*Die Digitalisierung erfordert von OTC-Pharmaherstellern spezifische Fachkenntnisse zur Planung, Erstellung und Implementierung von digitalen Lösungen und Anwendungen für den Patienten im Rahmen der Patient Journey.*") eine Präferenz für einen *Transfer* von Know-how innerhalb der Dimension des Wertsteigernden Faktors ausgesprochen wird. Im Rahmen der Dimension des Tempus ergibt sich eine Empfehlung für eine *langfristige* Ausrichtung, obschon eine *kurzfristige* Allianz ebenfalls als sinnvoll in die weitere Lösungsbetrachtung aufgenommen wird. Zudem ist eine Präferenz für eine *diagonale* Ausrichtung gegeben, wenngleich ebenfalls eine *vertikale* Ausrichtung in Betracht gezogen werden kann.

Entsprechend sind alle Tx-V und Tx-D Kombinationen innerhalb dieser Herausforderung möglich, mit einer Empfehlung für TL-D.

6.5 Zusammenfassung der Eignungsbewertung anhand einer Ergebnismatrix

Aus den hier untersuchten Herausforderungen mit ihren spezifischen Anforderungen ergeben sich infolgedessen spezifische Kombinationsmöglichkeiten, welche anhand ihrer Bewertung der einzelnen Dimensionen pro Herausforderung abgeleitet werden.

Dem methodischen Vorgehen, beschrieben in Abschnitt 6.1, folgend, entsteht somit folgende Ergebnismatrix mit den numerischen Bewertungssummen (siehe Tabelle 61).[1126]

Tabelle 61: Ergebnismatrix

	Wertsteigernder Faktor		Tempus		Richtung		
	POOL	TRANS	KURZ	LANG	HORIZ	VERT	DIAG
C_1	-3	+4	+3	-1	-1	-3	+4
C_2	-2	+3	+1	+1	0	-1	+2
C_3	/	+3	0	+1	-2	0	+3

Auf Basis dieser Ergebnismatrix werden im folgenden Kapitel die Forschungsergebnisse dieser Arbeit dargestellt und entsprechende Handlungsempfehlungen an OTC-Pharmahersteller abgeleitet.

1126 Die Matrix-Darstellung macht an dieser Stelle Sinn, um eine unkomplizierte Übersicht über die Eignung der verschiedenen Ausprägungen in Kombination zueinander zu erhalten und somit einfach die Einordnung in daraus resultierende „Handlungsempfehlungen", „weitere Handlungsoptionen" und „ausgeschlossene Handlungsoptionen" nachzuvollziehen.

7 Darstellung und Analyse der Forschungsergebnisse und Ableitung von Handlungsempfehlungen an OTC-Pharmahersteller

Ableitend aus dem vorangehenden Kapitel werden im Folgenden schließlich, anhand der Auswertung der Ergebnismatrix aus Kapitel 6.5, die Forschungsergebnisse dieser Arbeit dargestellt und auf diese eingegangen. Dabei werden „Handlungsempfehlungen", „weitere Handlungsoptionen" und „ausgeschlossene Handlungsoptionen" abgeleitet. Diese basieren auf den Eignungsbewertungen aus Kapitel 6 und werden eigens in den Abschnitten dieses Kapitels behandelt.

7.1 Forschungsergebnisse

Bevor die Handlungsempfehlungen an OTC-Pharmahersteller, sowie weitere Handlungsoptionen und ausgeschlossene Handlungsoptionen einzeln dargestellt und vertieft werden, wird für ein klares Verständnis als Teil der Forschungsergebnisse darauf eingegangen, wie die Einteilung in eben diese Bereiche vorgenommen wird.

Ermessensgrundlage für die Einteilung der Ausprägungskombinationen in die Kategorien Handlungsempfehlungen, weitere Handlungsoptionen und ausgeschlossene Handlungsoptionen ist stets der Vergleich der Bewertungssumme einer Ausprägung innerhalb einer Herausforderung mit der Bewertungssumme der anderen Ausprägung(en) derselben Dimension.

Eine Ausprägung wird somit als Teil einer *Handlungsempfehlung* deklariert, wenn diese die höchste Summe im Kapitel 6 dargestellten Vergleich aufweist. Sollten dabei mehrere Ausprägungen eine identische und zugleich höchste Summe aufweisen, werden diese gleichermaßen als Teil der Handlungsempfehlung aufgenommen.

Als Teil *weiterer Handlungsoptionen* werden jene Ausprägungen aufgenommen, deren Bewertungssumme größer oder gleich 0 ist, jedoch gemäß des in Kapitel 6 beschriebenen Vergleiches nicht die höchste Summe aufweist.

Ausprägungen, welche eine negative Bewertungssumme innehaben, sind Teil *ausgeschlossener Handlungsoptionen*. Für den Fall, dass keine der Ausprägungen gemäß des in Kapitel 6 aufgezeigten Vergleiches eine positive

Bewertungssumme aufweist, kann keine Handlungsempfehlung ausgesprochen werden.
Eine zusammenfassende Übersicht über die Einordnung der Ausprägungen, analog zu dieser Auswertungsmethode, wird nachfolgend dargestellt (Tabelle 62):

Tabelle 62: Einordnung der Ausprägungen Strategischer Allianzen als Teil der Forschungsergebnisse

	Wertsteigernder Faktor		Tempus		Richtung		
	POOL	TRANS	KURZ	LANG	HORIZ	VERT	DIAG
C_1	Ausgeschlossene Handlungsoption	Handlungsempfehlung	Handlungsempfehlung	Ausgeschlossene Handlungsoption	Ausgeschlossene Handlungsoption	Ausgeschlossene Handlungsoption	Handlungsempfehlung
C_2	Ausgeschlossene Handlungsoption	Handlungsempfehlung	Handlungsempfehlung	Handlungsempfehlung	Weitere Handlungsoption	Ausgeschlossene Handlungsoption	Handlungsempfehlung
C_3	Ausgeschlossene Handlungsoption	Handlungsempfehlung	Weitere Handlungsoption	Handlungsempfehlung	Ausgeschlossene Handlungsoption	Weitere Handlungsoption	Handlungsempfehlung

Eine Handlungsempfehlung / -option, ist demnach stets eine mögliche Allianzform, und besteht somit aus einem Tripel (w, t, r) einer der jeweiligen Ausprägungen (Elemente) der drei dimensionsdeterminierenden Mengen: Wertsteigernder Faktor (WE), Tempus (TE), Richtung (RI) mit den Elementen:

$$w \in WE \mid WE = \{POOL, TRANS\}$$

$$t \in TE \mid TE = \{KURZ, LANG\}$$

$$r \in RI \mid RI = \{HORIZ, VERT, DIAG\}$$

Ferner ist zu beachten, dass bereits a priori einige Konstellationen aufgrund mangelnder Praktikabilität eliminiert wurden,[1127] weshalb einige Handlungsoptionen ausgeschlossen werden könnten, obwohl diese in der individuellen Bewertung nicht unmittelbar als ungeeignet zu erkennen sind.

Daraus folgend ergeben sich zusammenfassend die folgenden, abgeleiteten Lösungsräume, und daraus Handlungsempfehlungen sowie weitere

---

1127 Siehe Unterabschnitt 5.2.4.

Forschungsergebnisse

Handlungsoptionen und ausgeschlossene Handlungsoptionen für die Herausforderungen C_1–C_3:[1128]

				Handlungsempfehlungen	Weitere Handlungsoptionen	Ausgeschlossene Handlungsoptionen
C_1	TRANS	KURZ	DIAG	TK-D		
C_2	TRANS	KURZ / LANG	(HORIZ) / DIAG	TK-D TL-D		TK-(H) TL-(H)
C_3	TRANS	(KURZ) / LANG	(VERT) / DIAG	TL-D	T(K)-D T(K)-(V) TL-(V)	

Abbildung 25: Lösungsräume der Herausforderungen C_1–C_3

Dabei ist anzumerken, dass die in Klammern gesetzten Ausprägungen in isolierter Betrachtung mit 0 bewertet wurden und sich somit als Teil der Handlungsoptionen qualifizieren. Somit können diese jedoch in kombinierter Betrachtung auch ausgeschlossene Handlungsoptionen darstellen.

Weiterhin stellen die Handlungsempfehlungen die expliziten Empfehlungen dieser Arbeit an OTC-Pharmahersteller dar, welche sie nutzen können, um den elementarsten Herausforderungen durch die Digitalisierung zu entgegnen. Die weiteren Handlungsoptionen stellen mögliche Handlungsoptionen für OTC-Pharmahersteller zur Entgegnung einzelner Herausforderungen dar, welche allerdings nicht als die präferierten Empfehlungen dieser Arbeit gelten. Die ausgeschlossenen Handlungsoptionen finden somit keine Anwendung für die Entgegnung der hier definierten, größten Herausforderungen durch die Digitalisierung. Dies wird zusammenfassend in folgender Grafik (Abbildung 26) dargestellt:

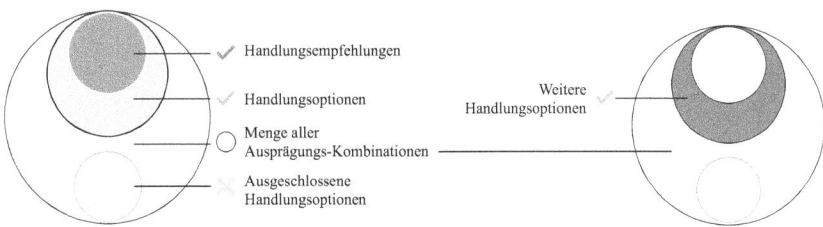

Abbildung 26: Gesamtheitliche Einordnung der Lösungsräume

1128 Eine Übersicht der Tabellen mit den numerischen Bewertungen pro Dimension und Herausforderung kann in Anhang 6 nachvollzogen werden.

320   Darstellung und Analyse der Forschungsergebnisse

Darauf basierend werden im Folgenden die hier erarbeiteten Lösungsräume diskutiert. Dies erfolgt zunächst mit der Thematisierung der Handlungsempfehlungen, welche zusammenfassend als zentrales Forschungsergebnis dieser Arbeit gelten. Anschließend werden die weiteren Handlungsoptionen und die ausgeschlossenen Handlungsoptionen betrachtet.

7.2 Handlungsempfehlungen

Durch die Bewertung aus Kapitel 6 und den zusammengefassten Gesamtwerten der Ergebnismatrix (siehe Tabelle 61) lassen sich eindeutige Handlungsempfehlungen für die jeweiligen Herausforderungen (C_1–C_3) formulieren und diese anschließend zu einer gesamtheitlichen Handlungsempfehlung für OTC-Pharmahersteller ableiten.

Diese – zunächst separat betrachteten – Handlungsempfehlungen werden in Abbildung 27 zur Übersicht dargestellt:

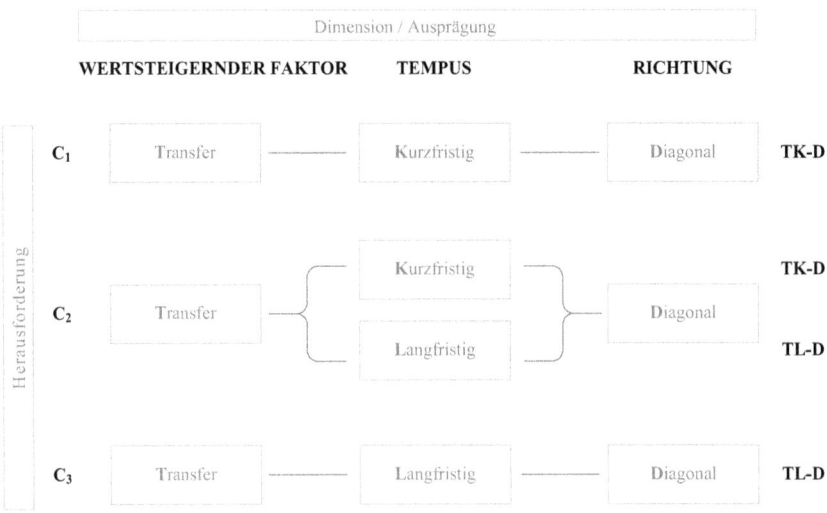

Abbildung 27: Handlungsempfehlungen für C_1–C_3

Hieraus wird deutlich, dass sich die Handlungsempfehlungen ausschließlich durch die Dimension des Tempus unterscheiden. Infolgedessen werden die Handlungsempfehlungen für eine jede Herausforderung zusammengefasst.

Für *Herausforderung 1* zeichnet sich *TK-D* als geeignetste Handlungsempfehlung ab. Dies ist insbesondere darauf zurückzuführen, dass sich das Unternehmen nicht nur an den bereits stattfindenden Wandel anpassen muss, sondern auch zukünftig flexibel auf neue Kundenbedürfnisse entlang der Patient Journey reagieren können muss. Hierbei ist es wichtig, die Bindung an einen Allianzpartner zunächst kurzfristig auszurichten, da das zu transferierende Know-how gegebenenfalls an Bedeutung verliert. Infolgedessen müssen sich OTC-Pharmahersteller nicht nur an ein dynamisches Umfeld im Rahmen der Kundenbedürfnisse, sondern auch an eine dynamische Ausrichtung durch sich ändernde Allianzpartner gewöhnen.

Herausforderung 2 liegen die Handlungsempfehlungen *TK-D* und *TL-D* zugrunde. Hauptaugenmerk für die freie Wahl der Dimension des Tempus liegt dabei auf der dem OTC-Pharmahersteller obliegenden Entscheidung, wie neuen (digitalen) Geschäftsmodellen oder Wettbewerbern (bspw. Technologie-Start-Ups) zu entgegnen ist. In diesem Kontext ist die Frage zu klären, ob diesen Geschäftsmodellen durch die Entwicklung eigener, neuer Geschäftsmodelle oder durch eine Adaption der neuartigen Geschäftsmodelle der potenziellen Wettbewerber zu begegnen ist. Für die Entwicklung eigener, neuer Geschäftsmodelle liegen langfristige Allianzen nahe, da – im Gegensatz zur Adaption bestehender Geschäftsmodelle – die Anforderungen an den Allianzpartner sowie das Ziel der Allianz nur grob vorab spezifizierbar sind. Dies erschwert nicht nur die Suche nach einem geeigneten Allianzpartner, sondern legt auch mögliche Ergebnisse der Allianz auf einen potenziell weiteren Zeithorizont. Sollte die Entscheidung für ein Aufschließen auf den technologischen Stand der (neuen) Wettbewerber fallen, lässt sich dies entsprechend der Argumentation zur Handlungsempfehlung zu Challenge 1 durch eine kurzfristige, projektbasierte Allianz eher bewerkstelligen.

Bei der Betrachtung von *Herausforderung 3* wird *TL-D* als Handlungsempfehlung ausgesprochen. Ausschlaggebend hierfür sind die darunter liegenden Anforderungen, die nicht nur ein langfristiges Umdenken im Umgang mit Innovation, Know-how sowie Mitarbeitern erfordern, sondern auch als kontinuierliche Prozesse zu verstehen sind, welche nicht situativ bzw. selektiv kurzfristig optimierbar sind. Diesen Anforderungen fehlt ein projektähnlicher Charakter, da diese sich langfristig strategisch auf das Unternehmen auswirken.

Schließlich können diese aufgezeigten drei separaten Handlungsempfehlungen, aufgeteilt nach jeweiliger Herausforderung, aufgrund ihrer hohen inhaltlichen Übereinstimmung konkludierend in *eine einzige* Handlungsempfehlung für OTC-Pharmahersteller abgeleitet werden. Diese zeigt ausdrücklich auf, dass OTC-Pharmahersteller zur Entgegnung der größten Herausforderungen durch die Digitalisierung kurz- oder langfristige Allianzen auf diagonaler Ebene[1129] mit branchenfremden Unternehmen eingehen und Know-how transferieren sollten.

Diese Handlungsempfehlung wird inhaltlich für OTC-Pharmahersteller weiterhin elaboriert:

- Lässt ein OTC-Pharmahersteller alternative Optionen zur Erreichung eines Wettbewerbsvorteiles außer Acht, welche den Digitalisierungsgrad eines OTC-Pharmaherstellers nicht verbessern (wie etwa die Strategie des Cost Leaderships), muss im Zuge einer Strategischen Allianz somit ein Allianzpartner gefunden werden, welcher diagonal verortet ist, da gemäß den Forschungsergebnissen dieser Arbeit nur hierdurch die entsprechende Digitalisierungskompetenz erreicht werden kann. Dies steht im Einklang mit dem Ansatz der Cross-Industry Innovation[1130], welche im Rahmen der OTC-Pharmabranche als Instrument zur Schaffung neuer Innovationen und einer kundenanspruchsgerechten Patient Journey genutzt werden sollte. Um den Erwartungshaltungen der Patienten an die Patient Journey zu genügen – welche durch andere und deutlich digital weiter fortgeschrittene Branchen geprägt sind – ist dies besonders erforderlich. Hierfür wird spezifisch der erläuterte Coupled-Prozess der Cross-Industry Innovation für eine praktische Anwendung auf Basis der Forschungsergebnisse dieser Arbeit empfohlen.
- Es sind grundsätzlich Transfer-Allianzen anzustreben, die den Transfer des Digitalisierungs-Know-hows auf der einen Seite und des Branchen-Know-hows auf der anderen Seite (als Mehrwert für den diagonal verorteten Allianzpartner) zum Ziel haben. Einzig die Fristigkeit der Allianz ist flexibel und sollte individuell je nach OTC-Pharmahersteller überprüft werden.

1129 Dies deckt sich zudem mit den Indikationen weiterer Autoren wie etwa Illert (2017), S. 282–283; Suwelack (2017), S. 171; Klose (2017), S. 70–71; Bleilevens & Schenk (2020), S. 14 oder Idris & Heupel (2020), S. 296 hinsichtlich partnerschaftlicher Aktivitäten zwischen Unternehmen der Gesundheitsbranche mit Partnerunternehmen auf diagonaler Ebene. So konstatieren die Autoren Bleilevens & Schenk (2020): „Ein weiterer Schritt wird sein, vermehrt mit Technologieunternehmen und Start-ups zusammenarbeiten, da nicht das gesamte Know-how bei den Pharmaunternehmen liegen muss bzw. kann." Bleilevens & Schenk (2020), S. 14.
1130 Siehe Unterabschnitt 3.3.5.

- Die grundsätzliche Entscheidung über das Digitalisierungsziel hinsichtlich der Entwicklung eigener, neuer Geschäftsmodelle, oder ein Adaptieren bestehender innovativer Geschäftsmodelle von Wettbewerbern ist für OTC-Pharmahersteller ein ausschlaggebender Faktor.
Wie im Zusammenhang mit Herausforderung 2 bereits erörtert, könnte eine langfristige Allianz für eigene, neu zu entwickelnde Geschäftsmodelle präferiert werden. Obschon die Adaption bestehender Geschäftsmodelle eine erhöhte Geschwindigkeit für die Zielerreichung sowie eine Vereinfachung im Zuge der Digitalisierung innehat, ist diskutabel, ob dies langfristigen unternehmerischen Erfolg mit sich bringt. Somit ist diese Frage in Einklang mit der Strategie und Vision, sowie der Value Proposition des jeweiligen Unternehmens zu bringen. Nichtsdestotrotz zeigen die – sich vor allem durch die Digitalisierung rasch ändernden – rechtlichen Rahmenbedingungen,[1131] dass von Unternehmen und damit auch von Strategischen Allianzen zunehmend eine Flexibilität gefordert wird, wie sie gegebenenfalls von langfristigen Allianzen nicht erfüllt werden kann, und somit unter Umständen dennoch eine kurzfristige Allianz in Erwägung gezogen werden sollte. Somit können kurzfristige Allianzen für ein höher frequentiertes und diversifizierteres Wechseln von Allianzpartnern oder gleichermaßen das langfristige Eingehen mit Schlüsselpartnern zum Erfolg führen.
- Ungeachtet dieser Entscheidung sollten sich OTC-Pharmahersteller stets auf die Bedürfnisse der Kunden, und dem damit in Einklang stehenden Ziel des deutschen Gesundheitssystems (besonders unter Einschluss des Gesetzgebers und der rechtlichen Regularien), die Selbstmedikation und die darin inbegriffene Gesundheitskompetenz der Patienten zu fördern, fokussieren und entlang dieser Stakeholder den / die Allianzpartner sowie die detaillierten Allianzziele ausrichten.

Weiterhin wird im Folgenden erneut das in Unterabschnitt 2.1.5 dargelegte konzeptionelle Verständnis zu Strategischen Geschäftsfeldern und deren Strategieoptionen nach Meyer & Mattmüller (1993) aufgegriffen. Diese Strategieoptionen werden nun innerhalb dieses Abschnittes auf die dieser Arbeit zugrundeliegenden Fragestellung angewandt, um auch hier Handlungsempfehlungen für OTC-Pharmahersteller auszusprechen. Wie bereits festgestellt, beinhaltet die Strategiesammlung nach Meyer & Mattmüller (1993) fünf bzw. sechs Strategieoptionen. Nach erneuter Durchsicht dieser Optionen können auf

---

1131 Siehe Unterabschnitt 3.2.3.

die Fragestellung dieser Arbeit zwei dieser Optionen angewandt und für OTC-Pharmahersteller empfohlen werden:

- *Beibehaltungsstrategie*: Für OTC-Pharmahersteller ist zunächst einzig die Beibehaltungsstrategie denkbar. Dies ist damit zu begründen, dass sich im vorliegenden Falle weder speziell die Zielgruppe und / oder das angebotene Produkt der OTC-Pharmahersteller ändert. Vielmehr nehmen digitale, value-added Services eine zunehmende Rolle ein, welche die Bearbeitung der Strategischen Geschäftsfelder lediglich intensivieren.
- *Diversifikationsstrategie*: Als zweite Empfehlung kann eine Diversifikationsstrategie für OTC-Pharmahersteller angestrebt werden, würde sich im gleichen Zuge die Zielgruppe bzw. das Angebot von OTC-Pharmaherstellern ändern bzw. erweitern. Dies wäre im Rahmen dieser Arbeit denkbar, wenn beispielsweise der Eintritt in den Markt der Wearables geplant wird.[1132] Hier kann durch den Einstieg in einen neuen Markt und somit durch das Anbieten eines neuen Produktes (und ggf. der Ansprache einer anderen Zielgruppe) ein neues SGF gestaltet werden.[1133] Ein weiterer Fall für eine Diversifikationsstrategie liegt in den Anforderungen von C_1 und C_2, welche neue, digitale Kommunikationswege sowie -plattformen erfordern, und damit den Einsatz moderner Technologien in der Kundenansprache bedingen. Hierbei kann in einzelnen Fällen besonders eine junge Zielgruppe vorrangig adressiert werden.

Die anderen Strategieoptionen nach Meyer & Mattmüller (1993) können für die Betrachtung und Anwendung dieser Arbeit allerdings ausgeschlossen und somit nicht empfohlen werden. Dies soll ebenfalls noch kurz begründet werden:

- *Reduktionsstrategie*: Diese Strategieoption findet in dieser Arbeit keine Anwendung, da die Reduktion von OTC-Arzneimitteln oder ein Rückzug aus der Adressierung einer Zielgruppe in dieser Arbeit nicht Gegenstand der Untersuchung ist. Ob dies sinnvoll für einen OTC-Pharmahersteller wäre, kann im Rahmen dieser Arbeit somit nicht beurteilt werden und findet daher keine Anwendung.

1132 Siehe dazu die Herausforderungen und einhergehenden Anforderungen C_1–A_3 und C_2–A_4.
1133 Siehe hier auch die in Unterabschnitt 2.1.5 dargelegten Strategieansätzen der Fokussierung auf spezielle Zielgruppen oder der Differenzierung im Angebot der Leistungen nach Porter M. E. (1998), um Wettbewerbsziele zu erreichen.

- *Konversionsstrategie*: Die Anwendung der Konversionsstrategie macht mit Blick auf diese Arbeit ebenfalls keinen Sinn, da die Geschäftsfelder der OTC-Arzneimittel nicht mit anderen SGFs ausgetauscht werden können. Sollte die vorangehend angeschnittene Diversifikationsstrategie durch den Eintritt in den Wearables-Markt forciert werden, wird es als nicht zielführend erachtet, dieses neue SGF für die bisherigen SGFs auszutauschen. Dies ist besonders der Fall, da bisherig genutzte Ressourcen so gut wie keinen Mehrwert für den neuen Markt der Wearables bieten würden.
- *Multiplikation und Kontraktion*: Die *Multiplikation* als Strategieoption ist hier ebenfalls nicht denkbar, da das Ziel dieser Arbeit nicht die Untersuchung einer flächendeckenderen Versorgung der Gesellschaft mit OTC-Arzneimitteln ist. Da es sich bei dem Produkt, welches in dieser Arbeit als das Angebot der zu betrachtenden Unternehmen definiert ist, um medizinische, apothekenpflichtige Produkte handelt, sind diese bereits deutschlandweit und somit flächendeckend in den Apotheken vorhanden. Eine Anwendung der *Kontraktion* kann ebenfalls als nicht anwendbar behandelt werden, da dies ausschließlich die Verkleinerung des geographischen Marktes bedeuten wurde. Diese Strategieoption ist vor dem Hintergrund dieser Arbeit somit ebenfalls hinfällig.

Im Zuge der Strategischen Geschäftsfelder macht ebenfalls ein erneuter Blick auf das Konstrukt des Komparativen Konkurrenzvorteiles zur Anwendung auf die Ergebnisse dieser Arbeit Sinn. Dabei lässt sich feststellen, dass OTC-Pharmahersteller den Kunden durch die Digitalisierung, über das hergestellte Produkt (Arzneimittel) hinaus, value-added Services anbieten können. Da diese value-added Services durch den Eintritt neuer Unternehmen mit digitalen Geschäftsmodellen Teil des Gesundheitsmarktes werden, entstehen für OTC-Pharmahersteller zwei grundsätzliche Entscheidungsoptionen. Ungeachtet einer quantitativen Bewertung dieser sich daraus ergebenden Steigerung des Nettonutzenvorteiles, haben konkurrierende OTC-Pharmahersteller die Möglichkeit, diesen Nettonutzenvorteil durch eigene value-added Services gleichermaßen zu erbringen. Alternativ können sie den Nettonutzenvorteil unter Berücksichtigung der Preiselastizität durch eine Reduktion des Verkaufspreises – und damit die Notwendigkeit des Senkens der Herstellkosten zur Sicherstellung gleichbleibender Deckungsbeiträge – ausgleichen.

Fraglich ist jedoch, ob eine derartige Ausrichtung des Unternehmens, und somit ein stetig wachsender technologischer Rückstand, langfristig erfolgversprechend ist.

Nachdem die Handlungsempfehlungen je nach Herausforderung und anschließend gesamtheitlich in einer einzigen Handlungsempfehlung für

OTC-Pharmahersteller aufgezeigt und inhaltlich ausgeführt wurden, sowie auf konzeptioneller Seite anhand der Konstrukte der Strategischen Geschäftsfelder (und deren Strategieoptionen) und des Komparativen Konkurrenzvorteiles Handlungsempfehlungen ausgesprochen wurden, werden anschließend die weiteren Handlungsoptionen als Teil der Forschungsergebnisse dieser Arbeit aufgezeigt.

7.3 Weitere Handlungsoptionen

Weitere Handlungsoptionen können ausschließlich auf Basis von C_3 abgeleitet werden. Wie bei den bisher dargestellten Handlungsempfehlungen setzen sich auch hier die Ausprägungen des Transfers und das kurzfristige als auch langfristige Tempus gleichermaßen durch. Ausschließlich bei der Dimension der Richtung wird hier zusätzlich zur diagonalen, die vertikale Richtung als Handlungsoption in Betracht gezogen. Dies kann übersichtlich der folgenden Abbildung (Abbildung 28) entnommen werden:

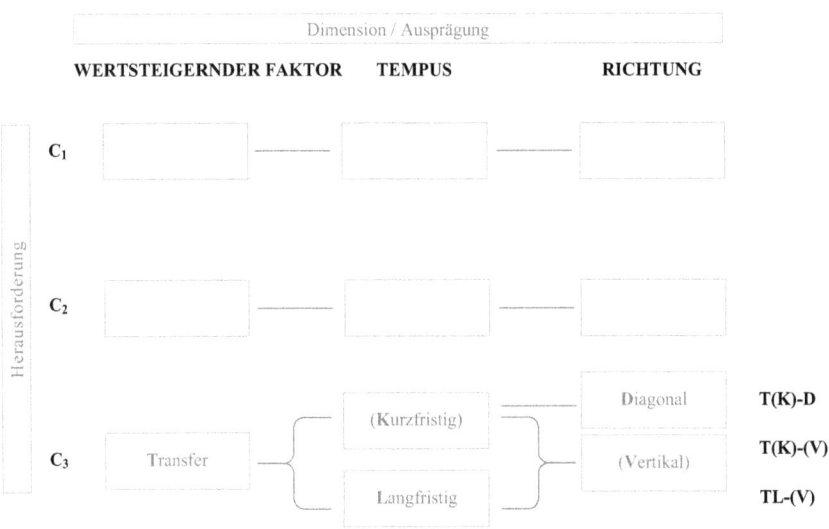

Abbildung 28: Weitere Handlungsoptionen für C_1–C_3

Betrachtet man zunächst die Ausprägungskombination *TK-D* – als weitere Handlungsoption –, fällt auf, dass sich – im Gegensatz zur Handlungsempfehlung für C_3 – die weiteren Handlungsoptionen für C_3 ausschließlich in der

Dimension des Tempus unterscheiden. Aus gesamtheitlicher Perspektive über alle Herausforderungen (C_1–C_3) ändert sich hierdurch in der Betrachtung der Handlungsoptionen jedoch nichts, da hierin bereits die Ausprägungskombination *TK-D* inkludiert ist. Wie bereits vorangehend dargestellt und entsprechend argumentiert, wird für die Entgegnung von C_3 eine langfristige Strategische Allianz empfohlen. Nichtsdestotrotz ist hier auch das Eingehen einer kurzfristigen Allianz denkbar. Dies ist damit zu begründen, dass benötigtes Know-how sowohl im kurzfristigen Rahmen einer festgelegten Projektdauer als auch bei einer langfristigen Allianz sinnvoll und nützlich ist.

Wenngleich bei einer kurzfristigen Allianz darauf gebaut werden kann, dass das dort erlangte Know-how bei dem OTC-Pharmahersteller internalisiert und somit langfristig eingesetzt werden kann, macht eine vorab langfristig geschlossene Kooperation besonders bei solchen OTC-Pharmaherstellern Sinn, welchen bisher jegliches digitales Know-how fehlt. Nichtsdestotrotz wird eine langfristige Ausrichtung empfohlen, da die Anforderungen von C_3 verlangen, dass die spezifischen, digitalen Fachkenntnisse zur Planung, Erstellung und Implementierung von digitalen Lösungen und Anwendungen für den Patienten im Rahmen der Patient Journey unternehmensweit ausgebaut werden müssen. Dies trifft besonders zu, da aufgezeigt wurde, dass die IT-Affinität *aller* Mitarbeiter gestärkt werden muss und solch ein Prozess nicht kurzfristig umgesetzt werden kann.

Darüber hinaus wird als weitere, mögliche Handlungsoption für OTC-Pharmahersteller zur Entgegnung von C_3 das Eingehen vertikaler Kooperationen festgestellt. Hierdurch wird zudem die gesamtheitliche Handlungsempfehlung über alle Herausforderungen (C_1–C_3) um weitere Handlungsoptionen ergänzt. Mit den Dimensionen des Wertsteigernden Faktors und des Tempus gleichbleibend, entstehen dadurch die beiden Ausprägungskombinationen *TK-V* und *TL-V*. Dabei können die Argumente für bzw. gegen eine Kurz- bzw. Langfristigkeit den bereits getätigten Ausführungen entnommen werden.

Bezieht man die vertikale Orientierung mit ein, kann diese somit in Verbindung mit einem Transfer von Know-how und einer kurzfristigen bzw. langfristigen Ausrichtung ebenfalls als mögliche Handlungsoption in Betracht gezogen werden. Dies ist zutreffend, sofern Unternehmen auf der vertikalen Stufe digitales Wissen besitzen, welches auf die Anwendung in der Marktbearbeitung bei Endkunden im OTC-Pharmamarkt übertragen werden kann. Dies ist allerdings unternehmensspezifisch individuell festzustellen.

Allerdings sind, wie bei den Handlungsempfehlungen auch, stets die rechtlichen Restriktionen zu beachten. Dabei machen derzeitige gesetzliche Anpassungen deutlich, dass auch für Allianzpartner die rechtlichen

Rahmenbedingungen zukünftigen Änderungen unterliegen können. Auf vertikaler Ebene wird dies etwa an dem Gesetz zur Stärkung der Vor-Ort-Apotheken[1134] deutlich, welches die Möglichkeit von Rabattierungen (bis dato für verschreibungspflichtige Arzneimittel) von Online-Apotheken, welche unmittelbar an den Kunden weiterzugeben wären, verbietet. Einschränkungen wie diese sind zukünftig ebenso im rezeptfreien Arzneimittelmarkt denkbar. Des Weiteren sind hier die in Unterabschnitt 5.2.3 aufgezeigten rechtlichen Hemmnisse elementar für OTC-Pharmahersteller zu beachten, sofern sie eine vertikale Kooperation mit einer Apotheke eingehen.

7.4 Ausgeschlossene Handlungsoptionen

Die Kategorie der ausgeschlossenen Handlungsoptionen zeigt ausschließlich diejenigen Ausprägungskombinationen auf, die dem Bewertungsschema nach als eine weitere Handlungsoption deklariert worden wären, jedoch a priori durch logische Begründung in Unterabschnitt 5.2.4 ausgeschlossen wurden.[1135]

Dabei können solche ausschließlich bei C_2 festgestellt werden. Bei diesen bleiben, analog zu den Handlungsempfehlungen, die Dimensionen des Wertsteigernden Faktors und des Tempus gleich (Transfer, kurzfristig / langfristig).

Einzig die Kooperationsrichtung ändert sich mit der Option eine horizontale Allianz einzugehen, woraus die Ausprägungskombinationen *TK-H* und *TL-H* entstehen (siehe Abbildung 29).

1134 Siehe Unterabschnitt 3.2.3.
1135 Die entstandenen Ausprägungskombinationen, welche sich aus den Ausprägungen mit einer negativ bewerteten Summe zusammensetzen würden, werden hier aufgrund ihrer fehlenden Relevanz nicht explizit aufgezeigt. Vollständigkeitshalber werden sie jedoch in Anhang 7 zusammenfassend dargestellt.

Ausgeschlossene Handlungsoptionen 329

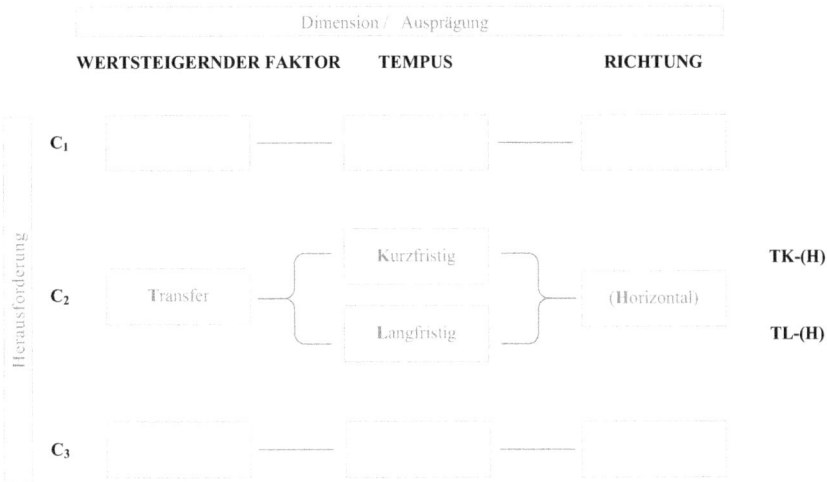

Abbildung 29: Ausgeschlossene Handlungsoptionen für C_1-C_3

Zusammenfassend wurde somit in Kapitel 6 und 7 durch die Herleitung und Aussprache von Handlungsempfehlungen an OTC-Pharmahersteller das praktisch-normative Erkenntnisziel dieser Dissertation erreicht. Die Arbeit geht somit über in den letzten Teil, der die Zusammenfassung und den Ausblick darstellt.

8 Schlussbetrachtung

Nachdem der praktisch-normative Teil der vorliegenden Dissertation abgeschlossen wurde, wird im Folgenden zusammenfassend auf Basis der Ergebnisse dieser Arbeit die zu Beginn aufgestellte Forschungsfrage (mit ihren Unterfragen) beantwortet. Weiterhin werden die Limitationen der vorliegenden Arbeit aufgezeigt sowie, besonders vor dem Hintergrund der globalen Covid-19-Pandemie, ein abschließender Ausblick gegeben.

8.1 Zusammenfassung

Im Rahmen des deskriptiven Teiles dieser Arbeit wurde aufgezeigt, dass die Digitalisierung im deutschen Gesundheits- und Pharmamarkt im Vergleich zu anderen Branchen (noch) rückschrittlich ist und aufgrund der stetig steigenden Relevanz der Digitalisierung ausgebaut werden muss. Mit Blick auf die Kundenansprache im Bereich des Marketing von OTC-Pharmahersteller zu Patienten, konnten im Rahmen des Abgleiches der traditionellen und einer volldigitalisierten Patient Journey eindeutige Potenziale an neuartigen Touchpoints, welche genutzt werden sollten, aufgedeckt werden. Diese entstehen nicht nur durch die technologischen Entwicklungen aufgrund der Digitalisierung, sondern damit einhergehend ebenfalls aus dem sich dadurch verändernden Kundenverhalten innerhalb der Patient Journey. Um zu erforschen, was die OTC-Pharmabranche am Eingehen auf diese Markterfordernis hindert, wurde innerhalb des deduktiven Teiles dieser Arbeit untersucht, welchen spezifischen Herausforderungen OTC-Pharmaunternehmen durch die Digitalisierung gegenüberstehen. Da dies bisher nicht ausdrücklich untersucht wurde, wurden diese im Rahmen dieser Arbeit anhand bestehender, branchenübergreifender Literatur hergeleitet und auf die OTC-Pharmabranche angewandt.

Dabei wurden drei elementare Herausforderungen C_1–C_3 (mit ihren jeweiligen zentralen Anforderungen) identifiziert:

1. *„Im OTC-Pharmamarkt entstehen durch die Digitalisierung neue Kundenbedürfnisse entlang der Patient Journey."*
2. *„Auf den Gesundheitsmarkt treten neue Wettbewerber mit neuen, digitalen Geschäftsmodellen ein, welche die Patient Journey von OTC-Pharmaherstellern beeinflussen."*
3. *„Die Digitalisierung erfordert von OTC-Pharmaherstellern spezifische Fachkenntnisse zur Planung, Erstellung und Implementierung von digitalen Lösungen und Anwendungen für den Patienten im Rahmen der Patient Journey."*

Als Instrument zur Entgegnung dieser Herausforderungen wurden in dieser Arbeit Strategische Allianzen herangezogen.

Daher wurde im Anschluss, ebenfalls im deduktiven Teil dieser Arbeit, auf Basis der konzeptionellen Grundlagen untersucht, welche Ausprägungen Strategischer Allianzen sinnvoll in Relation zueinander gesetzt werden können und somit dienlich für ein Anwendungsmodell sind. Berücksichtigt wurden dabei stets die spezifischen Besonderheiten des Pharmamarktes (hier zu nennen ist exemplarisch die rechtliche Regulierung des ausschließlichen Arzneimittel-Vertriebes über Apotheken als Intermediäre). Nachdem auf Basis dessen ein dreidimensionales Kategorisierungsmodell von Ausprägungen Strategischer Allianzen ausgearbeitet werden konnte (mit den Dimensionen „Wertsteigernder Faktor", „Tempus" und „Richtung"), wurde eine Bewertungssystematik entwickelt, die evaluiert, welche Ausprägungen Strategischer Allianzen gewählt werden sollten, um den einzelnen Anforderungen der Herausforderungen (C_1–C_3) zu entgegnen.

Dies wurde schließlich im praktisch-normativen Teil der vorliegenden Dissertation untersucht. Die Ergebnisse dieser Untersuchung stellen die Handlungsempfehlungen dieser Arbeit dar, die an OTC-Pharmahersteller ausgesprochen werden. Darüber hinaus werden weitere, mögliche Handlungsoptionen sowie ausgeschlossene Handlungsoptionen benannt.

Bei der Analyse und Diskussion der Handlungsempfehlungen fällt auf, dass zwei Ausprägungen Strategischer Allianzen die Empfehlungen dominieren. Diese Erkenntnis wird im Folgenden im Rahmen der zu beantwortenden Forschungsfrage dieser Arbeit erneut kurz thematisiert und somit abschließend zusammenfassend aufgezeigt.

Um die übergreifende Forschungsfrage übergeordnet beantworten zu können, werden folglich die in Abschnitt 1.3 zugehörig formulierten Unterfragen nacheinander durch die Ergebnisse dieser Arbeit beantwortet:

1. Inwieweit verändert sich die traditionelle Patient Journey im OTC-Pharmamarkt durch die Digitalisierung, und wird die traditionelle Patient Journey hierdurch obsolet?

Die Untersuchungen dieser Arbeit zeigen, dass sich die traditionelle Patient Journey im OTC-Pharmamarkt der apothekenpflichtigen Arzneimittel grundlegend durch neue, digitale Touchpoints und einhergehende, neuartige Technologien verändert. Dadurch, dass die Patienten digital jederzeit auf Informationen zugreifen können, verändert sich vor allem die Stufe „vor dem Kauf". Auch im Bereich der Stufe „Kauf" haben Online-Apotheken einen zunehmenden Einfluss auf die Kaufentscheidung eines Patienten. Nichtsdestotrotz wird die traditionelle Patient Journey dadurch nicht obsolet. Insbesondere die Apotheken bzw. die Apotheker als Intermediäre und Absatzmittler haben nach wie vor Bestand und damit weiterhin eine Schlüsselrolle im Beratungs- und Verkaufsprozess inne. Es hat sich gezeigt, dass die traditionellen Touchpoints wie Print, TV und PoS-Aufsteller in den Apotheken noch immer essenzielle Bausteine zur Kommunikation mit den Patienten sind. Dies ist auch darauf zurückzuführen, dass wohl vor allem die ältere Käufergruppe nach wie vor über diese Touchpoints und Kanäle zu erreichen ist.

2. Stellen die unterschiedlichen Herausforderungen der Digitalisierung innerhalb der Patient Journey des OTC-Pharmamarktes jeweils andersartige Anforderungen an die auf diesem Markt agierenden Hersteller und wie sind diese zu benennen?

Die im Rahmen dieser Arbeit definierten, größten Herausforderungen, welchen OTC-Pharmahersteller durch die Digitalisierung gegenüberstehen, weisen mehrheitlich jeweils andersartige Anforderungen auf. Allerdings sind hier ebenfalls Überschneidungspunkte zwischen Anforderungen verschiedener Herausforderungen aufgetreten, etwa wenn es um den Einfluss des Wearables-Marktes geht. Dieser ist Teil der Anforderungen in C_1 und C_2.

3. Lassen sich unterschiedliche Ausprägungen Strategischer Allianzen klassifizieren und in einem einheitlichen, mehrdimensionalen Modell vereinen?

Innerhalb der vorliegenden Arbeit konnten verschiedene Ausprägungen anhand von drei übergeordneten Dimensionen klassifiziert und in einem dreidimensionalen Kategorisierungsmodell vereint werden. Die diesem Kategorisierungsmodell zugrundeliegenden Dimensionen mit ihren jeweiligen Ausprägungen sind zusammenfassend: Wertsteigernder Faktor (Pool / Transfer), Tempus (Kurzfristig / Langfristig) und Richtung (Horizontal / Vertikal / Diagonal). Daraus ergeben sich in Summe zwölf unterschiedliche Ausprägungskombinationen unter der Berücksichtigung der drei genannten Dimensionen.

4. Wenn ja, können die unterschiedlichen Ausprägungen Strategischer Allianzen nutzbar gemacht werden, um individuell den unterschiedlichen Herausforderungen, auf Basis ihrer jeweiligen Anforderungen, durch die Digitalisierung des OTC- Pharmamarktes zu entgegnen?

Die betrachteten Ausprägungen Strategischer Allianzen bringen unterschiedliche Vor- und Nachteile sowie Charakteristika mit sich und können, mit unterschiedlicher Eignung, als Teil von Handlungsempfehlungen für die Entgegnung der Anforderungen der einzelnen Herausforderungen benannt werden. Dieser

Feststellung liegt ein Bewertungssystem zugrunde, welches in Kapitel 6 angewandt wurde.

5. *Können gewisse Ausprägungen Strategischer Allianzen grundsätzlich als übergeordnete Handlungsempfehlung im Rahmen der Digitalisierung des OTC-Pharmamarktes, ungeachtet einer individuellen Betrachtung der Herausforderung, ausgesprochen werden?*

Bei der spezifischen Bewertung über die Eignung einzelner Ausprägungen zur Entgegnung der Herausforderungen und der daraus resultierenden Ausprägungskombinationen, konnten grundsätzlich zwei Ausprägungen als übergreifend empfohlene Ausprägungen festgestellt werden. Festzuhalten ist dabei, dass die als übergreifende Handlungsempfehlung zu bezeichnende Ausprägung eine diagonale Transfer-Allianz sein sollte. Einzig die Dimension des Tempus, mit ihren Ausprägungen „kurz- und langfristig", ist abhängig von der jeweiligen Situation und Herausforderung zu wählen. Anhand der Beantwortung dieser Unterfragen, kann somit die übergreifende Forschungsfrage dieser Arbeit beantwortet werden, welche lautet:

„Welche Ausprägungen Strategischer Allianzen können als Instrument des Marketing dazu genutzt werden, um den größten Herausforderungen entlang der Patient Journey, welchen OTC-Pharmahersteller durch die Digitalisierung gegenüberstehen, zu entgegnen?"

Die Beantwortung dieser Forschungsfrage fällt somit wie folgt aus:

Zur Entgegnung von C_1–C_3 wird OTC-Pharmaherstellern die Ausprägungskombination Tx-D als Handlungsempfehlung benannt. Die einzige Dimension, die sich innerhalb der Herausforderungen unterscheidet, ist die Dimension des Tempus, weshalb für C_1 die Ausprägungskombination TK-D, für C_2 die Kombinationen TK-D und TL-D und für C_3 die Kombination TL-D empfohlen wird.

Da die Forschungsfrage aufwirft, welche Ausprägungen Strategischer Allianzen prinzipiell genutzt werden *können*, sind hier, zusätzlich zu den Handlungsempfehlungen, die weiteren Handlungsoptionen zu nennen. Diese wurden ausschließlich auf Basis von C_3 festgestellt und bestehen aus den Ausprägungskombinationen TK-D, TK-V und TL-V. Die ausgeschlossenen Handlungsoptionen umfassen Tx-H.

Zusammenfassend wird dies in Abbildung 30 illustriert:

Nachdem die Dissertation somit zusammengefasst und die Forschungsfrage (mit ihren Unterfragen) beantwortet wurde, werden im folgenden Abschnitt die Limitationen dieser Arbeit thematisiert.

8.2 Limitationen

Die vorliegende Arbeit unterliegt sowohl einigen inhaltlichen als auch methodischen Limitationen, die an dieser Stelle aufgezeigt werden.

So beschränkt sich die vorliegende Forschungsarbeit bewusst auf einen streng eingegrenzten Markt. Dies ist aufgrund der rechtlichen Restriktionen in der Pharmabranche sinnvoll, weshalb eine Gesamtbetrachtung des deutschen Pharmamarktes für eine solche Untersuchung nicht als zielführend erachtet wird. Die Ergebnisse dieser Arbeit können aus diesem Grund allerdings nicht verallgemeinert und auf andere Märkte übertragen werden. Nichtsdestotrotz ergibt sich dadurch Potenzial für gleichartige Untersuchungen in anderen, spezifischen Teilmärkten des deutschen Pharmamarktes (etwa für Consumer OTC-Arzneimittel mit dem Vertriebsweg des Lebensmitteleinzelhandels / der Drogerien). Darüber hinaus liegt in der Forschungsarbeit eine geographische Einschränkung auf den deutschen Markt vor. Auch hier ist die Betrachtung anderer geographischer Märkte – isoliert oder im Vergleich miteinander – denkbar.

Des Weiteren wurde sich im Rahmen der Eruierung der größten, für diese Arbeit gültigen Herausforderungen, auf eine Zahl von drei Herausforderungen beschränkt. So ist es denkbar, die in dieser Arbeit angewandte Methodik durch das Hinzuziehen weiterer Herausforderungen zu ergänzen, und damit eine Reevaluation der Gesamtbewertungen vorzunehmen. Zudem beinhaltet das in dieser Arbeit hergeleitete Kategorisierungsmodell lediglich eine begründete Auswahl von drei Dimensionen zur Charakterisierung einer Strategischen Allianz. Jedoch besteht darüber hinaus eine Vielzahl an weiteren möglichen Dimensionen, welche in weiterführenden Arbeiten betrachtet werden können.

Weiterhin folgt die vorliegende Dissertation einer literaturbasierten Forschungsmethodik. Wie bereits im Zuge der Arbeit herausgestellt, macht eine quantitative Forschung für das Umfeld der Thematik dieser Arbeit nur eingeschränkt Sinn. Trotzdem kann dieses Forschungsgebiet mit anderen Methoden der qualitativen Forschung weiter untersucht werden. Hierbei ist zu beachten, dass für die praktische Anwendung der individuelle Digitalisierungsgrad eines OTC-Pharmaherstellers kritisch den Annahmen dieser Arbeit gegenüberzustellen ist, da diese eine Makroperspektive und somit einen Querschnitt entlang der OTC-Pharmabranche darstellen.

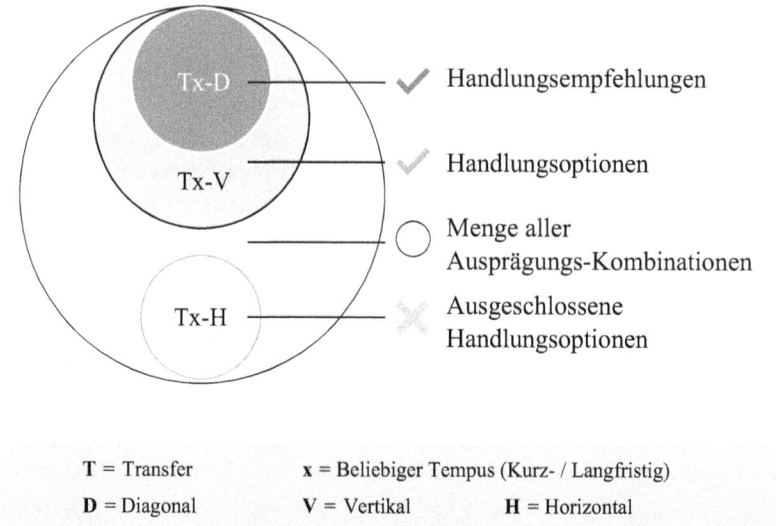

Abbildung 30: Gesamtheitliche Ergebnisübersicht

Nachdem die Limitationen dieser Arbeit aufgezeigt wurden und Impulse zur weiteren Forschung in dem hier untersuchten Feld erläutert wurden, schließt die vorliegende Dissertation mit einem kurzen Ausblick ab.

8.3 Ausblick

Diese Dissertation liefert relevante Ergebnisse für Wissenschaft und Praxis im Bereich des strategischen Marketing. Aufbauend darauf gibt sie neue Impulse für die Forschung im Bereich der Digitalisierung im Pharma- und Gesundheitsmarkt. Durch die zunehmende Relevanz der Selbstmedikation, und die darin enthaltene Gesundheitskompetenz, steigen auch zukünftig die Einsatzgebiete im Markt der Wearables und Technologien, die Patienten im Alltag begleiten. Hierdurch bieten sich für OTC-Pharmahersteller neue Möglichkeiten entlang der gesamten Patient Journey, durch digitale Touchpoints Einfluss auf die Patienten und ihre Kaufentscheidungen für OTC-Arzneimittel zu nehmen.

Auch vor dem Hintergrund der aktuellen (2020 / 2021) Ereignisse durch die weltweite Covid-19-Pandemie hat diese Arbeit eine hohe Bedeutung. So macht die Pandemie deutlich, dass das Gesundheitssystem durch gesteigerte, individuelle Selbstverantwortung und der damit einhergehenden Selbstdiagnose und Selbstmedikation, gestützt durch moderne Technologien und einem dezentralisierten Wissen, entlastet werden muss. Aus diesem Grund können OTC-Pharmahersteller durch Strategische Allianzen mit branchenfremden, etwa technologieorientierten Unternehmen, neue Mehrwerte für sowohl Patienten als auch die Gesellschaft schaffen, die darüber hinaus ebenfalls erhebliche wirtschaftliche Potenziale bergen. Fernab von rechtlichen Hürden sind in diesem Zusammenhang die Herausforderungen der Digitalisierung für OTC-Pharmahersteller identisch mit den in dieser Arbeit behandelten Herausforderungen.

Daher sollten sich zukünftige wissenschaftliche Arbeiten intensiver mit dem Verhalten und der Akzeptanz von Patienten im OTC-Pharmamarkt, im Kontext moderner Technologien zum Zwecke der Selbstdiagnose und Selbstmedikation befassen, dabei einen Schwerpunkt auf kundenseitige Anforderungen an derartige Technologien legen und diese evaluieren.

Literaturverzeichnis

Abell, D. (1980). *Defining The Business: The Starting Point of Strategic Planning.* Englewood Cliffs: Prentice-Hall.

Abell, D. & Hammond, J. (1979). *Strategic Market Planning: Problems and Analytical Approaches.* Englewood Cliffs: Prentice-Hall.

Adkins, N. & Corus, C. (2009). Health Literacy for Improved Health Outcomes: Effective Capital in the Marketplace. *The Journal of Consumer Affairs, Vol. 43, Issue: 2,* 199–222.

aerzteblatt.de. (09. April 2019). *www.aerzteblatt.de.* Abgerufen am 11. März 2021 von www.aerzteblatt.de/nachrichten/102301/Impfen-durch-Apotheker-stoesst-auf-Gegenwehr-bei-Aerzten

Affinito, L. & Mack, J. (2016). *Socialize Your Patient Engagement Strategy: How Social Media and Mobile Apps Can Boost Health Outcomes.* New York: Routledge.

Alami, H., Gagnon, M.-P. & Fortin, J.-P. (2017). Digital health and the challenge of health systems transformation. *mHealth, Vol. 3, Issue: 31,* 1–5.

Altounian, D., Wiley, R., Woo, V. & Roberts, S. (2016). From Customer Engagement to the Customer Journey: Understanding the Drivers of Engagement in B2C and B2B Environments. In M. Obal, N. Krey & C. Bushardt, *Let's Get Engaged! Crossing the Threshold of Marketing's Engagement Era* (S. 611–614). Cham: Springer.

American Marketing Association. (2017). *www.ama.org.* Abgerufen am 23. Mai 2019 von www.ama.org/the-definition-of-marketing-what-is-marketing/

Anderson, S., Rayburn, S. & Sierra, J. (2019). Future thinking: the role of marketing in healthcare. *European Journal of Marketing, Vol. 53, Issue: 8,* 1521–1545.

Ansoff, H. I. (1966). *Management-Strategie.* München: Verlag Moderne Industrie.

aponet.de. (15. Januar 2020). *www.aponet.de.* Abgerufen am 09. März 2021 von www.aponet.de/artikel/gruenes-rezept-fuer-arzneimittelsicherheit-21874

aponet.de. (2021). *www.aponet.de.* Abgerufen am 04. April 2021 von www.aponet.de/service/arzneimitteldatenbank

Arthur D. Little. (2016). *Impact of Digital Health on the Pharmaceutical Industry: Will Business Models be Reshaped by Digital Health?* o.O.: Arthur D. Little.

Arzneimittelkommission der deutschen Ärzteschaft, Ärztliches Zentrum für Qualität in der Medizin. (2019). *Patienteninformationen: Biosimilars.* o.O.: Kassenärztliche Bundesvereinigung.

Aunkofer, R. (2018). Connecting the World and Reinventing Customer Centricity. *GfK Marketing Intelligence Review, Vol. 10, Issue: 2,* 55–59.

Backhaus, K. (2006). Vom Kundenvorteil über die Value Proposition zum KKV. *Marketing Review St. Gallen, Vol. 23, Issue: 3,* 7–10.

Backhaus, K. & Piltz, K. (1990). *Strategische Allianzen* (zfbf Sonderheft 27). Düsseldorf: Verlagsgruppe Handelsblatt.

Backhaus, K. & Schneider, H. (2007a). *Strategisches Marketing* (1. Auflage). Stuttgart: Schäffer-Poeschel.

Backhaus, K. & Schneider, H. (2007b). Marketing: Ein Interpretationsversuch aus Münsteraner Perspektive. In M. Bruhn, M. Kirchgeorg & J. Meier, *Marktorientierte Führung im wirtschaftlichen und gesellschaftlichen Wandel* (S. 13–29). Wiesbaden: Gabler.

Backhaus, K. & Voeth, M. (2004). *Handbuch Industriegütermarketing: Strategien – Instrumente – Anwendungen.* Wiesbaden: Gabler.

Balling, R. (1997). *Kooperation: Strategische Allianzen, Netzwerke, Joint-Ventures und andere Organisationsformen zwischenbetrieblicher Zusammenarbeit in Theorie und Praxis.* Frankfurt am Main / Berlin / Bern / New York / Paris / Wien: Peter Lang.

Barney, J. (1991). Firm Resources and Sustained Competitive Advantage. *Journal of Management, Vol. 17, Issue: 1,* 99–120.

Bauer, C., Schneider-Ziebe, A. & May, U. (2020). *Konzeptrahmen zur praktischen Umsetzung der Grippeschutzimpfung in der Apotheke: Projekt im Auftrag des Bundesverband Deutscher Apothekenkooperationen e.V. (BVDAK).* o.O.: May und Bauer – Konzepte im Gesundheitsmarkt GbR.

Bea, F. X. & Haas, J. (2019). *Strategisches Management* (10. Auflage). München: UVK.

Beamish, P. (1987). Joint Ventures in LDCs: Partner Selection and Performance. *Management International Review, Vol. 27, Issue: 1,* 23–37.

BearingPoint. (2015). *Do digital innovations drive externalization in pharma?* Frankfurt/Main: BearingPoint.

Becker, F. & Nölte, N. (2017). Selbstmedikation und Apotheke – für eine wirksame, effiziente und wohnortnahe Patientenversorgung. *Gesundheitsökonomie & Qualitätsmanagement, Vol. 22, Issue: 1,* 30–33.

Becker, L. (2019). Digitale Ansätze des Arzneimittelverkaufs mit pharmazeutischer Beratung bei Online-Apotheken. In D. Matusiewicz, F. Stratmann & J.

Wimmer, *Marketing im Gesundheitswesen* (S. 409–420). Wiesbaden: Springer Gabler.

Beermann, M. (2017). Politische Perspektiven für die Zukunft der digitalen Gesundheit. In D. Matusiewicz, C. Pittelkau & A. Elmer, *Die Digitale Transformation im Gesundheitswesen: Transformation, Innovation, Disruption* (S. 36–40). Berlin: Medizinisch Wissenschaftliche Verlagsgesellschaft.

Bejaković, P. & Mrnjavaz, Ž. (2020). The importance of digital literacy on the labour market. *Employee Relations: The International Journal, Vol. 42, Issue: 4*, 921–932.

Belz, C., Giger, A., Jelden, J. & Wippermann, P. (2007). Neue Prinzipien für das Marketing. In C. Belz, M. Schögel & T. Tomczak, *Innovation Driven Marketing: Vom Trend zur innovativen Marketinglösung* (1. Auflage, S. 37–48). Wiesbaden: Gabler.

Belz, C., Schögel, M. & Tomczak, T. (2007). Innovation Driven Marketing: Vom Trend zur innovativen Marketinglösung. In C. Belz, M. Schögel & T. Tomczak, *Innovation Driven Marketing: Vom Trend zur innovativen Marketinglösung* (1. Auflage, S. s20). Wiesbaden: Gabler.

Bertram, N., Püschner, F., Oliveira Gonçalves, A., Binder, S. & Amelung, V. (2019). Schwerpunktthema: Das digitale Krankenhaus. In J. Klauber, M. Geraedts, J. Friedrich & J. Wasem, *Krankenhaus-Report 2019: Das digitale Krankenhaus* (S. 3–16). Berlin: Springer.

Bharadwaj, A., El Sawy, O., Pavlou, P. & Venkatraman, N. (2013). Digital Business Strategy: Toward a Next Generation of Insights. *MIS Quarterly, Vol. 37, Issue: 2*, 471–482.

Binckebanck, L. (2011). Einleitung und Überblick. In L. Binckebanck, *Verkaufen nach der Krise: Vertriebliche Erfolgspotenziale der Zukunft nutzen – Strategien und Tipps aus Forschung, Beratung und Praxis* (1. Auflage, S. 11–20). Wiesbaden: Gabler.

Binckebanck, L. (2013). Grundlagen zum strategischen Vertriebsmanagement. In L. Binckebanck, A.-K. Hölter & A. Tiffert, *Führung von Vertriebsorganisationen: Strategie – Koordination – Umsetzung* (S. 3–35). Wiesbaden: Springer Gabler.

Blau, P. (1964). *Exchange and Power in Social Life*. New York: Wiley.

Bleilevens, W. & Schenk, J. (2020). Das digitale patientenzentrierte Pharmaunternehmen. In M. Pfannstiel, P. Da-Cruz & E. Rederer, *Digitale Transformation von Dienstleistungen im Gesundheitswesen VII: Impulse für die Pharmaindustrie* (S. 1–16). Wiesbaden: Springer Gabler.

Bolton, R., McColl-Kennedy, J., Cheung, L., Gallan, A., Orsingher, C., Witell, L. & Zaki, M. (2018). Customer experience challenges: bringing together digital, physical and social realms. *Journal of Service Management, Vol. 29, Issue: 5*, 776–808.

Boureanu, L. (2017). From Customer Service to Customer Experience: The Drivers, Risks and Opportunities of Digital Transformation. In J. Klewes, D. Popp & M. Rost-Hein, *Out-thinking Organizational Communications: The Impact of Digital Transformation* (S. 145–156). o.O.: Springer.

Bouwman, H., Nikou, S., Molina-Castillo, F. & de Reuver, M. (2018). The impact of digitalization on business models. *Digital Policy, Regulation and Governance, Vol. 20, Issue: 2*, 105–124.

Brandenberg, A., Herrmann, A., Roos, G. & Rösger, J. (2007). Verändertes Kundenverhalten. In C. Belz, M. Schögel & T. Tomczak, *Innovation Driven Marketing: Vom Trend zur innovativen Marketinglösung* (1. Auflage, S. 63–70). Wiesbaden: Gabler.

Breisach, T. (2017). Qualität ist, was der virtuelle Kunde will – Fehlende Kundenorientierung als hausgemachtes Problem. In D. Matusiewicz, C. Pittelkau & A. Elmer, *Die Digitale Transformation im Gesundheitswesen: Transformation, Innovation, Disruption* (S. 325–328). Berlin: Medizinisch Wissenschaftliche Verlagsgesellschaft.

Brixle, M. (1993). Konversion. In P. Meyer & R. Mattmüller, *Strategische Marketingoptionen: Änderungsstrategien auf Geschäftsfeldebene* (S. 87–127). Stuttgart / Berlin / Köln: Kohlhammer.

Bronder, C. & Pritzl, R. (1992). Developing Strategic Alliances: A Conceptual Framework for Successful Co-operation. *European Management Journal, Vol. 10, Issue: 4*, 412–421.

Bruhn, M. (2014). *Marketing: Grundlagen für Studium und Praxis* (12. Auflage). Wiesbaden: Springer Gabler.

Bruhn, M. (2016). *Relationship Marketing: Das Management von Kundenbeziehungen* (5. Auflage). München: Vahlen.

Brunswicker, S. & Hutschek, U. (2010). Crossing Horizons: Leveraging Cross-Industry Innovations Search in the Front-End Of the Innovation Process. *International Journal of Innovation Management, Vol. 14, Issue: 4*, 683–702.

Bundesgesundheitsministerium. (13. Juli 2015).*www.bundesgesundheitsministerium.de.*Abgerufen am 09. März 2021 von www.bundesgesundheitsministerium.de/service/begriffe-von-a-z/v/versorgungsstrukturgesetz

Bundesgesundheitsministerium. (22. April 2020a).*www.bundesgesundheitsministerium.de.* Abgerufen am 09. März 2021 vonwww.bundesgesundheitsministerium.de/digitale-versorgung-gesetz

Bundesgesundheitsministerium. (20. Oktober 2020b).*www.bundesgesundheitsministerium.de.* Abgerufen am 15. März 2021 von www.bundesgesundheitsministerium.de/patientendaten-schutz-gesetz

Bundesgesundheitsministerium. (23. Oktober 2020c).*www.bundesgesundheits ministerium.de*. Abgerufen am 09. März 2021 von www.bundesgesundheits ministerium.de/e-health-initiative

Bundesgesundheitsministerium. (23. Oktober 2020d).*www.bundesgesundheits ministerium.de*. Abgerufen am 09. März 2021 von www.bundesgesundheits ministerium.de/service/begriffe-von-a-z/e/e-health-gesetz

Bundesgesundheitsministerium. (29. Oktober 2020e). *www.bundesgesundheits ministerium.de*. Abgerufen am 15. März 2021 von www.bundesgesundheits ministerium.de/apotheken

Bundesgesundheitsministerium. (05. Januar 2021a).*www.bundesgesundheits ministerium.de*. Abgerufen am 17. März 2021 von www.bundesgesundheits ministerium.de/gesundheitskompetenz/allianz-fuer-gesundheitskompetenz

Bundesgesundheitsministerium. (08. Januar 2021b).*www.bundesgesundheits ministerium.de*. Abgerufen am 15. März 2021 von www.bundesgesundheits ministerium.de/e-rezept

Bundesgesundheitsministerium. (02. Februar 2021c).*www.bundesgesundheits ministerium.de*. Abgerufen am 05. Mai 2021 von www.bundesgesundheits ministerium.de/themen/gesundheitswesen/gesundheitsberufe/gesundheit sberufe-allgemein

Bundesgesundheitsministerium. (26. März 2021d). *www.bundesgesundheits ministerium.de*. Abgerufen am 04. April 2021 von www.bundesgesundheits ministerium.de/themen/krankenversicherung/online-ratgeber-krankenv ersicherung/arznei-heil-und-hilfsmittel/apotheken

Bundesgesundheitsministerium. (12. April 2021e).*www.bundesgesundheitsmini sterium.de*. Abgerufen am 23. April 2021 von www.bundesgesundheitsmini sterium.de/themen/gesundheitswesen/gesundheitsziele

Bundesgesundheitsministerium. (15. April 2021f). *www.bundesgesundheits ministerium.de*. Abgerufen am 17. April 2021 von www.bundesgesundheits ministerium.de/impfpflicht

Bundesministerium für Wirtschaft und Energie. (2017). *Monitoring-Report Wirtschaft DIGITAL 2017.* Berlin: Bundesministerium für Wirtschaft und Energie.

Bundesministerium für Wirtschaft und Energie. (2018). *Monitoring-Report Wirtschaft DIGITAL 2018.* Berlin: Bundesministerium für Wirtschaft und Energie.

Bundesministerium für Wirtschaft und Energie. (2019). *Gesundheitswirtschaft: Fakten & Zahlen, Ausgabe 2018 – Ergebnisse der Gesundheitswirtschaftlichen Gesamtrechnung.* Berlin: Bundesministerium für Wirtschaft und Energie.

Bundesverband der Arzneimittel-Hersteller. (2017). *Selbstmedikation 2025: Gesunde Perspektiven für den Einzelnen und die Gesellschaft.* Bonn / Berlin: Bundesverband der Arzneimittel-Hersteller e.V.

Bundesverband der Arzneimittel-Hersteller. (2018a). *Von der Verschreibungspflicht zur Apothekenpflicht.* Bonn / Berlin: Bundesverband der Arzneimittel-Hersteller e.V.

Bundesverband der Arzneimittel-Hersteller. (13. Juni 2018b). *www.bah-bonn.de*. Abgerufen am 11. März 2021 von www.bah-bonn.de/presse/pressemitteilungen/artikel/impfen-in-der-apotheke-bessere-quote-weniger-kosten-geteilte-meinung/

Bundesverband der Arzneimittel-Hersteller. (2019). *Impulse für eine gute Politik: Arzneimittel-Hersteller aus ihrer Region.* Bonn / Berlin: Bundesverband der Arzneimittel-Hersteller e.V.

Bundesverband der Arzneimittel-Hersteller. (2020). *Der Arzneimittelmarkt in Deutschland 2019: Zahlen & Fakten.* Bonn / Berlin: Bundesverband der Arzneimittel-Hersteller e.V.

Bundesverband der Pharmazeutischen Industrie. (2020). *Pharma-Daten 2020.* Berlin: Bundesverband der Pharmazeutischen Industrie e.V.

Bundesverband der Pharmazeutischen Industrie. (2021). *Positionspapier: Selbstmedikation – Effiziente und sichere Gesundheitsversorgung.* Berlin: Bundesverband der Pharmazeutischen Industrie e.V.

Bundesvereinigung Deutscher Apothekerverbände. (2019). *Die Apotheke – Zahlen, Daten, Fakten 2019.* Berlin: Bundesvereinigung Deutscher Apothekerverbände.

Bundesvereinigung Deutscher Apothekerverbände. (2020a). *Die Apotheke – Zahlen, Daten, Fakten 2020.* Berlin: Bundesvereinigung Deutscher Apothekerverbände.

Bundesvereinigung Deutscher Apothekerverbände. (07. Dezember 2020b). *www.abda.de*. Abgerufen am 01. April 2021 von www.abda.de/aktuelles-und-presse/pressemitteilungen/detail/in-der-corona-pandemie-grosse-zufriedenheit-mit-apotheken/

Burkart, M., Bender, D., Markarian, R., Ullrich, T. & Wimmenauer, V. (2020). Digitale Patient Centricity – die App „Tebonin – Übungen gegen Schwindel". In M. Pfannstiel, P. Da-Cruz & E. Rederer, *Digitale Transformation von Dienstleistungen im Gesundheitswesen VII: Impulse für die Pharmaindustrie* (S. 67–90). Wiesbaden: Springer Gabler.

Busch, R., Fuchs, W. & Unger, F. (2008). *Integriertes Marketing: Strategie – Organisation – Instrumente* (4. Auflage). Wiesbaden: Gabler.

Businesswire. (21. Mai 2019). www.businesswire.com. Abgerufen am 05. Mai 2021 von www.businesswire.com/news/home/20190521005485/en/Verily-Forms-Strategic-Alliances-with-Novartis-Otsuka-Pfizer-and-Sanofi-to-Transform-Clinical-Research

Camphausen, B. (2013). *Strategisches Management: Planung, Entscheidung, Controlling* (3. Auflage). München: Oldenbourg Verlag.

Cavazos, C. & Varadarajan, R. (2012). Manager's intentions toward entering into strategic marketing alliances: an empirical investigation. *Journal of Strategic Marketing, Vol. 20, Issue: 7*, 571–588.

Cegarra, J. (2005). An Empirical Investigation of Organizational Learning through Strategic Alliances between SMEs. *Journal of Strategic Marketing, Vol. 13, Issue: 1*, 3–16.

Cesarani, M. (2014). Competitive Dimension of Outsourcing Relations in Global Networks. *Journal of Management Policies and Practices, Vol. 2, Issue: 4*, 97–112.

Champagne, D., Hung, A. & Leclerc, O. (2015). *The road to digital success in pharma*. o.O.: McKinsey & Company.

Chesbrough, H. (2003). *Open Innovation: The New Imperative for Creating and Profiting from Technology*. Boston: Harvard Business School Press.

Chesbrough, H. (2010). Business Model Innovation: Opportunities and Barriers. *Long Range Planning, Vol. 43, Issues: 2–3*, 354–363.

Christensen, C. (1997). *The Innovator's Dilemma: When New Technologies Cause Great Firms to Fail*. Boston: Harvard Business School Press.

Coase, R. H. (1937). The nature of the firm. *Economica, Vol. 4, Issue: 16*, 386–405.

Cocomore. (2019). *Owned Touchpoints gehört die Zukunft*. Frankfurt am Main: Cocomore AG.

Coenenberg, A. G. & Baum, H. G. (1987). *Strategisches Controlling: Grundfragen der strategischen Planung und Kontrolle*. Stuttgart.

Cohen, W. M. & Levinthal, D. A. (1990). Absorptive Capacity: A New Perspective on Learning and Innovation. *Adiminstrative Science Quarterly, Vol. 35, Issue: 1*, 128–152.

Creyer, E., Hrsistodoulakis, I. & Cole, C. (2001). Changing a drug from Rx to OTC status: the consumer behavior and public policy inmplications of switch drugs. *Journal of Product & Brand Management, Vol. 10, Issue: 1*, 52–64.

Curado, C. & Bontis, N. (2006). The knowledge-based view of the firm and its theoretical precursor. *International Journal of Learning and Intellectual Capital, Vol. 3, Issue: 4*, 367–381.

Daft, R. (1983). *Organization Theory and Design*. New York: West Publishing Company.

Däinghaus, R. (2008). Neue Konzepte bei der Abgabe von Arzneimitteln. In O. Schöffski, F.-U. Fricke & W. Guminski, *Pharmabetriebslehre* (2. Auflage, S. 353–363). Berlin/Heidelberg: Springer.

Daly, K. (2015). Health as a Social Media. In G. Einav, *The New World of Transitioned Media: Digital Realignment and Industry Transformation* (S. 35–51). Cham: Springer.

Dambacher, E. & Schöffski, O. (2008). Vertriebswege und Vertriebswegeentscheidung. In O. Schöffski, F.-U. Fricke & W. Guminski, *Pharmabetriebslehre* (2. Auflage, S. 281–315). Berlin / Heidelberg: Springer.

Dan, V. (2016). Pharmakommunikation. In C. Rossmann & M. Hastall, *Handbuch der Gesundheitskommunikation* (S. 1–12). Wiesbaden: Springer.

Das, T. & Teng, B.-S. (2000a). Instabilities of Strategic Alliances: An Internal Tensions Perspective. *Organization Science, Vol. 11, Issue: 1*, 77–101.

Das, T. & Teng, B.-S. (2000b). A Resource-Based Theory of Strategic Alliances. *Journal of Management, Vol. 26, Issue: 1*, 31–61.

Dasgupta, S. & Grover, P. (2019). Impact of Digital Strategies on Consumer Decision Journey: Special. *Academy o Marketing Studies Journal, Vol. 23, Issue: 1*, 1–14.

Davies, N. (2018). *Customer Experience: The Definitive Guide*. FC Business Intelligence Ltd: Eyeforpharma.

Day, G. (1992). Marketing's Contribution to the Strategy Dialogue. *Journal of the Academy of Marketing Science, Vol. 20*, 323–329.

DAZ.online. (28. September 2017). *www.deutsche-apotheker-zeitung.de*. Abgerufen am 09. März 2021 von www.deutsche-apotheker-zeitung.de/news/artikel/2017/09/28/der-apotheker-ist-unverzichtbar

DAZ.online. (20. Januar 2021). *www.deutsche-apotheker-zeitung.de*. Abgerufen am 05. März 2021 von www.deutsche-apotheker-zeitung.de/news/artikel/2021/01/20/im-winter-wurden-vor-allem-weniger-erkaeltungspraeparate-abgegeben

Deloitte. (2017). *Accelerating Digital Ecosystem Development through Strategic Alliances*. o.O.: Deloitte Southeast Asia Ltd.

DeLorme, D. E., Huh, J., Reid, L. N. & An, S. (2010). The state of public research on over-the-counter drug advertising. *International Journal of Pharmaceutical and Healthcare Marketing, Vol. 4, Issue: 3*, 208–231.

Demmers, J., Weltevreden, J. & van Dolen, W. (2020). Consumer Engagement with Brand Posts on Social Media in Consecutive Stages of the Customer Journey. *International Journal of Electronic Commerce, Vol. 24, Issue: 1*, 53–77.

Devlin, G. & Bleackley, M. (1988). Strategic Alliances Guidelines for Success. *Long Range Planning, Vol. 21, Issue: 5*, 18–23.

Dhaundiyal, M. & Coughlan, J. (2020). Understanding strategic alliance life cycle: a 30 year literature review of leading management journals. *Business: Theory and Practice, Vol. 21, Issue: 2*, 519–530.

Diagnosia. (2020). *www.diagnosia.com*. Abgerufen am 28. April 2020 von www.diagnosia.com

Dillmann, R. & Kahl, S. (2017). Digitalisierung in der Pharmaindustrie: Handlungsempfehlungen, um Herausforderungen zu meistern und Chancen zu nutzen. *CHEManager, Vol. 26, Issues: 7–8*, 9.

Doctor.com. (2020). *Customer Experience Trends in Healthcare 2020*. o.O.: Doctor.com.

Dowling, M. & Lechner, C. (1998). Kooperative Wettbewerbsbeziehungen: Theoretische Ansätze und Managementstrategien. *Die Betriebswirtschaft, Vol. 58, Issue: 1*, 86–102.

Doz, Y. & Hamel, G. (1998). *Alliance Advantage: The Art of Creating Vale through Partnering*. Boston: Harvard Business School Press.

Drewniak, R. (2016). Model of the Knowledge Value Chain in Strategic Alliances: Conditions of the Knowledge Flow between Companies. *Global Management Journal, Vol. 8*, 116–124.

Drucker, P. (1995). *Managing in a Time of Great Change*. New York: Truman Talley.

DuPont. (2020). *www.dupont.de*. Abgerufen am 27. April 2020 von www.dupont.de/industries.html

Duysters, G., Saebi, T. & De Man, A.-P. (2011). Shaping the alliance management agenda: a capability approach. *Journal on Chain and Network Science, Vol. 11, Issue: 3*, 191–196.

Dyer, J. & Singh, H. (1998). The Relational View: Cooperative Strategy and Sources of Interorganizational Competitive Advantage. *The Academy of Management Review, Vol. 23, Issue: 4*, 660–679.

Ebersbach, L., Gassmann, O. & Reinecke, S. (2007). Neue Grenzen für Innovation. In C. Belz, M. Schögel & T. Tomczak, *Innovation Driven Marketing: Vom Trend zur innovativen Marketinglösung* (1. Auflage, S. 51–60). Wiesbaden: Gabler.

Ebner Stolz. (2015). *Strategische Allianzen: Wirkungsvolles Instrument oder überschätzter Hype? Das sagt der Mittelstand.* Köln: Ebner Stolz.

ecommerceDB.com & Statista. (2021). *Umsatzstärkste Online-Shops im Apotheken-Segment in Deutschland im Jahr 2019.* o.O.: Statista.

Econsultancy & Adobe. (2017). *Digital Intelligence Briefing: 2017 – Digital Trends in Healthcare and Pharma.* London / New York / Singapur: Econsultancy / Adobe.

Edalat, A. (24. September 2020). *www.deutsche-apotheker-zeitung.de.* Abgerufen am 10. Oktober 2020 von www.deutsche-apotheker-zeitung.de/news/artikel/2020/09/24/face-to-face-kontakt-ist-weiterhin-goldstandard/chapter:2

Edalat, A. (12. März 2021). *www.deutsche-apotheker-zeitung.de.* Abgerufen am 01. April 2021 von www.deutsche-apotheker-zeitung.de/news/artikel/2021/03/12/krankenkassen-fuerchten-apotheken-hopping

Ehrnstorfer, O. (2008). Kommunikation. In O. Schöffski, F.-U. Fricke & W. Guminski, *Pharmabetriebslehre* (2. Auflage, S. 267–278). Berlin / Heidelberg: Springer.

Eichenberg, C. (2017). E-Health: Effekte von Onlineselbstdiagnosen. *Deutsches Ärzteblatt, Vol. 15, Issue: 2,* 81–82.

Eichenberg, C. & Auersperg, F. (2015). Wunsch nach Selbstbestimmtheit. *Deutsches Ärzteblatt, Vol. 13, Issue: 2,* 75–77.

Eichenberg, C., Brähler, E. & Hoefert, H.-W. (2017). *Selbstbehandlung und Selbstmedikation.* Göttingen: Hogrefe.

Elmuti, D. & Kathawala, Y. (2001). An overview of strategic alliances. *Management Decision, Vol. 39, Issue: 3,* 205–217.

Emerson, R. (1976). Social Exchange Theory. *Annual Review of Sociology, Vol. 2,* 335–362.

Enkel, E. & Gassmann, O. (2010). Creative imitation: exploring the case of cross-industry innovation. *R&D Management, Vol. 40, Issue: 3,* 256–270.

Enkel, E., Gassmann, O. & Chesbrough, H. (2009). Open R&D and open innovation: exploring the phenomenon. *R&D Management, Vol. 39, Issue: 4,* 311–316.

Esch, F.-R., Stahl, M., Adler, N. & Schneider, J. (2016). *Customer Experience in Zeiten digitaler Transformation: Gemeinschaftsstudie von absatzwirtschaft und ESCH. The Brand Consultants.* Saarlouis / Köln: Esch. The Brand Consultants.

Euromonitor International. (2019). *Consumer Health in Germany: Country Report 2019*. o.O.: Euromonitor International.

Euromonitor. (2018). *Marktanteil führender Hersteller rezeptfreier Arzneimittel weltweit im Jahr 2017*. o.O.: Euromonitor.

Europäische Arzneimittel-Agentur / Europäische Kommission. (2019). *Biosimilars in der EU: Leitfaden für medizinische Fachkräfte*. Amsterdam: Europäische Arzneimittel-Agentur.

European Union. (2017). *Pilot project on the promotion of Self-Care systems in the European Union 2014–2017*. Copenhagen: DCHE.

Everett, C. (2016). Disruption in the age of the digital business model. *Computer Weekly, Vol. 2, Issue: 2*, 18–22.

Feldmann, C. (2005). *Strategisches Technologiemanagement*. Chemnitz: Deutscher Universitäts-Verlag.

Ferreira, M., Storopoli, J. & Serra, F. (2014). Two Decades of Research on Strategic Alliances: Analysis of Citations, Co-citations and Themes Researched. *Revista de Administração Contemporânea, Vol. 18, Issue: 12*, 109–133.

Fink, V. (2020). *Quick Guide: KI-Projekte – einfach machen: Künstliche Intelligenz in Service, Marketing und Sales erfolgreich einführen*. Wiesbaden: Springer Gabler.

Fischer, B., Hoyer, K. & Höcherl, S. (2017). Digital Health Standort Deutschland – Brauchen wir eine Moonshot-Strategie? In D. Matusiewicz, C. Pittelkau & A. Elmer, *Die Digitale Transformation im Gesundheitswesen: Transformation, Innovation, Disruption* (S. 172–176). Berlin: Medizinisch Wissenschaftliche Verlagsgesellschaft.

Fitzgerald, M., Kruschwitz, N., Bonnet, D. & Welch, M. (2013). Embracing Digital Technology: A New Strategic Imperative. *MIT Sloan Management Review*, 2–12.

Fladnitzer, M. (2006). *Vertrauen als Erfolgsfaktor virtueller Unternehmen: Grundlagen, Rahmenbedingungen und Maßnahmen zur Vertrauensbildung*. Wiesbaden: Gabler.

Flocke, L. & Holland, H. (2014). Die Customer Journey Analyse im Online Marketing. In Deutscher Dialogmarketing Verband e.V., *Dialogmarketing Perspektiven 2013/2014: Tagungsband 8. wissenschaftlicher interdisziplinärer Kongress für Dialogmarketing* (S. 213–242). Wiesbaden: Springer Gabler.

Forrester. (2012). *Innovate Interactive Healthcare Marketing Without Rocking The Boat*. Cambridge: Forrester Research, Inc.

Forrester. (2019). *The Future of Enterprise Marketing Technology – Vision: The Enterprise Marketing Technology Playbook*. o.O.: Forrester Research, Inc.

Foss, N. & Saebi, T. (2017). Fifteen Years of Research on Business Model Innovation: How Far Have We Come, and Where Should We Go? *The Journal of Management, Vol. 43 Issue: 1*, 200–227.

Franke, N. (2002). *Realtheorie des Marketing: Gestalt und Erkenntnis.* Tübingen: Mohr Siebeck.

Fraser, H., Mounib, E. & Payne, S. (2007). Cross-Industry Collaboration: A Critical Step to Better Serve Patients. *Healthcare Financial Management, Vol. 61, Issue: 12*, 90–92.

Frazier, G. & Howell, R. (1983). Business Definition and Performance. *Journal of Marketing, Vol. 47, Issue: 2*, 59–67.

Freiling, J. & Reckenfelderbäumer, M. (2010). *Markt und Unternehmung: Eine marktorientierte Einführung in die Betriebswirtschaftslehre* (3. Auflage). Wiesbaden: Gabler.

Frodl, A. (2011). *Marketing im Gesundheitsbetrieb: Betriebswirtschaft für das Gesundheitswesen* (1. Auflage). Wiesbaden: Gabler.

Galera-Zarco, C., Opazo-Basáez, M., Marić, J. & García-Feijoo, M. (2020). Digitalization and the inception of concentric strategic alliances: A case study in the retailing sector. *Strategic Change, Vol. 29, Issue: 2 Special Issue: Mergers, Acquisitions, and Strategic Alliances*, 165–177.

Ganso, M., Goebel, R., Hinz, B., Said, A. & Schulz, M. (2018). *Arzneimittelmissbrauch: Leitfaden für die apothekerliche Praxis.* Berlin: Bundesapothekerkammer (BAK).

Gartner. (2015). *Hype Cycle for Digital Marketing.* o.O.: Gartner, Inc.

Gartner. (2019a). *Hype Cycles for Life Science Commercial Operations.* o.O.: Gartner, Inc.

Gartner. (2019b). *Hype Cycle for Digital Commerce.* o.O.: Gartner, Inc.

Gartner. (2019c). *Understanding Gartner's Hype Cycles.* o.O.: Gartner, Inc.

Gartner. (2020). *Top 10 Strategic Technology Trends for 2020: Multiexperience.* o.O.: Gartner, Inc.

Gassmann, O. & Enkel, E. (2004). Towards a Theory of Open Innovation: Three Core Process Archetypes. *Proceedings of the R&D Management Conference (RADMA) 2004*, (S. 1–18). Lissabon.

Gassmann, O., Frankenberger, K. & Sauer, R. (2016). *Exploring the Field of Business Model Innovation: New Theoretical Perspectives.* Cham: Palgrave Macmillan.

Gassmann, O., Schuhmacher, A., von Zedtwitz, M. & Reepmeyer, G. (2018). *Leading Pharmaceutical Innovation: How to Win the Life Science Race* (3. Auflage). Cham: Springer.

Gassmann, O., Zeschky, M., Wolff, T. & Stahl, M. (2010). Crossing the Industry-Line: Breakthrough Innovation through Cross-Industry Alliances with 'Non-Suppliers'. *Long Range Planning, Vol. 43, Issues: 5–6*, 639–654.

Gehl, C. (2019). Pillen für Online: Mediaplanung Pharma: Immer mehr Ältere suchen bei „Dr. Google" Rat. *W&V Magazin, Vol. 3*, 62–65.

Gehrig, W. (1987). *Pharma-Marketing. Instrumente, Organisation und Methoden. National und International.* Zürich: Verlag Moderne Industrie.

Gehrke, B. & Haaren-Giebel, F. v. (2015). *Branchenanalyse Pharmaindustrie: Geschäftsmodelle von Lohnherstellern und deren Auswirkungen auf Beschäftigung und Arbeitsbedingungen.* Düsseldorf: Hans Böckler Stiftung.

Gematik. (05. Oktober 2020). *www.gematik.de*. Abgerufen am 15. März 2021 von www.gematik.de/news/news/das-elektronische-rezept-fuer-deutschland/

Gentsch, P. (2019). *AI in Marketing, Sales and Service: How Marketers without a Data Science Degree can use AI, Big Data and Bots.* Cham: Palgrave Macmillan.

Gerybadze, A. (2005). Management von Technologieallianzen und Kooperationen. In S. Albers & O. Gassmann, *Handbuch Technologie- und Innovationsmanagement* (S. 155–174). Wiesbaden: Gabler.

Girotra, K. & Netessine, S. (2014). Four paths to business model innovation: The secret to success lies in who makes what decisions when and why. *Harvard Business Review, Vol. 92, Issues: 7–8*, 96–103.

Global Self-Care Federation. (2021). *www.selfcarefederation.org*. Abgerufen am 19. Mai 2021von www.selfcarefederation.org

Glockner, H. & Neef, A. (2015). *Cross Industry Innovation: Systemtransformation, Zukunftsmärkte, Strategische Allianzen.* Köln: Z_punkt The Foresight Company.

Godfrey-Smith, P. (2003). *Theory and Reality: An Introduction to the Philosophy of Science.* Chicago / London: University of Chicago Press.

Gomes, E. (2020). Mergers, acquisitions, and strategic alliances as collaborative methods of strategic development and change. *Strategic Change, Vol. 29, Issue: 2*, 145–148.

Gomes, E., Barnes, B. & Mahmood, T. (2016). A 22 year review of strategic alliance research in the leading management journals. *International Business Review, Vol. 25, Issue: 1, Part: A*, 15–27.

Gottinger, H.-W. & Umali, C. (2008). Strategic Alliances in Global Biotech Pharma Industries. *The Open Business Journal, Vol. 1, Issue: 1*, 10–24.

Götz, M. & Jankowska, B. (2017). Clusters and Industry 4.0 – do they fit together? *European Planning Studies, Vol. 25, Issue: 9*, 1633–1653.

Grant, R. (1996). Toward a Knowledge-Based Theory of the Firm. *Strategic Management Journal, Vol. 17, Issue: S2 Special Issue: Knowledge and the Firm*, 109–122.

Graßy, O. (1993). Diversifikation. In P. Meyer & R. Mattmüller, *Strategische Marketingoptionen: Änderungsstrategien auf Geschäftsfeldebene* (S. 30–86). Stuttgart / Berlin / Köln: Kohlhammer.

Grewal, D. & Roggeveen, A. (2020). Understanding Retail Experiences and Customer Journey Management. *Journal of Retailing, Vol. 96, Issue: 1*, 3–8.

Griese, K.-M. & Bröring, S. (2011). *Marketing-Grundlagen: Eine fallstudienbasierte Einführung* (1. Auflage). Wiesbaden: Gabler.

Gulati, R. (1995). Does familiarity breed trust? The implications of repeated ties for contractual choice in alliances. *Academy of Management Journal, Vol. 38, Issue: 1*, 85–112.

Gulati, R. (1998). Alliances and Networks. *Strategic Management Journal, Vol. 19, Issue: 4*, 293–317.

Guminski, W. (2008). Produktlebenszyklus und die Möglichkeiten seiner Gestaltung. In O. Schöffski, F.-U. Fricke & W. Guminski, *Pharmabetriebslehre* (2. Auflage, S. 199–213). Berlin / Heidelberg: Springer.

Haas, A. & Ivens, B. (2005). Innovationsfelder im Marketing – ein Überblick. In A. Haas & B. Ivens, *Innovatives Marketing: Entscheidungsfelder – Management – Instrumente* (1. Auflage, S. 3–8). Wiesbaden: Springer.

Halbe, B. (2020). Korruption: Weniger Bestechung im Gesundheitswesen. *Deutsches Ärzteblatt, Vol. 117, Issue: 10*, 512–513.

Hamel, G. (1991). Competition for Competence and Inter-Partner Learning within International Strategic Alliances. *Strategic Management Journal, Vol. 12 Special Issue: Global Strategy*, 83–103.

Hamel, G., Doz, Y. & Prahalad, C. (1989). Collaborate with Your Competitors–and Win. *Harvard Business Review, Issue: January-February*, 133–139.

Hammes, M. (1993). Wettbewerbspolitische Aspekte strategischer Allianzen. *Wirtschaftsdienst, Vol. 73, Issue: 9*, 493–500.

Hammes, W. (1994). *Strategische Allianzen als Instrument der strategischen Unternehmensführung*. Wiesbaden: Gabler.

Hans, L. (2013). Strategisches Geschäftsfeld und Geschäftsfeldanalysen. In W. Pepels, *Strategisches Marketing-Controlling: Grundlagen, Organisation, Instrumente* (2. Auflage, S. 113–142). Düsseldorf: Symposion.

Hanschke, I. (2018). *Digitalisierung und Industrie 4.0: Einfach & Effektiv – Systematisch & lean die digitale Transformation meistern*. München: Hanser.

Harm, C. (2017). There's a Digital Health App for That! *Pharmaceutical Executive, Vol. 37, Issue: 7*, 28–31.

Harrigan, K. (1988). Strategic Alliances and Partner Asymmetries. *Management International Review, Vol. 28, MIR Special Issue*, 53–72.

Harwardt, M. (2019). *Management der digitalen Transformation*. Wiesbaden: Gabler.

Haßing, D. & Müther, H.-H. (2020). Chancen, Risiken und Pflichten in der patientenorientierten digitalen Gesundheitskommunikation. In M. Pfannstiel, P. Da-Cruz & E. Rederer, *Digitale Transformation von Dienstleistungen im Gesundheitswesen VII: Impulse für die Pharmaindustrie* (S. 91–118). Wiesbaden: Springer Gabler.

Hax, A. & Majluf, N. (1996). *The Strategy Concept and Process: A Pragmatic Approach* (2. Auflage). Upper Saddle River: Prentice-Hall.

He, Q., Meadows, M., Angwin, D., Gomes, E. & Child, J. (2020). Strategic Alliance Research in the Era of Digital Transformation: Perspectives on Future Research. *British Journal of Management, Vol. 31, Issue: 3*, 589–617.

Heikkilä, M., Bouwman, H. & Heikkilä, J. (2018). From strategic goals to business model innovation paths: an exploratory study. *Journal of Small Business and Enterprise Development, Vol. 25, Issue: 1*, 107–128.

Helmer, C., Bender, H., Bierbaum, M. & Wambach, M. (2020). Bewertung von medizinisch-digitalen Anwendungen und deren Anbieter aus der Perspektive eines Pharmaunternehmens: Digitale Gesundheitsinnovationen durch ein nutzerfreundliches Kooperationsinstrument schneller zum Patienten bringen. In M. Pfannstiel, P. Da-Cruz & E. Rederer, *Digitale Transformation von Dienstleistungen im Gesundheitswesen VII: Impulse für die Pharmaindustrie* (S. 301–315). Wiesbaden: Springer Gabler.

Henriksen, H. (2019). Digitalisierung in der Neuordnung des dänischen Krankenhausmarktes. In J. Klauber, M. Geraedts, J. Friedrich & J. Wasem, *Krankenhaus-Report 2019: Das digitale Krankenhaus* (S. 91–100). Berlin: Springer.

Herlant, M. & Bauwens, S. (2017). *Seizing the digital opportunities in pharma: Preparing your organization and monetizing the digital technologies.* Brüssel: Arthur D. Little.

Hermeier, F. & Matusiewicz, D. (2019). E-Commerce im deutschen Arzneimittelmarkt – Umsetzungsstand dynamischer Preisstrategien. In D. Matusiewicz, F. Stratmann & J. Wimmer, *Marketing im Gesundheitswesen* (S. 381–395). Wiesbaden: Springer Gabler.

Hertle, J. (2017). Von der digitalen Apathie zur digitalen Empathie: Wege in eine patientenzentrierte Informationskultur. In D. Matusiewicz, C. Pittelkau & A. Elmer, *Die Digitale Transformation im Gesundheitswesen: Transformation, Innovation, Disruption* (S. 10–14). Berlin: Medizinisch Wissenschaftliche Verlagsgesellschaft.

Heyen, N. (2020). From self-tracking to self-expertise: The production of self-related knowledge by doing personal science. *Public Understanding of Science, Vol. 29, Issue: 2*, 124–138.

Hilken, T., Heller, J., Chylinski, M., Keeling, D., Mahr, D. & de Ruyter, K. (2018). Making omnichannel an augmented reality: the current and future state of the art. *Journal of Research in Interactive Marketing, Vol. 12, Issue: 4*, 509–523.

Hinterhuber, H. (1992). *Strategische Unternehmensführung: II. Strategisches Handeln*. Berlin, New York.

Hippmann, S., Klingner, R. & Leis, M. (2018). Digitalisierung – Anwendungsfelder und Forschungsziele. In R. Neugebauer, *Digitalisierung: Schlüsseltechnologien für Wirtschaft & Gesellschaft* (1. Auflage, S. 9–18). Berlin: Springer.

Hoe, S. (2020). Digitalization in practice: the fifth discipline advantage. *The Learning Organization, Vol. 27, Issue: 1*, 54–64.

Hofbauer, G. & Hellwig, C. (2012). *Professionelles Vertriebsmanagement: Der prozessorientierte Ansatz aus Anbieter- und Beschaffersicht* (3. Auflage). Erlangen: Publicis.

Hofbauer, G. & Sangl, A. (2018). *Professionelles Produktmanagement: Der prozessorientierte Ansatz, Rahmenbedinungen und Strategien* (3. Auflage). Erlangen: Publicis.

Hofbauer, G., Körner, R., Nikolaus, U. & Poost, A. (2009). *Marketing von Innovationen: Strategien und Mechanismen zur Durchsetzung von Innovationen*. Stuttgart: Kohlhammer.

Hofmann, H. & Schöffski, O. (2008). Generika und Biosimilars. In O. Schöffski, F.-U. Fricke & W. Guminski, *Pharmabetriebslehre* (2. Auflage, S. 397–412). Berlin Heidelberg: Springer.

Homans, G. (1958). Social Behavior as Exchange. *American Journal of Sociology, Vol. 63, Issue: 6*, 597–606.

Homburg, C. (2007). Betriebswirtschaftslehre als empirische Wissenschaft – Bestandsaufnahme und Empfehlungen. *Schmalenbachs Zeitschrift für betriebswirtschaftliche Forschung, Vol. 56, Issue: 7 (zfbf Sonderheft)*, 27–60.

Hoog, P. (2021, forthcoming). *Dynamische Marketingfähigkeit – Eine deduktiv-nomologische Modellierung der dynamischen Marktbearbeitung am Beispiel des Electronic Commerce der deutschen Bau- und Heimwerkermarktbranche*. Frankfurt am Main: Peter Lang.

Houston, P. (2018). Closing Pharma's Digital Divide. *Pharmaceutical Executive, Vol. 38, Issue: 5*, 28–30.

Howard, J. & Sheth, J. (1969). *The Theory of Buyer Behavior*. New York: John Wiley & Sons.

Hsu, H.-H. & Tang, J.-W. (2010). A Model of Marketing Strategic Alliances To Develop Long-Term Relationships for Retailing. *International Journal of Business and Information, Vol. 5, Issue: 2,* 151–172.

Huber, A. & Steinhausen, K. (2004). Gemeinsam stark — Kooperationen im Gesundheits- und Sozialsektor? *Gesundheits- und Sozialpolitik, Vol. 58, Issue: 7/8,* 55–60.

Huber, M., Dippold, K. & Forsthofer, R. (2012). Which factors drive product sales in OTC markets? *International Journal of Pharmaceutical and Healthcare Marketing, Vol. 6, Issue: 4,* 291–309.

Hübner, C. (1993). Multiplikation. In P. Meyer & R. Mattmüller, *Strategische Marketingoptionen: Änderungsstrategien auf Geschäftsfeldebene* (S. 186–228). Stuttgart / Berlin / Köln: Kohlhammer.

Hullen, G. (2004). Bevölkerungsentwicklung in Deutschland. Die Bevölkerung schrumpft, altert und wird heterogener. In B. Frevel, *Herausforderung demografischer Wandel* (S. 15–25). Wiesbaden: VS Verlag für Sozialwissenschaften.

Hungenberg, H. (2014). *Strategisches Management in Unternehmen: Ziele – Prozesse – Verfahren* (8. Auflage). Wiesbaden: Springer Gabler.

Hunt, S. (1976). The Nature and Scope of Marketing. *Journal of Marketing, Vol. 40, Issue: 3,* 17–28.

Hurrelmann, K., Klinger, J. & Schaeffer, D. (2020). *Gesundheitskompetenz der Bevölkerung in Deutschland: Vergleich der Erhebungen 2014 und 2020*. Bielefeld: Interdisziplinäres Zentrum für Gesundheitskompetenzforschung (IZGK), Universität Bielefeld.

Hüttermann, D. (2019). Suchtsurvey 2018: 1,6 Millionen sind abhängig von Schmerzmitteln. *Pharmazeutische Zeitung, Vol. 164, Issue: 36,* 25.

Iafrate, F. (2015). *From Big Data to Smart Data*. London / New York: ISTE, John Wiley & Sons.

Idris, A. & Heupel, W.-M. (2020). Das digitale Versorgungsangebot an Patienten seitens pharmazeutischer Unternehmen. In M. Pfannstiel, P. Da-Cruz & E. Rederer, *Digitale Transformation von Dienstleistungen im Gesundheitswesen VII: Impulse für die Pharmaindustrie* (S. 277–300). Wiesbaden: Springer Gabler.

Illert, G. (2017). Digitale Transformation: Keine Frage des OB, sondern des WIE – Ein Kommentar. In D. Matusiewicz, C. Pittelkau & A. Elmer, *Die Digitale Transformation im Gesundheitswesen: Transformation, Innovation,*

Disruption (S. 279–283). Berlin: Medizinisch Wissenschaftliche Verlagsgesellschaft.

Inkpen, A. (1996). Creating Knowledge through Collaboration. *California Management Review, Vol. 39, Issue: 1*, 123–140.

INSIGHT Health. (2021). *OTC-Apothekenmarktentwicklung Januar 2021.* o.O.: INSIGHT Health.

Institut der deutschen Wirtschaft Köln. (2013). *Die pharmazeutische Industrie in Deutschland: Ein Branchenportrait.* Berlin, Köln: Verband Forschender Arzneimittelhersteller e.V., Institut der deutschen Wirtschaft Köln e.V.

Institut der deutschen Wirtschaft Köln. (2015). *Die pharmazeutische Industrie in Deutschland: Ein Branchenportrait.* Berlin, Köln: Verband Forschender Arzneimittelhersteller e.V., Institut der deutschen Wirtschaft Köln e.V.

Institut der deutschen Wirtschaft Köln. (2020). *Die pharmazeutische Industrie in Deutschland: Ein Branchenreport.* Berlin, Köln: Verband Forschender Arzneimittelhersteller e.V., Institut der deutschen Wirtschaft Köln e.V.

Ireland, R., Hitt, M. & Vaidyanath, D. (2002). Alliance Management as a Source of Competitive Advantage. *Journal of Management, Vol. 28, Issue: 3*, 413–446.

Isenor, J., Killen, J., Billard, B., McNeil, S., MacDougall, D., Halperin, B., Slayter, K.L., Bowles, S. (2016). Impact of pharmacists as immunizers on influenza vaccination coverage in the community-setting in Nova Scotia, Canada: 2013-2015. *Journal of Pharmaceutical Policy and Practice, Vol. 9, Issue: 32.*

Jelassi, T. & Martínez-López, F. (2020). *Strategies for e-Business: Concepts and Cases on Value Creation and Digital Business Transformation* (4. Auflage). Cham: Springer.

Jiang, X., Bao, Y., Xie, Y. & Gao, S. (2016). Partner trustworthiness, knowledge flow in strategic alliances, and firm competitiveness: A contingency perspective. *Journal of Business Research, Vol. 69, Issue: 2*, 804–814.

Johansson, J. (1995). International Alliances: Why Now? *Journal of the Academy of Marketing Science, Vol. 23, Issue: 4*, 301–304.

Johnson, M. W., Christensen, C. M. & Kagermann, H. (2017). Why business models need to radically shift. In C. Linz, G. Müller-Stewens & A. Zimmermann, *Radical Business Model Transformation: Gaining the competitive edge in a disruptive world* (S. 1–46). London / New York / New Delhi: Kogan Page Limited.

Johnson, M., Christensen, C. & Kagermann, H. (2008). Reinventing Your Business Model. *Harvard Business Review, Vol. 86, Issue: 12*, 51–59.

Jones, G. & Bouncken, R. (2008). *Organisation: Theorie, Design und Wandel* (5. Auflage). München: Pearson Studium.

Jurowskaja, E. (2017). Der Customer Journey auf der Spur. *Healthcare Marketing, Vol. 12, Issue: 6,* 32–33.

Kaas, K. (2005). Stand und Entwicklungsperspektiven der Marketingtheorie. In A. Haas & B. Ivens, *Innovatives Marketing: Entscheidungsfelder – Management – Instrumente* (S. 30–47). Wiesbaden: Gabler.

Kale, P. & Singh, H. (2009). Managing Strategic Alliances: What Do We Know Now, and Where Do We Go From Here? *Academy of Management Perspectives, Vol. 23, Issue: 3,* 45–62.

Kandler-Schmitt, B. (07. Oktober 2020). *www.apotheken-umschau.de*. Abgerufen am 11. März 2021 von www.apotheken-umschau.de/krankheiten-symptome/infektionskrankheiten/service-grippeimpfung-in-der-apotheke-750661

Karliczek, A. (23. Dezember 2020). *www.bmbf.de*. Abgerufen am 03. März 2021 von www.bmbf.de/de/was-fuer-ein-triumph-der-wissenschaft-13450

Kassenärztliche Bundesvereinigung. (2016). *Richtig kooperieren: Mit Praxisbeispielen und Informationen zum Anti-Korruptionsgesetz*. Berlin: Kassenärztliche Bundesvereinigung.

Kauppinen-Räisänen, H., Owusu, R. & Bamfo, B. (2012). Brand salience of OTC pharmaceuticals through package appearance. *International Journal of Pharmaceutical and Healthcare Marketing, Vol. 6, Issue 3,* 230–249.

Kay, M. (2007). Healthcare marketing: what is salient? *International Journal of Pharmaceutical Healthcare Marketing, Vol. 1, Issue: 3,* 247–263.

Keller, M. (2004). *Management und Gestaltung von Strategischen Allianzen unter besonderer Berücksichtigung der Funktionen und der Architektur von Anreiz- und Management-Development-System*. Hamburg: Dissertation.

Keuper, F., Hamidian, K., Verwaayen, E., Kalinowski, T. & Kraijo, C. (2013). *Digitalisierung und Innovation: Planung – Entstehung – Entwicklungsperspektiven*. Wiesbaden: Gabler.

Kleinaltenkamp, M. (2002). Wettbewerbsstrategie. In M. Kleinaltenkamp & W. Plinke, *Strategisches Business-to-Business Marketing* (2. Auflage, S. 57–189). Berlin / Heidelberg: Springer.

Kloepfer, A. (2017). Datenschutz – Ein Luxus für Gesunde? In D. Matusiewicz, C. Pittelkau & A. Elmer, *Die Digitale Transformation im Gesundheitswesen: Transformation, Innovation, Disruption* (S. 331–335). Berlin: Medizinisch Wissenschaftliche Verlagsgesellschaft.

Klose, C. (2017). Digitalisierung – Gesundheitskasse neu denken. In D. Matusiewicz, C. Pittelkau & A. Elmer, *Die Digitale Transformation im*

Gesundheitswesen: Transformation, Innovation, Disruption (S. 67–71). Berlin: Medizinisch Wissenschaftliche Verlagsgesellschaft.

Koch, W. (2006). *Zur Wertschöpfungstiefe von Unternehmen: Die strategische Logik der Integration.* Wiesbaden: Gabler.

Koehn, R. (2018). The digitalization of marketing and sales in the chemical B2B sector. *Journal of Business Chemistry, Vol. 15, Issue: 2,* 63–70.

Kohtamäki, M., Rabetino, R. & Möller, K. (2018). Alliance capabilities: A systematic review and future research directions. *Industrial Marketing Management, Vol. 68, Issue: 1,* 188–201.

Kolding, M., Sundblad, M., Alexa, J., Stone, M., Aravopoulou, E. & Evans, G. (2018). Information management – a skills gap? *The Bottom Line, Vol. 31, Issue: 3/4,* 170–190.

Korzilius, H. (2004). Grünes Rezept: Vorteilhaftes Verfahren. *Deutsches Ärzteblatt, Vol. 101, Issue: 39,* 2574.

Kotler, P. (1967). *Marketing Management: Analysis, Planning, and Control.* New Jersey: Englewood Cliffs, Prentice-Hall.

Kotler, P., Berger, R. & Bickhoff, N. (2016). *The Quintessence of Strategic Management: What You Really Need to Know to Survive in Business* (2. Auflage). Berlin / Heidelberg: Springer.

Kreilkamp, E. (1987). *Strategisches Management und Marketing: Markt- und Wettbewerbsanalyse, strategische Frühaufklärung, Portfolio-Management.* Berlin / New York: de Gruyter.

Kroth, E. (2017). Switch – Wie steht Deutschland im internationalen Vergleich da? *Gesundheitsökonomie und Qualitätsmanagement, Vol. 22, Issue: 1,* 3–11.

Krüger-Brand, H. (2015). Medikationsplan für mehr Sicherheit. *Deutsches Ärzteblatt, Vol. 112, Issue: 35–36,* 1410–1413.

Krüger-Brand, H. (2019). Digitale Gesundheitskompetenz: Datensouveränität als Ziel. *Deutsches Ärzteblatt, Vol. 116, Issue: 10,* 468–473.

Krumm, C. (2020). Dr. Ich. *Apotheken Umschau, Issue: 1,* 10–18.

Kuehnl, C., Jozic, D. & Homburg, C. (2019). Effective customer journey design: consumers' conception, measurement, and consequences. *Journal of the Academy of Marketing Science, Vol. 47, Issue: 3,* 551–568.

Kumli, F., Felber, M. & Gittermann, V. (2016). Embracing customer experience in the pharmaceutical industry. *Performance, Vol. 8, Issue: 3,* 28–37.

Kupke, S. (2009). *Allianzfähigkeit von Unternehmen: Konzept und Fallstudie* (1. Auflage). Wiesbaden: Gabler.

Kuß, A. (2006). *Marketing-Einführung: Grundlagen, Überblick, Beispiele* (3. Auflage). Wiesbaden: Gabler.

Kuß, A. (2013). *Marketing-Theorie: Eine Einführung* (3. Auflage). Wiesbaden: Springer Gabler.

Lambe, C., Spekman, R. & Hunt, S. (2002). Alliance Competence, Resources, and Alliance Success: Conteptualization, Measurement, and Initial Test. *Journal of the Academy of Marketing Science, Vol. 30, Issue: 2*, 141–158.

Laurenza, E., Quintano, M., Schiavone, F. & Vrontis, D. (2018). The effect of digital technologies adoption in healthcare industry: a case based analysis. *Business Process Management Journal, Vol. 24, Issue: 5*, 1124–1144.

Laven, R. & Klauke, A. (2017). Wachstum durch Digitalisierung, Innovation und Marktorientierung. *Healthcare Marketing, Vol. 12, Issue: 7*, 24–27.

Lee, D. (2017). A model for designing healthcare service based on the patient experience. *International Journal of Healthcare Management, Vol. 12, Issue: 3*, 180–188.

Leeflang, P., Verhoef, P., Dahlström, P. & Freundt, T. (2014). Challenges and solutions for marketing in a digital era. *European Management Journal, Vol. 32, Issue: 1*, 1–12.

Leikert, K. (2017). eHealth – Wie die digitale Vernetzung unser Gesundheitssystem zukunftssicher macht. In D. Matusiewicz, C. Pittelkau & A. Elmer, *Die Digitale Transformation im Gesundheitswesen: Transformation, Innovation, Disruption* (S. 25–35). Medizinisch Wissenschaftliche Verlagsgesellschaft: Berlin.

Lemon, K. & Verhoef, P. (2016). Understanding Customer Experience Throughout the Customer Journey. *Journal of Marketing, Vol. 80, Issue: 11 (AMA/MSI Special Issue)*, 69–96.

Levitt, T. (1960). Marketing Myopia. *Harvard Business Review, Vol. 4*, 45–56.

Li, J., Abbasi, A., Cheema, A. & Abraham, L. (2020). Path to Purpose? How Online Customer Journeys Differ for Hedonic Versus Utilitarian Purchases. *Journal of Marketing, Vol. 84, Issue: 4*, 127–146.

Lilie, H. & Reuter, M. (2016). Anti-Korruptionsgesetz: Die Auslegungsspielräume müssen sich noch zeigen. *Deutsches Ärzteblatt, Vol. 113, Issue: 41*, 1790–1797.

Lin, B. & Darling, J. (1999). An analysis of the formulation of strategic alliances: a focus on the pharmaceutical industry. *Industrial Management & Data Systems, Vol. 99, Issue: 3*, 121–127.

Lin, H. & Darnall, N. (2015). Strategic Alliance Formation and Structural Configuration. *Journal of Business Ethics, Vol. 127, Issue: 3*, 549–564.

Lonsert, M. (1995). Direct-to-Consumer-Marketing in der pharmazeutischen Industrie – Möglichkeiten und Grenzen eines Relationship-Marketing mit Arzneimittel-Konsumenten. In M. Lonsert, K.-J. Preuß & E. Kucher,

Handbuch Pharma-Management (Band 1): Entscheidungs- und Marktstrukturen, Pressure Group Management, Marketing-Management (S. 337–359). Wiesbaden: Gabler.

López Lubián, F. & Esteves, J. (2017). *Value in a Digital World: How to assess business models and measure value in a digital world*. Cham: Springer.

Lupton, D. (2016). *The Quantified Self: A Sociology of Self-Tracking*. Malden: Polity Press.

Lupton, D. (2017). Self-tracking, health and medicine. *Health Sociology Review, Vol. 26, Issue: 1*, 1–5.

Lutz, V. (1993). *Horizontale strategische Allianzen: Ansatzpunkte zu ihrer Institutionalisierung* (Duisburger Betriebswirtschaftliche Schriften Bd. 5). Hamburg: S+W Steuer- und Wirtschaftsverlag.

Madauss, B.-J. (2017). *Projektmanagement: Theorie und Praxis aus einer Hand* (7. Auflage). Berlin: Springer.

Maier, C. & Schwarzer, A. (2011). *Umgang mit Schmerzmitteln*. Limburg (Lahn): Mundipharma.

Maskaly, M. (2017). Easing into Change: Pharma Tries to Keep Pace with Digital Health. *Pharmaceutical Executive, Vol. 37, Issue: 7*, 14–18.

Mattmüller, R. (2012). *Integrativ-Prozessuales Marketing: Eine Einführung mit durchgehender Schwarzkopf&Henkel-Fallstudie* (4. Auflage). Wiesbaden: Springer Gabler.

Mattmüller, R. & Buschmann, A. (2015). Marketing: Das Management aller Zielgruppen. In G. Hesse & R. Mattmüller, *Perspektivwechsel im Employer Branding: Neue Ansätze für die Generationen Y und Z* (S. 1–16). Wiesbaden: Springer Gabler.

Mattmüller, R. & Segiet, C. (2019). Omnipräsent, Omnipotent – Omnichannel? *Markenartikel, Vol. 11*, 56–58.

Mattmüller, R. & Tunder, R. (2004). *Strategisches Handelsmarketing*. München: Vahlen.

Maturo, A., Mori, L. & Moretti, V. (2016). An Ambiguous Health Education: The Quantified Self and the Medicalization of the Mental Sphere. *Italian Journal of Sociology of Education, Vol. 8, Issue: 3*, 248–268.

Matzler, K., Bailom, F., von den Eichen, S. & Kohler, T. (2013). Business model innovation: coffee triumphs for Nespresso. *Journal of Business Strategy, Vol. 34, Issue: 2*, 30–37.

Matzler, K., von den Eichen, S., Anschober, M. & Kohler, T. (2018). The crusade of digital disruption. *Journal of Business Strategy, Vol. 39, Issue: 6*, 13–20.

Maur, A. (2018a). EU-Datenschutzgrundverordnung – Auswirkungen und Neuerungen für die Pharmaindustrie. 3. *IWW Pharma Trendtag*. Berlin: Vogel Communications Group.

Maur, A. (2018b). *Pharmaindustrie und Social Media: Chancen, Fallstricke und Empfehlungen*. o.O.: IWW Institut.

May, U. (2011). Selbstmedikationsbudget: Eine Idee mit Potenzial. *Pharmazeutische Zeitung*, Vol. 156, Issue: 13, 12–14.

May, U. & Bauer, C. (2017). Apothekengestützte Selbstbehandlung bei leichteren Gesundheitsstörungen – Nutzen und Potenziale aus gesundheitsökonomischer Sicht. *Gesundheitsökonomie & Qualitätsmanagement*, Vol. 22, Issue: 1, 12–22.

McColl-Kennedy, J. R., Snyder, H., Elg, M., Witell, L., Helkkula, A., Hogan, S. J. & Anderson, L. (2017). The changing role of the health care customer: review, synthesis and research agenda. *Journal of Service Management*, Vol. 28, Issue: 1, 2–33.

McEvily, S. & Chakravarthy, B. (2002). The Persistence of Knowledge-Based Advantage: An Emprirical Test for Product Performance and Technological Knowledge. *Strategic Management Journal*, Vol. 23, Issue: 4, 285–305.

McKinsey. (2018). *Economic Conditions Snapshot, June 2018: McKinsey Global Survey results*. o.O.: McKinsey.

Medgate. (2020). *www.medgate.ch*. Abgerufen am 28. April 2020 von www.medgate.ch/en-us/medgate?language=en-US

Meffert, H. (1994). *Marketing-Management: Analyse – Strategie – Implementierung* (1. Auflage). Wiesbaden: Gabler.

Meffert, H. (1999). Marktorientierte Unternehmensführung im Umbruch. In H. Meffert, *Marktorientierte Unternehmensführung im Wandel: Retroperspektive und Perspektiven des Marketing* (S. 3–33). Wiesbaden: Gabler.

Meffert, H., Burmann, C. & Kirchgeorg, M. (2015). *Marketing: Grundlagen marktorientierter Unternehmensführung – Konzepte – Instrumente – Praxisbeispiele* (12. Auflage). Wiesbaden: Springer Gabler.

Merck. (20. Juni 2018). *www.merckgroup.com*. Abgerufen am 28. April 2020 von www.merckgroup.com/de/news/alibaba-health-partnership-20-06-2018

Meyer, H. & Reher, H.-J. (2016). *Projektmanagement: Von der Definition über die Projektplanung zum erfolgreichen Abschluss*. Wiesbaden: Springer Gabler.

Meyer, M. (1995). *Ökonomische Organisation der Industrie: Netzwerkarrangements zwischen Markt und Unternehmung*. Wiesbaden: Gabler.

Meyer, M. (2019). Mapping the Patient Journey Across the Continuum: Lessons Learned from One Patient's Experience. *Journal of Patient Experience, Vol. 6, Issue: 2*, 103–107.

Meyer, P. & Mattmüller, R. (1993). Bedeutung und Problematik von Strategien im Marketing. In P. Meyer & R. Mattmüller, *Strategische Marketingoptionen – Änderungsstrategien auf Geschäftsfeldebene* (S. 13–29). Stuttgart u.a.: Kohlhammer.

Mleczeck, I. (2017). Datenschutz – Beweggrund, Begleiter oder Bürder der digitalen Tranformation? In D. Matusiewicz, C. Pittelkau & A. Elmer, *Die Digitale Transformation im Gesundheitswesen: Transformation, Innovation, Disruption* (S. 336–340). Berlin: Medizinisch Wissenschaftliche Verlagsgesellschaft.

Mockler, R. (1997). Multinational strategic alliances: a manager's perspective. *Strategic Change, Vol. 6, Issue: 7*, 391–405.

Moore, C. (2017). *Pharma Marketing: Get Started on Creating Great Customer Experiences with Journey Strategies*. o.O.: Digital Clarity Group.

Morschett, D. (2003). Formen von Kooperationen, Allianzen und Netzwerken. In J. Zentes, B. Swoboda & D. Morschett, *Kooperationen, Allianzen und Netzwerke: Grundlagen – Ansätze – Perspektiven* (1. Auflage, S. 387–413). Wiesbaden: Gabler.

Moschis, G. P. & Friend, S. B. (2008). Segmenting the preferences and usage patterns of the mature consumer health-care market. *International Journal of Pharmaceutical and Healthcare Marketing, Vol. 2, Issue 1*, 7–21.

Mowery, D., Oxley, J. & Silvermann, B. (1996). Strategic Alliances and Interfirm Knowledge Transfer. *Strategic Management Journal, Vol. 17, Winter Special Issue*, 77–91.

Mukherjee, A. & McGinnis, J. (2007). E-healthcare: an analysis of key themes in research. *International Journal of Pharmaceutical Healthcare Marketing, Vol. 1, Issue: 4*, 349–363.

Müller-Mielitz, S. (2017). Der lange Weg zur persönlichen eAkte: Digitalisieren, strukturieren, qualifizieren und dann elektronifizieren. In D. Matusiewicz, C. Pittelkau & A. Elmer, *Die Digitale Transformation im Gesundheitswesen: Transformation, Innovation, Disruption* (S. 44–47). Berlin: Medizinisch Wissenschaftliche Verlagsgesellschaft.

Müller-Stewens, G. & Lechner, C. (2016). *Strategisches Management: Wie strategische Initiativen zum Wandel führen*. Stuttgart: Schäffer-Poeschel Verlag.

Müller, C. (2015). Erstattung von OTC-Präparaten: Neuer Hinweis auf dem Grünen Rezept. *Pharmazeutische Zeitung, Vol. 160, Issue: 29*, 15.

Müller, C. (2019). Schmerzmediziner gegen OTC-Status. *Pharmazeutische Zeitung, Vol. 164, Issue: 37*, 13.

Müller, C. (06. Oktober 2020). *www.deutsche-apotheker-zeitung.de*. Abgerufen am 15. März 2021 von www.deutsche-apotheker-zeitung.de/news/artikel/2020/10/06/e-rezept-was-kommt-auf-die-apotheken-zu

Nair, K. (2019). Overcoming today's digital talent gap in organizations worldwide. *Development and Learning in Organizations, Vol. 33, Issue: 6*, 16–18.

Nam, H. & Kannan, P. (2020). Digital Environment in Global Markets: Cross-Cultural Implications for Evolving Customer Journeys. *Journal of International Marketing, Vol. 28, Issue: 1*, 28–47.

Neff, G. & Nafus, D. (2016). *Self-Tracking* (The MIT Press essential knowledge series). Cambridge: MIT Press.

Niesten, E. & Jolink, A. (2015). The Impact of Alliance Management Capabilities on Alliance Attributes and Performance: A Literature Review. *International Journal of Management Reviews, Vol. 17, Issue: 1*, 69–100.

Niestroj, B. (2020). Problemstellung Zukunft. In S. Tewes, B. Niestroj & C. Tewes, *Geschäftsmodelle in die Zukunft denken: Erfolgsfaktoren für Branchen, Unternehmen und Veränderer* (S. 3–8). Wiesbaden: Springer Gabler.

Nold, S. (2020). Digitale Kommunikation am Beispiel Apothekenmarkt. In M. Pfannstiel, P. Da-Cruz & E. Rederer, *Digitale Transformation von Dienstleistungen im Gesundheitswesen VII: Impulse für die Pharmaindustrie* (S. 119–131). Wiesbaden: Springer Gabler.

O'Dywer, M., Gilmore, A. & Carson, D. (2011). Strategic alliances as an element of innovative marketing in SMEs. *Journal of Strategic Marketing, Vol. 19, Issue: 1*, 91–104.

Ogilvy Health. (2020). *The Social Check-up*. o.O.: Ogilvy Health.

Ohba, M. & Figueiredo, P. (2007). Innovative capabilities and strategic alliances: Who is gaining what in the pharmaceutical industry? *Journal of Commercial Biotechnology, Vol. 13, Issue: 4*, 273–282.

Pangarkar, N. & Klein, S. (1998). Bandwagon Pressures and Interfirm Alliances in the Global Pharmaceutical Industry. *Journal of International Marketing, Vol. 6, Issue: 2*, 54–73.

Parmigiani, A. & Rivera-Santos, M. (2011). Clearing a path through the forest: A meta-review of interorganizational relationships. *Journal of Management, Vol. 37, Issue: 4*, 1108–1136.

Parviainen, P., Tihinen, M., Kääriäinen, J. & Teppola, S. (2017). Tackling the digitalization challenge: how to benefit from digitalization in practice. *International Journal of Information Systems and Project Management, Vol. 5, Issue: 1*, 63–77.

Penter, V. & Augurzky, B. (2014). *Gesundheitswesen für Praktiker: System, Akteure, Perspektiven.* Wiesbaden: Springer Gabler.

Petersen, P. (2015). *Digitales Pharmamarketing: Internet-Marketing, IT-Projektmanagement & Mobile Medical Apps – Ein praxisorientierter Leitfaden für den Bereich "digitales Marketing" im pharmazeutischen Umfeld* (1. Auflage). Berlin: BoD.

Pfannstiel, M., Da-Cruz, P. & Rederer, E. (2020). *Digitale Transformation von Dienstleistungen im Gesundheitswesen VII: Impulse für die Pharmaindustrie.* Wiesbaden: Springer Gabler.

Pharmazeutische Zeitung. (2009). Paracetamol: Verschreibungspflicht naht. *Pharmazeutische Zeitung, Vol. 154, Issue: 13,* 31.

Picot, A., Reichwald, R. & Wigand, R. (2001). *Die grenzenlose Unternehmung: Information, Organisation und Management. Lehrbuch zur Unternehmensführung im Informationszeitalter* (4. Auflage). Wiesbaden: Gabler.

Plinke, W. (2000a). Grundlagen des Marktprozesses. In M. Kleinaltenkamp & W. Plinke, *Technischer Vertrieb: Grundlagen des Business-to-Business Marketing* (2. Auflage, S. 3–99). Berlin / Heidelberg: Springer.

Plinke, W. (2000b). Unternehmensstrategie. In M. Kleinaltenkamp & W. Plinke, *Strategisches Business-to-Business Marketing* (S. 1–55). Berlin / Heidelberg: Springer.

Porter, M. E. (1998). *Competitive Strategy: Techniques for Analyzing Industries and Competitors* (Republished with a New Introduction). New York: The Free Press.

Porter, M. & Fuller, M. (1989). Koalitionen und globale Strategien. In M. Porter, *Globaler Wettbewerb: Strategien der neuen Internationalisierung* (S. 363–399). Wiesbaden: Gabler.

POSkompakt. (2016). Der OTC-Markt in Deutschland zwischen Wachstum und Wandel. *POSkompakt, Vol. 6,* 9–11.

Pousttchi, K. & Dehnert, M. (2018). Exploring the digitalization impact on consumer decision-making in retail banking. *Electronic Markets, Vol. 28, Issue: 3,* 265–286.

Prahalad, C. K. & Hamel, G. (1990). The Core Competence of the Corporation. *Harvard Business Review, Vol. 68, Issue: 3,* 79–91.

Pro Generika. (2018). *Generika in Zahlen.* Berlin: Pro Generika e.V.

Probst, G. & Wiedemann, C. (2013). *Strategie-Leitfaden für die Praxis* (2. Auflage). Wiesbaden: Springer Gabler.

Przegendza, N. (2017). Das Geschäftsmodell für Digitalisierung öffnen. *Healthcare Marketing, Vol. 12, Issue: 7,* 10–11.

Przegendza, N. (2020). OTC-Kommunikationsstrategien für Erfolg am Point of Sale. *Healthcare Marketing, Vol. 15, Issue: 10*, 20–30.

PwC. (2016). *Joint Ventures and Strategic Alliances: Examining the keys to success*. o.O.: PwC.

PwC. (2019). *Apothekenversandhandel: Healthcare-Barometer*. o.O.: PwC.

Quinn, L., Dibb, S., Simkin, L., Canhoto, A. & Analogbei, M. (2016). Troubled waters: the transformation of marketing in a digital world. *European Journal of Marketing, Vol. 50, Issue: 12*, 2103–2133.

Quinton, S. & Simkin, L. (2017). The Digital Journey: Reflected Learnings and Emerging Challenges. *International Journal of Management Reviews, Vol. 19, Issue: 4*, 455–472.

Rachinger, M., Rauter, R., Müller, C., Vorraber, W. & Schirgi, E. (2019). Digitalization and its influence on business model innovation. *Journal of Manufacturing Technology Management, Vol. 30, Issue: 8*, 1143–1160.

Ramdani, B., Binsaif, A. & Boukrami, E. (2019). Business model innovation: a review and research agenda. *New England Journal of Entrepreneurship, Vol. 22, Issue: 2*, 89–108.

Ratiopharm. (2020). *www.ratiopharm.de*. Abgerufen am 02. Februar 2020 von www.ratiopharm.de/nc/service/mediathek/shop/praktische-apps.html

Rausch, R. (14. Juli 2016). *www.deutsche-apotheker-zeitung.de*. Abgerufen am 11. März 2021 von www.deutsche-apotheker-zeitung.de/daz-az/2016/daz-28-2016/ueberdosis-paracetamol

Robert Koch Institut. (19. September 2017). *www.rki.de*. Abgerufen am 11. März 2021 von www.rki.de/SharedDocs/FAQ/Impfen/AllgFr_RechtlFragen/FAQ01

Rödl & Partner. (11. November 2020). *www.roedl.de*. Abgerufen am 15. Mai 2021 von www.roedl.de/themen/life-sciences-recht/digitale-kommunikation-patienten-gesundheit-recht-datenschutz-werbung

Rohner, M. (24. Mai 2018). *www.deutsche-apotheker-zeitung.de*. Abgerufen am 15. Juni 2021 von www.deutsche-apotheker-zeitung.de/daz-az/2018/daz-21-2018/abgabe-ohne-persoenlichen-kontakt-geht-das

Rohrer, B. (30. Januar 2020). *www.deutsche-apotheker-zeitung.de*. Abgerufen am 15. März 2021 von www.deutsche-apotheker-zeitung.de/news/artikel/2020/01/30/spahn-will-wettbewerb-bei-e-rezept-apps-ermoeglichen

Roland Berger. (2016). *Digital and disrupted: All change for healthcare – How can pharma companies flourish in a digitized healthcare world?* o.O.: Roland Berger GmbH.

Roski, R. (2009). Akteure, Ziele und Stakeholder im Gesundheitswesen – Business Marketing, Social Marketing und Zielgruppensegmentierung. In R. Roski, *Zielgruppengerechte Gesundheitskommunikation: Akteuere – Audience Segementation – Anwendungsfelder* (1. Auflage, S. 3–31). Wiesbaden: VS Verlag für Sozialwissenschaften.

Rößler, A. (21. Dezember 2020). *www.pharmazeutische-zeitung.de*. Abgerufen am 03. März 2021 von www.pharmazeutische-zeitung.de/biontechpfizer-impfstoff-in-der-eu-zugelassen-122677/

Rotering, J. (1993). *Zwischenbetriebliche Kooperation als alternative Organisationsform: Ein transaktionskostentheoretischer Erklärungsansatz* (Schriftenreihe der Wissenschaftlichen Hochschule für Unternehmensführung Koblenz: Forschung/13). Stuttgart: Schäffer-Poeschel.

Royle, J. & Laing, A. (2014). The digital marketing skills gap: Developing a Digital Marketer Model for the communication industries. *International Journal of Information Management, Vol. 34, Issue: 2*, 65–73.

Russo Spena, T. & Cristina, M. (2020). Practising innovation in the healthcare ecosystem: the agency of third-party actors. *Journal of Business & Industrial Marketing, Vol. 35, Issue: 3*, 390–403.

Russo, M. & Cesarani, M. (2017). Strategic Alliance Success Factors: A Literature Review on Alliance Lifecycle. *International Journal of Business Administration, Vol. 8, Issue: 3*, 1–9.

Sanofi-Aventis & Nielsen. (2020). *Sanofi Gesundheitstrend Q4/2020: Beim Kauf von rezeptfreien Arzneimitteln spielen Beratung und Empfehlung eine Schlüsselrolle.* Frankfurt am Main: Sanofi-Aventis.

Sanofi-Aventis & Nielsen. (2021). *Sanofi Gesundheitstrend Q1/2021: Weniger Arztbesuche, mehr Eigendiagnose und öfter Selbsttherapie – die Auswirkungen der Corona-Pandemie: Aktuelle Ergebnisse des Sanofi Gesundheitstrends – eine repräsentative Befragung.* Frankfurt am Main: Sanofi-Aventis.

Sanofi-Aventis. (November 2019). *www.thomapyrin.de*. Abgerufen am 04. April 2021 von www.thomapyrin.de/produkte/thomapyrin-tension-duo

Schachinger, A. (2013). All Businesses are Media Business: The Impact of Social Media on the Healthcare Market. In M. Friedrichsen & W. Mühl-Benninghaus, *Handbook of Social Media Management* (S. 795–803). Berlin / Heidelberg: Springer.

Schaeffer, D., Berens, E.-M., Gille, S., Griese, L., Klinger, J., de Sombre, S., Vogt, D., Hurrelmann, K. (2021). *Gesundheitskompetenz der Bevölkerung in Deutschland vor und während der Corona Pandemis: Ergebnisse des HLS-GER 2.* Bielefeld: Interdisziplinäres Zentrum für Gesundheitskompetenzforschung (IZGK), Universität Bielefeld.

Schaeffer, D., Vogt, D., Berens, E.-M. & Hurrelmann, K. (2016). *Gesundheitskompetenz der Bevölkerung in Deutschland: Ergebnisbericht*. Bielefeld: Universität Bielefeld.

Schallmo, D., Williams, C. & Boardman, L. (2017). Digital Transformation of Business Models – Best Practice, Enablers, and Roadmap. *International Journal of Innovation Management, Vol. 21, Issue: 8*, 1–17.

Schmitz, C., Friess, M., Alavi, S. & Habel, J. (2020). Understanding the Impact of Relationship Disruptions. *Journal of Marketing, Vol. 84, Issue: 1*, 66–87.

Schreiner, M., Kale, P. & Corsten, D. (2009). What Really is Alliance Management Capability and How Does it Impact Alliance Outcomes and Success? *Strategic Management Journal, Vol. 30, Issue: 13*, 1395–1419.

Schröder, A. & Lohse, U. (2018). The Transition of Customer Behavior due to Digitalization. In A. Eckstein, A. Liebetrau & A. Funk-Münchmeyer, *Insurance & Innovation: Ideen und Erfolgskonzepte von Experten aus der Praxis* (S. 109 -116). Karlsruhe: VVW.

Schröder, H., Knobloch, C. & Ersöz, S. (2018). Quick Service für Vor-Ort-Apotheken – Status quo und Entwicklungen innovativer Dienstleistungskonzepte. In M. Bruhn & K. Hadwich, *Service Business Development: Strategien – Innovationen – Geschäftsmodelle* (Band 1, S. 305–332). Wiesbaden: Springer Gabler.

Schweitzer, A. & Siewert, M. (2011). Der Pharmamarkt: Forschen in Extremen. In G. Naderer & E. Balzer, *Qualitative Marktforschung in Theorie und Praxis: Grundlagen – Methoden – Anwendungen* (2. Auflage, S. 645–654). Wiesbaden: Gabler.

Schweizer, L. & Hüning, C. (2020). Potenziale und Trends der Digitalisierung in der Pharmaindustrie im Kontext von E-Health. In M. Pfannstiel, P. Da-Cruz & E. Rederer, *Digitale Transformation von Dienstleistungen im Gesundheitswesen VII: Impulse für die Pharmaindustrie* (S. 33–51). Wiesbaden: Springer Gabler.

Serapio, M. & Cascio, W. (1996). End-Games in International Alliances. *The Academy of Management Executive, Vol. 10, Issue: 1*, 62–73.

Sevenval. (2018). *Erfolgreicher digitaler Pharmavertrieb: Patienten-Service im Fokus*. Köln / Berlin: Sevenval.

Siebert, J. & Veitmann, L. (2006). Horizontale Kooperation als Wettbewerbsstrategie: Erscheinungsformen und Entwicklungstendenzen. In J. Zentes, *Handbuch Handel: Strategien – Perspektiven – Internationaler Wettbewerb* (S. 259–273). Wiesbaden: Gabler.

Simmenroth-Nayda, A., Niebling, W., Bjerre, L. M., Gleiter, C. H., Jansen, R. D., Ledig, T., Kochen, M.M., Hummers-Pradier, E. (2002). Empfehlungen zur

Umstellung von Originalpräparaten auf Generika. *Zeitschrift für Allgemeinmedizin, Vol. 78, Issue 6–7,* 284–286.

Sivakumar, K., Roy, S., Zhu, J. & Hanvanich, S. (2011). Global innovation generation and financial performance in business-to-business relationships: the case of cross-border alliances in the pharmaceutical industry. *Journal of the Academic Marketing Science, Vol. 39, Issue: 5,* 757–776.

Skog, D., Wimelius, H. & Sandberg, J. (2018). Digital Disruption. *Business & Information Systems Engineering, Vol. 60, Issue: 5,* 431–437.

Souto, J. E. (2015). Business model innovation and business concept innovation as the context of incremental innovation and radical innovation. *Tourism Management, Vol. 51, Issue: C,* 142–155.

Specht, G. & Beckmann, C. (1996). *F&E-Management.* Stuttgart: Schäffer-Poeschel.

Spiegel, M. (2018). Wettbewerbsspirale begünstigt fokussierte Anbieter. *Healthcare Marketing, Vol. 4,* 12–16.

Statistisches Bundesamt (Destatis). (2021). *www.destatis.de.* Abgerufen am 19. Juli 2021 von www.destatis.de/DE/Presse/Pressemitteilungen/Grafiken/Grosshandel-Einzelhandel/2020/_Interaktiv/20200422-umsatz-preisentwicklung-medikamente-02-03

Steffan, D. (2019). Was OTC-Marken von Consumer Brands lernen können. *Healthcare Marketing, Best Practice Sonderheft, Issue: 8,* 28–29.

Stegmayer, C. & Bliestle, S. (2015). Community Marketing in Ärztenetzwerken. In T. Trilling, *Pharmamarketing: Ein Leitfaden für die tägliche Praxis* (3. Auflage, S. 301–316). Berlin / Heidelberg: Springer Gabler.

Steuerberater für Apotheken. (2020). *www.apo-stb.de.* Abgerufen am 05. Mai 2020 von www.apo-stb.de/steuerberater-apotheke-1/apotheke-pharmaindustrie

Stief, S., Eidhoff, A. & Voeth, M. (2016). Transform to Succeed: An Empirical Analysis of Digital Transformation in Firms. *International Journal of Economics and Management Engineering, Vol. 10, Issue: 6,* 1833–1842.

Stiftung Warentest. (2017). Versandapotheken: Probleme im Päckchen. *test, Issue: 11,* 88–93.

Stiftung Warentest. (2020). Die richtige Wahl gegen die Qual. *test, Issue: 3,* 88–92.

Stippler, A., Eckstein, N. & Kroth, E. (2019). To switch or not to switch – German physicians' views on proposed new OTC medicines. *SelfCare Journal, Vol. 10, Issue: 1,* 11–23.

Straker, K., Wrigley, C. & Rosemann, M. (2015). Typologies and touchpoints: designing multi-channel digital strategies. *Journal of Research in Interactive Marketing, Vol. 9, Issue: 2,* 110–128.

Sturm, S. (2010). *Web 2.0 and the Health Care Market: Health Care in the Era of Social Media and the Modern Internet*. Hamburg: Diplomica Verlag.

Sucker-Sket, K. & Müller, C. (31. Oktober 2018). *www.deutsche-apotheker-zeitung.de*. Abgerufen am 23. März 2021 von www.deutsche-apotheker-zeitung.de/news/artikel/2018/10/31/was-als-naechstes-rezeptfrei-wird

Suwelack, K. (2017). Digitale Transformation aus Sicht der Pharmaindustrie. In D. Matusiewicz, C. Pittelkau & A. Elmer, *Die Digitale Transformation im Gesundheitswesen: Transformation, Innovation, Disruption* (S. 167–171). Berlin: Medizinisch Wissenschaftliche Vertragsgesellschaft.

Swaminathan, V. & Moorman, C. (2009). Marketing Alliances, Firm Networks, and Firm Value Creation. *Journal of Marketing, Vol. 73, Issue: 5,* 52–69.

Swan, M. (2012). Sensor Mania! The Internet of Things, Wearable Computing, Objective Metrics, and the Quantified Self 2.0. *Journal of Sensor and Actuator Networks, Vol. 1, Issue: 3 Special Issue Internet of Things: Technologies and Applications* 217–253.

Sydow, J. (1992). *Strategische Netzwerke: Evolution und Organisation*. Wiesbaden: Gabler.

Teece, D. (2010). Business Models, Business Strategy and Innovation. *Long Range Planning, Vol. 42, Issues: 2–3,* 172–194.

Teece, D. (2018). Business models and dynamic capabilities. *Long Range Planning, Vol. 51, Issue: 1,* 40–49.

Teece, D. & Pisano, G. (1994). The Dynamic Capabilities of Firms. *Industrial and Corporate Change, Vol. 3, Issue: 3,* 537–556.

Teece, D., Pisano, G. & Shuen, A. (1997). Dynamic Capabilities and Strategic Management. *Strategic Management Journal, Vol. 18, Issue: 7,* 509–533.

The Nielsen Company. (2012). *Quo vadis Apotheken-Versandhandel? – Prognose der Marktentwicklung und ihrer relevanten Treiber im Selbstmedikationsmarkt*. Berlin: The Nielsen Company.

Thibaut, J. & Kelley, H. (1959). *The social psychology of groups*. New York: Wiley.

Todeva, E. & Knoke, D. (2005). Strategic alliances and models of collaboration. *Management Decision, Vol. 43, Issue: 1,* 123–148.

Töpfer, A. (2007). *Betriebswirtschaftslehre: Anwendungs- und prozessorientierte Grundlagen* (2. Auflage). Berlin Heidelberg: Springer.

Töpfer, A. (2012). *Erfolgreich Forschen: Ein Leitfaden für Bachelor-, Master-Studierende und Doktoranden* (3. Auflage). Wiesbaden: Springer Gabler.

Townsend, J. (2003). Understanding alliances: a review of international aspects in strategic marketing. *Marketing Intelligence & Planning, Vol. 21, Issue: 3,* 143–155.

Trautmann, M. (1993). Reduktion. In P. Meyer & R. Mattmüller, *Strategische Marketingoptionen: Änderungsstrategien auf Geschäftsfeldebene* (S. 140–178). Stuttgart / Berlin / Köln: Kohlhammer.

Trudnowski, A., Schwarte, S. & Beyer, J. (2020). Science First, Sales Second! Transformation im Vertrieb in Pharma-Deutschland, von analog bis digital. In M. Pfannstiel, P. Da-Cruz & E. Rederer, *Digitale Transformation von Dienstleistungen im Gesundheitswesen VII: Impulse für die Pharmaindustrie* (S. 145–163). Wiesbaden: Springer Gabler.

Tsang, E. (1998). Motives for Strategic Alliance: A Resource-Based Perspective. *Scandinavian Journal of Management, Vol. 14, Issue: 3*, 207–221.

Tyebjee, T. & Hardin, J. (2004). Biotech-pharma alliances: Strategies, structures and financing. *Journal of Commercial Biotechnology, Vol. 10, Issue: 4*, 329–339.

Umbach, G. (2013). *Erfolgreich im Pharma-Marketing: Wie Sie Ärzte, Apotheker, Patienten, Experten und Manager als Kunden gewinnen* (2. Auflage). Wiesbaden: Springer Gabler.

Varadarajan, P. & Cunningham, M. (1995). Strategic alliances: A synthesis of conceptual foundations. *Journal of the Academy of Marketing Science, Vol. 23, Issue: 4*, 282–296.

Varadarajan, R. (2010). Strategic marketing and marketing strategy: Domain, definition, fundamental issues and foundational premises. *Journal of the Academy of Marketing Science, Vol. 38*, 119–140.

Varadarajan, R. (2018). Advances in strategic marketing and the advancement of the marketing discipline: the promise of theory. *Journal of Marketing Management, Vos. 34, Issues: 1–2*, 71–85.

Vernuccio, M. & Ceccotti, F. (2015). Strategic and organisational challenges in the integrated marketing communication paradigm shift: A holistic vision. *European Management Journal, Vol. 33, Issue: 6*, 438–449.

Villalonga, B. & McGahan, A. (2005). The Choice Among Acquisitions, Alliances, and Divestitures. *Strategic Management Journal, Vol. 26, Issue: 13*, 1183–1208.

Vintura & GSK. (2020). *The Health-Economic Benefits of Self-Care in Europe: A Potential to Rethink its Position in the Healthcare System*. o.O.: Vintura & GSK.

Walsh, G., Deseniss, A. & Kilian, T. (2020). *Marketing: Eine Einführung auf der Grundlage von Case Studies* (3. Auflage). Berlin: Springer Gabler.

Wangler, J. & Jansky, M. (2019). Internetassoziierte Gesundheitsängste in der hausärztlichen Versorgung – Ergebnisse einer Befragung unter Allgemeinmedizinern und hausärztlich tätigen Internisten in Hessen. *Deutsche Medizinische Wochenschrift, Vol. 144, Issue: 16*, 102–108.

Wangler, J. & Jansky, M. (2021). Das Nationale Gesundheitsportal: Entwicklungs- und Nutzungspotenziale unter besonderer Berücksichtigung der hausärztlichen Perspektive. *Bundesgesundheitsblatt – Gesundheitsforschung – Gesundheitsschutz, Vol. 64, Issue: 3*, 360–367.

Watson IV, G., Weaven, S., Perkins, H., Sardana, D. & Palmatier, R. (2018). International Market Entry Strategies: Relational, Digital, and Hybrid Approaches. *Journal of International Marketing, Vol. 26, Issue: 1*, 30–60.

Weber, W. & Kabst, R. (2006). *Einführung in die Betriebswirtschaftslehre* (6. Auflage). Wiesbaden: Gabler.

Weber, W., Kabst, R. & Baum, M. (2014). *Einführung in die Betriebswirtschaftslehre* (9. Auflage). Wiesbaden: Springer Gabler.

Webster, F. (1992). The Changing Role of Marketing in the Corporation. *Journal of Marketing, Vol. 56, Issue: 4*, 1–17.

Weuthen, J. (2019). Das goldene Zeitalter des Konsumenten – Wie die Digitalisierung, der demografische Wandel und die Veränderung der Werte unserer Gesellschaft das Konsumentenverhalten beeinflussen. In G. Heinemann, H. Gehrckens, T. Täuber & Accenture GmbH, *Handel mit Mehrwert: Digitaler Wandel in Märkten, Geschäftsmodellen und Geschäftssystemen* (S. 107–134). Wiesbaden: Springer Gabler.

Wilde, K. (1985). *Bewertung von Produkt-Markt-Strategien: Theorie und Methoden*. Berlin: Duncker & Humblot.

Williamson, O. (1979). Transaction-Cost Economics: The Governance of Contractual Relations. *Journal of Law and Economics, Vol. 22, Issue: 2*, 233–261.

Williamson, O. (1981). The Economics of Organization: The Transaction Cost Approach. *American Journal of Sociology, Vol. 87, Issue: 3*, 548–577.

Willis, M. (21. Dezember 2020). *www.gesundheit.gv.at*. Abgerufen am 11. März 2021 von www.gesundheit.gv.at/krankheiten/sucht/medikamentensucht/schmerzmittel-mischanalgetika-opiate-opioide

Wirtz, B. (2019). *Digital Business Models: Concepts, Models, and the Alphabet Case Study*. Cham: Springer.

Wirtz, B., Pistoia, A., Ullrich, S. & Göttel, V. (2016). Business Models: Origin, Development and Future Research Perspectives. *Long Range Planning, Vol. 49, Issue: 1*, 36–54.

Wißmeier, U. K. (1992). *Strategien im internationalen Marketing: Ein entscheidungsorientierter Ansatz*. Wiesbaden: Springer.

Wöhe, G. & Döring, U. (2010). *Einführung in die Allgemeine Betriebswirtschaftslehre* (Bd. 24. Auflage). München: Vahlen.

Wolf Sussman, J. (2008). Pharmamarketing. In O. Schöffski, F.-U. Fricke & W. Guminski, *Pharmabetriebslehre* (2. Auflage, S. 232–248). Berlin / Heidelberg: Springer.

Wolfram, H. (2014). *Key Account Management in Pharma* (2. Ausgabe). Norderstedt: Books on Demand.

Xie, F. & Johnston, W. (2004). Strategic alliances: incorporating the impact of e-business technological innovations. *Journal of Business & Industrial Marketing, Vol. 19 Issue: 3*, 208–222.

Xu, J. (2014). *Managing Digital Enterprise: Ten Essential Topics.* o.O.: Atlantis Press.

Yadav, M. (2010). The Decline of Conceptual Articles and Implications for Knowledge Development. *Journal of Marketing, Vol. 74, Issue: 1*, 1–19.

Yoon, J., Rosales, C. & Talluri, S. (2018). Inter-Firm Partnership – Strategic Alliances in the Pharmaceutical Industry. *International Journal of Production Research, Vol. 56, Issue: 1–2 Leading scholars in Production Research for the 55th volume anniversary of IJPW*, 862–881.

Yoshino, M. & Rangan, U. (1995). *Strategic Alliances: An Entrepreneurial Approach to Globalization.* Boston: Harvard Business Review Press.

Youderian, A. & Hayes, M. (2013). *The Ultimate Guide to Dropshipping.* o.O.: Lulu Publishing Services.

Zentes, J., Swoboda, B. & Morschett, D. (2003). *Kooperationen, Allianzen und Netzwerke: Grundlagen – Ansätze – Perspektiven.* Wiesbaden: Gabler.

Zhang, H., Shu, C., Jiang, X. & Malter, A. J. (2010). Managing Knowledge for Innovation: The Role of Cooperation, Competition, and Alliance Nationality. *Journal of International Marketing, Vol. 18, Issue: 4*, 74–94.

Zhang, J. & Chang, C.-W. (2021). Consumer dynamics: theories, methods, and emerging directions. *Journal of the Academy of Marketing Science, Vol. 49, Issue: 1*, 166–196.

Zimmermann, M. (2020). Anforderungen an Arzneimittelwerbung nach dem Heilmittelwerbegesetz (HWG) und dem Gesetz gegen den unlauteren Wettbewerb (UWG). In S. Fuhrmann, B. Klein & A. Fleischfresser, *Arzneimittelrecht: Handbuch für die Rechtspraxis* (Bd. 3, S. 827–882). Baden-Baden: Nomos.

Zinn, W. & Parasuraman, A. (1997). Scope and Intensity of Logistics-Based Strategic Alliances: A Conceptual Classification and Managerial Implications. *Industrial Marketing Management, Vol. 26, Issue: 2*, 137–147.

Zott, C. & Amit, R. (2017). Business Model Innovation: How to Create Value in a Digital World. *GfK Marketing Intelligence Review, Vol. 9, Issue: 1*, 19–23.

Anhang

Anhang 1: Literature Review 1

Datenbank	Autor(en)	Jahr	Titel	Journal	Schnittmenge mit eigener Forschungsfrage	Gesamtanzahl Suchergebnisse
EBSCO Business Source Complete						19
	Li, Ai Qiang Rich, Nicholas Found, Pauline Kumar, Maneesh Brown, Steve	2020	Exploring product-service systems in the digital era: a socio-technical systems perspective	TQM Journal	Nein, Pharma-Fokus nicht vorhanden	
	Weinert, Stephan Günther, Elmar Rüger-Muck, Edith Raab, Gerhard	2020	Artificial Intelligence in a Personnel Selection and its Influence on Employer Attractiveness	Marketing Science & Inspirations	Nein, Pharma-Fokus nicht vorhanden	
	Mattsson, Lars-Gunnar Andersson, Per	2019	Private-public interaction in public service innovation processes- business model challenges for a start-up EdTech firm	Journal of Business & Industrial Marketing	Nein, Pharma-Fokus nicht vorhanden	

Fortsetzung Anhang 1

Datenbank	Autor(en)	Jahr	Titel	Journal	Schnittmenge mit eigener Forschungsfrage	Gesamtanzahl Suchergebnisse
	Russo Spena, Tiziana Cristina, Mele	2020	Practising innovation in the healthcare ecosystem: the agency of third-party actors	Journal of Business & Industrial Marketing	Ja	
	Boitmane, Ilze Blumberga, Solveiga	2016	The Development of Medium-Sized Human Resource Marketing Enterprises in Latvia	Journal of Business Management	Nein, Pharma-Fokus nicht vorhanden	
	Van Bockhaven, Wouter Matthyssens, Paul	2017	Mobilizing a network to develop a field: Enriching the business actor's mobilization analysis toolkit	Industrial Marketing Management	Ja	

Fortsetzung Anhang 1

Datenbank	Autor(en)	Jahr	Titel	Journal	Schnittmenge mit eigener Forschungsfrage	Gesamtanzahl Suchergebnisse
	Aniela, Bălăcescu	2019	The Use of Digital Public Services by Romanians, in Light of the Digital Single Market	Economy Series	Nein, Pharma-Fokus nicht vorhanden	
	Velinov, Emil	2017	Digital Media Marketing and Corporate Social Responsibility in the U.A.E. Healthcare Companies	Marketing Identity	Ja	
	Messinger, Brad	2015	Healthy Ambition	Marketing Health Services	Ja	
	Hendricks, Melissa Chou, David	2018/ 2019	Enterprising digital transformation across the healthcare ecosystem	Management in Health Care	Ja	

Fortsetzung Anhang 1

Datenbank	Autor(en)	Jahr	Titel	Journal	Schnittmenge mit eigener Forschungsfrage	Gesamtanzahl Suchergebnisse
	Holoubek, Sara	2017	5 Other Hard Nuts to Crack	Medical Marketing & Media	Ja	
	Lahiza, Agnesa	2018	The Impact of Digital Marketing on the Insurance Industry Strategies	New Challenges of Economics & Business Development	Teilweise	
	Amladi, Pradeep	2017	HR's guide to the digital transformation: ten digital economy use cases for transforming human resources in manufacturing	Strategic HR Review	Nein, Pharma-Fokus nicht vorhanden	
	Zafarris, Jess	2019	Invivo Communications	Medical Marketing & Media	Nein, Pharma-Fokus nicht vorhanden	

Fortsetzung Anhang 1

Datenbank	Autor(en)	Jahr	Titel	Journal	Schnittmenge mit eigener Forschungsfrage	Gesamtanzahl Suchergebnisse
	McFarlane, Cara	2018	3 Technologies Supporting the InsurTech Revolution	Claims	Teilweise	
	Ragon, Bart	2003	Castles Made of Sand: Building Sustainable Digitized Collections Using XML	Computers in Libraries	Forschungs-Bereich nicht relevant	
	Mutch, Jonny Stevens, Jacky	2012	Comments	BC Business	Forschungs-Bereich nicht relevant	
	Verma, Gunjan	2014	Digital is a big pull for the customer in the insurance sector: Saujanya Srivastava, CMO, Bharti AXA Life Insurance	Pitch	Nein, Pharma-Fokus nicht vorhanden	
	Lindsay, Tim	2007	Integration, lies and videotape	Campaign	Nein, Pharma-Fokus nicht vorhanden	

Fortsetzung Anhang 1

Datenbank	Autor(en)	Jahr	Titel	Journal	Schnittmenge mit eigener Forschungsfrage	Gesamtanzahl Suchergebnisse
Scopus						9
	De Bernardi, Paola Azucar, Danny Forliano, Canio Franco, Mattia	2020	Innovative and sustainable food business models	Contributions to Management Science	Nein, Pharma-Fokus nicht vorhanden	
	Foster, Kenneth R. Torous, John Blake	2019	The Opportunity and Obstacles for Smartwatches and Wearable Sensors	IEEE Pulse	Ja	
	Rolbina, Elena S. Novikova, Elena N. Sharafutdinova, Natalia Sergeevna Martynova, Olga V. Akhmetshin, R.M.	2020	Analysis and assessment of quality of medical services in conditions of digital transformation	Advances in Intelligent Systems and Computing	Teilweise	

Fortsetzung Anhang 1

Datenbank	Autor(en)	Jahr	Titel	Journal	Schnittmenge mit eigener Forschungsfrage	Gesamtanzahl Suchergebnisse
Scopus						9
	Budanov, V.G. Aseeva, Irina Alexandrovna	2019	Manipulative marketing technologies in new digital reality	Economic Annals-XXI	Nein, Pharma-Fokus nicht vorhanden	
	Epstein, Richard John	2007	Growth of the Asian health-care market: Global implications for the pharmaceutical industry	Nature Reviews Drug Discovery	Ja	
	Puri, Roma	2015	MocDoc. in: Choreographing online healthcare kingdom	Emerald Emerging Markets Case Studies	Teilweise	

Fortsetzung Anhang 1

Datenbank	Autor(en)	Jahr	Titel	Journal	Schnittmenge mit eigener Forschungsfrage	Gesamtanzahl Suchergebnisse
	Dubé, Laurette Labban, Alice Moubarac, Jean Claude Heslop, Gabriela Ma, Yu Paquet, Catherine	2014	A nutrition/health mindset on commercial Big Data and drivers of food demand in modern and traditional systems	Annals of the New York Academy of Sciences	Nein, Pharma-Fokus nicht vorhanden	
	Zippel-Schultz, Bettina Schultz, Carsten Helms, Thomas Maria	2017	Current status and future of telemonitoring: Scenarios for telemedical care in 2025 | [Aktueller Stand und Zukunft des Telemonitoring: Szenarien für die telemedizinische Versorgung im Jahr 2025]	Herzschrittmachertherapie und Elektrophysiologie	Ja	

Fortsetzung Anhang 1

Datenbank	Autor(en)	Jahr	Titel	Journal	Schnittmenge mit eigener Forschungsfrage	Gesamtanzahl Suchergebnisse
	Elmes, Gregory A. Epstein, Earl F. McMaster, Robert B. Niemann, Bernard J. Poore, Barbara S. Sheppard, Eric S. Tulloch, David L.	2004	GIS and society: Interrelation, integration, and transformation	A Research Agenda for Geographic Information Science	Nein, Pharma-Fokus nicht vorhanden	
Emerald						0

Anmerkung: Die Sortierung der Relevanzsystematik von den Datenbanken wurde für diese Übersicht beibehalten.

Anhang 2: Literature Review 2

Datenbank	Autor(en)	Jahr	Titel	Journal	Schnittmenge mit eigener Forschungsfrage	Gesamtanzahl Suchergebnisse
EBSCO Business Source Complete	Velinov, Emil	2017	Digital Media Marketing and Corporate Social Responsibility in the U.A.E. Healthcare Companies	Marketing Identity	Ja	1
Scopus						0
Emerald						0

Anmerkung: Die Sortierung der Relevanzsystematik von den Datenbanken wurde für diese Übersicht beibehalten.

Anhang 3: Übersicht der einzelnen Branchen im Digitalisierungsindex

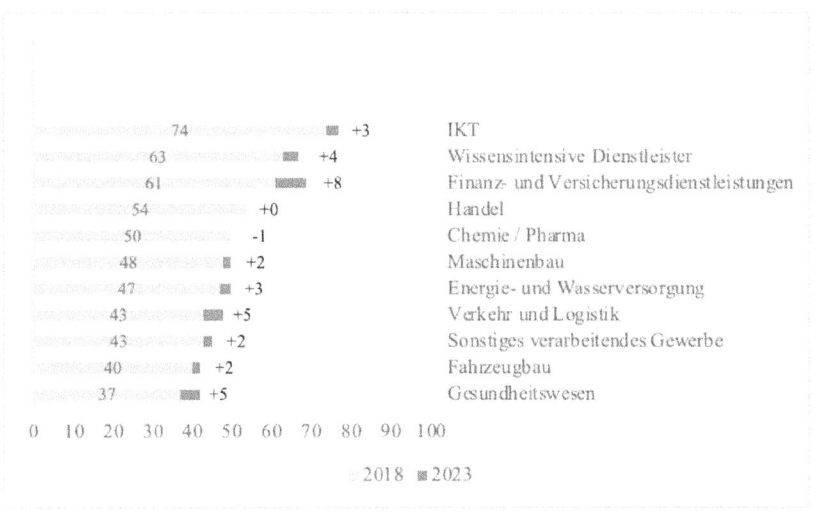

Vgl. Bundesministerium für Wirtschaft und Energie (2018), S. 13.

Anhang 4: Technologien und digitale Touchpoints / Kanäle für eine volldigitalisierte Patient Journey

Neue, digitale Technologien	Neue, digitale Touchpoints & Kanäle, welche aus den Technologien entstehen	Literaturnachweise
Internet Mobil VR & AR AI & Machine Learning IoT		Nam & Kannan (2020), S. 32
Virtuelle Assistenten wie Alexa und Siri spielen heutzutage *noch* keine Rolle. Die Nutzerakzeptanz wächst aber.	Onlineshop – Händler Unabhängige Testberichte Online-Werbevideos Produkttest Marke Online Werbebanner Website Online-Bewertung Facebook Online-Kundenservice	Cocomore (2019), S. 8
	Anzeigenbanner Interstitials Video-Anzeigen E-Mails / E-Newsletter Soziale Netzwerke Suchmaschinen Diskussionsforen / Blogs und Mikro-Blogs / Virtuelle Communities Live-Chats Click-to-Call Information intermediaries Digitale Plattformen Online-Kauf bei Drittpartei-Anbietern Online bezahlen, vor Ort abholen	Xu (2014), S. 145–146

Anhang 4 LXXIX

Fortsetzung Anhang 4

Neue, digitale Technologien	Neue, digitale Touchpoints & Kanäle, welche aus den Technologien entstehen	Literaturnachweise
	Digital Advertisement & Kampagnen Wettbewerbe E-Commerce Retailers Digitale Memberships Digitale Loyalitäts-Programme Webseite Podcasts Tutorials Applikationen Online Store Live Chat Web Enquiry E-Newsletters / E-Mail Soziale Medien: LinkedIn, Facebook, Twitter, Instagram, Pinterest, Reddit, Foursquare, Google+, Flicker, YouTube, Vimeo Foren und Blogs Digital Media Releases	Straker, Wrigley & Rosemann (2015), S. 115
	Suchmaschinen Social Media Reviews Deals Produkt-Seiten der Retailer	Li, Abbasi, Cheema & Abraham (2020), S. 133
	Agent Desktop Contact Center Digital Advertising Direct Mail eCommerce E-Mail Mobile App PoS, Kiosk & ATM	Forrester (2019), S. 9

Fortsetzung Anhang 4

Neue, digitale Technologien	Neue, digitale Touchpoints & Kanäle, welche aus den Technologien entstehen	Literaturnachweise
	SMS / MMS Social Media Webseite	
MR (Mixed Reality) Hyperautomation Multiexperience Human Augmentation Transparency & Traceability	Chatbots Suchmaschinen & Produktfinder Nachrichten-Plattformen Voice-controlled VPA interfaces & devices Virtual customer assistants (VCAs) SMS	Gartner (2020), S. 3–4, 6–8
	Webseiten E-Mail Apps Soziale Medien Vergleichsportale Beratungs-Chats- und Avatare Communities Click- & Collect Influencer-Marketing	Walsh, Deseniss & Kilian (2020), S. 24–26
	Webseite des Unternehmens E-Mail Kommunikation Soziale Medien Online-Recherche „Paid search words" Bezahlte Banner-Werbung SMS Kommunikation Eigener Online Store Mobile Apps „Interactive voice recording (IVR)" Online Stores externer Anbieter	Leeflang, Verhoef, Dahlström & Freundt (2014), S. 3

Vgl. Xu (2014), S. 145–146; Leeflang, Verhoef, Dahlström & Freundt (2014), S. 3; Straker, Wrigley & Rosemann (2015), S. 115; Cocomore (2019),: S. 8; Forrester (2019), S. 9; Nam & Kannan (2020), S. 32; Li, Abbasi, Cheema & Abraham (2020), S. 133; Gartner (2020), S. 3–4, 6–8 und Walsh, Deseniss & Kilian (2020), S. 24–26.

Anhang 5: Ganzheitliche Darstellung der Herausforderungen nach Stief, Eidhoff & Voeth (2016)

Category	Opportunities	Challenges
Market-orientation	*Customers* • Increase in customer loyalty • Strengthened customer relationships • Possibility to create better (contextual) offers *Market position* • Increase in attention and awareness • Increase in market visibility • Tap new market potentials • Development into entirely new markets • Strengthened competitive position	*Customers* • Adapting to customer requirements to ensure long-term survival on the market • Targeting customers through the adequate communication channel *Market position* • Radical transformation of industries possible

Fortsetzung Anhang 5

Category	Opportunities	Challenges
Process-orientation	• Faster processes • Streamlined processes • More flexible processes • Optimization of internal workflows • Improved resource allocation • Fully-integrated value chain • Increase in efficiency	• Increased complexity • Need for continuous development • Established processes must be transformed as soon as possible • Breaking up old structures • Comprehensive knowledge of the process landscape is needed • Managing and matching multiple interfaces between information systems
Technolgy-orientation	• Higher quality throughout the value chain • Comprehensively optimized business activities	• Missing know-how concerning the application of information systems • Benefit of new technologies is not predictable • High initial effort to build up IT infrastructure • Internal organization of diverse IT systems • High investment costs • Development of a legal framework for use and exchange data • Development of standards and a common language between companies
Product-orientation	• Individualization (lot size one) • Improved product-service	• Non-intuitive, high quality products need to be explained • Reduced life cycle of products • Simultaneously managing the interconnection of product's hardware and software

Fortsetzung Anhang 5

Category	Opportunities	Challenges
Company orientation	- Business models improvement will lead to higher profitability - Intensified collaboration among employees - Increase in transparency - Reduced resource-input - Achievement of both monetary and time savings	*People* - Corporate culture and transformation must interlock - Informing employees about digital transformation and its consequences - Foster acceptance among employees - Face resistance and fear among employees - Changing the digital mind-set of employees *Organization* - Review of established competencies and their sustainability for a digital future - Develop a feasible digital strategy - Achieving a balance between exploitation and exploration of digital technologies - Speak a common language within the company (IT, management, other positions) - Organizational change; classical line functions waver - No top management support - Modifying job descriptions as new skills are necessary *IT-related* - Data security, data protection, know-how protection

Vgl. Stief, Eidhoff & Voeth (2016), S. 1839.

Anhang 6: Übersichtstabellen mit numerischen Bewertungen pro Dimension und Herausforderung

C_1	Wertsteigernder Faktor		Tempus		Richtung		
	POOL	TRANSFER	KURZ	LANG	HORIZ	VERT	DIAG
A_1	0	0	+1	0	0	0	0
A_2	-1	+1	+1	0	-1	0	+1
A_3	0	+1	0	0	0	-1	+1
A_4	-1	+1	0	0	0	-1	+1
A_5	-1	+1	+1	-1	0	-1	+1
A_6	--	--	--	--	--	--	--
SUMME	-3	+4	+3	-1	-1	-3	+4

-- nicht in die Bewertung aufgenommen

C_2	Wertsteigernder Faktor		Tempus		Richtung		
	POOL	TRANSFER	KURZ	LANG	HORIZ	VERT	DIAG
A_1	0	0	+1	0	0	0	0
A_2	-1	+1	0	0	0	0	0
A_3	0	0	0	0	0	0	0
A_4	0	+1	0	0	0	-1	+1
A_5	-1	+1	0	+1	0	0	+1
SUMME	-2	+3	+1	+1	(0)	-1	+2

C_3	Wertsteigernder Faktor		Tempus		Richtung		
	POOL	TRANSFER	KURZ	LANG	HORIZ	VERT	DIAG
A_1	/	+1	0	0	-1	0	+1
A_2	-1	+1	0	+1	0	0	+1
A_3	-1	+1	0	0	-1	0	+1
SUMME	/	+3	(0)	+1	-2	(0)	+3

Anhang 7: Ausgeschlossene Handlungsoptionen aufgrund negativer Ergebnisbewertungen der einzelnen Ausprägungen

C_1	PK-H, PK-V, PK-D PL-H, PL-V, PL-D TL-H, TL-V, TL-D TK-H, TK-V
C_2	PK-H, PK-V, PK-D PL-H, PL-V, PL-D TK-V, TL-V
C_3	PK-H, PK-V, PK-D PL-H, PL-V, PL-D TK-H, TL-H

Strategisches Marketingmanagement

Herausgegeben von Roland Mattmüller

Band 1 Sven Franzen: Die Bedeutung von Spielauffassungen in vertikalen marktstrategischen Kooperationen. Eine verhaltensorientiert spieltheoretische Untersuchung der Kooperationshemmnisse zwischen Hersteller und Handel. 2005.

Band 2 Maximilian Seidel: Political Marketing. Explananda, konstitutive Merkmale und Implikationen für die Gestaltung der Politiker-Wähler-Beziehung. 2005.

Band 3 Tim Bendig: Image-Malus des Handels. Eine empirische Analyse. 2005.

Band 4 Kai-Michael Schaper: Der Integrierte Handel. Eine konzeptionelle Beziehungsgestaltung zwischen Hersteller, Handel und Letztnachfrager. 2006.

Band 5 Marc K. Mikulcik: Absatztreiber bei Filialisierung und Franchising im ordinalen Vergleich. Konzeptionelle Analyse auf Basis der Neuen Institutionen-Ökonomie und empirische Überprüfung am Beispiel des Mobilfunkmarkts. 2007.

Band 6 Thomas P. J. Feinen: Factory Outlet Stores. Status Quo, Perspektiven und Implikationen für die Hersteller-Handel-Beziehung. 2007.

Band 7 Benjamin Trespe: Geomarketing. Eine Analyse der Erfolgspotenziale aus Sicht der deutschen Automobilhersteller. 2007.

Band 8 Tobias Irion: Vertrauen in Transaktionsbeziehungen. Marketingwissenschaftliche Grundlegungen und praktische Ansatzpunkte für ein strategisches Vertrauensmanagement. 2007.

Band 9 Nadja Maisenbacher: Die Verantwortung des Marketing für Bezugsgruppen. Zum Stand der Integrationsorientierung in Unternehmen. 2008.

Band 10 Jochen Basting: Vertrauensgestaltung im Political Marketing. Eine marketingwissenschaftliche Analyse anbieterseitiger Ansatzpunkte der vertrauensorientierten Beziehungsgestaltung zwischen Politiker und Wähler. 2008.

Band 11 Nora Oettgen: Integriertes Marketing für professionelle Fußballvereine. Eine Analyse der Anspruchsgruppenorientierung in der deutschen Fußballbundesliga. 2008.

Band 12 Philipp Götting: Anbieterloyalität. Strategie und Instrument zur Gewinnung von Kunden und Kundenloyalität – theoretische Diskussion und empirische Befunde im B2C Marketing. 2008.

Band 13 Jörg Richartz: Anreizsysteme zur Steuerung der Hersteller-Händler-Beziehung in der Automobilindustrie. 2009.

Band 14 Sebastian Siebert: Bewertung von Markenlizenzierungspotenzialen. Ein Modellentwurf als Entscheidungsgrundlage für die Vergabe von Markenlizenzen. 2009.

Band 15 Saskia Reitzle: Markenleasing. Theoretische Fundierung und praxisorientierte Evaluation der Möglichkeiten und Grenzen. 2010.

Band 16 Nina Jochheim: Erfolgsfaktoren von medizinischen Versorgungszentren. Theoretische Diskussion und empirische Befunde: Handlungsempfehlungen für das Management. 2010.

Band 17 Markus Joseph Gräßler: Marktorientierte Unternehmensgestaltung. Ein Organisationsmodell auf Basis des Integrativ-Prozessualen Marketingansatzes. 2010.

Band 18 Sebastian Sigle: Corporate Social Responsibility. Eine Analyse der Wahrnehmung sozialer Werbekampagnen und deren Wirkung auf das Kaufverhalten. Theoretische Diskussion und empirische Befunde. 2010.

Band 19 Tobias Bischkopf: Vom Käufer zum Mitgestalter. Konsumentenmarketing in der Postmoderne. 2010.

Band 20 Tobias Schäfers: Konsumentenverhalten in Marktnischen. Theoretische Diskussion und empirische Befunde zu den Determinanten der Nischenorientierung von Konsumenten. 2011.

Band 21 Thomas Müller-Rehkopf: Marktorientierung und organisationales Lernen. Ansatzpunkte zur Gestaltung eines marktorientierten Unternehmenswandels auf der Basis des Integrativ-Prozessualen Marketingansatzes und einer radikal-sozialkonstruktivistischen Modellierung organisationalen Lernens. 2011.

Band 22 Frederik Böttcher: Handelsmarken und Retail Brands. Einfluss ausgewählter Handelsmarkenstrategien auf die Markenstärke des Händlers im deutschen Lebensmitteleinzelhandel. 2012.

Band 23 Ronja Gresel: Vertrauensgestaltung in der Beziehung zwischen Nonprofit-Organisation und Spender. Ableitung anbieterseitiger Kommunikationsmaßnahmen zur vertrauensorientierten Gestaltung der Transaktionsbeziehung. 2013.

Band 24 Sebastian Behre: Der Einfluss von Neuen Medien auf die Brand Equity. Mobile Applikationen und ihre Wirkung auf ausgewählte Dimensionen der Markenstärke. 2013.

Band 25 Johannes Zuberer: Strategisches Ingredient Branding. Entwicklung und Positionierung von Zulieferermarken durch Markenkooperationen. Eine empirische Analyse anhand ausgewählter Branchen. 2013.

Band 26 Christoph Look: Kunden-werben-Kunden-Programme - Facetten der Anreizsystemgestaltung. 2014.

Band 27 Linn Thomas: Die Bedeutung von Value Co-Creation für die Marke. Eine empirische Analyse aus Konsumentensicht am Beispiel von internetbasierten Anwendungen zur Produktindividualisierung im Konsumgütermarkt. 2014.

Band 28 Katharina Kurz: Der Kunsthändler als Intermediär. Eine institutionenökonomische Analyse von Markt und Marktteilnehmern. 2014.

Band 29 Felix Zöllner: Premium Price-Promotion. Spannungsfeld zwischen Absatzzielen und Markenwahrnehmung. 2015.

Band 30 Katharina Lange: Mobile Marketing. Eine experimentelle Studie über den Einfluss von mobilen Verkaufsfördermaßnahmen auf die Einstellungsbildung und die Verhaltensabsichten. 2017.

Band 31 Marcella von Hirschhausen: Performance Management im Luxusgütereinzelhandel. Entwicklung eines Kennzahlensystems für das Management von Luxusgeschäften. 2018.

Band 32 Jessica Gebauer: Strategische Positionierung und Markenführung von Flughäfen. Eine Analyse der strategischen Ausrichtung von Flughäfen und Entwicklung eines neuen Positionierungsmodells unter Berücksichtigung geeigneter Markenbildungsansätze. 2019.

Band 33 Anna-Katharina Koenen: Strategische Marketingoptionen in regulierten Märkten. Das Management von Patentausläufen in pharmazeutischen Unternehmen. 2019.

Band 34 Andrea Buschmann: Geschäftsmodellkonvergenz im Handel. Alternative, innovationsfördernde Ansätze zur Systematisierung und Erklärung der Entstehung und Entwicklung von Erscheinungsformen des Handels am Beispiel des Omnichannel-Handels. 2021.

Band 35 Philipp Hoog: Dynamische Marketingfähigkeit. Eine deduktiv-nomologische Modellierung der dynamischen Marktbearbeitung am Beispiel des Electronic Commerce der deutschen Bau- und Heimwerkermarktbranche. 2021.

Band 36 Kerstin Blachnik: Strategische Allianzen zur Digitalisierung der Patient Journey im deutschen OTC-Pharmamarkt. Ein Kategorisierungsmodell zur Evaluierung von Ausprägungen Strategischer Allianzen. 2022.

www.peterlang.com

www.ingramcontent.com/pod-product-compliance
Ingram Content Group UK Ltd.
Pitfield, Milton Keynes, MK11 3LW, UK
UKHW021830210426
5322IPUK00004B/114